플라톤, 현실국가를 캐묻다

우리 시대, 사상사로 읽는 원전: 《국가》 탐구

플라톤,
현실국가를 캐묻다

차례

출간사 — 8
서문 — 13

서론 또는 문제 제기: 올바름에 관한 의견들

1. 페이라이에우스로 내려감 327a~328a —————————————— 23
2. 케팔로스: 관습에 따른 올바름(1) 328b~331c —————————— 28
3. 폴레마르코스: 관습에 따른 올바름(2) 331d~336a ——————— 36
4. 트라쉬마코스: 강자의 편익으로서의 올바름과 세상의 이치 336b~354c —— 49
5. 올바름은 부정의보다 나은가? 357a~367e ——————————— 71

제 I 부 · 공동체의 구성과 올바름

1. 공동체의 성립
   - 1.1. 최소한도의 나라 368a~372b ————————————— 85
   - 1.2. 호사스런 나라 372c~374d ————————————— 92
2. 공동체의 수호자들
   - 2.1. 수호자들의 성향 374e~376c ———————————— 96
   - 2.2. 수호자들의 교육 내용
     - 2.2.1. 시가에 의한 교육 376c~392c —————————— 99
     - 2.2.2. 시가의 이야기 투 392c~398b ————————— 107
     - 2.2.3. 노래와 서정시가의 양식 398c~401c ——————— 114

        2.2.4. 시가 교육이 중요한 까닭 401d~403c ─────── 118
        2.2.5. 체육에 의한 교육 403c~410b ─────────── 121
        2.2.6. 혼의 두 측면을 위한 시가와 체육의 혼화 410c~412b ─── 125
    2.3. 수호자들의 선출과 목표
        2.3.1. 수호자들의 구분 412c~415d ─────────── 129
        2.3.2. 수호자들의 삶의 방식 415e~421c ───────── 136
        2.3.3. 한 나라를 지키는 참다운 방책과 교육 421d~427c ─── 139
3. 한 나라와 한 사람에서의 올바름
    3.1. 한 나라에 있어 세 가지 성질의 것들과 올바름 427d~434c ─── 150
    3.2. 영혼이 지니고 있는 세 가지 성질의 것들과 올바름 434d~445e ── 160
4. 공동체의 조직 형태
    4.1. 남녀의 공동관여 449a~457b ─────────────── 179
    4.2. 공동체를 위한 가족 제도 457b~466d ──────────── 183
    4.3. 전쟁 규범 466e~471b ───────────────── 187

제Ⅱ부・공동체의 궁극적 근거와 철학적 정치가

1. 철학적 정치가의 통치
    1.1. 역설: 정치 권력과 철학의 합치 471c~474b ───────── 197
    1.2. 철학자의 정의 474c~480a ──────────────── 203
    1.3. 철학자의 성향 484a~487a ──────────────── 221
    1.4. 철학자와 당대 사람들과의 불화 487b~496e ──────── 225
    1.5. 철학적 정치가의 가능성 모색 497a~502c ───────── 236
2. 좋음의 이데아와 철학적 정치가의 임무
    2.1. 배움의 최고 대상이자 도덕적 목적: 좋음의 이데아 502d~506c ── 245
    2.2. 좋음의 소산: 태양의 비유 506d~509c ─────────── 257
    2.3. 의견과 지성에 의한 앎: 선분의 비유 509d~511e ─────── 263
    2.4. 철학적 정치가의 도야 과정: 동굴의 비유 514a~517a ────── 270
    2.5. 세 비유의 종합과 철학적 정치가의 임무 517b~521c ─────── 274

3. 철학적 정치가의 교육
3.1. 예비 교과 521d~531c —————————————————— 284
3.2. 변증술 531d~534e ——————————————————— 291
3.3. 선발 및 교과 배정 535a~543c —————————————— 294

제Ⅲ부 · 나쁜 상태의 네 가지 정체와 시민들

1. 정체 변화의 방식 543d~547a ——————————————— 305
2. 명예 지상 정체 547b~550b ———————————————— 312
3. 과두 정체 550c~555a —————————————————— 315
4. 민주 정체 555b~561e —————————————————— 321
5. 참주 정체 562a~576b —————————————————— 329

제Ⅳ부 · 참된 올바름과 궁극적 보답

1. 올바른 자와 올바르지 못한 자의 행복 576c~580c ———————— 347
2. 혼의 부분들에 따른 즐거움과 지혜를 좋아하는 사람의 즐거움 580d~583a ——— 349
3. 참된 즐거움과 거짓된 즐거움, 그것들 각각에 따른 삶 583b~588a ————— 352
4. 올바름이 이로운 까닭과 올바른 나라의 존재 588b~592b ——————— 357
5. '본'을 본받는 방법 595a~608b —————————————— 362
6. 혼의 불사와 올바름에 대한 궁극적 보답
   ### 6.1. 혼의 불사 608c~612a ————————————————— 372
   ### 6.2. 올바름에 대한 궁극적 보답 612b~621b ——————————— 377

추기追記 — 387
원전 및 참고문헌 — 398

'우리 시대, 사상사로 읽는 원전' 출간사

우리는 민주공화국에 살고 있다. 이 명제는 정치적 의사결정 방식인 민주정이 무엇인지, 그리고 그것은 인류가 보편적으로 지향하는 이념인 민주주의와 어떻게 다른지, 그런 방식과 이념은 공화주의와는 어떻게 구별되는지, 민주정이나 민주주의면 충분하지 굳이 공화주의를 덧붙이는 까닭은 무엇인지와 같은 물음에 대답할 때에만 제대로 이해될 것이다. 그런데 민주공화국이라고 하는 정치 체제는 언제 어디서 어떻게 만들어졌는지가 불분명하다. 민주공화국의 태생지라 하는 서양에서도 정확한 원천을 찾기 어려우며, 그것이 온전한 형태로 작동한 시기도 아무리 길게 잡아야 일백 년을 넘지 않을 것이다. 심지어 그것이 정확하게 무엇인지조차 확정되어 있지 않다. 한마디로 민주공화국은 전 세계적으로 매우 낯선 정치 체제다. 게다가 이 용어는 아무데나 쓰이고 있기도 하다. 현재 지구상에서 거의 유일한 왕조적 세습 독재국가가 자기 나라 명칭에 '민주주의 인민 공화국'을 쓰고 있다. 그런 게 민주주의고 공화국이라면 민주공화국 아닌 나라가 어디 있겠는가. 그런 까닭에 이 정치 체제에 대한 탐구는 하나의 규칙—이것이 있는지조차 의문스럽지만—으로 정해진 방식에 따르기보다는 그것을 채택하고 있는 나라의 사정에 따라 각각의 처지와 관점에서 이루어질 수밖에 없다. 그 정치 체제의 정의도 여전히 모호하기 때문에 그것을 규정하기 위해서는 어쩔 수 없이 그것 아닌 것으로 여겨지는 것들까지 탐구해야만 한다. 이는 결국 모든 정치 체제에 대한 탐구로 이어지는 곤혹스러운 사태를 불러온다.

아주 좁은 의미의 정치는, 경제적 자원을 배분하는 힘인 권력을 쟁취하기 위한 투쟁이다. 이러한 투쟁은 작은 인간 집단에서도 늘 일어난다. 정치는 특정 집단에서 살아가는 사람들의 체제 유지 활동, 더 나아가 구성원들의 자기 완성을 위한 조직적 활동을 가리키기도 한다. 이 경우 정치에는 가치 지향적 의미가 포함될 것이다. 정치는 아주 넓게는 신이 인간을 구원하기 위한 매개체를 만드는 활동을 가리키기도 하는데, 이런 의미로까지 확장되면 사실상 정치와는 무관하거나 대립되는 종교적 활동을 뜻할 것이다. 정치가 무엇을 기리키든 그것은 일정한 조직을 전제하므로 정치 체제는, 좁게는 정치적 의사결정이 이루어지는 제도만을 의미할 것이나 실제로는 그보다 훨씬 더 많은 것을 함축하곤 한다. 제도는 형식적인 법률만이 아니라 그것을 만들고 지키고자 하는 사람들이 어떤 신념을 가지고 어떻게 살아가고자 하는지, 즉 집단 구성원의 신념 체계와 삶의 방식이 뒷받침되어야 움직이기 때문이다. 따라서 이러한 신념 체계와 삶의 방식은 눈에 보이지 않는 규범이라 할 수 있다.

우리는 지금 우리의 삶을 규율하고 있는 민주공화국을 단순히 형식적인 헌법 규정으로서 알고자 하는 것이 아니다. 2000년대의 대한민국에서 이 규정이 어떤 방식으로 현실적 실천적 규범으로서 작용하는지, 그것이 어떤 방향으로 전개되고 발전되어야 하는지까지 궁극적으로 알고 싶어 한다. 이를 위해서 우리가 채택할 것은 사상사적 방법이다. 이 방법은 인간 집단이 단순한 군집 상태를 벗어나서 자신들이 살고 있는 체제를 독자적이고 의식적으로 구축하고, 그것에 대한 반성적 통찰을 응축시켜 후대에 넘겨준 저작들을 특정한 학문 영역에 국한하지 않고 살펴보는 것이다. 사상사의 연구 대상이 되는 텍스트는 인류가 남긴 거의 모든 것들이겠으나 우리가 그것을 모두 읽을 수는 없다. 우리는 세계사의 일반적 시대 구분에 근거하여 그 시대에 가장 뚜렷하게 드러난 텍스트들, 그리고 당대에는 간과되었으나 지금 주목해야만 하는 텍스트들을 '자의적으로' 선별하여 집중적으로 읽게 될 것이다. 시대마다 중심이 되는 텍스트 하나가 이 시리즈 각 권의 중심으로 제시될 것이지만, 그 텍스트 하나만이 아니라 그것과 연관되는 다른 텍스트들을 이해하기 위한 상황 설명을 덧붙여서 하나의 서사를 제시하는 것이 우리가 시도하는 바이다.

오랜 기간 해 온 공부가 어느 정도 마무리되었다고 하는 헛된 자신감에서 이 저작들을 쓰기 시작하였으나 이 일이 언제 끝날지는 알 수 없다. 독자들의 너그러운 이해를 바랄 뿐이다.

2021년 11월
강유원 적음

〈일러두기〉

1. 이 책이 요약 및 해설 교본으로 삼은 원전은 플라톤,《국가·정체》, 박종현 옮김, 서광사, 1997(초판), 2005(개정 증보판)입니다.

2. 이외에 본문에서 인용한 원전의 서지사항은 아래와 같습니다.
   플라톤,《정치가》, 박종현 옮김, 서광사, 2021.
   플라톤,《법률》, 박종현 옮김, 서광사, 2009.
   플라톤,《소크라테스의 변론》·《파이돈》, 박종현 옮김, 서광사, 2003.
   플라톤,《메넥세노스》, 박종현 옮김, 서광사, 2018.
   아리스토텔레스,《정치학》, 김재홍 옮김, 도서출판 길, 2017.
   아리스토텔레스,《니코마코스 윤리학》, 김재홍 외 옮김, 도서출판 길, 2011.
   투퀴디데스,《펠로폰네소스 전쟁사》〔펠레폰네소스 전쟁기〕, 천병희 옮김, 도서출판 숲, 2011.
   호메로스,《오뒷세이아》, 김기영 옮김, 민음사, 2022.

서문

'우리 시대, 사상사로 읽는 원전' 시리즈의 둘째 권에서는 플라톤의 대화편 《국가·정체》國家·政體(이하 널리 알려진 《국가》로 표기), 단 한 권을 읽는다. 《국가》는 반드시 읽어야 할 철학 고전으로 꼽힌다. 이에 관한 수많은 연구서와 해설서, 논문들이 출간되었으므로 이 텍스트를 읽는 것이 새삼스러운 일은 아니지만 21세기 한국에 사는 사람이 이것을 읽어야 하는 까닭은 도대체 어디에 있는 것일까. 일반적으로는 《국가》가 어떤 텍스트인지, 이를테면 흔히 알려진 것처럼 민주정에 대한 철저한 반대 주장으로 가득 찬 텍스트인지, 아니면 참다운 민주주의의 가능성을 알려 주는 텍스트인지와 같은 관심사에서 다시 읽어 볼 가치가 있다고 간주한다.

그저 그것만이 아니다. 우리는 말 그대로 '국가의 시대'에 살고 있다. 어떤 나라에 태어나 살고 있는지가 우리의 삶에 몹시 중요한 영향을 끼치고 있으므로 당연히 나라에 대해 깊은 관심을 가지고 돌이켜보지 않을 수가 없다. 게다가 우리가 살고 있는 나라에서는 민주정의 원칙과 법치로써 간신히 실현시킨 민주주의 이념이 탐욕과 광기에 휩쓸려 사라지는 위험에 처하곤 한다. 절망과 분노에서 생겨난 한탄과 외면으로는 이를 이겨 낼 수 없으니, 이제는 탓을 돌릴 독재자들마저 다 죽어 버렸으니, 쓰라린 마음으로, 남의 나라도 아닌 내 나라가 왜 이렇게 되어 버렸는지를 차근차근 되짚어 봐야만 한다. 우리가 《국가》를 읽는 근본적인 까닭은 바로 이 되짚어보기에 있다.

《국가》의 원제는 '폴리테이아'politeia이다. 이는 '정치 체제', 줄여서 '정체'로 옮길 수 있다. 위에서 말한 것은 바로 이 정체의 관점에서 《국가》를 읽는 까닭이지만 플라톤은 참으로 잘 사는 나라, 조화로운 나라가 되려면 그 나라를 구성하고 있는 여러 요소들만이 아니라 그 나라에 살고 있는 사람들의 정신, 즉 그가 '자신 속의 통치 체제'라 부른 것도 완벽하게 조화를 이루고 있어야 한다고 여겼다. 이렇게 본다면 플라톤은 이 대화편에서 참으로 잘 살기 위해 사람이 정신적으로나 제도적으로 해야만 하는 것들을 궁리했다고 볼 수 있다.

《국가》는 방대한 양의 대화로 이루어져 있다. 플라톤의 대화편들 중에서 《법률》 다음으로 분량이 많다. 단숨에 읽어 내는 것이 어렵고 내용이 복잡해서인지 여러 연구자들이 다양한 방식으로

이 대화편을 나누었고 해설을 하였다. 나는 '서론 또는 문제 제기'라 할 만한 제1권(여기서는 이 권 수를 따로 표기하지 않고 스테파누스 쪽수만을 적었다)과 본론에 해당하는 부분을 크게 넷으로 나누었다. 서론에 해당하는 부분에는 '올바름에 관한 의견들'이라는 제목을 붙였다. 이 대화편 전체가 '올바름'에 관한 것이며, 그에 대한 세상 사람들의 '의견'(doxa)을 검토하면서 시작한다는 것이다. 플라톤의 텍스트에서 '의견'은 대체로 '진리 아닌 것'을 가리킨다. 진리 아닌 것이니 당장 내다버려야 할 것 같지만 대화는 어쨌든 이것들을 검토하면서 시작한다. 어쩔 수 없다. 진리가 하늘에서 뚝 떨어지면 이렇게 길게 대화할 필요도 없고 좋으련만 세상 일은 그렇게 만만치 않은 것이다.

'제 I 부. 공동체의 구성과 올바름'에서는 공동체의 기본적인 형태들과 공동체를 지키는 사람들에 관련된 논의가 제시되고, 공동체 또는 한 나라의 올바름과 한 사람의 올바름이 비교 설명된다. 여기서 이끌어 낸 원리를 바탕으로 공동체를 어떻게 조직할 것인지, 공동체 수호자들은 어떻게 살아야만 하는지 등이 규범으로 정해진다. 이것으로 공동체의 구상과 실현에 관한 논의는 끝난 것이라 봐도 무방하다.

'제 II 부. 공동체의 궁극적 근거와 철학적 정치가'에서는 참으로 훌륭한 나라는 궁극적으로 어떤 근거를 가지는지, 그러한 나라는 어떤 자질을 가진 사람이 다스려야 하는지에 관하여 대화를 한다. 이 부분은 흔히 플라톤의 '이상국가론'의 핵심으로 여겨지는

데 그러한 규정에는 좀 의문이 있다. 일단 그 내용이 그리 추상적이지 않고 당대 아테나이의 현실과 아주 동떨어진 것도 아니다. 이어지는 제Ⅲ부와 연결해서 보면, 현실을 충분히 검토한 다음에 일종의 개선책으로 내놓은 것임을 알 수 있다. 다시 말해서 '이렇게 해보자'는 것이며, 형이상학적인 내용이 있기는 하지만 이상주의적이라 할 까닭은 없어 보인다.

'제Ⅲ부. 나쁜 상태의 네 가지 정체와 시민들'은 아테나이가 오랫동안 겪어 왔고 플라톤 당대에도 겪고 있던 현실 상황과 시민들의 상태에 정치 체제의 명칭을 붙이고 각 체제에 사는 사람들의 모습을 묘사한 것이다. 망가진 나라와 그곳에 사는 이들은 어떤가를 다루고 있기 때문에 당연하게도 그렇게 되지 않으려면 어떻게 해야만 하는가를 함축하고 있다. 이 부분은 논의의 흐름상 어떤 나라가 좋은 나라인가를 다루는 '제Ⅰ부. 공동체의 구성과 올바름'의 연장이기도 하다.

'제Ⅳ부. 참된 올바름과 궁극적 보답'에서는 한 사람의 차원에서 올바름이 어떻게 성취되는가를 논의한다. 처음의 문제 제기에 대한 대답이라 할 수 있겠는데, 이는 합리적 논증이라기보다는 일종의 믿음이다. 영혼불멸, 사후세계에서의 보상 등을 말하고 있기 때문이다. 덧붙여 플라톤은 시가와 시인에 대한 자신의 생각을 강력하게 내놓는다. 상세히 살펴보겠지만 그건 '시인이 싫다, 시인을 추방해야 한다'와 같은 주장이 아니다.

《국가》는 소크라테스와 몇몇 사람들이 페이라이에우스(피레우스) 항 근처에 있는 폴레마르코스의 집에서 나눈 대화를 소크라테스가 전해 주는 형식으로 되어 있다. 밋밋한 대화가 아니라 격정과 냉소, 찬탄과 질책이 오고가며 장면 전환이 이루어지는 일종의 희곡이다. 소크라테스와 대화하는 사람들 중에는 우호적인 이들도 있고 적대적인 자들도 있다. 적대적이라 해서 당장 상대방을 죽이려 드는 이들은 아니다. 그 정도로 적대적이면 아예 마주앉아 대화도 하려 들지 않을 것이니 그 자리에 끼어들었을 리 없다. 설득의 가능성은 남아 있는 이들이다. 말을 섞는 것조차 곤란한, 상종도 하기 싫은, 인간 같지 않은 이들은 아니라는 것이다. 우호적이라 해서 좋은 말만 하고 만만한 자들은 아니다. 대답하기 곤란한 질문은 의외로 그런 자들이 하기 마련이다. 소크라테스가 등장하기는 하지만 아무 말도 하지 않고 곁에 앉아 있기만 한다든가(《정치가》), 소크라테스로 짐작되는 인물이긴 한데 딱 그 사람이라고 지칭되지는 않는 사람이 등장하는 대화편(《법률》)도 있다. 《국가》에서는 소크라테스가 대화를 이끌고 가지만 다른 이들도 끌려가는 것만은 아니어서 대화의 균형이 이루어져 있다.

《국가》는 어떻게 읽어야 할까. 가장 좋은 방법은 흔히 하는 말처럼 일단 원전을 남김없이 읽는 것이다. 지금 구할 수 있는 한국어 완역본은 박종현 교수가 번역하여 서광사에서 출간한 책이다. 처음부터 술어의 뜻을 상세히 따지고 문장의 맥락과 숨은 뜻을 탐색하면서 읽으면, 언젠가는 플라톤이 전하고자 하는 바를 터득할 수 있을 것이다. 이 과정을 조금이라도 수월하게 하기 위해 나는 다음과 같은 방식을 택하였다. 먼저 텍스트 전체를 앞서 언급한 내용에 따라 크게 네 개의 부로 나누고 다시 세분하여 각 부분을 요약하였다. 요약은 번역자 박종현 교수가 "최대한 원문에 충실"(초판의 '머리말')하게 번역한 문장을 있는 그대로 가져다 썼다. 번역자는, 지금 우리가 읽고 있는 문장이 이천오백 년 전에 지중해 세계에서 쓰인 것임을 체감하려면 최대한 원문의 껄끄러움에 마주해야 한다고 생각하지 않았을까. 나는 그것이 번역자가 매끄러움과 적당히 끊기를 시도하지 않은 까닭이라 여겼고 그것을 따랐다.

    각 단원마다 고딕체로 된 요약 부분은 최대한 원전의 내용을 살려 인용문 형식으로 서술하였는데, 이는 독자들이 원문의 표현에 익숙해지도록 하면서 나의 논의의 근거와 출처를 분명히 하려는 의도에서였다. 어찌되었든 이 책의 요약 부분을 읽으면 《국가》의 내용을 파악하는 데 도움이 될 것이다. 나누고 요약하는 과정에서 번역본들과 이차 문헌들을 참조하였다 해도 당연히 이 요약은 나의 강조와 생략을 반영한 것이다. 요약에 이어 해당 부분에 관한 해설을 덧붙였다. 여기에는 시대적 상황, 술어들에 대한 설명, 관련 참고 서적에서 뽑아 낸 주해와 출처, 다른 사상가들과의 비교, 나의 의견 등이 뒤섞여 있는데, 읽기에 번거롭지 않게 주해를 따로 붙이지 않고 모두 본문에 넣었다. 이 책 전체를 다 읽고 나서 원전을 다시 읽으면서 자신만의 독법을 찾아내는 것도 좋은 방법일 것이다.

《국가》는 여러 대화편으로 이루어진 플라톤의 사상을 구성하는 한 조각이지만 정치 체제의 측면에서는 특히 《정치가》, 《법률》 등과 밀접하게 관련되어 있다. 각각의 텍스트들이 시대에 따라 끼친 영향도 만만치 않다. 이러한 관련, 의의, 영향, 참조한 번역본 등에 관한 전반적인 논의는 추기追記에 덧붙였다.

2023년 2월
강유원 적음

《국가》에서 대화가 이루어지는 장소는 아테나이와 성벽으로 이어진 항구 페이라이에우스(피레우스)에 있는 폴레마르코스의 집이다. 이러한 장소 설정부터 심상치 않다. 그곳에서 주인공 소크라테스는 조금은 느닷없게도 올바름에 관하여 사람들과 이야기를 나눈다. 단순히 나누는 정도가 아니라 격렬한 논쟁을 벌인다. 항구에서 벌어진 축제를 구경한 다음 그렇게까지 심각한 주제를 놓고 대화를 한 까닭은 무엇일까. 시급한 문제였기 때문이라고 짐작해 본다.
노년에 들어선 케팔로스와 그의 아들 폴레마르코스는 세상을 살아가면서 터득하고 전통에서 이어받은, 올바른 삶에 관한 자신들의 신념을 내놓는다. 소크라테스는 그것을 어렵지 않게 깨뜨린다. 그들이 무너지는 것을 본 소피스트 트라쉬마코스는 위협과 비아냥을 뒤섞은 강력한 논증으로 소크라테스에게 도전하지만 소크라테스가 그것을 하나하나 논박해 나가며 결국 올바름에 관한 논쟁에는 다양한 주제들이 뒤섞여 있음을 알게 된다. 이로써 대화가 끝나는 듯했으나 플라톤의 형제들인 글라우콘과 아데이만토스가 아주 진지한 태도로 제기된 문제들을 해결해야 한다고 촉구하면서 기나긴 대화가 본격적으로 시작된다.

서론 또는 문제 제기:
올바름에 관한 의견들

1. 페이라이에우스로 내려감(327a~328a)

소크라테스가 어제 있었던 일을 전하면서 이야기를 시작한다. "어저께 나는 아리스톤의 아들 글라우콘과 함께 페이라이에우스로 내려갔었네." 소크라테스가 항구에서 벤디스 여신에게 "축원"을 하고 축제 행사를 "구경"한 다음 글라우콘과 함께 "시내로 돌아오고" 있을 때, 그들을 발견한 폴레마르코스가 시동을 통해 자기 일행을 기다려 달라는 전갈을 보낸다.

기다리고 있던 소크라테스 일행에게 폴레마르코스가 다가와 말을 건다. "소크라테스 선생님! 제가 보기에는 두 분께서는 아마 시내로 들어가시느라고 서두르던 참인 것 같습니다." 그는 계속해서 말한다. "그러시다면 저희가 몇 사람인 줄 알아보시겠습니까?" 소크라테스는 "왜 못 알아보겠소?"라고 대답한다. 소크라테스가 시내로 돌아가려는 뜻을 굽히지 않자 폴레마르코스가 계속해서 말한다. "그러니까 두 분께서는 이 사람들을 이겨 내시거나, 아니면 이곳에 머무르시거나 하셔야겠습니다."

소크라테스는 "그러면 아직은 여러분으로 하여금 우리를 보내 주어야만 되게끔 우리가 설득하게 될 경우가 남아 있지 않소?"라고 하면서 "설득"을 대안으로 제시하지만 폴레마르코스는 "들으려고도 하지 않는 사람들을 설득하실 수가 있을까요?"라고 하면서 설득의 가능성을 봉쇄하고, 이에 글라우콘은 "그럴 수는 없을 겁니다"라고 대답한다. 폴레마르코스는 마지막으로 이 대화에 쐐기를 박는다. "실제로 저희는 들으려고 하지 않을 사람들일 테니까, 그렇게 마음을 정하세요."

소크라테스 일행은 폴레마르코스의 집으로 간다. 거기서 그들은 폴레마르코스의 아버지인 케팔로스, 형제인 뤼시아스와 에우튀데모스, 그리고 칼케돈의 트라쉬마코스와 파이아니아의 카르만티데스, 또한 아리스토니모스의 아들 클레이토폰을 보게 된다.

여기는 도입부다. 앞으로 전개될 대화가 어떻게 시작되었는지, 그 장면은 어떠하였는지를 설정한다. 《국가》는 '내려갔다'(katebēn)는 말로 시작한다. 내려감은 '카타바시스'katabasis이며, 올라감은 '아나바시스'anabasis이다. 이 두 술어가 《국가》에서는 중요한 역할을 한다. 플라톤의 대화편에서만 그런 것은 아니다. 예를 들어 호메로스의 서사시 《오뒷세이아》에 이런 구절이 있다. "한편 우리는 배와 바다로 내려가서는 / 맨 먼저 신성한 바다에 배를 끌어 내려놓고 / 검은 배 안에는 돛과 돛대를 싣고 / 가축들을 붙잡아 태웠고, 우리 자신도 슬퍼하며 / 배에 오르고 굵은 눈물방울을 떨구었소"(《오뒷세이아》, 11.1~5). 바다로 내려갔다는 것은 죽음을 눈앞에 두고 있다는 뜻이 된다. 오뒷세우스가 고향 이타케로 돌아왔을 때는 바닷가로 올라온다. 그것은 '아나바시스'다. 살아 돌아온 것을 뜻한다. 이렇게 보면 이 서사시에서 바닷가는 삶과 죽음의 경계선이라는 의미로 해석할 수 있다. 주인공 오뒷세우스는 땅과 바다의 경계선, 그러니까 삶과 죽음을 왔다갔다하는 사람이다.

'페이라이에우스로 내려갔다'는 말에 대해 21세기 한국인은 별다른 느낌을 갖지 못하겠지만, 플라톤 당대의 독자들은 《국가》의 첫 문장을 읽으면서 아테나이 사람들이라면 수없이 들어 본 《오뒷세이아》를 떠올렸을지도 모른다. 소크라테스가 오뒷세우스처럼 삶과 죽음을 오가는 상황에 처했으리라 여기지는 않았겠으나, 다 읽은 다음에는 적어도 이 대화편에서 올라가고 내려가는 것에 어떤 뜻이 있음을 알아차릴 수도 있었을 것이다. 플라톤은 그것과 비슷한 맥락에서 '에파노도스'epanodos라는 말을 쓴다. '올라섰다'는 뜻이다. 이 말은 "밤과도 같은 낮에서 진짜 낮으로 향하는 '혼의 전환'(psykhēs periagōgē)이며, 이것이야말로 진정한 철학(지혜의 사랑)이라고 우리가 말하게 될 실재(to on)로 향한 등정(오름: epanodos)"(521c)이다. 《국가》 마지막 부분에는 올바르게 산 이는 죽어서 그의 영혼이 "언제나 그 윗길을"(621c) 간다는 이야기가 나온다. 내려가고 올라가는 것이 일상적인 차원에서 쓰인다면 별다른 의미를 갖지 못하겠지만 이 대화편에서는 '진리를 향해 올라가는 것', '진리의 자리에 올라서는 것'이 매우 중요하다는 것을 함축하고 있다.

  소크라테스가 항구에 가서 했던 일은 축원과 구경이었다. 축원은 무언가를 마음속에서 바라는 것이고, 구경은 적극적으로 가담하겠다는 의지가 없는 상태에서 보고만 있는 것이다. 그가 축원하고 구경한 대상은 아테나이 고유의 신이 아니다. 벤디스 여신은 트라케에서 온 신이다. 항구에 거류외국인들이 많이 살고 있었을 테니 그러한 이국적 축제가 자주 벌어졌을 것이며, 그것이 '본

바닥' 사람들인 아테나이 사람들에게도 낯선 것은 결코 아니었을 것이다. 아테나이에는 이들만이 아니라 '손님'(xenōs)도 많이 드나들고 있었다. 이들은 플라톤의 대화편에 자주 등장한다. 이를테면 《정치가》편에는 젊은 소크라테스와 함께 대화를 주도하는 '엘레아에서 온 손님'이 있다. 손님은 헬라스 세계 여기저기를 떠돌아다니는 사람들이다. 그들은 아테나이에서 다양한 역할을 수행하였을 것이다. 손님이니 기존 관습에 얽매이지 않고 황당해 보이는 것을 주장할 수도 있었을 것이며, 그것이 사람들에게 강한 충격을 주는 경우도 있었을 것이다. 궤변론자들로 널리 알려진 소피스테스도 손님들이었을 것이다.

소크라테스가 아테나이 시내로 돌아오는 길은 수월하지 않았다. 폴레마르코스는 단순히 기다려 달라고 한 것이 아니라 붙잡은 것이다. 이어지는 대화를 보면 폴레마르코스는 올바름에 대해 소크라테스와 다른 견해를 가지고 있으니 그를 억지로 붙잡아 자기 집으로 데리고 간 것이다. 플라톤의 대화편을 읽을 때에는 대화가 어떤 상황에서 시작되었는지, 어디에서 이루어지는지, 등장인물들은 어떤 사람들인지를 잘 알아 둘 필요가 있다. 아테나이의 외항 페이라이에우스는 이른바 아테나이 민주파의 거점이기도 하였다. 그를 붙잡은 폴레마르코스의 이름에 재미있는 암시가 있는데, 그 이름은 헬라스 어로 '싸움'이란 뜻을 가진 '폴레모스'polemos와 '시작, 기원, 발단'이라는 뜻을 가진 '아르케'arkhē가 합쳐진 것이다. 폴레마르코스의 아우 뤼시아스는 아버지 케팔로스 사망 후 십오 년 동안 유랑 생활을 하다가, 서기전 412년에 아테나이로 돌아와 다시 아버지의 가업을 일으켰다. 그는 민주파 사람들과 제휴하여 30인 과두 정권과 맞섰다가 형과 함께 체포되었고, 형은 처형당했으나 그는 도피하였으며, 서기전 403년 민주파가 집권하게 되자 아테나이로 귀환했다. 플라톤의 당대 독자들은 이러한 사정을 알고 있었을 것이고, 등장인물들을 보면서 그들과 소크라테스 사이에 긴장이 생겨났음을 짐작하였을 것이다. 이러한 긴장은 폴레마르코스가 소크라테스를 붙잡는 방식에서 드러났다. 폴레마르코스가 소크라테스에게 자기 쪽 사람들이 몇 명인지 아느냐고 묻는 것은, 자신들의 수가 많으니 자신의 말을 들으라는 것이었다. 소크라테스는 자신이 그들을 설득하면 순순히 보내 줄 것인가를 물었다. 폴레마르코스 쪽은 들으려고도 하지 않는 사람들이다. 이는 그들이 소크라테스를 이겨 보겠다고 공표한 것이다. 소크라테스는 어쩔 수 없이 폴레마르코스의 집으로 갔다.

대화가 시작된 상황은 평온하지 않았다. 격렬한 대결이 벌어진 것도 아니다. 약간의 긴장, 이 정도일 것이다. 소크라테스의 목적은 《소크라테스의 변론》에서와는 다르다. 《소크라테스의 변론》에서는 자신의 죽음을 눈앞에 두고도 거의 일방적으로 자신의 주장을 펼치고 아테나이 사람들을 강하게 질타한다. 《국가》는 '대화를 통한'(dia logon, through conversation) 설득을 목표로 하고 있다. 설득은 철학자의 과제다. 이 대화가 끝날 때쯤 여기서 시비를 걸던 사람들이 모두 소크라테스의 말에 승복하거나 적어도 귀를 기울이게 된다면 그의 목표는 이루어진 것이다. 물론 트라쉬마코스와 같은 소피스테스들의 목적도 설득에 있다. 플라톤은 그들의 설득과 자신의 설득이 어떻게 다른지를 구분하는 데 많은 노력을 들인다.《소피스테스》는 그러한 노력을 집중적으로 펼쳐 보이는 대화편이다.

2. 케팔로스: 관습에 따른 올바름(1)
(328b~331c)

폴레마르코스의 아버지, 노령의 케팔로스는 신에게 막 제물을 바친 다음 쉬고 있다. 그는 소크라테스에게 "더 자주 이리로 오셔야겠다"고 요청하면서 자신은 "육신과 관련된 다른 즐거움이 시들해짐에 따라, 그만큼 대화에 대한 욕망과 즐거움이 증대된다"고 말한다. 소크라테스는 케팔로스에게 "노년의 문턱"이 가져다주는 지혜를 듣고자 청한다.

케팔로스는 시인 소포클레스가 했다는 말을 인용한다. "갖가지의 욕망이 뻗치기를 그만두고 숙어지는 그때에야 소포클레스께서 말씀하신 상태가 완전히 실현되는 것이니, 그건 하고많은 광적인 주인들한테서 풀려나는 것이죠." 여기에 덧붙여 케팔로스는 자신이 노령을 수월하게 보내고 있는 핵심적인 까닭이 "생활방식(tropos)" 때문이라고 주장한다. "쉬 만족할 경우에는, 노령일지라도 적당히 지칠 정도"지만 "그렇지 못할 경우에는, 그런 사람한테는 노령도 젊음도 다 견디기 힘들"다는 것이다.
　　소크라테스는 "많은 사람(hoi polloi)"의 의견임을 내세우면서 케팔로스가 가진 조건을 캐묻는다. "케팔로스 님, 제가 생각하기로는, 많은 사람은, 어르신께서 그런 말씀을 하실 것 같으면, 어르신의 말씀대로 받아들이지 않고, 오히려 어르신께서 노령을 수월하게 견디어 내시는 것은 생활 방식 때문이 아니라 많은 재산을 가지셨기 때문이라고 생각할 것 같습니다. 부자들에게 위안거리가 많다고들 하니까 말입니다." 케팔로스는 소크라테스에게 다음과 같이 대답한다. "훌륭한 사람일지라도 가난하고서는 노령을 썩 수월하게 견디어 내지 못하겠지만, 훌륭하지 못한 사람이 부유하다고 해서 결코 쉬 자족하게는 되지 못할 것이니 말입니다." 소크라테스는 재산에 관한 논의를 상세하게 진전시키기 위해 케팔로스에게 묻는다. "소유하고 계신 재산 중의 대부분을 상속받으신 것입니까, 아니면 더 취득하신 것입니까?" "어르신께서는 많은 재산을 가지심으로써 덕을 보신 것 중에서 가장 좋은 것이 무엇이라고 생각하시는지요?"
　　케팔로스에게 떠오르는 것은 시인들이 전해 주는, "저승(하데스)의 일들과 관련해 전해 오는 여러 이야기"다. 이에 더해서 그는 재산이 있어서 좋은 점 세 가지를 내놓는다. 정직함("남을 속이거나 거짓말을 하지 않아도 되게 해 준다"), 경건함("신께 제물을 빚지"지 않는다), 채무 이행("남한테 재물을 빚진 채로 저승으로 가 버리게 되지 않을까 하고 두려워하는 일이 없도록 한다").
　　소크라테스는 케팔로스가 거론한 것들이 올바름에 관련되는지를 묻는다. "아주 훌륭한 말씀이십니다, 케팔로스 님! 하지만 바로 이것, 즉 올바름(올바른 상태, 정의正義: dikaiosynē)을 정직함과 남한테서 받은(맡은) 것을 갚는 것이라는 식으로 단순히(무조건적으로) 말할 것인지요, 아니면 이런 걸 행하는 것도 때로는 옳지만, 때로는 옳지 못하다고 말할 것인지요?" 게다가 그는 케팔로스의 답변에 담긴 비일관성을 물고 늘어지면서 단호하게 말한다. "그렇다면 진실을 말함과 받은 것을 갚아 주는 것, 이것이 올바름의 의미규정(horos)은 못 됩니다."

폴레마르코스의 집에서 대화가 시작되었다: 첫 대화 상대는 폴레마르코스의 아버지 케팔로스다. 그는 신들에게 제물을 바친 다음 쉬고 있었다. 그는 대화에서 벗어날 때도 제물을 바치러 간다. 제물로 시작해서 제물로 끝나는 것이다. 소크라테스는 그에게 말을 건네면서 노인이 가진 지혜를 들려 달라고 말했다. 이는 이 대화편의 중심 주제인 올바름에 대한 토론에서 그것의 기준으로 나이가 나온다는 것을 예상케 하고 있다. 이로써 케팔로스에 관한 규정이 두 가지가 되었다. 하나는 헬라스 전통 종교에 충실하다는 것, 다른 하나는 노령이라는 것.

케팔로스라는 사람에게는 어쨌든 나이가 가지고 있는 힘이 있다. 누구나 다 인정할 수 있는 올바름의 규준이 없는 경우에는 나이가 올바름의 규준 역할을 할 수도 있겠지만 이는 학문적인 의미를 전혀 가지고 있지 못하다. 올바름의 보편적 기준으로서는 배제해야 마땅한 것이다. 당대의 독자들을 염두에 두고 생각해 보면, 뜰에서 제물을 바쳤다는 것은 전통적인 의미에서 헬라스 종교에 충실함을 보여 주기 위함이었을 것이다. 케팔로스는 그러한 전통적 충실함에 따라서 올바름을 생각하고 있는 사람임을 암시한다. 그것을 행하는 사람들은 자신들이 그렇지 않다고 하겠지만 그것을 우리는 '형식주의적 태도'라 말한다. 루돌프 루페너가 번역한 도이치어 판에서는 목차를 붙이면서 여기에 "ohne Reflexion"(반성 없이)이라 적어 둔 점이 흥미롭다. 반성이 없다는 것은 잘못을 뉘우치지 않는다는 것이 아니라 형식주의에 치우친다, 별다른 생각 없이 하던 대로 한다는 의미를 가지고 있다. 케팔로스는 정해져 있는 형식에 따라 신에게 제물을 바친다는 것이다. 그는 그냥 무난하게 형식을 잘 지키면서 별다른 생각 없이 늘 하던 대로, 남들이 하는 것과 크게 다르지 않게 인생을 살아가는 노인이다.

케팔로스는 자주 들르라고 말하면서 소크라테스를 반겼다. 그는 자신의 상태에 대해 말했다. 나이가 들어 육체적 쾌락의 즐거움이 사라지고 있는데, 이성적 대화에 대한 욕망과 그 대화의 즐거움은 상대적으로 늘어난다는 것이다. 케팔로스가 육체(sōma)와 대화(logos) 모두에 대해 '즐거움'이라는 말을 썼는데, 이 단어는 '헤도네'hēdonē다. 육체의 즐거움과 대화의 즐거움은 질적으로 다른 것이다. 뭉뚱그려서 하나로 가리킬 수는 없다. 몸은 몸이고 대화하는 정신은 정신이다. 둘은 따로따로다. 케팔로스는 그것을 분별할 만한 능력은 없는 사람이다. 케팔로스는 자신이 하고 있는 이러한 행위나 말이 진정한 올바름인지, 본래적 의미에서의 경건함에 합당한지를 끊임없이 되풀이해서 반성해 보고 있는 것은 아니다. 다시 말해서 케팔로스에게는 대화가 진리를 발견하는 수단이 아니라

노년에 즐길 수 있는 심심풀이다. 케팔로스에게 대화는 육신과 관련된 즐거움이 줄어들어야 비로소 즐기게 되는 활동이다. 소크라테스에게는 대화야말로 진리 탐구의 활동, 인간이 할 수 있는 최고의 활동이다. 그는 폴레마르코스 일행과의 다툼에서도 '설득'을 대안으로 내놓는 사람이다. 대화에 대한 규정이 서로 어긋나 있음을 알 수 있다. 케팔로스가 말벗이 되어 달라고 하는 것이 소크라테스에게 그리 달갑지는 않았을 것이다.

    소크라테스는 케팔로스의 말을 파고들어 논박을 시도했다. 겉보기에는 완곡하지만 실은 매섭게, 케팔로스가 의존하고 있는 전거들을 무너뜨렸다. 케팔로스는 "내가 보기에 그게 실로 어떤 것인지를, 실은 우리 엇비슷한 연배 몇 사람이 자주 한데 모이고 있어서, 옛 속담을 따르고 있는 셈"이라고 하면서 자신의 전거를 보여 준다. 그것은 속담이다. 이어서 그가 근거하고 있는 것이 하나 더 제시되었는데 그것은 바로 시인이다. 플라톤은 《국가》 전반에 걸쳐 시인들에게 조금은 적대적인 태도를 취한다. 그러한 태도는 시가가 통치와 관계 맺는 여러 가지 복합적인 방식에서 기인한 것인데, 여기서 케팔로스가 소포클레스를 호명한 것도 시가가 유효하지 않은 것으로 논파될 것임을 미리 암시하는 장치다.

    케팔로스는 자신의 삶에 올바른 방향을 제시해 주는 또 다른 근거를 제시했다. 그것은 '생활방식'이다. 케팔로스는 자신의 삶의 방식이 괜찮은 것이고 자신이 분별 있고 성품이 원만한 사람이라고 이야기한 것이다. 소크라테스는 그것을 캐묻고 들어갔다.

'생활방식'은 영혼의 속성이니 내면적인 것이지만, '많은 재산'은 외부의 물질적 조건이다. 소크라테스가 '많은 사람'을 거론하며 반론을 제기하는 핵심은, 케팔로스가 노령을 잘 보내는 진정한 까닭이 외부의 조건에 달려 있다는 것이다. 소크라테스가 보기에 그러한 생활방식을 가능하게 해 주는 것, 그렇게 잘 살고 있음의 원천은 바로 부유함이다. 아무리 생활방식이 어떠니 하고 말을 한다 해도 돈 없으면 그게 다 소용없는 것 아닌가 하고 조금은 후벼파는 것이다. 이에 대한 케팔로스의 답변은 통속적이고 별다른 반성 없는 일반론이다.

    케팔로스는 솔직하게 말을 해야만 하는 상황에 몰리기 시작하였다. 논의의 초점을 재산에 맞춘 소크라테스는 그것을 집중적으로 파고든다. 에둘러 말하지 않는다. 그는 케팔로스가 가진 재산이 상속 재산인지 아니면 스스로 취득한 재산인지부터 물었다. 이는 재물에 대해 그리 애착을 갖지 않는 듯 보이는 케팔로스가 자신의 삶의 편안함의 조건이 부富임을 자각하고 있는지를 확인해 보려는 데에 있다. 케팔로스는 재물이 가진 힘을 설명했다. 재물을 소유함으로써 가능한 것은, 남을 속이거나 거짓말을 하지 않아도 되는 정직함이다. 이것은 케팔로스의 경우에만 해당하는 것일 수 있다. 아니 케팔로스는 그래도 괜찮은 사람이라는 걸 보여 주는 것이다. 아주 많은 재물을 소유하고 있으면서도 결코 정직하지 않은 사람이 세상에 아주 많기 때문이다. 또한 재물을 소유하면, 신이나 타인에게 재물을 빚진 채 세상을 떠나지 않을까 두려워하지 않아도 된다. 신께 재물을 빚지지 않는 경건함이나 채무를 이행하는 것 역시 케팔로스가 무난한 인격자임을 드러낸다. 채무를 갚지 않으려고 온갖 나쁜 짓을 저지르는 사람들을 떠올려 보면 충분히 이해가 간다. 빚진 것을 마음에 새기기는커녕 아예 까마득히 잊어 버리고 사는 자들도 많다. 케팔로스는 의도치 않게 속이고 거짓말하는 것을 피하려고 하고 있는데, 그것만으로도 훌륭한 인격자라 할 수 있다.

　소크라테스는 매정하게 케팔로스의 말을 재정리하여 이야기했다. 소크라테스는 케팔로스의 말을 되풀이(mirroring)하는 것 같지만 교묘하게 자신이 논파하고자 하는 부분만을 취했다. 그는 케팔로스가 내놓은 것 세 가지, 즉 정직함, 경건함, 채무 이행 중에서 두 가지만을 취하였다. 신에게 경건한 태도를 보이는 것은 빼뜨렸다. 왜 이렇게 했을까? 케팔로스가 전거로서 신봉하는 신을 무시하겠다는 표현일 수도 있다. 소크라테스와 케팔로스의 대화는 재산과 그것이 가져다주는 이로움의 관계를 둘러싸고 전개되었는데, 소크라테스는 케팔로스의 대답을 듣고 그것을 '올바름'의 문제로 전환시켜 버렸다. 여기서 노령의 편안함을, 그것을 가능케 하는 조건인 재산과 연결시키는 첫 번째 전환에 이은 두 번째의 전환이 일어났다. 소크라테스는 이 두 번째 전환에 일종의 '잘라 내기'를 끼워 넣은 것이다. 소크라테스는 케팔로스가 거론한 세 가지 중에서 경건함을 잘라 내고 내용을 인간사人間事로 제한하면서 논의의 방향을 '정의正義의 정의定義'로 바꿨다. 소크라테스가 폴레마르코스의 집에 들어섰을 때 케팔로스는 신에게 막 제물을 바친 상태였다. 그에게 신은 올바름의 원천이며, 이것으로부터 인간의 의무가 이끌려져 나온다. 소크라테스는 이것을 잘라 내고 인간과 인간 사이에서 벌어지는 일만을 논의의 대상으로 삼고자 했다. 소크라테스의 논박의 첫째 핵심은 이것이고, 둘째는 케팔로스의 답변에 담긴 비일관성이다.

소크라테스는 케팔로스가 말하고 있는 규준이 얼핏 보기에는 늘 들어맞는 것 같지만 어떤 때는 들어맞고 어떤 때는 들어맞지 않음을 지적했다. 정의定義가 형식적으로 충족시켜야 할 가장 중요한 요건은 말이 어긋나지 말아야 한다는 것, 일관성이다. 정의는 그 안에 모순을 가지고 있지 않아야 하는데 케팔로스가 내놓은 정직함과 채무 이행의 원칙은 상황에 따라서 지킬 수 없는 경우, 예를 들어 "멀쩡했을 때의 친구한테서 무기를 받았다가, 후에 그 친구가 미친 상태로 와서 그것을 돌려주기를 요구"하는 경우도 있음을 드러내 보임으로써 그것이 보편적이지 않음을 논박하는 것이다. 소크라테스는 케팔로스를 퇴장시키고자 했다. 그것은 아테나이에서 전통적으로 받아들여지는 올바름의 기준을 물리치는 것과 같은 효과를 가지고 있다. 케팔로스는 제물을 돌보러 가야 한다는 것을 핑계로 아들 폴레마르코스에게 자신의 논의를 인계했다. 아버지가 지키고 있던 '관습에 따른 올바름'을 물려받은 폴레마르코스 또한 비슷한 방식으로 물리쳐진다.

3. 폴레마르코스: 관습에 따른 올바름(2)
(331d~336a)

케팔로스의 아들 폴레마르코스가 논의에 개입한다. 그는 자신이 아버지의 모든 것에 대한 "상속자"라고 말한다. 그는 자기 아버지의 견해를 옹호하면서 시인 "시모니데스의 주장"을 근거로 삼는다. "[시모니데스는] 각자에게 갚을 것을 갚는 것이 올바르다고 했습니다. 그의 이 말은 제가 보기엔 훌륭한 말인 것 같습니다." 소크라테스는 "하기야 시모니데스의 말이니 안 믿기도 쉽지가 않죠. 지혜로우며 신과도 같은 분이기도 하니까 말씀이오"라고 말하면서 한편으로 수긍하는 듯하지만, 다른 한편으로는 케팔로스에 대한 앞서의 논박을 상기시키면서 "나는 모르겠소"라고 회의적인 태도를 취한다. 폴레마르코스는 소크라테스의 반박을 듣고 아버지의 실패를 인정하며 의미규정을 수정한다. "단연코 그것은 확실히 다른 것입니다. 친구끼리는 서로에 대해 무언가 좋은 일을 하되, 나쁜 일은 하지 않음이 마땅하다는 게 그 취지일 테니까요."

　소크라테스는 묻는다. "당신은 시모니데스가 이런 뜻으로 말한 걸로는 보지 않겠죠?" 폴레마르코스는 수긍한다. "물론입니다." 논의의 국면은 전환되고 소크라테스는 둘 사이에 주고받던 의미규정을 새롭게 명제화한다. "그렇다면 시모니데스는 올바른 것(정의로운 것: to dikaion)이 무엇인지를 말함에 있어서 시인처럼 암시적으로 말한 것 같소. 그는 각자에게 합당한 것을 갚는 것. 이것이 올바른 것이라 생각하고, 이 합당한 것(to prosēkon)을 갚을 것(마땅한 것: to opheilomenon)이라고 일컬은 것 같으니까 말씀이오."

소크라테스는 폴레마르코스에게 계속 묻는다. "누구에게 무엇을 주는 방책(tekhnē)이 올바름으로 불리겠소?" 소크라테스는 의술과 키잡이(선장) 등의 기술을 거론한다. 이들이 어떤 기술을 사용하여 "친구들한테는 잘 되게 해 주되, 적들한테는 잘못 되게 해 주는 것이 올바름"이냐고 묻는 것이다. 이러한 기술을 가진 사람을 올바른 사람이라 한다면 그는, 이로움과 해로움이 발생하지 않는 상황에서는 쓸모없는 사람이 된다. "아프지 않은 사람들에게야 의사가 쓸모없소." "그렇다면 전쟁을 하고 있지 않은 사람들에게도 올바른 이가 쓸모없겠죠?"

그들의 기술은 두 측면을 가지고 있기도 하다. "그렇다면 질병도 막는 데 있어서 능한 이면, 이 사람은 몰래 병을 생기게 하는 데 있어서도 아주 능하겠죠?" "그러니 군대의 훌륭한 수호자가 바로 적의 계략과 그 밖의 작전들을 몰래 탐지해 내는 데 있어서도 또한 훌륭한 사람이겠죠?" "그러니까 올바른 이가 돈을 간수하는 데 있어서 능하다면, 그는 훔치는 데에도 능하오." 기술을 가진 이를 올바른 이로 본다면, 그가 그 기술을 어떤 방식으로 사용해도 그의 올바름은 발휘된다. 폴레마르코스가 수긍하자 소크라테스는 논의를 일단 정리한다. "그리고 보면, 올바른(정의로운) 이는 일종의 도둑으로 드러난 것 같거니와, 당신은 이를 호메로스한테서 배운 것 같소. (⋯) 그러니까 당신에 의하면, 그리고 호메로스와 시모니데스에 의하면, 올바름이란 일종의 도둑질 기술이긴 하나, 그것은 친구들의 이익과 적들의 손해를 도모하는 기술인 것 같소."

"이젠 저로서도 제가 무슨 말을 했는지를 모르겠군요"라며 폴레마르코스는 난문에 빠지지만, 자신의 의미규정을 되풀이한다. "제가 생각하기엔 여전히 올바름은 친구들에 대해서는 이롭도록 해 주나 적들에 대해서는 해롭도록 해 주는 것인 것 같습니다." 소크라테스는 친구와 적에 대한 규정을 파고든다. "당신이 친구들이라 함은 각자에게 선량한 사람들로 생각(판단)되는 이들을 가리키는가요, 아니면 각자에게 그렇게 생각되지는 않을지라도, 실제로 그런 이들을 가리키는가요?" 폴레마르코스는 "선량하다고 생각(판단)될 뿐만 아니라 실제로도 선량한 사람을 친구로 규정"한다. 이 규정과 올바름에 관한 앞서의 의미규정을 결합하면, "실제로 좋은 친구는 잘 되게 해 주되 실제로 나쁜 적은 해롭도록 해 주는 것이 올바른 것"이다. 여기서 소크라테스는 "그러면 어떤 사람에게건 해롭도록 해 주는 것이 올바른 사람이 할 짓"인지를 묻는다. 이 관점에서 도출되는 귀결은 다음과 같다. "그러니까 각자에게 갚을 것을 갚는 것이 올바르다고 누군가가 주장하면서, 이 말로써 올바른 사람들한테서 적들로서는 해를 입되 친구들로서는 이로움을 입어야 된다는 걸 뜻한다면, 그런 말을 하는 사람은 결코 현명한 이가 아닐 것이오. 그 사람은 진실을 말한 것이 아니기 때문이오. 누구에게 해를 입힌다는 것은 그 어떤 경우에도 올바른 것이 아니라는 것이 우리에게 있어서 명백해졌으니 말씀이오."

소크라테스는 마지막으로 폴레마르코스가 가지고 있던 올바름의 의미규정의 원천을 알려 준다. "이건 페리안드로스나 페르디카스, 크세르크세르라든가 테베의 이스메니아스, 또는 부자로서 스스로 굉장한 능력을 지닌 것으로 생각하고 있는 다른 어떤 사람의 것인 줄로 나는 생각하오."

케팔로스가 나가고 폴레마르코스가 들어왔는데, 여기서 드라마처럼 장면을 전환하는 방식이 사용되었다. 이를테면《향연》에서는 누가 어떤 순서로 말을 하는지가 중요하다. 알키비아데스가 등장하기 직전에 어떤 상황이 벌어지고 있었는지 유심히 봐 두는 게 내용을 파악하는 데 필수적이다. 알키비아데스는 그 대화편에서 가장 중요한, 참다운 아름다움에 이르는 방법에 관한 이야기를 듣지 못한 상태에서 등장한다. '에로스의 사다리'라 불리는 그 이야기를 듣지 못한 알키비아데스는 계속해서 헛된 소리를 한다.

케팔로스는 신에게 제물을 바치러 돌아가고 아들 폴레마르코스가 논의를 인계받았다. 폴레마르코스는 아버지에게 재산도 물려받고 올바름에 대한 정의도 물려받았다. 이는 아버지의 올바름에 대한 규정과 그 규정의 근거 모두를 상속했음을 함축할 것이다. 케팔로스의 전거는 신이었는데, 그것은 이미 소크라테스에 의해 배제되었으므로 그것까지 물려받은 것은 아니다. 폴레마르코스의 전거는 무엇인가? 시인 시모니데스다.

케팔로스 논변도 그렇지만 폴레마르코스 논변도 시작은 비슷한 가치 기준에 근거를 두었다. 이는 헬라스에서만 그런 게 아니라 인류 집단에서 오랫동안 통용되어 온 것이다. 케팔로스의 논거는 나이 든 사람이 가진 삶의 지혜 같은 것이다. 폴레마르코스는 이것을 되풀이했다. 그의 올바름 개념은 간단하다. 빚진 것을 갚는다, 남에게 신세지지 않고 산다는 것이다. 얼핏 보면 올바른 원칙이지만 조금만 생각해 보면 그렇지 않다는 걸 알 수 있다. 인간이 집단 생활을 하면서 신세를 지지 않고 살 수는 없다. 모두 어떤 형태로든 다른 사람에게 신세를 진다. 요즘 세상에서 흔히 나도는 말도 안 되는 불평이 '나 혼자 힘으로 이루었는데 나라가 세금으로 뜯어간다'는 것이다. 인간 집단이 어떤 식으로 돌아가는지에 관한 기초적인 지식 자체가 없는 사람이 하는 말이다. 인간 세계에서는 빚지지 않고 살 수 없으니, 빚진 것을 갚는 것이 올바르다는 것은 가장 전통적인 생각일 것이다.

폴레마르코스는 적과 친구를 구별해서 대한다. 적에게 손해를 끼치고 친구에게 이익을 주는 것, 이것을 올바름이라 하는 것은 인간 집단에서 별다른 이견 없이 받아들여져 왔다. 사회문화인류학에서는 '내집단內集團 편향偏向'(inner circle bias)이라 부르는 것이다. 내 편에게는 잘해 주고 다른 편에게는 잘해 주지 않는다. 인간 존재는 오랜 세월에 걸쳐 이렇게 살아왔기 때문에 내집단 편향을 거의 본능처럼 가지고 있다. 이 본능을 완전히 배제하고 올바름에 대한 보편적 규정에 이르는 것은 아예 불가능할지도 모른다. 사회문화인류학 등에서 말하는 것에 따르면 인간 개체 간의 생물학적 차이는 지극히 적다. 다른 종 집단과 인간 집단이 결정적으로 다른 점은, 인간들 각각의 문화적 차이가 굉장히 크다는 것이다. 그 인간들이 속해 있는 내집단들 사이의 문화적 차이도 굉장히 크다. 인간 개인은 물론이고 집단의 문화적 다양성이 극단적이다. 인간 집단에서 올바름을 구현하려 한다면, 아니 적어도 그들 모두에게 통용될 수 있는 올바름의 규준이라 여겨질 만한 것을 세우려면 그 문화적 다양성을 고려해야만 한다. 인간 각자의 표면적인 것은 비슷해 보여도 이면에 놓여 있는 공통성은 찾아내기 어렵다. 공통성을 발견했다 하더라도 보편성으로까지 추상화시켜 올바름의 공동체를 만들기는 어렵다. 어찌어찌해서 그런 원리를 만들었다 해도 보편적 원리가 실정적 차원에서 실제로 작동할 수 있을지가 의문스럽다. 이것이 정의론에서 가장 어려운 지점일 것이다.

정의론이라는 주제에서 의미 있고 유효한 독서를 하려면 널리 알려진 철학자들의 정의론만을 살펴보고 끝낼 수는 없다. 사회문화인류학에서 연구하는 인간 집단의 특성을 공부하고 경제 이론도 함께 공부해야 한다. 이는 우리가 플라톤을 읽을 때도 마땅히 전제해야 하는 점이다. 지금 폴레마르코스가 내세우는 올바름의 기준 중의 하나가 우리 편에게 잘해 주고 상대 편에게 해를 끼치겠다는 것이다. 팔이 안으로 굽는다는 것은 인류 역사에서 가장 널리 통용되어 온 것이지만 소크라테스가 지적했듯이 우리는 그래서는 안 된다.

왜 안 되는가. 이러한 올바름은 '때로는 옳지만 때로는 옳지 못하기' 때문에 언제 어디서나 적용할 수 없다. 일관성이 없고 보편적이지 않다. 물론 내집단에서는 일관성이 없어도 통한다. 소크라테스가 문제삼는 것은 폴레마르코스가 일관성 없는 것을 보편적인 것이라 착각했다는 점이다. 이러한 올바름은 속임수이고 도둑질 기술이다. 소크라테스는 여기서 그치지 않았다. 친구와 적이 정말 언제나 친구와 적인지도 살펴봤다. 폴레마르코스의 올바름 개념은 친구는 항상 친구이고 적은 항상 적이라는 걸 전제하고 있다. 친구와 적은 늘 똑같은가? 아니다. 인간 본성에 관한 여러 가지 인류학적 고찰에서 공통적인 결론 중의 하나가 인간은 거의 본능적으로 배신을 잘하는 존재라는 것이다. 순식간에 입장을 바꾼다. 인간은 배신을 잘하면서 동시에 타인의 배신에 대해서 굉장히 분노하는 존재이기도 하다. 수많은 실험이 이 점을 보여 준다. 다른 사람의 배신을 알아차렸을 때 인간은 자신이 손해를 보는 한이 있더라도 그 배신을 응징하고자 한다. 소크라테스의 마지막 논박은 올바른 사람은 어떠한 상황에서도 다른 사람에게 해를 끼치지 않는다는 것이다.

폴레마르코스의 주장과 그것의 문제점을 하나씩 따져 보자. 폴레마르코스는 각자에게 갚을 것을 갚는 것이 올바르다는 시모니데스의 말이 훌륭한 말인 것 같다고 하였다. 폴레마르코스는 무심코 시모니데스를 거론하였을 것이다. 아테나이에서 그 시인의 말을 논거로 들었을 때 누가 시비를 걸겠는가 하는 마음이 있었을 테니. 굳이 반성해 보지 않아도 되는 것이다. 무반성적이라는 점에서 그는 아버지 케팔로스와 마찬가지다. 무반성도 상속을 한 셈이다. 비아냥인지 진지한 응대인지 알 수 없는 소크라테스의 대답이 이어졌다. 아테나이에서는 시모니데스의 말을 안 믿는 게 어렵다, 아테나이 사람이라면 다 아는 시인이자 신과 같은 분이니 말이다. 그런

데 그런 사람이 한 말을 두고 그게 무슨 뜻으로 한 말인지를 모르겠다고 말하는 소크라테스의 의도는 뭘까? 폴레마르코스가 정확하게 알고 있는지 자신에게 설명해 보라는 것이다. 폴레마르코스는 이제부터 소크라테스와의 대화를 통해 자신도 모르게 논증하는 법을 본격적으로 배우게 된다. 그것은 무엇보다도 시인 시모니데스의 권위에 의존하지 않는 것에서 출발했다.

케팔로스가 내놓았던 올바름의 의미규정은 타인의 상황을 고려하지 않고 자신에게만 올바른 것이었으니 일종의 '자기관계적 올바름'이었다면, 폴레마르코스가 내놓은 그것은 공동체의 삶에서 만나게 되는 친구와 적을 고려한 일종의 '타자관계적 올바름'이다. 이렇게 본다면 의미규정의 상속은 이루어지지 않은 셈이다. 소크라테스는 논변의 핵심을 바꾸어 시인 시모니데스가 말하는 방식이 시인답게 '암시적'인 것이었음을 지적하고 그것을 조금은 보편적인 것으로 바꾼다.

폴레마르코스는 친구끼리는 좋은 일을 하고 나쁜 일은 하지 않는 게 마땅하며 적에게는 나쁜 것을 갚아야 한다고 설명했다. 여기서 폴레마르코스는 그것이 '합당한 것'이라고 말했고, 이에 소크라테스는 시모니데스가 '올바른 것은 합당한 것을 갚는 것'이라고 한 것이냐고 확인했다. 논의가 조금은 추상적으로 되었다. 친구와 적의 구별도 중요하지만 더 중요한 것은 친구가 되었든 적이 되었든 각각에게 합당한 것을 갚는 것이다. 내가 너에게 뭔가를 갚아야 하는데 그게 너에게 합당한 것인지를 알아야 제대로 갚을 수 있다.

그러려면 합당한 것인지를 알아낼 방책이 있어야 한다. 이 방책은 소크라테스가 보기에 일종의 기술(tekhnē)이다. 이 기술을 잘 사용하는 것이 올바름일 것이다. 소크라테스가 폴레마르코스를 논파한 첫째 단계는 소크라테스가 폴레마르코스를 난문(aporia)에 빠지게 하는 과정이기도 하다. 내가 친구에게 뭔가를 갚았는데 그게 친구에게 별다른 이득이 없거나 심지어 손해를 끼친다면, 갚는 기술을 잘 모르는 것이다. 알기는 알았는데 잘 사용하지 못했을 뿐이라고 봐줘서는 안 된다. 기술을 잘 안다는 것은 그것을 잘 사용하는 것까지 포함하는 것이기 때문이다. 내가 적에게 뭔가를 갚았는데 적이 그것을 받고도 별로 고통스러워하지 않거나 심지어 이득이 되어 버렸다면 그것 역시 기술을 잘 모르는 것이고 잘 사용하지 못한 것이다. 여기서 잘 알고 잘 사용하는 것의 기준으로 나온 게 이익과 손해다. 폴레마르코스의 말처럼 친구에게 좋은 일을 하고 적에게는 나쁜 것을 갚으려면 좋은 일 하는 기술과 나쁜 일 하는 기술을 잘 알아야 한다. 폴레마르코스는 소크라테스와 대화를 하면서 이것을 알아차리고 올바름은 "친구들과 적들에 대해 각각 이득을 주고 손해를 입히는 방책"이라고 일단 결론을 내렸다. 폴레마르코스의 의미규정에서 핵심적인 것은 친구와 적의 구별이다. 이는 아테나이에서 널리 통용되는 올바름의 규준이다.

둘째 단계에서 소크라테스는 친구와 적의 구분이 확실한지를 물었다. 친구에게는 이익을 주고 적에게는 손해를 준다고 하지만, 친구가 언제나 친구가 아니고 적이 언제나 적이 아니라면 어떻게 할 것인가. 폴레마르코스는 사실 친구와 적에 대한 확고한 기준을 가지고 있지 못하였다. 자기가 착하다고 생각하는 이들이면 친구로 여기고, 못된 이들로 생각하는 사람들이면 적으로 여긴다는 것이었다. 그저 자신이 보기에 그럴듯한 기준만을 가지고 있었던 것이다. 친구가 어디에 속하는가? 선량한 사람에 속하는가? 선량하지 않은 사람에 속하는가? 영원히 선량한가? 어쩌다 보니 한순간 선량했을 뿐인가? 아니면 선량해질 가능성이 있는가? 폴레마르코스는 '친구는 선량해 보인다'고 했다. 이 말은 선량함이 어떤 사람에게 우연히 속하게 된 성질인지 아니면 본질적인 속성인지 모르겠다고 자백한 것이다.

진짜로 선량한 사람과 진짜로 선량하지 않은 사람을 구별하지 못하면 어떤 일이 벌어지겠는가. 진짜로 선량한 사람을 그렇지 않은 사람으로 착각하여 그에게 해를 주게 되고, 진짜로 선량하지 않은 사람을 선량한 사람으로 착각하여 그에게 이로움을 주게 된다. 소크라테스에게는 친구와 적의 구별도 중요하지 않고, 이득과 손해를 주는 기술도 중요하지 않고, 정말로 중요한 건 진짜로 착한 사람과 그렇지 않은 사람을 구분하는 것이다. 그걸 구분하지 못하면 어떻게 되는가. 소크라테스가 정확하게 알려 주었다. 못된 사람들에게 이롭게 해 주고, 좋은 사람들에겐 해롭도록 해 주게 된다. 잘못된 판단으로 적과 친구의 판단이 모호해진다. 사람의 실체를 모르니 나에게 좋으면 좋은 것이고 나쁘면 나쁜 것이다. 실제로는 좋은 사람인데도 내가 그 사람을 선량하다고 판단하지 못하면 선량한 사람에게 해를 끼치게 된다. 대상의 진짜 모습과 관계없이 내 느낌에 따라 올바름이 정해진다. 폴레마르코스의 올바름 개념은 그럴싸해 보이는데, 친구와 적의 실체를 분별해야 하는 상황에 이르면 혼란을 일으킨다. 작동불능 상태에 빠진다. 결국 소크라테스의 지적처럼 "시모니데스가 말했다고 한 것과는 정반대의 말"을 하게 된다.

폴레마르코스는 자신이 가진, 친구와 적의 구분 기준을 고쳐야 함을 깨달았다. "선량하다고 생각(판단)될 뿐만 아니라 실제로도 선량한 사람을 친구로 규정하자"는 것이다. 이런 과정이 소크라테스가 대화를 끌고 가는 방식이다. 자신의 주장을 적극적으로 내세우기보다는 상대방의 주장을 세밀하게 살펴서 그것이 가진 결함을 지적한다. 지적을 받은 상대방은 자신의 처음 주장을 고친다. 폴레마르코스는 소크라테스를 따라 여기까지 왔다. 자신이 처음 내놓은 친구와 적의 규정을 고친 것이다. 대화는 다른 단계로 들어섰다.

소크라테스는 일단 폴레마르코스의 새로운 규정은 그냥 두고 다른 식으로 물었다. 다른 사람에게 해를 끼치는 것이 과연 올바른 사람이 할 짓인가를 물은 것이다. 폴레마르코스가 새롭게 내놓은 규정에 따르면, 본질적으로 친구인 자와 적인 자에게 이익을 주고 손해를 주는 것이 올바름이다. 여기서 소크라테스가 올바른 사람이 할 일은 무엇인지를 물었다. 남에게 해로운 짓을 하는 게 사람이 할 짓이냐고 묻는 것이다. 일테면 인간은 배신을 잘하는 존재라고 했다. 배신을 응징하고자 하는 것도 거의 본능에 가깝다고 했다. 더구나 배신을 응징하는 것은 옳다고들 한다. 그 기술을 가지고 있어서 아주 정교하게 배신자를 응징하는 것은 옳은 일일까? 소크라테스는 단호하게 아니라고 말했다. 상대가 누구든 해를 입히는 것은 올바른 이가 해서는 안 되는 일이다. 케팔로스나 폴레마르코스가 전통적인 올바름의 기준을 지키려고 하는 궁극적인 이유는 평판을 잃지 않기 위해서인데, 사실 평판은 한순간이다. 그들에게 올바름은 목적이 아니라 도구이다. 이 도구는 해로움의 도구이기도 하다.

    소크라테스에게 올바름은 수단이나 기술에 관한 앎이 아니다. 필연적이고 본질적으로 선을 증진시키는 것이며 보편적인 것이다. 그것은 친구와 적을 가르는 폴리스의 관습에 근거할 수도 없다. 폴레마르코스는 그러한 관습의 근거가 헬라스의 시인 시모니데스인 줄 알았다. 그런 그에게 소크라테스는 시모니데스가 아니라 '진짜 나쁜 사람들'이라고 가르쳐 주었다. 그들은 코린토스의 참주, 마케도니아의 왕, 페르시아의 왕, 테바이의 정치가였다. 폴레마르코스는 심란해졌을 것이지만 그의 신념이 흔들리면서 올바름에 관한 앎으로 나아갔으니 이 대화는 충분히 가치 있는 것이었다.

    이 대화를 간략하게 정리해 보자. 폴레마르코스는 올바름은 친구를 이롭게 하고 적을 해롭게 하는 것이라 했다. 소크라테스의 첫째 반론은, 이롭게 한다고 해서 이롭게 되지 않는 경우도 있기에 그러한 기준은 때로는 옳지만 때로는 옳지 못하다는 것이다. 직접적인 일차적 반박이다. 어떤 사태를 검토할 때 현실에서 벌어진 사례를 가지고 검토하는 경우이다. 소크라테스의 둘째 반론은 폴레마르코스가 주장하는 올바름의 수행 기술이 도둑질, 속임수 기술이라는 것이다. 여기에는 약간의 가치 판단이 개입되어 있다. 셋째로는 친구와 적이라 지칭한 사람들이 진짜 친구, 진짜 적인지를 묻는다. 대상에 대한 본질적 규정과 우연적 규정을 시도한 것이다. 마지막으로는 올바름이라는 게 본래 어떤 것인지를 물었다. 우리는 케팔로스와의 대화, 폴레마르코스와의 대화를 읽으면서 일상생활에서 자주 겪게 되는 대화와 논박 방식을 터득하게 된다.

  마지막으로 폴레마르코스가 자신의 논거로 들었던 시인의 문제를 살펴보자. 이것은 논리적으로 반박할 수 있는 것이 아니다. 일종의 집단적 관습의 문제다. 폴레마르코스가 시인의 말에 권위가 있다고 했을 때 소크라테스가 '난 못 받아들이겠다'고 곧바로 우겼다면 더이상 대화는 진전되지 않았을 것이다. 소크라테스가 참주의 이야기를 가져온 것은 의미심장한 것이다. 이 대화의 서두에서 우리는 폴레마르코스가 '민주파'에 속하는 사람임을 알았다. 그런 그가 자기도 모르게 참주들이나 나쁜 정치가의 말에 동의하고 있었다면 심각한 자기모순 아니겠는가. 소크라테스가 노린 것은 이것이었을 것이다.

  우리의 삶은 고난과 굴곡과 번민의 연속이다. 언제나 똑같은 기준을 적용하면서 올바르게 살고 싶지만 현실은 만만치 않다. 올바름은 누구에게나 좋음을 준다고 하지만 이는 현실적으로 불가능하다. 그것을 현실화하기 위해서 공동체에서의 역할을 법으로 정하고 그것에 충실하게 사는 방법도 고려해 볼 수 있을 것이지만 이는 '집단주의'라는 비난을 받기 쉽다. 플라톤이 앞으로 제안할 정치 공동체가 그런 모습을 띠고 있기도 하다. 집단 속에서의 역할에 충실하기보다는 상황과 사람들 사이의 관계에 따라 '융통성 있게' 처리하는 것을 좋아하는 한국에서는 플라톤의 역할 중심주의가 별 쓸모없다는 것을 알려 주는 듯도 하다. 학문은 경험을 넘어서는 보편적인 것을 추구한다. 플라톤은 여기서 사유실험을 하는 것이다. 철학이 쓸데없는 학문이라고 비난받을 순 있지만 이러한 사유실험을 포기할 수는 없다. 우리가 현실의 삶에서 갈림길에 섰을 때 '어떤 경우에도 이것을 해야 한다'와 같은 원칙을 철저하게 따르는 경우는 거의 없다. 그때그때 이랬다저랬다 하는 게 우리의 삶이다.

4. 트라쉬마코스: 강자의 편익으로서의 올바름과 세상의 이치
(336b~354c)

소크라테스와 폴레마르코스가 대화를 중단한 틈을 타서 "여러 차례 논의에 끼여 들려고" 했던 트라쉬마코스가 마침내 "야수처럼, 혼신의 힘을 가다듬어 찢어발기기라도 할 듯이" 덤벼든다. 트라쉬마코스는 소크라테스의 대화 방식을 비난한다. "저게 바로 소크라테스의 상투적인 그 '시치미떼기 술법'(eirōneia)이죠. 그거야 제가 알고 있었죠." 그는 "올바른 것이 무엇인지를 정말로 알고자 하신다면, 묻기만 하시지도" 말고 "주장하시는 바를 분명히 그리고 정확히 해" 달라고 압박한다.

    소크라테스는 자신이 진실을 말한다고 한다. 트라쉬마코스는 자신이 올바름에 관해 "앞의 모든 것과도 다른, 아니 그것들보다 더 나은 대답을 제시한다면" 어찌 하겠는지를 묻는다. 소크라테스는 "알지 못하는 자로서 받아 마땅한 벌", 즉 "지자知者한테서 가르침을 받는 것이 아마도 합당할 것"이라고 대답한다. 트라쉬마코스는 "가르침을 받는 것 이외에 벌금"도 물어야 한다고 요구한다. 소크라테스는 돈이 없으니 "돈이 생기는 대로" 지불하겠다고 하나, 글라우콘은 "저희 모두가 소크라테스 선생님을 위해 갹출"을 하겠다고 한다. 소크라테스는 자신이 적극적인 주장을 개진할 수 없음을 거듭 강조하고 트라쉬마코스에게 가르침을 청한다. 이로써 그들의 주고받음은 일단락되고 올바름에 관한 트라쉬마코스의 의미규정이 제시된다.

    트라쉬마코스는 "올바른 것(to dikaion)이란 '더 강한 자'(ho kreittōn)의 편익(이득: to sympheron)"이라고 제시한다. 그는 논의를 거친 뒤 소크라테스의 요청을 받아들여 "더 강한 자"를 "법률(nomoi)을 제정"하는 자로 수정하고, 그들이 "자기의 편익을 추구"한다고 말한다. "민주 정체(dēmokratia)는 민주적인 법률을, 참주 정체(tyrannis)는 참주 체제의 법률을,

그리고 그 밖의 다른 정치 체제들도 다 이런 식으로 법률을 제정"하고, "일단 법 제정을 마친 다음에는 이를, 즉 자기들에게 편익이 되는 것을 다스림을 받는 자들에게 올바른 것으로서 공표하고서는, 이를 위반하는 자를 범법자 및 올바르지 못한 짓을 저지른 자로서 처벌"한다는 것이다.

소크라테스는 트라쉬마코스의 규정에서 '올바른 것이 편익이 되는 것'이란 점에 대해서는 동의한 뒤, '더 강한 자의 것'이라는 말은 검토를 하겠다고 한다. 그의 검토는 더 강한 자, 즉 법률을 제정하는 자의 "실수"가 능성, 즉 통치자의 기술에 집중된다. 트라쉬마코스는 통치자들도 "어떤 점에서는 실수를 할 수도 있는 이들임에 틀림"없다는 것을 인정하지만, "그렇더라도 통치자들이 지시하는 것은 무엇이나 다스림을 받는 이들로서는 이행하는 것이 올바르다"는 것을 동시에 주장한다. 서로 어긋나는 이 주장들을 소크라테스는 다음과 같이 묶는다. "그렇게 되면, 통치자들한테 그리고 더 강한 자들한테 편익이 못 되는 것을 이행하는 것이 올바르다는 것에도 선생이 동의하였다는 것을 또한 생각하시오." 소크라테스의 이 말에 폴레마르코스가 동의하고, 이에 대해 트라쉬마코스의 추종자인 클레이토폰은 "선생님께서 더 강한 자의 편익이라 말씀하신 것은 더 강한 자가 자기에게 편익이 될 거라고 생각한 것을 두고 하신" 것이라 옹호하지만, 이 둘의 논쟁은 여기서 그친다. 소크라테스가 "그건 아무것도 다를 게" 없다고 하기도 했지만, 트라쉬마코스에게 어떤 뜻인지를 다시 물었기 때문이다. 트라쉬마코스는 분명히 말한다. "그 어떤 전문가도 실수를 하지 않습니다." 소크라테스는 트라쉬마코스의 재규정에 쐐기를 박는다. "다시는 그와 같은 문제가 우리 사이에 발생하지 않도록 하기 위해서, 통치자로 그리고 더 강한 자로 선생이 말하는 것이 다음의 둘 중에서 어느 쪽인지를 확정하시오. 흔히 말하는 그런 사람인지, 아니면 엄밀한 뜻으로 말하는 그런 사람으로서, 더 강한 자인 그의 편익을 더 약한 자로서는 이행하는 것이 올바른 것이라고 선생이 말한 그런 사람인지를 말씀이오." 이에 트라쉬마코스는 "가장 엄밀한 뜻으로 통치자(ho arkhōn)인 자"라고 대답한다.

소크라테스는 '더 강한 자'가 재규정되자, 앞서 논외로 하였던 편익을 재검토하기 시작한다. 그의 주장은 이러하다. 모든 기술은 "그 기술이 관여하는 대상에 편익이 되는 것을 생각"한다는 것. 이것에 동의한다면 "그 어떤 전문적 지식(epistēmē)도 더 강한 자의 편익을 생각하거나 지시하지 않고, 오히려 더 약한 자이며 제 관리를 받는 자의 편익을 생각하며 지시"한다는 것에도 동의하게 된다. 트라쉬마코스는 자신이 난문에 빠졌음을 알아차리고 소크라테스의 말에 "겨우 동의"한다. 소크라테스는 매듭을 지어 말한다. "트라쉬마코스 선생, 그 밖의 다른 어떤 통솔(다스림: arkhē)을 맡은 사람이든, 그가 통솔자(다스리는 자)인 한은, 자신에게 편익이 되는 걸 생각거나 지시하지 않고, 통솔(다스림)을 받는 쪽 그리고 자신이 일해 주게 되는 쪽에 편익이 되는 걸 생각거나 지시하오."

모두에게, 올바른 것(to dikaion)의 정의定義(logos)가 정반대의 것으로 뒤바뀌어 버렸음이 명백해진다. 트라쉬마코스는 질문한다. "소크라테스 선생! 선생께서는 보모가 있기나 합니까?" 트라쉬마코스가 보기에 소크라테스는 세상물정을 모르는 어린아이, 즉 "지극히도 순진하신" 사람인 것이다. 트라쉬마코스는 소크라테스가 세상의 이치가 아닌 "다른 어떤 것을 염두에" 두고 있다고 생각한다. "양을 치는 이들"은 양을 기쁘게 해 주기 위해서가 아니라 양을 통해 이득을 얻기 위해 양을 돌본다. 통치자도 마찬가지다. 그들은 "상호 간의 계약 관계에 있어서"나, "나라와 관계되는 일에 있어서"나 자신에게 이득이 되는 것을 취한다. 이는 "참주 정치"다. "부분적으로 올바르지 못한 짓을 한 사람들"은 "신전 절도범이나 납치범, 가택 침입 강도나 사기꾼 또는 도둑"이라 불린다. "그러나 어떤 사람이 시민들의 재물에 더하여 그들 자신마저 납치하여 노예로 만들게 될 땐, 이들 부끄러운 호칭 대신에 행복한 사람이라거나 축복받은 사람"이라 불리게 된다. "올바르지 못한 짓이 큰 규모로 저질러지는 경우에는, 그것은 올바름보다도 더 강하고 자유로우며 전횡적인 것"이다.

    트라쉬마코스는 이렇게 세상의 이치를 밝혀 보였지만 난문에서 빠져나오지 못했으며, 그 자리를 떠나려고까지 한다. 이에 소크라테스는 트라쉬마코스가 "그것이 과연 그런지 또는 그렇지 않은지를 충분히 가르쳐 주거나 우리 스스로 알게 되기도 전에"는 떠나지 않도록 압박하는 한편, 이 논의가 "각자가 어떻게 삶으로써 가장 유익한 삶을 살 수 있게 될지, 그 삶의 방식을 결정"하는 일에까지 관여되어 있음을 알린다. 여기서 논의는 "우리가 더 나쁘게 살게 되든 또는 더 훌륭하게 살게 되든" 논쟁적 개념들의 저변에 놓여서 그것들을 근본적으로 규정하는 삶의 방식에 관한 것으로 전환되는 듯하지만, 소크라테스는 그것을 잠깐 논외로 하면서 여전히 올바름과 이득의 관계라는 주제에 집중한다. 그로서는 아직 납득이 안 갈 뿐더러 "올바르지 못함이 올바름보다도 더 이득이 된다고는 생각하지" 않는다는 것이다.

    소크라테스는 자신이 집중하는 주제로 되돌아가서, 트라쉬마코스가 말하는 목자는 "양의 최선의 상태를 염두에" 두지 않고 "돈벌이를 하는 사람" 같다고 주장한다. 이들은 참다운 목자가 아니다. 마찬가지로 참된 통치자들은 돈벌이를 하는 사람들이 아니다. 참된 통치자들(alēthinos arkhōn)의 삶은 다른 사람을 위하는 삶이다. 그들은 이득이 되지 않음을 알면서도 통치자의 삶을 살아간다. 소크라테스가 "그런데도 선생은 나라들에 있어서 통치자들이, 즉 참된 통치자들이 자진해서 통치를 하는 줄로 생각하시오?"라고 물었을 때, 트라쉬마코스가 "결코 그렇게는 생각하지 않습니다. 그 점은 잘 알고 있습니다"라고 대답할 수밖에 없었던 까닭이 여기에 있다. 통치는 이득이 되지 않는 일인데 누가 그것을 하려 하겠는가. 소크라테스는 트라쉬마코스와의 공감을 계기로 삼아 "어떤 형태로든 결론에 이를 수 있도록", 각기 다른 기술들, 즉 통치를 하는 기술과 이득을 얻는 기술은 "그 각각이 우리에게 제공해 주는 이득도 특유한 것"임을 논증하려 한다. 여기서 소크라테스가 제시하는 것은 대상을 위해 행해지는 기술과 "보수획득술"의 구별이다. "전문가들이 보수를 받아서 이득을 보는 것은 보수획득술을 추가적으로 이용함으로써 되는 것"이다. 예를 들면 "의술은 건강을 생기게 하나, 보수획득술이 보수를 생기게" 한다. "다른 모든 기술도 이와 마찬가지로 저마다 제 기능(일: ergon)을 하며, 그 각각이 맡도록 되어 있는 그 대상을 이롭도록" 하되 이득을 얻고자 한다면 보수획득술을 따로 행해야 하는 것이다.

  소크라테스는 이것을 글라우콘에게 확고하게 말한다. "자넨 명예에 대한 사랑과 금전에 대한 사랑이 창피스러운 것이라고들 말할 뿐만 아니라 실제로도 그러한 것임을 모르고 있는가?" "훌륭한 사람들이 돈 때문에도 명예 때문에도 통치하고자 하는 일이 없는 것은 바로 그 때문일세." 소크라테스는 참된 통치자가 행하는 통치술에서 돈과 명예를 떼어 낸다. 그가 보기에 참된 통치자에게는 "자기보다 못한 사람한테 통치를 당하는 것"이 "최대의 벌"이며 "훌륭한 사람들이 정작 통치를 맡게 될 때는, 그런 벌을 두려워해서 맡는"다.

소크라테스와 글라우콘은 '어떤 삶이 훌륭한 삶인가'에 관한 논의를 어떻게 전개할 것인지를 정리하고, 소크라테스는 트라쉬마코스에게 질문한다. 트라쉬마코스는 "올바르지 못함은 유익하지만, 올바름은 그렇지 못하다"고 대답한다. 이에 대해 소크라테스는 다시 묻는다. "올바르지 못한 사람들이 분별 있고 훌륭한 사람들로 생각되나요?" 트라쉬마코스는 단호하게 '그렇다'고 대답한다. 가치전도의 입장을 취하고 있는 트라쉬마코스에 대응하여 소크라테스는 "전문 지식이 있는 이는 지혜롭겠죠?", "지혜로운 이는 훌륭하고요?"와 같은 질문을 계속하고, 트라쉬마코스는 이 물음들에 대해 "질질 끌려 가다가 가까스로, 그것도 엄청나게 땀까지 뻘뻘 흘리다가 동의"한다. 두 사람은 "올바름은 [사람의] 훌륭함(덕: aretē)이며 지혜이지만, 올바르지 못함은 나쁨(악덕: kakia)이며 무지라는 데 서로 합의"한다.

소크라테스는 올바름의 속성에 관한 또 다른 주장을 전개한다. 그에 따르면 "한결 더 지혜로우며 훌륭하고 한결 더 유능하게 일을 해낼 수 있는 사람들 쪽이 더 올바른 이들인 반면에, 올바르지 못한 이들은 아무것도 서로 어우러져 일을 해낼 수가 없는 것"임이 드러난다. 올바름은 강하고 유능한 것이기도 한 것이다. 더 나아가 올바름에 관한 논의는 "예사로운 것에 관한 것이 아니라, 어떤 생활방식으로 살아가야만 하는지에 대한 것이기 때문"에 "올바른 이들이 올바르지 못한 자들보다도 또한 더 훌륭하게 살며 더 행복한가 하는 것"도 검토해야만 한다. 소크라테스에 따르면 '사는 것'은 혼(psykhē)이 하는 일이다. "그렇다면 나쁜 상태의 혼으로서는 '잘못'(kakōs) 다스리고(통솔하고) 보살피겠지만, 훌륭한(좋은) 상태의 혼으로서는 이 모든 일을 훌륭하게(잘) 해내게(eu prattein) 될 게 필연적"이다. "그러니까 올바른 사람은 행복하되, 올바르지 못한 사람은 불행"하다.

  소크라테스는 케팔로스, 폴레마르코스, 트라쉬마코스와의 대화를 통해 올바름에 관한 당대의 몇 가지 견해를 검토했다. 글라우콘과의 대화는 논의를 정리하는 데 그쳤으나 '어떤 삶이 훌륭한 삶인가'라는 추상적인 물음을 내놓음으로써 향후 그와 더불어 전개할 대화 주제를 예고했다. 소크라테스도 지적했듯이 지금까지는 '올바름 자체'를 논의하지 않았다. "'올바른 것이 도대체 무엇인지'를 알아내기도 전에, 그건 내버려둔 채로, 그것이 '나쁨'(나쁜 상태, 악덕)이며 무지(amathia)인가, 아니면 지혜(sophia)이며 '훌륭함'(훌륭한 상태, 덕)인가 하는 데 대한 검토에 착수"했던 것이다. "올바른 것이 무엇인지를 내가 알지 못하고서는 그것이 일종의 '훌륭함'(덕)인지 아닌지를, 그리고 그것을 지닌 이가 불행한지 아니면 행복한지도 내가 알게 될 가망은 거의 없을 것이기 때문"에 시간과 장소, 공동체의 환경 등과 같은 우연적이고 부수적인 것들에 관여되지 않는 올바름 그 자체를 논의해야만 한다.

  소크라테스가 폴레마르코스의 집에 붙들려 가서 대화를 시작했다 해도 케팔로스나 폴레마르코스와의 대화가 험악한 분위기에서 진행된 것은 아니었다. 케팔로스는 나름대로 점잖은 노인이었고, 폴레마르코스는 마지막에 소크라테스의 말에 설득되어 자신의 생각을 바꾸기까지 하였다. 그들은 아테나이뿐만 아니라 헬라스 세계 전체에서 대체로 받아들여지는 세상의 이치에 따라 살던 사람들이었다. 사람들 틈에 끼어 살아가다 보면 그런대로 터득하게 되는 그런 이치 말이다. 소크라테스가 밝혀낸, 폴레마르코스의 올바름의 의미규정의 원천은 '부유한 참주'의 것이라 할 수 있다. 그들은 부와 정치 권력을 결합하여 지배력을 만들어 낸다. 폴레마르코스는 공동체 구성원에게 이로운 것을 고려하는 민주적 성향은 가지고 있었으나 이 체제가 금권과 결합하면 쉽사리 참주정으로 훼손되어 간다는 것은 모르고 있었다.

이제 트라쉬마코스와의 대화가 시작되었다. 이미 그는 여러 차례 험악하게 대화에 끼어들려고 했었다. 플라톤은 이처럼 분위기가 좋지 않은 상태에서 대화가 전개되었음을 알려 준다. 트라쉬마코스는 왜 야수처럼 덤벼들었을까? 대화 상대자의 등장과 퇴장에 관하여 플라톤의 대화편이 사용하고 있는 방식을 살펴볼 필요가 있을 것이다. 대화 내용도 앞의 두 사람과의 대화와는 많이 다르다. 사적인 관계에서의 올바름이 아니라 집단에서의 올바름을 따져 묻고 있으니 더 복잡하다.《국가》첫 권에서 제시되고 있는 이 세 사람과의 대화는 우리가 세상을 살면서 올바름을 주제로 남들과 이야기할 때 부딪힐 만한 웬만한 경우를 망라하고 있다.

트라쉬마코스는 대화 내용 자체도 문제삼았지만 소크라테

스의 대화 방식도 문제를 삼았다. 소크라테스는 어떤 이와 대화할 때 그의 주장을 들은 뒤 질문을 되풀이하여 그것이 참인지를 확인하려 한다. 이는 '논박'(elenkhos)이라 불리는 것으로 대화 상대자에게 '무지의 자각'을 불러일으킴으로써 지적인 '공동탐구'(syzētēsis)에 참여시키려는 의도를 가지고 있다. 소크라테스의 논박은 어떤 주장을 전면적으로 부정하는 것이 아니라, 그 주장이 가진 진리의 조각을 보존하면서 허위의 측면을 폐기해 나가는 '규정적 부정'規定的 否定이다. 이런 식으로 대화가 계속되면 부정적 계기는 제거되고 적극적 긍정적 귀결에 이르게 되는데, 이 귀결은 대화의 출발점보다 상위의 입장에 올라선 것이다. 이 방법을 사용하지 못하도록 트라쉬마코스가 소크라테스를 압박했던 것은 처음부터 적극적인 주장을 펼칠 것을 요구하는 것이고, 이는 타인의 주장이 제시되지 않는다면 소크라테스가 논의를 시작조차 할 수 없음을 함축하는 것이기도 하다.

소크라테스는 계속해서 상대의 말을 캐묻는다. 대화하는 상대가 뭘 모르고 있는데 스스로 잘 알고 있다고 착각하고 있다면 일단 '네가 뭘 모르고 있다'는 것부터 깨우쳐 줄 필요가 있다. 이 과정에서 소크라테스의 논박이 타박이나 면박으로 여겨져 짜증이 난다면 대화는 중단되겠으나, 무지를 깨닫게 된다면 상대방은 참다운 앎으로 나아가는 발판을 마련하게 될 것이다. 다음 단계부터 소크라테스의 '산파술'(maieutikē)이 시작된다. 상대방의 무식함을 깨우쳐 주는 부정적 단계는 안 좋게 말하면 '시치미떼기'다. 트라쉬마코스는 초반부터 '내게 그런 수작 걸지 말라'고 경고하는 듯하다. 재미있는 것은 그렇게 경고를 했으면서도 결국 그는 소크라테스와 시치미떼기 방식으로 대화를 하게 된다는 것이다. 그가 올바름은 이런저런 것이라고 자기 의견을 내놓자 소크라테스는 어김없이 그게 정말이냐고 캐물었으며 그러다 보니 트라쉬마코스의 처음 주장은 정반대로 바뀌고 말았다. 그 단계에서 소크라테스는 폴레마르코스와의 대화에서처럼 상대의 주장을 되풀이하면서 자신의 주장을 적극적으로 펼치게 되었고, 난문에 빠진 트라쉬마코스는 마침내 소크라테스에게 동의하게 되었다.

대화의 뼈대를 추려 보자. 트라쉬마코스는 올바름은 '더 강한 자의 이익'이라고 말했다. '더 강한 자'는 통치자이다. 통치자는 통치의 기술을 가지고 있다. 그 다음으로 '이익'에 대해 살펴본다. 알아보니 이익이라 불린다고 해서 그게 다 똑같은 이익이 아니라는 게 밝혀졌다. 통치자가 기술을 제대로 사용한다면 통치자가 아닌 통치받는 사람들에게 이익이라는 게 드러났다. 소크라테스가 논박을 두 번 하고 나니 트라쉬마코스의 '더 강한 자'와 '이익', 두 가지가 깨져 버렸다. 트라쉬마코스는 곤란한 지경에 빠져 버렸고 첫째 단계의 논변이 끝났다. 트라쉬마코스는 세상의 이치를 들먹이며 나쁜 짓을 하는 게 이익이라고 주장했었다. 트라쉬마코스는 소크라테스에게 보모가 있기나 하냐고 호통을 쳐 가면서 이러한 이치를 강변했다. 소크라테스는 여기서 대화의 차원을 달리 한다. 수준을 높이는 것이다. 부정의는 정의보다 강한가, 올바른 이는 더 훌륭하며 더 행복한가, 혼을 보살피는 것은 어떠한가 등을 물으면서 세상을 어떻게 살아야 똑바로 살 수 있는가를 따졌다. 이게 어쩌면 참된 보모가 할 일 아니겠는가. 앞에서는 트라쉬마코스의 주장이 논리적으로 말이 되는 소리인지를 따졌다면 여기부터는 이른바 세계관을 논하는 것이다. 폴레마르코스와의 대화에서도 그랬다. 논리적으로 말이 되는지를 따지다 보면 대화 상대자는 곤경에 빠진다. 말싸움에 졌기 때문에 반항하지 않게 된다. 그런 상황에서 소크라테스는 세상을 똑바로 살려면 어떻게 해야 하는지를 가지고 상대방을 몰아붙였다. 이것이 소크라테스가 대화하는 방식이다. 논쟁을 할 때는 처음부터 상대방의 세상 사는 방식이 마음에 들지 않는다고 시작하면 안 된다. 처음에는 상대를 무미건조하게 논리적으로 반박하여 궁지에 몰아넣고 그 다음에 세계관의 문제를 건드려 무너뜨려야 한다. 물론 이는 굳이 건드릴 필요가 없는 것이기도 하다. 대화를 통해 자신의 세계관을 바꾸는 사람은 없다.

대화를 세부적으로 다시 살펴보자. 트라쉬마코스가 더 힘 센 자가 이득을 얻는 것이 마땅하다는 주장을 내지르면서 첫 단계 대화가 시작되었다. 더 강한 자가 정권을 잡으면 정권의 이익을 위해서 법률을 제정하는데, 그건 자기네들의 편익을 목적으로 하는 것이다. 정치 체제가 민주정이든 참주정이든 상관없다. 그것에 대해 소크라테스는 어떤 정치 체제에 대해서나 적용할 수 있는 보편적 기준을 암시적으로 제시했다. "이득이 되는 것인 동시에 올바른 것", 이것이 소크라테스가 말하는 궁극적 기준이자 최고선이다.

이것은 뒤에서 글라우콘과 아데이만토스가 그 자체로 올바른 것도 중요하지만 결과도 좋아야 함을 요구하면서 다시 거론된다. 최고선과 관련해서 세 가지를 따져 볼 수 있다. 첫째, 그 자체로 올바른 것이다. 둘째, 결과가 이득이 되는 것이다. 이것도 올바름이라 할 수 있다. 그 다음, 소크라테스가 여기서 말하는 것, 그것 자체로도 올바르고 누가 봐도 올바른 것, 우리는 이것을 추구한다.

　　소크라테스는 최고선에 대해 암시를 주고 트라쉬마코스의 주장을 검토하기 시작했다. 올바른 것이 아무튼 편익이 되는 것이란 점에 동의한다고 했다. 맞는 말처럼 보인다. 올바름이 이익이 되는지 어떤지는 모르겠으나 그게 좋은 것임은 분명하다. 직관적으로 그렇다. 여기서 소크라테스는 그것이 더 강한 자의 이익인지를 따져 보자고 했다. 트라쉬마코스의 말 중에 일부는 긍정하고 일부는 더 검토를 해야 한다는 것이다.

　　소크라테스는 더 강한 자인 통치자들이 실수를 할 수 있는지 아닌지를 물었다. 실수에 대해 묻는 이유는 그 사람이 통치의 기술을 가지고 있는지를 찾아보기 위해서다. 소크라테스의 질문에 대해 트라쉬마코스는 전문가나 현자와 마찬가지로 통치자들은 실수를 하지 않는다고 말했다. 통치자는 통치의 기술을 가진 자다. 통치의 기술은 어떻게 사용되는가. 의술은 의사가 아니라 환자의 몸에 이익이 되는 기술이다. 통치의 기술도 마찬가지다. 통치자가 통치의 기술을 가지고 있다면 그것을 통치의 대상이 되는 사람들의 이익을 위해서 쓴다. 대개 기술의 대상이 되는 사람들은 더 강한 자가 아니라 더 약한 자들이다. 전문적 지식은 더 강한 자의 편익을 생각하거나 지시하지 않고 오히려 더 약한 자, 관리를 받는 자의 편익을 생각하며 지시한다고 하는 소크라테스의 말은 반박할 수 없는 것이다. 이렇게 해서 기술은 관여하는 대상의 편익을 고려한다는 것을 도출했다. 올바른 것의 정의가 정반대의 것으로 뒤바뀌어 버렸다. 처음에 트라쉬마코스는 올바름이 더 강한 자의 이익이라 했는데 소크라테스와 대화를 하다 보니 그것은 '더 약한 자의 이익'으로 바뀐 것이다. 트라쉬마코스는 자신의 정의가 논박되었음을 알게 되었다. 이로써 첫 단계 대화가 끝났다.

트라쉬마코스는 느닷없이 소크라테스에게 보모가 있느냐고 물었다. 이걸 묻는 까닭이 무엇일까? 소크라테스를 세상의 이치를 모르는 사람으로 몰아가려는 것이다. 세상의 이치는 어떠한가. 올바름은 전혀 중요하지 않다. 얼마나 크게 해먹느냐가 중요하다. 크게 해먹으면 행복한 사람, 축복받은 사람이 된다. 올바르지 못한 짓이라 해도 그게 대규모로 저질러지면 그걸로 충분히 칭송을 받을 수 있다는 것이다. 그런 궤변을 늘어놓은 후 트라쉬마코스는 올바름에 관한 자신의 정의를 확언한다. "올바른 것은 더 강한 자의 편익이지만 올바르지 못한 것은 자신을 위한 이득이며 편익입니다." 이것이 그가 마지막으로 하려던 말이었다. 이 말을 한 다음 그 자리를 떠나려 했던 것이다. 소크라테스가 그를 붙잡았고 그는 남았고 대화가 다시 시작되었다.

트라쉬마코스가 남기고 떠나려던 말은 '올바름은 중요하지 않고 이익이 중요하다'는 것이다. 구체적으로 말해서 세상을 살아가는 목적은 돈을 벌기 위해서라는 것이다. 트라쉬마코스와 같은 소피스테스에게는 대상의 편익을 위한 가르침이 전혀 중요하지 않고 얼마나 돈을 벌 수 있느냐가 관심사다. 여기에서 소크라테스와 트라쉬마코스의 견해가 갈라지는 지점이 확실해진다. 트라쉬마코스와 소크라테스의 불합치는 '보수획득술'로 집약되었다. 트라쉬마코스가 '참주 정치'를 말하기도 했지만 이익을 근거로 삼는다면 모든 정체의 차이는 무의미해진다. 세상의 모든 영위와 기술에 돈이 관철되어 있다는 믿음을 바탕으로 삼는다면 모든 정체는 동일한 것이 된다. 소크라테스가 부정하는 것은 단순히 보수획득술이 아니라 이러한 세상의 이치인 것이다.

보수획득술이 거론되었으니 아리스토텔레스의 《니코마코스 윤리학》과 《정치학》을 참조하여 이것에 관하여 정리해 보자. 플라톤은 재산과 관련하여 '좋은 삶을 위한 재산'만을 정당한 것으로 인정한다는 점에서 아리스토텔레스와 같은 입장을 취한다고 할 수 있다. 헬라스 세계에서 가정은 기본적으로 생산의 영역이므로 가정경영을 위해서는 재산획득술이 필요하다. 가정경영술(oikonomikē)에는 재산획득술(ktētikē)이 포함되지만 "가정경영술이 재화를 획득하는 기술과 같지 않다는 것은 분명하다"(《정치학》, 1256a 11). 가정경영술은 재화를 획득하는 기술 이상인 것이다. 가정은 독립적인 자족(autarkēs)을 목적으로 한다. 재산을 획득하는 기술은 이 목적에 기여하는 한에서만 정당화될 수 있다. 재산을 획득하는 기술이 자체의 목적, 즉 '재산을 축적한다'는 목적을 가지게 되면 가정경영술에서 제외된다. 아리스토텔레스의 형이상학에 근거하면 가정의 목적은 자연적인 것이며, 재산 축적은 비자연적인 것이다. "좋은 삶을 살기 위한 이러한 종류의 재산에서의 자족은 한계가 없는 것이 아니다"(《정치학》, 1256b 30). '좋은 삶'은 가정의 목적도 포괄하며, 재산도 이것에 기여해야 하는 한계를 가진다. 가정만이 아니라 공적 영역인 폴리스도 재산과 관련이 있다. 이 영역에서도 재산과 재산을 획득하는 기술은 가정에서와 마찬가지로 좋은 삶을 위해 기여할 때에만 정당화될 수 있다.

아리스토텔레스는 사용과 교환을 구분한다. "모든 소유물의 사용에는 두 가지가 있는데, 양자는 그 자체로(kath' hauto) 소유물을 사용하는 것이지만, 그 자체로 소유물을 사용하는 것은 동일한 것이 아니다. 하나는 그 사물에 고유한 것이고, 다른 하나는 그 사물에 고유한 것이 아니다. 예를 들면 샌들은 신는 데도 사용되고, 또한 교환(metablētikē)에도 사용된다"(《정치학》, 1257a 8~10). 이것은 사물 자체의 사용과 교환을 위한 사용이다. 교환에는 한편으로는 자연적 교환, 즉 자족함과 필요에 따라서 행해지는 것이 있고 다른 한편으로는 비자연적 교환이 있는데, 대표적인 것이 상업이다. "교환술은 어떤 것은 충분한 것보다 더 많이 가지고 있고, 어떤 것은 충분한 것보다 더 적게 가지고 있는 인간의 자연적인 조건에 그 최초의 기원을 두고 있는 것이다. 바로 이 점에서 상업(장사, kapēlikē)이 재화를 획득하는 기술에 자연적으로 속하는 것이 아니라는 점이 또한 명백해지는 것이다"(《정치학》, 1257a 15~19).

화폐는 "삶에 필수적인 것들의 교환"(《정치학》, 1257b 1)을 위해 도입되었다. 이는 화폐의 자연적 역할이다. "일단 화폐가 도입되자 재화를 획득하는 기술의 또 다른 유형, 즉 교역 상업이 발생하게 되었다"(《정치학》, 1257b 2). 교역 상업은 가정을 벗어난 영역에서 일어난다. 화폐가 가정의 필요에 따라 도입되었지만 가정을 벗어난 영역으로까지 확장되면서 비자연적 교환과 축적의 수단이 된 것이다. 그렇게 되면 "이자놀이를 하는 기술"(obolostatikē)(《정치학》, 1258b 3)까지 생겨난다. "이러한 성향(diathesis)〔재산 축적 자체를 목적으로 하는 인간의 성향〕에 놓이게 되는 원인은 잘 삶(to eu zēn)이 아니라 삶(to zēn)에 몰두하는 것이다. 그러므로 삶에 대한 욕구는 무한정한 것이어서, 사람들은 또한 그것을 만들어 내는 것들에 대해서도 무한정으로 욕구하는 것이다"(《정치학》, 1258a 1~2). 아리스토텔레스는 '좋은 삶'이라는 목적에 포섭되지 않는 재산의 무한한 축적을 윤리적으로 올바르지 못한 행위로 간주한다.

이자놀이를 하는 기술, 흔히 하는 말로 '돈 놓고 돈 먹기'는 교환이 발전하는 네 단계(《정치학》, 1257a 이하) 중 마지막에 해당한다. 그 네 단계 중 첫째는 물물교환(C-C')이다. 물건과 물건을 가지고 와서 쌍방이 교환을 하려고 하지만 서로의 물건이 서로의 필요에 맞지 않으면 '욕구의 이중적 일치', 교환 당사자들의 욕구가 일치되는 일이 어렵게 된다. 이때 교환에 화폐가 개입(C-M / M-C' 또는 C-M-C')하는 둘째 단계가 발생한다. 이때는 교환의 가능성이 확장되어 구매 행위와 판매 행위가 시공간적으로 분리된다. 위 두 경우의 '목적'은 사용가치의 확장에 있으며, 둘째 경우 화폐가 등장하기는 하지만 그것은 직접적 교환을 효율적으로 수행하기 위한 '수단'일 뿐이어서 화폐는 '중립적 장막'(neutral veil)이라 불리기도 한다. 아리스토텔레스는 이러한 경우들을 목적과 수단을 근거로 하여 '자연적인 것'이라 본다. 셋째 단계는 더 많은 돈을 받고 물건을 팔기 위하여 화폐로 각종 재화를 구입(M-C / C-M' 또는 M-C-M')하는 것이다. 마지막 단계는 앞서 말한, 화폐를 가진 자들이 이자를 목적으로 고리대를 하는 경우(M-M)이다. 아리스토텔레스는 이를 "부끄러운 취득욕"(《니코마코스 윤리학》, 1122a 2)이라고도 일컫는다. 셋째와 넷째 경우는 화폐의 축적 자체를 목적으로 하므로 '비자연적인 것'이다. 아리스토텔레스에 따르면 이는 진정한 부가 아니다. 진정한 부는 가정 경제나 폴리스와 같은 공동체에 유용한 물건들의 집적이다. 화폐 총액을 증가시키기 위해 교환을 하는 것은 '가짜 종류의 부'이다.

  트라쉬마코스는 올바름에 대해 관심을 끊었다. 중요한 건 이익뿐이다. 그가 보기에는 어쨌든 올바르지 못함은 유익하지만, 올바름은 그렇지 못하다. 이것은 트라쉬마코스 한 사람만의 생각이 아닐 것이다. 당시 아테나이 사람들 대다수가 이렇게 생각하였을 것이다. 소크라테스가 트라쉬마코스에게, 올바르지 못한 사람들이 분별 있고 훌륭하다고 생각하느냐고 묻는 게 이상하지 않다. 이득을 만들어 내는 사람이나 돈 잘 버는 사람이 분별 있고 훌륭한 사람으로 칭송받는 요즘과 전혀 다르지 않다. 돈 많이 버는 것보다 올바르게 사는 것이 훨씬 더 중요한 것이라 믿고 있는 소크라테스에게 트라쉬마코스의 대답은 몹시 걱정스럽다. 그는 "올바르지 못한 사람의 삶이 올바른 사람의 삶보다도 더 낫다"고 하는 트라쉬마코스의 주장을 진지하게 문제삼기로 했다. 이 주장에 따르면 올바르지 못함이 유익하고 분별 있고 훌륭하고 지혜로운 것이다. 소크라테스는 트라쉬마코스의 말을 바꿔 버렸다. 트라쉬마코스는 이득이 된다고 말했지 더 낫다든가 분별 있다든가 훌륭하다고 말하지는 않았다. 소크라테스는 질문을 계속하여 트라쉬마코스와 합의에 이르렀다. 그것들은 다음과 같다. "올바른 사람은 지혜롭고 훌륭한 이를 닮았으되, 올바르지 못한 사람은 못되고 무지한 사람을 닮았"다는 것, "올바름은 [사람의] 훌륭함이며 지혜이지만, 올바르지 못함은 나쁨이며 무지"라는 것.

합의에 이른 소크라테스는 올바름이 강한지를 논의하고자 했다. 소크라테스는 어떤 나라가 강한 나라가 되려면 반드시 올바름을 갖추어야 하는지를 물었다. 올바르지 못한 나라가 강한 나라가 될 수 있는가. 아니다. 이는 한 나라에만 해당하는 것이 아니다. 강도단이나 도둑의 무리가 나쁜 짓을 하려 해도 적어도 그 무리의 구성원끼리는 서로 올바르게 대하는 것이 있어야만 한다. 이렇게 소크라테스는 극단적인 경우까지 거론했다. 나쁜 짓도 손발이 맞아야 한다는 말이다. 구성원들 사이에 올바름이 실현되어 있어야 그 집단이 나쁜 짓을 하더라도 강하고 유능하게 할 수 있지 않겠는

가. 이로써 올바름이 어떤 효능을 가지고 있는지가 밝혀졌다. 올바름은 분별 있고 훌륭하고 지혜로우며, 심지어 강한 것이기도 하다. 훌륭하고 지혜로우며 강한 것은 이익이 되는 것이다.

심각한 문제가 하나 남아 있다. 살아가는 과정에 올바름을 적용하는 일이다. 올바름이 무엇인지 잘 모르겠지만 어쨌든 그것이 있다고 하더라도 그것을 현실의 삶에서 실현하는 것은 다른 차원이다. 더 나아가 올바르게 살아서 도대체 뭐가 이익이 되는지를 보여야 한다. 이것은 세계관, 믿음의 차원의 문제이기에 '예사로운 것'이 아니다. 소크라테스는 이익이 되는지 아닌지는 나중에 따져 보기로 하고 일단 훌륭한 상태에 대해서 물어보았다. 우리 몸의 장기, 이를테면 눈은 훌륭한 상태에 있으면 제 기능을 발휘하고 나쁜 상태에 있으면 제 기능을 발휘하지 못한다. 마찬가지로 우리의 삶은 혼의 상태에 달려 있으므로 혼이 훌륭한 상태에 있으면 잘 살고, 그렇지 않으면 잘 살 수 없다. 여기까지 논의한 다음 소크라테스는 이렇게 말한다. "그러면 훌륭하게(잘) 사는 사람은 어쨌든 복 받고 행복할 것이나, 그렇지 못한 이는 그 반대일 것이오." 그는 '훌륭하게 잘 산다'와 '복 받고 행복하다는 것'을 곧바로 연결시켰다. 훌륭한 상태에 있는 혼이 그 기능을 제대로 발휘하면 훌륭하게 산다고 말한 것은 그럭저럭 수긍할 수 있지만, 훌륭하게 사는 사람이 행복하다는 것은 무엇이 행복인지를 규정하지 않으면 바로 연결시킬 수가 없다. 소크라테스는 행복이 무엇인지를 정하지도 않은 채 곧바로 "행복하다는 것은 이득"이라는 주장으로 옮겨 갔을 뿐만 아니라 이 모든 것이 올바름과 어떤 관계에 있는지도 밝히지 않았다. 논의가 이렇게 되었는데도 온화한 사람으로 바뀐 트라쉬마코스는 섣불리 축하를 한다. "소크라테스 선생! 이거야말로 벤디스 여신의 축제일에 선생을 위한 축하 잔치로 되게 하십시오." 그의 축하를 받으면서도 소크라테스는 자신이 논의를 제대로 하지 못했음을 자백한다. "그야 바로 선생 덕분이오, 트라쉬마코스! 선생이 내게 상냥하게 대해 주게 된 데다 사납게 대하길 그만두게 된 때문이었소. 그렇지만 실은 이 잔치가 흡족하지는 못했는데, 그건 내 탓이지 선생 탓은 아니오."

왜 흡족하지 못하다고 한 것일까? 소크라테스가 지금까지 대화한 사람은 세 사람이었다. 케팔로스와 폴레마르코스와의 대화에서는 그들의 구체적인 행동이 문제되었다. 신에게 제물을 바치고 사람들에게 빚지지 않고 사는 게 올바르다고 여기는 케팔로스나, 친구에게는 잘해 주고 적에게는 나쁘게 해 준다고 하는 폴레마르코스를 상대할 때는 그들의 행동이 애초에 의도한 결과로 이어지지 않는 반대 경우만 보여 주어도 충분히 반박할 수 있었다. 트라쉬마코스와 대화할 때는 달랐다. 구체적인 행동들이 아니라 추상적인 덕목들이 등장하였다. 그것들을 제대로 정리하지 못한 상태에서 대화가 계속되었다. 일반적으로 우리가 무엇인가를 규정할 때는 그것의 양태들을 나열한다. 이를테면 착한 사람에 대해 설명하고자 한다면 그 사람이 일관성 있게 하는 행동들을 거론하는데, 그 행동들 모두가 언제 어디서나 착한 것이 아니라는 반론이 있을 수 있다. '그 사람이 착한 건 맞는데 그 상황에서 그렇게 행동하는 건 아니지 않나'라고 생각할 수 있다. 이렇게 되면 착해서 그런 것인지 멍청해서 그런 것인지 알 수 없게 되어 버린다. 이걸 명확하게 정리하지 않은 채 '착하게 살면 행복하다'라든가 '착한 게 결국에는 이긴다'라든가 하는 말들을 하게 되면 사람들에게 정확하게 무엇을 어떻게 하라는 것인지 알려 줄 수가 없다. 오히려 '착하게 살다가 인생 망친 사람 많이 봤다', '그냥 대충 악하게 살려고 하니까 간섭하지 마라', '악하게 산다고 해서 고통받으며 죽는 건 아니지 않냐, 악하게 살던 놈들이 더 곱게 죽더라', '착하게 살면 죽어서 천국 간다고 하는데 그게 다 연약한 놈들이 자기합리화로 만들어 놓은 헛소리들'이라는 식의 반발을 불러올 가능성마저 있다. 이러한 일들이 벌어지는 상황에서는 착함과 멍청함에 속하는 것들이 무엇인지를 분명히 정하고 그것들이 서로 겹치지 않음을 보여 주기 전에는 '착하게 살아야 한다'고 권할 수 없다. '올바름'이 '착함'과 비슷한 것인지는 알 수 없지만 올바름이 무엇인지 알지 못하면 우리가 착함을 권할 때와 마찬가지의 상황에 부딪히게 될 것이다.

5. 올바름은 부정의보다 나은가?(357a~367e)

글라우콘은 자신들이 "진정으로 설득"되지 않았다고 말하면서 먼저 "좋은 것(agathon)"의 세 가지 종류를 열거한다. 첫째는 "우리가 그 결과를 바라서가 아니라 오직 그 자체 때문에 반기며 갖고자 하는 그런 것, 이를테면 기쁨이라든가, 또는 즐거움들 중에서도 해롭지 않은" 것이다. 둘째는 "우리가 그 자체 때문에 좋아할 뿐만 아니라, 그것에서 생기는 결과들 때문에도 좋아하는 그런 것"인데, "이를테면 슬기로운 것이나 보는 것 또는 건강한 것 따위"이다. 셋째는 "수고롭기는 하지만, 우리를 이롭게 하는 것들"로서 "우리가 이것들을 수용하려 하는 것도 그것들 자체 때문이 아니라, 보수라든가 그 밖에 그것들에서 생기는 결과 때문"인 것들이다.

소크라테스는 세 가지 중 둘째 종류의 것이 "가장 훌륭한 종류의 것"에 속한다고 생각한다. 글라우콘은 좋음은 그것 자체로 충분하며 결과는 고려할 필요가 없다고 말한다. "저는 그 각각이 무엇인지를, 그리고 그 각각이 혼 안에 깃들임으로써, 그 자체로서는 어떤 힘(능력: dynamis)을 갖는지를 듣고 싶을 뿐이지, 그 보수라든가 또는 그 밖에 그것들에서 생기게 되는 결과들에 관해서는 개의하고 싶지 않으니까요." "제가 바라는 것은 올바름이 그 자체로서 찬양받는 것을 듣고 싶다는 것입니다."

글라우콘의 형 아데이만토스가 개입한다. "무엇보다도 마땅히 언급되었어야 할 바로 그게 언급되지 않았"던 까닭이다. 그는 먼저 전통적인 교육의 내용을 지적한다. 그 교육은 "올바름을 그것 자체로 찬양하는 것이 아니고, 그것으로 해서 생기는 명성을 찬양하는 것"이다. 여기서 그가 거론하는 사례는 시인들의 주장들이다. 당대의 시인들인 헤시오도스, 호메로스, 무사이오스와 그의 아들 에우몰포스를 비판한다. 아데이만토스가 전하는, "시인들이 하고 있는 언급들"은 다음과 같다. "모두들 이구동성으로 되풀이해서 말하기를 절제와 올바름은 아름다운 것이긴 하되 확실히 힘들고 수고로운 것이지만, 무절제와 올바르지 못함은 달콤하고 얻기 쉬운 것이되 평판과 법으로만은 수치스러운 것이라고 합니다. 그러나 그들은 말하기를, 대개의 경우 올바른 것보다는 올바르지 못한 것들이 더 이득이 된다고 합니다."

아데이만토스는 "무사이오스와 오르페우스의 요란스런 책들"도 비판한다. 아데이만토스에 따르면 "이들은 개인들뿐만 아니라 나라들에 대해서도 설득하기를, 제물과 즐거운 놀이를 통한 면죄와 정화의 의식이 아직 살아 있는 자들뿐만 아니라 죽은 자들을 위해서도 그래서 있는 것"이라고 한다. "도가 지나친 짓을 하고 잘못을 저질렀다 하더라도, 신들한테 탄원을 하여 신들을 동하게 함으로써 벌을 받지 않고 방면될" 것이다.

아데이만토스는 이런 사례들을 거론하면서 올바름 그 자체를 논의의 대상으로 삼기를 요구한다. "시를 통해서건 또는 사사로운 이야기를 통해서건, 한쪽은 혼이 자신 안에 지닐 수 있는 나쁜 것들 중에서도 가장 나쁜 것인 반면에, 올바름은 가장 좋은 것임을 논변으로써(이론적으로) 충분히 펴신 분은 아직껏 아무도 없습니다." 아데이만토스의 요구는 다음 말로 집약된다. "선생님께서는 저희에게 비단 올바름이 올바르지 못함보다도 더 낫다는 주장만 밝히실 것이 아니라, 그 각각이 그것을 지니고 있는 당사자에게, 그 자체로서, 즉 신들이나 남들에게 발각되건 또는 그렇게 되지 않건 간에, 무슨 작용을 하기에, 한쪽은 좋은 것이지만, 다른 한쪽은 나쁜 것인지도 밝혀 주십시오."

소크라테스는 트라쉬마코스와의 대화를 끝냈으나 이는 참으로 끝난 것이 아니었다. '담대한 글라우콘'이 다시 물음을 내놓음으로써 올바름의 정의定義를 밝히는 차원으로 들어섰다. 이로써 앞서의 논의들은 '서론'으로 간주된다.

트라쉬마코스는 야수처럼 대화에 끼어들었고 도중에 제멋대로 자리를 뜨려고 했지만 겉보기와는 달리 속은 호인이었던 듯하다. 그런 그와 대화하면서 소크라테스는 그런대로 그를 설득하였고 심지어 축하까지 받았으나 흡족한 상태가 아니었다. '부정의不正義가 정의보다 나은 것은 아니다' 정도까지 어찌어찌 합의하였으나 올바름이 무엇인지 규정하지 않은 상태에서 논의가 진행되었기 때문에 썩 만족스럽지 않았던 것이다. '그게 나쁜 건 아니지'라는 식으로 말하는 것은 쉽다. 이 말 안에는 적극적인 지침이 들어있지 않기 때문이다. '바로 이게 좋은 것'이라고 해야 논의가 딱 떨어질 텐데 그게 만만치 않다. 앞의 대화들을 곁에서 지켜보던 글라우콘과 아데이만토스는 이런 것을 적극적으로 캐묻기 시작했다. 그저 '좋은 것은 무엇인가' 정도에 그치지 않고 '올바름은 이득이고 행복을 가져다 준다'는 점까지 밝혀 보여 달라는 것이다. 이것은 트라쉬마코스와의 대화에서 소크라테스가 이미 암시했던 것이기도 하다. 이득이 되는 것인 동시에 올바른 것을 탐구하는 것이 가장 중요하다고 말이다. 이 지점은 앞의 세 사람과의 대화를 마무리하면서 동시에 대화의 새로운 국면으로 들어가는 곳이다. 같은 문제를 다시 한번 검토해 보는 것이니 대답도 앞서와 마찬가지일 것이라 생각할 수 있으나, 대화 상대자가 다르니 다른 대답이 나올 수도 있고 더 수준 높은 대화가 전개될 수도 있을 것이다.

어쨌든 두 사람의 요구가 만만치 않다. "선생님께서는 올바르지 못한 것보다는 올바른 것이 모든 면에서 더 낫다는 것을 저희한테 설득하신 듯이 '보이기'(생각되기: dokein)를 바라시는 겁니까, 아니면 진정으로 설득하시기를 바라시는 겁니까?" '그렇게 보인다' 또는 '그렇게 생각된다'와 '진정으로 한다' 또는 '실제로 그러하다, 실제로 있다'의 구별을 들고 나왔다. 겉으로 드러나 보이는 그럴싸한 것과 진정으로 그런 것의 대비가 제시된 것이다. 이것은 단순한 말장난이 아니다. 《국가》에서뿐만 아니라 플라톤의 대화편들에서 자주 발견되는 중요한 구별이다. 아주 단순하게 말하자면 세계는 '참으로 있는 것'과 '있는 것처럼 보이는 것'으로 나눌 수 있다. 전자가 '진리'이고 후자는 '현상'이라고도 불리는 거짓이다.

글라우콘이 소크라테스에게 답을 요구하면서 꺼내는 말은 상식적인 것이었다. 올바름이나 올바른 관습이 편의상의 문제일 뿐이라는 것이다. 사람들이 자신의 이익을 추구하는 것은 당연한 일이지만 모두 다 자신의 이익을 추구하게 내버려 두면 공동체에

질서를 세우는 것이 불가능하다. 모두의 이익이 충돌하는 상황에서 어쩔 수 없이 이런저런 약속을 하겠지만 타협은 쉽게 무너진다. 힘센 사람이 그걸 무시하고 자신의 이익만 강요할 수도 있고, 다른 사람이 반항할 수도 있으니 싸움은 그치지 않을 것이다. 이런 상황에 빠지면 올바른 것을 지키는 사람은 바보 취급을 받을 것이다. 당연히 부정의한 것이 이익이라는 생각이 지배적인 것이 된다.

글라우콘과 소크라테스는 기본적인 개념인 '좋은 것'(agathon)부터 이야기해 나갔다. 이게 무엇인지 정리되지 않으면 모든 논의가 쓸모없는 것이 되기 때문에 안 할 수도 없다. 그것은 앞서 제시되었듯이 세 가지다. 첫째는 윤리학에서 '즉자적으로, 그 자체로 좋은 것'이라 불리는 것으로 흔히 동기주의적 윤리학설에서 내세우는 것이다. 마음을 넓게 가지고 보면 아주 맞는 말이다. 세상 만물의 원인과 결과를 추적할 수 없으니 세상만사는 다 좋은 것이라 생각하면 된다. 결과가 어떻든 좋게 마음먹으면 된다. 둘째는 의도도 선하고 그 의도대로 했더니 결과까지 좋은 것, '즉자대자적으로 좋은 것'이다. 셋째는 "신체 단련이나 환자의 치료받음, 그리고 의료 행위나 기타 돈벌이"처럼 결과가 좋은 것이다. 원래 어떤 의도로 했는지 무슨 마음을 먹었는지는 모르겠지만 어쨌든 결과가 이익이 되거나 좋은 것이다. 이 셋 중에서 두 사람은 그것 자체로도 그리고 그것에서 생기는 결과 때문에도 좋은 것을 기준으로 삼자고 합의했다.

여기서 흔히 '행복'으로 번역되는 '에우다이모니아'eudaimonia

가 뜻하는 바를 잠깐 짚고 지나가자. 이 말은 영어로는 '일순간의 느낌'에 가까운 '해피니스'happiness라는 단어로 옮겨지곤 하는데, '지속적인 만족감'을 주는 '새티스팩션'satisfaction의 뜻을 가지고 있다고 보는 게 타당하다. 에우다이모니아는 직접적인 마음의 상태나 느낌을 암시하지 않고 좀더 지속적인 삶의 조건이나 품성상태, 인격의 성숙과 안정감에서 오는 것까지도 포함한다.

글라우콘은 소크라테스와 합의한 기준을 검토하기 시작했다. 우선 세상 사람들이 어떻게 생각할까를 살펴봐야 할 것이다. "그런데 많은 사람(hoi polloi)에겐 그렇게 생각되지가 않고, 수고로운 종류에 속하는 것으로 생각된답니다. 즉 보수 때문에 그리고 평판(세평: doxa)을 통한 명성 때문에 실천해야 된다는 것이지, 그 자체 때문이라면 까다로운 것으로서 기피해야만 될 종류의 것으로 여겨지고 있습니다." '많은 사람'(호이 폴로이), 이 호칭은 《국가》에서 자주 등장한다. 플라톤의 대화편에서 이 호칭이 나오고 어떤 견해가 제시되면 일단 '안 좋은 것'으로 간주해도 크게 틀리지 않겠지만 그렇게 간단하게 치워 버릴 수만은 없다. 이들에 관해서는 공동체와 그 구성원에 관한 대화가 전개될 때 다시 살펴볼 것이다. '평판'을 영역본에서는 'common opinion'(일반적 의견)으로 옮기곤 한다. 아직 증명된 것은 아니지만 거짓으로 판명날 가능성이 아주 높은, 또는 아예 참·거짓의 영역에서 벗어나 버린 의견들이다. 아리스토텔레스의 《토피카》나 《수사학》에서 논변의 출발점으로 삼는 '엔독사'endoxa(통념)가 이와 비슷하게 보이지만 담고 있는 뜻은 전혀 다르다.

많은 사람은 결과로 얻어질 자잘한 이익에는 신경을 곤두세우겠지만 그것이 그 자체로 올바른 것인지는 크게 상관하지 않는다. 그러다가도 다른 사람들에게 비난을 받을 낌새가 보이면 올바름에 관심을 갖는 척이라도 한다. 많은 사람을 움직이는 동기는 두 가지다. 이익이 되는 결과, 아니면 다른 사람들의 평판, 둘 다 눈에 보이는 것들이다. 그 자체로 올바른 것은 참된 것이지만 눈에 보이지 않는 것이다. 글라우콘은 눈에 보이지 않아도 참된 것이면 된다는 것이다. 앞서 많은 사람이 올바름을 행하는 이유는 보수나 평판 때문이라고 했다. 그러다가 이익이 되고 평판을 얻을 수 있다면 올바르지 못한 짓도 한다. 많은 사람이 이 생각에 합의를 하면 이 생각이 실제가 된다. 많은 사람의 의견이 모여 올바르지 못한 짓을 저지르는 게 좋다고 합의한다면 이것이 약정이 되어 통용된다. 이것은 그 자체 올바른 것과 관계가 없다.

플라톤이 당대 아테나이에 대해 말하고 싶은 게 이것이다. 민주 정체에서는 많은 사람이 약정을 하면 된다. 글라우콘의 말처럼 "사람들은 자신들의 법률(nomoi)과 약정(계약: synthēkē)을 제정하기 시작했으며, 이 법(nomos)에 의한 지시를 합법적(nomimon)이며 올바르다(dikaion)고 한다." 법이 "올바름의 기원(genesis)이며 본질(ousia)"이라고까지 말한다. 합법성과 올바름(정당성)이 법을 통해서 결합된다. 민주정 법치 국가의 모습이다. 체제가 법규범에 합당한 절차에 따라 작동하고 그 법의 내용이 어떠하든 실정법으로서

5. 올바름은 부정의보다 나은가 77

입법되어 있기만 하다면 정당성을 얻는다. 아주 간단히 말해서, 내용이 극도로 악한 법도 법이므로 그것은 옳은 것으로 간주되며 반드시 지켜져야 한다. 이는 체제의 형식적 구성에 기여한다. 우리는 정당성의 원천을 참된 올바름에서 찾으며, 그런 까닭에 적절한 합의에 의해 형성되는 올바름이 진짜 올바른 것인지는 격렬한 이념 논쟁의 중심에 놓여 있곤 한다. 폴리스에 관한 아리스토텔레스의 목적론적 규정을 바탕으로 판단한다면, 폴리스의 정당성이 올바름에 정초되지 않았을 때, 또는 무엇이 올바름인가를 둘러싼 투쟁이 벌어졌을 때에는 어떠한 합법성도 의미를 갖지 못한다. 무엇이 '잘 삶'인가를 확정해야만 체제는 완성된 현실태가 되기 때문에 글라우콘의 주장은 철없는 도덕주의자의 푸념이 아니다. 현실의 정치적 상황에 대한 깊은 통찰에서 나온 것이다.

많은 사람이 이익과 평판에 따라 행동한다면 올바름을 실천하고 있는 사람들도 실제로 올바른 사람인지 알아낼 방도가 없으며 어쩌면 그렇게 보이는 것일 뿐일 수도 있다. 글라우콘은 사유실험을 했다. 여기서 그가 내놓는 것은 '기게스의 반지'로 알려진 이야기다. 반지를 끼면 자신이 남에게 안 보이게 되니까 뭐든 '멋대로 할 수 있는 자유'(exousia)를 가지게 되는 사람에 관한 이야기다. 그런 반지가 생겼다고 해 보자. 그걸 끼고도 항상 올바른 일을 할 자신이 있는가. 남들이 안 보는데 뭐 어떤가. 글라우콘도 그렇게 말했다. "올바름 속에 머무르면서 남의 것을 멀리하고 그것에 손을 대지 않을 정도로 그처럼 철석 같은 마음을 유지할 사람은 아무도 없을 것같이 생각"된다고 말이다. 그에 대비되는 이는 "단순하고 고귀한 사람으로서, 아이스퀼로스의 표현대로 훌륭한 사람으로 '보이기'(생각되기: dokein)를 바라는 것이 아니라 실제로 훌륭한 사람 '이기'(einai)를 바라는 사람"이다.

아데이만토스가 대화에 개입하였다. 글라우콘이 극단적인 방식을 택하여 대담하고 노골적인 사례들을 거론했다면 아데이만토스는 섬세한 것들을 찾아냈다. 그는 사람들이 옳은 일을 하는 이유가 이득이라고 본다. 당대의 종교적 제의를 충실히 따르는 것은 죽은 다음에 벌을 받지 않기 위해서라고 한다. 케팔로스와의 대화에서 거론되었던 이유 중의 하나다. 많은 사람이 올바른 일을 하는 이유는 결국 보상 때문이다. 올바름 자체가 아니라 그것을 지킴으로써 얻어지는 명성을 찬양하면서 그것에 "신들 쪽의 명성을 끌어들임으로써, 신들이 경건한 자들에게 내린다고들 말하는 그런 좋은 것들을 수도 없이 말"하고 있다. 올바름에 대한 합리화 근거로 신을 동원하고 있다는 것이다. 신들만 동원되고 있는 것이 아니다. 헬라스 인들의 교사라 할 만한 공인의 성격을 갖는 시인도 한몫하고 있다. 헬라스 세계에서 시인은 무엇보다도 주술사였다. 그들은 '신을 설득'(peithō ton theon)한다. '페이토'peithō는 '설득'이라는 뜻도 되고 '설득의 신'을 지칭하는 말도 된다. 시인은 신을 설득하여 마음을 돌리게 한다. 신들의 '마음을 돌리는 것'(paragōgē)이 무얼 말하겠는가. 신들에게 제물을 바치고 공손하게 서원을 하면 인간을 위해 뭔가를 해 준다는 것이다. 상황이 이러하니 신들을 올바름의 최종 근거로 삼을 수 있겠는가. 안 된다. 신들이 상황에 따라 마음을 돌린다는 것은 신들조차도 언제 어디서나 보편타당한 것을 가지고 있지 못하다는 것이다. 신들조차도 조건에 따라 움직인다. 이건 불변의 신이 아니다. 이러한 신들을 두고 당대 아테나이 사람들이 하고 있는 짓을 아데이만토스가 전해 주었다. 신을 믿고 있을 경우 올바른 일을 하고 있다면 벌을 받지 않는다. 이익도 아니고 손해도 아니다. 그저 그렇다. 올바른 일을 하였다는 자긍심은 가질 수 있겠다. 심각한 건 올바르지 않은 일을 할 경우다. 신에게 탄원만 하면 벌을 받지 않는다. 벌이라는 손해를 회피할 수 있게 된다. 완전히 본전 뽑는 것이다. 인간은 자신에게 명백한 손실은 회피하려는 본성이 있다. 그리 큰 대가를 치르지 않고도 그것을 회피할 수 있는데 신을 믿지 않을 까닭이 없다. 이것이 헬라스 인들의 '경건함'이었다.

올바름을 행하라고 권하기에는 참으로 암담한 상황이다. 여기서 뭘 할 수 있겠는가. 땅 위에서 동원할 수 있는 근거는 다 소용없다. 신들마저도 인간이 바치는 제물에 따라 마음을 돌려 먹는다. 담대한 글라우콘과 섬세한 아데이만토스가 요구하는 것은 앞에서 암시되었던 것으로 집약된다. 올바름은 그 자체로서 좋으며 결과로서도 좋은 것임을 밝히는 일. 소크라테스에게 힘든 일이 닥쳤다. 단순히 한 사람의 윤리적인 행동 지침을 세우는 차원에서 그칠 문제가 아니다. 그들이 살고 있는 공동체에서 널리 받아들여질 만한 것까지 고려해야 할 주제이다. 한 사람의 올바름과 한 나라 또는 하나의 공동체에서의 올바름 모두에 일관되게 적용될 수 있는 것을 생각해야 하는 것이다.

올바름을 원리로서 탐구할 것을 요구하는 글라우콘, 올바름의 작용과 이로움을 밝혀 달라는 아데이만토스, 이 두 사람의 문제 제기는 아테나이에서는 찾아보지 못했던 전혀 새로운 것이면서도 지적인 것이다. 소크라테스는, 아데이만토스가 언급했듯이 "개인들뿐만 아니라 나라들에 대해서", 한 사람의 영혼과 공동체 모두에 대해서 올바름의 원리와 작용을 구축하는 작업, 즉 올바름의 학學을 구축하는 작업에 착수해야만 한다. 담대함과 섬세함으로써 수행되는 이 작업은 '기쁨'을 낳아 놓을 것인가.

이제 올바름이 무엇인지 알아보기 위해서 소크라테스와 대화 참여자들은 최소한의 필요를 충족시킨다고 하는 단순한 목적으로 결합된 집단에 관한 논의부터 시작한다. 그것에 이어 본격적인 정치적 공동체를 상상해 보고, 그 나라를 지키고 다스리는 사람들이 어떤 성향의 사람들이어야 하는지, 그 사람들은 반드시 무엇을 알아야만 하는지, 어떻게 살아야 하는지에 관한 플라톤의 본격적인 구상이 제시된다. 플라톤이 수호자라 부르는 이들은 시가와 체육을 통하여 혼의 조화에 이른 상태에서 공동체 생활을 한다. 공동체 생활을 하면서 수호자들은 사적인 관계를 모두 배제하고 공동체와 전면적으로 하나가 된 일종의 통치기구로서 거듭난다. 이 과정에 형이상학적 논변들이 덧붙여지기는 하나 그것은 핵심적인 부분이 아니다. 우리는 많은 사람의 사적인 이익이 충돌하는 아테나이 민주정에서 절실하게 요구되었던 추상적 권력 기구의 중요성과 그 성격에 대한 플라톤의 통찰에 주목해야 한다. 고전적 정치사상 텍스트들 대부분이 그러하듯이 《국가》도 공동체를 통치하는 이들에 관한 논의에 집중하는 것이 사실이지만, 내용상 연결되는 부분에서는 공동체 대다수의 구성원들, 즉 '많은 사람'의 상태에 관한 논의가 길게 제시된다.

제 I 부
공동체의 구성과 올바름

1. 공동체의 성립

1.1. 최소한도의 나라(368a~372b)

소크라테스는 자신에게 주어진 과제에 최선을 다하겠다고 말한다. "나로서는 내가 할 수 있는 한에 있어서 올바름을 구원하는 것이 상책일세." 올바름을 구원하는 일에 착수하면서 그는 탐구의 방법을 찾아나서는데 그것은 "날카로운 관찰력"을 가지고 '한 사람'과 '나라 전체'의 "유사점"에 착안하는 것, 즉 유비다. 그에 따르면 "올바름(올바른 상태, 정의: dikaiosynē)엔 한 사람의 것도 있지만, 나라(polis) 전체의 것도 있다." 올바름의 탐구는 한 사람에서 시작할 수도, 나라 전체에서 시작할 수도 있겠으나 소크라테스는 "올바름은 한결 큰 것에 있어서 더 큰 규모로 있을 것이며, 또 알아내기도 더 쉬울" 것이라 하면서, "먼저 나라들에 있어서 올바름이 어떤 것인지"를 탐구하자고 한다.

      소크라테스는 "이론상으로 수립되고 있는 한 나라를 관찰"하기로 한다. 그 고찰의 일차적 성과는 다음과 같다. "나라가 생기는 것은 우리 각자가 자족하지 못하고 여러 가지 것이 필요하게 되기 때문일세." 소크라테스에 따르면 인간은 자족적 존재가 아니므로 "나라를 수립시키는 것은 우리의 '필요'(khreia)가 하는 일"이다. 그러한 필요로는 "생존을 위한 음식", "주거", "의복 및 그와 같은 유의 것들"이 있으며, 여기에 "제화공이나 아니면 몸과 관련되는 것들을 보살피는 또 다른 사람"을 보태면 "최소한도의 나라(최소 필요국: hē anankaiotatē polis)"가 성립한다. 여기에 "시장(agora)과 교환을 위한 표(symbolon)인 화폐(nomisma)"가 생기고, "제대로 다스려지는 나라들의 경우에는, 대개 신체적으로 가장 허약하고 그 밖의 다른 일을 하는 데에는 무용한 이들"인 상인이 덧붙여지고, "체력의 사용을 파는 사람들"인 "임금 노동자들"이 더해지면 아데이만토스와 소크라테스가 함께 구상한 소박한 자연공동체가 "이론상으로" 성립된다. "최소한도의 나라"에 사는 구성원들 "각자는 서로가 그다지 닮지를 않았고, 각기 성향(physis)에 있어서 서로가 다르게 태어나서, 저마다 다른 일을 하는 데 적합하다." 이 나라의 구성원들은 다음과 같은 방식으로 일을 한다. "각각의 것이 더 많이, 더 훌륭하게, 그리고 더 쉽게 이루어지는 것은 한 사람이 한 가지 일을 '성향에 따라'(kata physin) 적기에 하되, 다른 일들에 대해서는 한가로이 대할 때에 있어서이네."

올바름에 대한 논의가 지금까지는 한 사람의 차원에서 이루어졌는데, 제대로 되지를 않았다. 소크라테스는 글라우콘과 아데이만토스라는 '비범한' 학생들의 요구를 해결하기 위해 이제부터는 큰 규모로, 그러니까 한 나라, 공동체 차원에서 연구를 해 보자고 했다. 그렇게 해서 어떤 귀결에 이르면 그것을 한 사람에게 적용해 보는 것이 어떻겠냐는 것이다. 소크라테스의 표현을 빌리면 똑같은 내용이 '큰 글씨'와 '작은 글씨'로 쓰여 있는데, 눈이 안 좋아서 작은 글씨로 된 것을 읽을 수 없다면 큰 글씨로 된 것을 읽어서 알아내면 된다는 것이다. 늘 그런 것은 아니지만《국가》는 대체로 이런 방식으로 논변을 만든다. 큰 것에 대해 논하고 작은 것에 대해 논한 다음 그것들을 대조한다. 나라 또는 공동체에서 논변을 시작하여 한 사람으로 나아가는 방법을 일반적으로 '구조적 방법'이라고 한다. 조금 거창하게, 대우주-소우주 모형을 사용하였다고도 한다. 플라톤의 우주론 등을 보면 이러한 관점이 틀린 것은 아닐 것이나 그는 기본적으로 폴리스가 올바른 곳이면 그 안에 살고 있는 사람들도 올바르게 된다는 생각을 가지고 있다. 환경이 좋아야 한다는 것이다.

공동체는 한 사람보다 큰 것이며, 공동체에서의 삶은 사람들이 선택할 수 있는 것이 아니라 필연적인 것이다. 앞서 글라우콘은 사람들이 "약정을 하는 것이 이익이 되겠다는 생각을 하게 된다"(359a)고 하면서, 공동체가 사람들의 약정에서 생겨난다는 소피스테스들의 주장을 소개하였다. 소피스테스의 한 사람인 프로타고라스는 '한 사람 한 사람이 만물의 척도'라는 언명으로 널리 알려지기도 했다. 이와는 달리 소크라테스는 공동체의 실체성을 인정하면서 시작했다. 공동체가 실체성을 가진다 해서 공동체의 구성원들이 비실체적인 것은 아니다. 그들은 공동체와 '유사점'을 가지고 있다. 공동체는 구성원을 포괄하고 부분의 속성으로 환원할 수 없는 유기적 전체이지만 구성원늘을 초월해 있는 것은 아니다. 이처럼 공동체와 구성원은 상호 필연의 연관에 있다.

공동체라는 말은 좀 막연한 것이다. 가족 공동체를 가리킬 수도 있고 정치적인 조직과 제도가 갖추어진 정치적 공동체일 수도 있다. 여기에서는 이 둘 모두를 가리키는 경우도 있으나 대체로 정치적 공동체를 뜻한다. 이 대화편은 흔히 《국가》라 불리는데, 이렇게 하면 오늘날 우리가 살고 있는 현대의 국가를 떠올리기 쉽다. 플라톤은 이 정도 규모의 국가를 상상도 하지 못했을 것이다. 그가 아무리 상상력을 발휘한다고 해도 그것은 아테나이 사람들이 살고 있던 폴리스임을 유념해야 한다.

공동체와 한 사람을 대비하는 방식과 관련하여 생각해 볼 것이 있다. 앞서 글라우콘이 말할 때 나왔던 '많은 사람'과 관련한 것이다. 이들이 누구겠는가. 아테나이 시민들이다. 글라우콘은 느닷없이 아무 의견이나 가져다가 말한 게 아니라 분명히 당시 사람들의 의견을 문제삼은 것이다. 그들의 의견과 평판을 논의 주제로 삼고 있다. 《소크라테스의 변론》에서 소크라테스는 아테나이 시민들이 탐욕에 찌들어 산다고 심하게 나무란다. 《국가》를 비롯한 정치사상의 고전들을 읽어 보면 '쾌락'(hēdonē)에 관한 이야기들이 자주 등장한다. 그것들의 절대 다수가 지배자의 쾌락에 관한 것이다. 정치사상 고전들은 지배자들에게 쾌락을 경계하라고 경고한다. 나라가 잘 되려면 그들에게 교훈을 주어야 한다. 그것이 바로 수많은 군주귀감서들의 주제이다. 《국가》 이외의 정치사상 고전에서 많은 사람의 평판을 중시하는 것은 어림잡아도 마키아벨리의 《군주론》 이전에는 없다. 많은 사람의 쾌락에 관한 이야기도 현대의 정치사상 책이나 대중문화에 관한 책이 아니면 나오지 않는다. 중국의 정치사상 텍스트들에 백성을 검약하게 해야 한다는 주장들이 있기는 하지만 그것은 지배자가 나라의 살림살이를 추스리는 과정에서 등장하는 곁가지일 뿐이다. 아테나이에서는 다르다. '많은 사람'이 민회를 통해서 전쟁과 같은 나라의 중대한 사안의 결정에 관여한다. 펠로폰네소스 전쟁 시기 시켈리아 원정을 둘러싸고 벌어진 의사결정의 널뛰기와 후속 조처들이 그에 관한 뚜렷한 사례가 될 것이다.

아테나이가 배경인 플라톤의 《국가》에서는 '많은 사람의 쾌락'에 관한 이야기가 등장하고 있다. 이것은 무엇을 의미하는가. 바로 그것이 공공 영역인 폴리스에서 정치적인 쟁점이 되었다는 것이다. 군주귀감서에 그것이 등장하지 않는 것은 지배자의 쾌락이 아닌 피지배자들, 주권자가 아닌 자들, 신민의 쾌락은 그저 억누르기만 하면 되었기 때문이다. 그들은 자신들의 쾌락을 만족시켜 달라는 요구조차 할 수 없는 자들이었다. 민주 정체가 성립하기 이전에 아테나이에서는 한 사람의 욕구와 쾌락이 가정에서 처리되었을 것이다. 시장에서 물건을 교환하고 부를 쌓아 올리는 것이 공적인 것은 아니었을 것이다. 민주 정체가 성립하면서 바로 이들이 폴리스라고 하는 공적인 영역으로 쏟아져 들어왔고, 자신들의 쾌락을 어떻게 만족시킬 것인지, '돈 놓고 돈 먹기'와 같은 보수 획득술은 어떻게 정리할 것인지가 논의되기 시작하였다. '정치적 의제'(political agenda)가 된 것이다. 오늘날에도 국가적 차원에서 치러지는 선거의 핵심 주제, 심지어 당락을 가르는 쟁점은 '영혼까지

끌어모아 부를 쌓아 올리려는 애타는 갈망'을 어떻게 충족시킬 것인가이다. 《국가》에서 '많은 사람', '평판' 등이 거론되는 것은 이 텍스트가 시민이 주권자인 민주정을 배경으로 하고 있음을 뚜렷하게 드러내는 증거이다. 이 텍스트는 민주 정체에서만 제기될 수 있는 정치적 문제들을 겨냥하고 있는 것이다. 이는 민주 정체에 살고 있는 우리가 그 어떤 정치사상 텍스트보다도 《국가》에서 많은 것을 얻을 수 있음을 시사한다.

  텍스트로 다시 돌아가자. 소크라테스는 한 나라에 대해 고찰하기로 했었다. 그는 공동체가 생겨나는 가장 기본적인 원리들을 알아내려고 했다. 소크라테스가 보기에 "사람들에겐 많은 것이 필요하니까, 많은 사람이 동반자 및 협력자들로서 한 거주지에 모이게 되었고, 이 '생활공동체'(synoikia)에다 우리가 '나라'(도시 국가: polis)라는 이름을 붙여" 준 것이다. '생활공동체'(쉰오이키아)와 '나라'(폴리스)는 정치적으로 구별되지만 여기서는 별다른 구별 없이 사용되었다. '쉰오이키아'는 단순히 모여 있는 것을 가리키고, 이렇게 모여 있는 생활공동체들이 어떤 공동의 목적을 지향하면서 질서를 만들면 '폴리스'라고 이름을 붙였을 것이다. 여기서 플라톤이 이론상으로 수립하고 있는 나라는 최소한도의 나라이기에 시민의 권리나 정부 형태에 관한 논의는 없다. 이 최소한도의 나라에 관한 논의는 정치 이론이라 보기 어렵다. 그냥 인류학적인 개념이다.

  공동체가 생겨나는 첫째 요건은 구성원 간의 필요였다. 둘째 요건은 사람들마다 타고난 성향, 본성이 다르다는 것이다. 이는 사람마다 잘 할 수 있는 것이 다르다는 것을 말한다. 각자 잘 하는 것이 있으니 그것을 하면 올바름이 실현될 것이다. 규모가 작은 공동체일 테니 굳이 조정하는 기구를 두지 않고 각자의 성향에 따라 하면 된다. 이것이 올바른 것이다. 혼자 사는 사람에게는 올바름이란 있을 수 없다. 그냥 혼자 살면 된다. 여러 사람이 모여 살 때는 각자의 성향에 따라 적당한 때(카이로스)를 맞춰 한 가지 일을 하나씩 하면 된다. 이것이 플라톤이 생각하기에 출발점이 되는 공동체에서의 올바름 원칙이다. 이것을 굳이 규약으로 정해야 하는 것은 아니다. 성향에 따라서 하는 것이니 성향을 분석하는 사람이 있어야 할지는 모르겠다.

필요가 있으니 교환도 해야 하고 시장도 생긴다. 시장이 갖추어졌고, 이어서 다섯 개의 직업, 즉 농업·공업 생산자, 상인, 선원과 선장, 소매상인, 임금노동자가 있게 된다. 성향에 따른다고 하지만 이 성향이 직업과 어떻게 연결되는지, 공동체에서 일어날 수밖에 없는 직업 집단 간의 갈등은 어떻게 해결할 것인지에 관한 해결책은커녕 그러한 문제가 생겨나리라는 예상조차 없다. 이 정도면 그저 이론적으로 가장 소박한 자연 공동체에서 요구되는 최소한의 상황 설명이다. 이런 식의 이론적 가설은 논의의 진전에 거의 기여하는 바가 없다. 플라톤은 이런 하나마나한 논의를 왜 넣었을까? 논의의 균형을 맞추기 위해서였을 수도 있고, '단순하게 살자'는 사람들에 대한 풍자일 수도 있겠다. 그렇게 단순하게 사는 건 상상에서나 가능한 것이라고 말이다.

1.2. 호사스런 나라(372c~374d)

소크라테스와 아데이만토스가 수립한 '최소 한도의 나라'에 글라우콘이 개입한다. "선생님께서는 그 사람들로 하여금 요리도 없이 잔칫상을 받게 하신 것 같습니다." 글라우콘과 소크라테스가 이제부터 고찰하는 나라는 "호사스런 나라(tryphōsa polis)"이다. 앞서 고찰한 최소 한도의 나라가 "건강한 나라(hygiēs polis)", "참된 나라(alēthinē polis)"라면 호사스런 나라는 "염증 상태의 나라(phlegmainousa polis)"이다. 이 나라는 "처음에 우리가 말한 것들, 즉 집과 옷 그리고 신발 따위만을 필수적인 것들(tanankaia)로 취급할 것이 아니라, 회화와 자수도 동원되어야 하며, 황금과 상아 그리고 이와 같은 유의 온갖 것을 갖추어야만" 하는 나라이다. 이 나라는 앞서의 나라에 비하면 "한층 더 크게" 만들어진 것이어서 "그 규모에서 확장을, 수에서 충만"을 요구한다. 이는 영토 확장의 필요성을 제기한다. "우리가 목축하고 경작하기에 넉넉한 땅을 가지려 할 경우에는, 우리로서는 이웃 나라 사람들의 땅을 일부분 떼어 내야만" 하게 된다. 이는 "전쟁"을 불러온다. "재화의 끝없는 소유에 자신들을 내맡겨 버리게" 되어 최소 한도의 범위를 넘어서고, "필요 불가결한 것들의 한도를 벗어나" 호사스러움을 추구하는 나라는 결국 전쟁에 이른다. 이로써 이들은 전쟁의 기원을 발견한다. "나라에 있어서 개인적으로나 또는 공적으로나 정작 나쁜 일들이 생길 경우에, 이 나쁜 일들이 생기게 되는 단서는 무엇보다도 그런 것들이라는 걸 말일세." 전쟁은 공동체의 가장 심각한 일이다. 그런 만큼 "전쟁에 관한 일이야말로 잘 수행되어야 할 가장 중대한 일"이 된다.

최소한의 필요만으로 이루어진 나라는 단순했다. 여기서 단순하다는 것은 현실 세계를 반영하고 있지 않음을 뜻한다. 아데이만토스와 소크라테스의 단순한 나라에 관한 논의가 그럴싸해 보이기는 했지만 실제 세상은 그렇게 단순하지 않다. 글라우콘은 그 점을 지적했다. 잔칫집에 갔는데 요리는 차려 두지 않고 상만 내놓으면 그게 뭔가. 한 나라와 한 사람의 올바름에 대해 논의하자고 했는데 알맹이 없는 소리만 하고 있다는 것 아니겠는가. 글라우콘은 공동체에서 벌어지고 있는 현실적인 사태를 도외시한 채 먹고사는 데에 필요한 최소의 것에 만족하는 나라인 '돼지들의 나라'(hyōn polis)를 이상적인 상태로 간주하는 것을 문제삼았던 것이다. 소크라테스 역시 그 점을 모르는 바가 아니었으니 곧바로 그의 지적에 수긍했다. '돼지들의 나라'는 무엇일까. 아무런 걱정없이 살아가는 사람들의 나라를 말하는 것일까. 이것을 이해하기 위해 플라톤의 《정치가》를 잠깐 참조하기로 하자. 플라톤은 정치술을 규정하는 과정에서 인간과 돼지를 같은 부류로 묶는 것을 언급하고 있다. 그에 따르면 "동물 중에서 가장 진솔하며 동시에 가장 편안한 부류"(《정치가》, 266c)가 돼지인데, 인간을 본성에 따라 나누면 돼지와 "같은 운명"(《정치가》, 266c)에 처하게 된다. 인간이 발이 둘 달린 돼지가 되는 것이다. 이것을 참조한다면 최소한도의 나라에 사는 사람은 정치가 필요하지 않은 존재이다. 얼핏 보기에는 행복한 삶을 누리는 것이지만 인간은 그렇게 살 수 없는 존재이다.

소크라테스가 '호사스런 나라'라 부르는 나라가 바로 현실의 나라다. 최소한의 필수적인 것만이 아니라 회화, 자수, 황금, 상아 등도 있어야 하는 나라다. 이것들은 실제 사물을 가리키기도 하겠지만 다른 한편으로는 쾌락을 만족시켜 주는 사치품들을 상징한다. 이것들을 다 갖추려 한다면, 즉 재산을 끊임없이 늘리려면 땅이 있어야만 한다. 땅을 가지려면 전쟁을 해야 한다. 소크라테스는 이것이 '전쟁의 기원'이라고 말했다. 《파이돈》에서는 전쟁의 원인에 대해 다음과 같이 말한다. "전쟁들과 불화들 그리고 싸움들을 일으키는 것은 다름 아닌 몸과 이로 인한 욕망들이지. 재물의 소유 때문에 모든 전쟁이 일어나지만, 우리가 재물을 소유하지 않을 수 없게 되는 것은 몸으로 인해서이니, 우리는 몸의 보살핌을 위해 그 종노릇을 하고 있는 게야. 몸으로 인한 이 모든 것 때문에 우리는 철학(지혜에 대한 사랑)과 관련해서 여가 부족의 상태로 지내게 되지. 그러나 무엇보다도 고약한 것은, 어쩌다가 우리에게 몸의 보살핌에서 벗어나 여가라도 생겨서 무엇인가를 고찰해 보려 들기라도 하면, 이번에는 몸이 우리의 탐구 과정 도처에 끼어들어서는 소란과 혼란을 일으키며 얼빠지게 만들어, 몸으로 인해서 참된 것(tálēthes)을 볼 수 없게 되고 말지. 하지만 실은 우리에게 있어서 다음과 같은 점이 밝혀졌어. 우리가 언제고 뭔가를 순수하게 알려고 한다면, 우리는 몸에서 해방되어야만 하며 사물들을 그 자체로 혼 자체에 의해서 바라보아야 한다는 것이지. 그리고 우리가 열망하는 바의 것이며 또 사랑하는 사람들인 바의 것인 지혜(phronēsis)는, 이 논의가 보여 주듯, 우리가 죽게 되었을 그때에야, 우리의 것이 되지, 살아 있는 동안은 아닌 것 같아"(《파이돈》, 66c~e). 몸, 몸에서 생겨나는 욕망, 몸이 방해하는 지혜에 대한 사랑, 죽음으로써 몸에서 벗어나야만 지혜에 이를 수 있다는 믿음이 절절하게 토로되고 있다. 현실의 전쟁과 형이상학적 인생론이 무차별적으로 얽혀 있는 이런 논의들이 우리를 몹시 당황하게 하는 건 어쩔 수 없다.

전쟁이 벌어질 수밖에 없는 현실적인 나라에는 나라를 지키는 사람들이 필요하다. 이들이 '수호자들'(phylakes)이다. 이들의 일(기능: ergon)은 간단히 말해서 직업적 전사다. 이들은 성향에 따라 선발되겠지만 다른 일은 거의 하지 않고 "최대의 기술과 관심"(374e)으로 전쟁터에서 이기는 방법을 연마한다. 이들이 통치 전문가 집단의 기초가 된다. 전쟁을 전문적으로 하는 이들에게 전쟁 관련 기술 이외의 것을 교육시켜서 통치자로 키워 내는 것이다. 이는 성향에 따라 한다는 기준을 벗어난다. 호사스런 나라, 현실의 나라가 그만큼 복잡하다는 것을 보여 주는 것이다. 호사스런 나라의 중대사가 전쟁이라는 것은 이 나라에 관한 고찰이 당대의 아테나이에 대한 것임을 암시한다. 플라톤이 여기서 이것을 다루는 것은 어떻게 해야 '호사스러움이 초래한 전쟁 상태'에 처한 아테나이를 전혀 다른 폴리스로 거듭나게 할 수 있겠는지를 고민하였기 때문일 것이다.

수호자가 군인 노릇도 하고 통치자, 즉 정치가도 하고 있지만 철학적 정치가는 아니다. 철학적 정치가는 완벽한 수호자들, 완전한 수호자들, 참된 수호자들일 것이다. 아직까지 수호자는 나라를 지키는 사람들 정도다. 이들이 날래고 강하기만 한 것이 아니라 지혜롭기도 하니 통치자에 해당하기도 한다. 플라톤은 '수호자들'이라는 말로 뭉뚱그려 썼던 것을, 철학적 정치가에 관하여 상세하게 논의하는 과정에서 군인들 또는 일반적 행정직들을 보조자들, 협력자들로 나누고, 통치술에 관한 기본 과정과 고급 과정, 이를테면 변증술도 익힌 사람들을 완전한 수호자들로 나누려는 듯하다. 이들의 성향을 살펴보고 교육시켜서 재분류하고 생활방식을 몸에 익숙하게 하여 올바른 성향과 습관을 갖게 하면 그들이 한 나라를 올바른 방향으로 이끌어 갈 수 있지 않을까. 이것이 지금 우리가 예상해 볼 수 있는 플라톤의 방책이다.

2. 공동체의 수호자들

2.1. 수호자들의 성향(374e~376c)

전쟁에 당면하여 나라를 지키는 "수호자(phylakes)의 일(기능: ergon)은 가장 중요한 것이기에, 그만큼 다른 일들에 대해서는 최대한의 한가로운 태도를 요구하는 반면에, 그 자체로는 최대의 기술과 관심을 요하는 것"이다. 이 일을 맡아 할 사람들 역시 성향에 따라 선발해야만 한다. 소크라테스는 "혈통 좋은 강아지의 성향"을 거론한다. 혈통 좋은 개는 "천성으로 낯익은 사람들이나 아는 사람들에 대해서는 최대한으로 온순하지만, 모르는 사람들에 대해서는 정반대"이다.

수호자는 무엇보다도 "격정(기개: thymos)"을 가지고 있어야 한다. "그들은 어쨌든 친근한 사람들에 대해서는 온순해야 되겠지만, 적들에 대해서는 거칠어야만" 하기 때문이다. 그러나 격정적인 성향과 온유한 성향 둘 중 어느 한쪽이라도 결여하면 훌륭한 수호자가 될 수 없다. 소크라테스는 덧붙인다. 장차 수호자가 될 사람은 "격정적인 것에 더하여 기질상으로 지혜를 사랑하게 되어야만 할 것"이라고. "훌륭하디훌륭한(kalos kàgathos)" 수호자는 기질상 관대함과 용감함이라는 대립적 성향이 공존해야 하고, 지혜에 대한 사랑과 격정을 가져야 한다. "천성으로 지혜를 사랑하며 격정적이고 날래며 굳센" 사람이어야 하는 것이다.

수호자는 전쟁을 수행하는 사람이므로 그가 격정적이어야 한다는 것은 자연스럽게 들린다. 소크라테스가 여기에 지혜를 사랑하는 기질을 덧붙이면서 글라우콘은 논지를 이해하지 못하게 된다. 소크라테스는 개가 "앎과 모름에 의해서 친근한 것과 낯선 것을 구별"하므로 "배움을 좋아"한다고 말하지만 이는 사실과 다르다. 개는 낯선 것에 사납게 굴고 그것을 알려고 하지 않는 반면, 배움을 좋아하는 인간은 낯선 것에 호기심을 가지고 다가가서 그것을 친근한 것으로 만들려 한다. 어찌되었든 소크라테스는 수호자가 천생 선분가이면서 지혜를 사랑하는 사람이어야 하는 것으로 규정한다. 수호자가 수행해야 할 일차적 임무는 나라를 지키는 것인데, 그 나라는 호사스런 나라, 즉 염증 상태의 나라다. 그의 임무는 참된 나라를 만들

2. 공동체의 수호자들　97

어 내는 것이 아닌 것이다.

공동체의 수호자가 되려는 이는 어떤 성향을 가지고 있어야 하는가? 나라를 설립하려는 사람은 이를 알아야 한다. 소크라테스는 혈통 좋은 개들을 예로 들어 말했다. 용맹한 개처럼 용맹한 사람이 나라를 잘 지킬 것이다. 개가 주인에게는 온순하고 적에게는 용맹하듯이 수호자들도 그러해야 한다. 그러나 용맹하면서 동시에 온순할 수는 없다. 여기서 교육의 필요성이 제기될 것이다. 이것을 합리화하기 위해서인지 소크라테스는 격정적 기질에 더해서 지혜를 사랑하는 성향도 가져야 한다는 말을 덧붙였다. 오늘날 우리가 보기에는 자연스러운 흐름은 아니다. 수호자의 덕목으로 필요한 것들을 미리 정해 두고 그것들을 기질로서 갖추어야 한다고 말하고 있는 것일 뿐이다. 그러한 것들을 기질상 타고난다고 하는 것도 억지스러운 측면이 있다. 소크라테스가 말하고자 했던 것은 한 나라의 수호자이려면 서로 어긋나 보이는 것, 모순되는 것을 동시에 가질 수 있는 사람이어야 한다는 것 정도이다. 이것은 사실 기질로서 타고난다기보다는 교육을 통해서 길러지는 것들이다. 교육의 첫 단계는 시가에 대한 것이고, 이어지는 것은 체육이다. 특히 시가는 상세하게 나누어서 설명될 뿐만 아니라 대화편을 마무리하는 단계에 가서는 다른 측면에서 다시 거론된다. 플라톤이 이처럼 시가에 대해 길게 논하는 까닭이 무엇인지를 염두에 두어야 할 것이다.

2.2. 수호자들의 교육 내용

2.2.1. 시가에 의한 교육(376c~392c)

소크라테스는 수호자들이 "어떤 방식으로 양육되고 교육받도록 해야 할 것인지"를 고찰하자고 제안한다. 소크라테스는 "오랜 세월에 걸쳐 고안된", 즉 폴리스에서 오랫동안 시행되어 온 교육으로 "몸(sōma)을 위한 교육"인 "체육(gymnastikē)"과 "혼(마음: psykhē)을 위한 교육"인 "시가(mousikē)"를 들고 후자부터 검토하자고 한다.

시가는 내용적인 부분과 형식적인 부분으로 이루어진다. 내용은 "이야기(logos)"이고, 형식은 "이야기투(lexis)"이다. 소크라테스는 내용을 "사실적인(alēthes) 것"과 "허구(pseudos)"로 구별한 다음, 후자에 대해 논의한다. 허구를 만들어 내는 이들은 당대의 시인들인 헤시오도스와 호메로스 등이다. 소크라테스는 단호하게 말한다. "오늘날 그들이 이야기로 들려주고 있는 것들 중에서 많은 것을 버려야만 하네." 버리는 기준은 이러하다. "어떤 사람이 신들과 영웅들에 관해서 그들이 어떤 존재들인지를 말로써 묘사함에 있어서 나쁘게 할 경우." 신과 영웅의 본성은 올바르므로 그것을 잘못 묘사하는 것은 비도덕적인 것이다. 이는 모방을 일삼는 화가에 비유된다. "마치 화가가 어떤 닮은 것을 그리려고 하나 그것과는 전혀 닮지 않은 것을 그리는 경우처럼 말일세." 소크라테스에 따르면 신들에 관해서는 왜곡된 것을 이야기해서도 안 되고, "신들이 신들끼리 전쟁을 일으키고 서로들 음모를 꾸미며 싸움질을 하는 것으로 이야기해서도 결코 아니" 된다. "이것 또한 사실이 아니"기 때문이다. 수호자들이 교육을 받을 때 "처음 듣게 되는 이야기들은 훌륭함(덕: aretē)과 관련해서 가능한 한 가장 훌륭하게 지은 것들"이어야만 한다.

"한 나라의 수립자"는 내용에 대한 단편적인 검토에 그칠 것이 아니라 "시인들이 거기에 맞추어 설화를 지어야만 하는 규범(typos)들"까지도 설정해야만 한다. 근본 원칙은 다음과 같다. "신과 관련된 이야기를 지을 경우에는, 그가 서사시(epē)로 짓든 서정시(melē) 또는 비극시(tragǭdia)로 짓든 간에, 언제나 신을 신인 그대로 묘사해야만 된다는 것." 여기에서 몇 가지 함의가 도출된다. 첫째, "'좋은 것'(훌륭한 것, 선한 것: to agathon)은 말하자면 모든 것의 원인이 아니라, 훌륭한 상태에 있는 것들의 원인"이며, "신은 선하기에(훌륭하기에), 많은 사람이 말하듯, 모든 것의 원인인 것"이 아니며 "나쁜 것들의 원인들은 신 아닌 다른 것들에서 찾아야만" 한다. "신이 모든 것의 원인인 것이 아니라 좋은 것들의 원인이라는 것"이다. 둘째, "신은 단순하며 그 무엇보다도 자신의 본 모습(idea)에서 벗어나지 않는 것"이고 "훌륭한 상태에 있는 것은 일체가 다른 것에 의한 변화를 가장 적게" 입는다. "그런데 신이야말로 그리고 신들에 속하는 것들이야말로 진정 모든 면에서 가장 훌륭"하므로 "여러 가지 형상을 갖게 될 가능성은 신의 경우엔 가장 적을" 것이다. 신은 가장 훌륭하므로 당연히 거짓말도 하지 않는다. "신이 거짓말을 할 까닭은 아무것도 없"다. "신성(to daimonion)과 거룩한 것(신적인 것: to theion)은 모든 면에서 거짓됨이 없"다. 신은 본성상 거짓됨이 없으므로 신이 거짓을 말하고 있는 것으로 묘사된 것은, 신의 본성을 모르는 "무지한 상태"로서 "진짜 거짓(속음)"이거나 "말을 통한 거짓(거짓말)"이다. 무지한 상태는 신에 대해 알게 됨으로써 벗어날 수 있으며, 거짓말(pseudos)은 "일종의 모방물"이므로 시에서 제거되어야만 한다.

　소크라테스는 "우리 수호자들이 인간으로서 가능한 한 최대한으로 신을 경배하며 거룩한 이들로 되게 하자면" 이러한 규범들에 "맞추어 신들에 관해 이야기를 하거나 시를 지어야만 한다"고 주장한다. 이러한 규범들에 의해 지어진 시들은 "장차 신들을 숭배하고 어버이들을 공경하며 서로 간의 우정을 하찮게 생각하는 일이 없도록 해야 할 사람들"이 들어야 하는 것이다. 수호자는 공동체를 외부의 적으로부터 지켜야 하므로 그들에게는 무엇보다도 용감함이 요구된다. 그들을 교육시키는 데 있어서 적극적으로 필요한 내용은 무엇보다도 "죽음을 가장 두려워하지 않게끔 만들어 줄 수 있는 그러한 이야기"들이며, 직접적으로는 저승의 무서움을 설파하는 이야기들을 없애야 한다. 수호자들은 전사들이다. 그들은 아킬레우스와 같은 영웅을 본받아야만 하는데, 그들이 시에서 아킬레우스의 비겁함을 본다면 용기를 잃게 될 것이다.

　수호자들은 "자유인들이어야만 하고, 죽음보다는 노예의 신세를 더 두려워해야 할 사람들", "훌륭하게 살아가는 데 있어서 스스로 가장 자족할 수 있어서, 남들과는 판이하게 타인이 가장 덜 필요"할 뿐만 아니라 "자식이나 형제를, 또는 재화나 이와 같은 유의 다른 어떤 것을 빼앗긴다는 것이 어떤 사람의 경우보다 덜 두려울" 사람들이어야만 하고, "이와 같은 유의 어떤 불행한 사태가 그에게 닥친다 하더라도, 그는 그 누구보다도 덜 통곡하며, 가장 온유하게 견디어 낼" 사람이어야만 한다. 이어지는 요구들은 부수적이다. 수호자들은 "웃음을 좋아하는 사람으로 되어서도 아니" 되며, "정직(진실: alētheia)은 반드시 귀히" 여겨야만 하며—물론 통치자들에게는 의사가 약을 처방하듯이 "거짓말을 하는 것이 허용"된다―. "절제 (sōphrosynē)"가 요구되며, "재욕財慾에 따른 옹졸함과 신들 및 인간들에 대한 거만함을" 지니고 있어서도 아니 된다. 시에서도 이와 관련된 내용은 제거되어야만 한다.

교육에 관한 논의는 아데이만토스와 함께 했다. 앞서 문제 제기를 하는 과정에서 그가 교사와 시인이 올바름의 가치를 믿지 않는다고 말하였기 때문일 것이다. 헬라스의 교육에서는 시가와 체육이 각각 혼과 몸에 관여한다고 여겨져 왔다. 소크라테스는 이것을 그대로 되풀이하지 않았다. 그가 근본적으로 그 내용과 방식을 비판하면서 자신만의 방책을 세우는 것을 유심히 살펴볼 필요가 있다. 그것은 수호자들의 교육, 더 나아가 그가 생각하는 폴리스의 나아갈 바와 관련되어 있기 때문이다.

먼저, 소크라테스가 말하는 시가에 대한 교육은 문예 교육이 아니라는 점을 유념해야 한다. 헬라스 사람들은 어려서부터 호메로스의 서사시와 같은 시가를 듣고 자랐으며 그 과정에서 자연스럽게 그 안에 들어 있는 내용을 일종의 삶의 모범으로 생각하였다. 다시 말해서 시의 내용은 그들 자신과 세계에 대한 기본적인 태도를 형성하는 데 중요한 역할을 하였다. 플라톤이 시인과 시가를 문제삼은 것은 시인과 예술 일반에 대한 혐오에서가 아니라 그것들이 가진 이러한 역할이 중요하였기 때문이다. 시가가 그 체제의 핵심적인 '기구'의 일종이었기 때문에 이는 지적인 것들에 대한 주도권을 쥐는 문제이기도 하다.

    본격적으로 시가에 대한 논의가 시작되었다. 이야기에는 사실적인 것과 허구적인 것이 있는데, 소크라테스가 보기에 그것이 사실이든 허구든 내용에 문제가 있다면 폐기해야만 한다. 특히 어린 아이들에게 끼치는 영향을 고려한다면 심각함이 더하다. "어린 사람이 듣고 있는데, 극단적으로 올바르지 못한 짓을 저지르는데도, 그런 자가 전혀 놀랄 짓을 하는 게 아니라는 투로 말해서도 아니 되고, 또한 올바르지 못한 짓을 저지른 아버지를 온갖 방법으로 응징하는데도, 그런 자가 신들 가운데서도 으뜸가고 가장 위대한 신들이 한 바로 그런 짓을 하는 것으로 이야기해서도 아니 되네." 이런 것들만이 아니다. 신들의 전쟁, 음모, 다툼도 이야기해서는 안 된다. 가만 보면 우리가 '그리스 로마 신화'라는 제목이 붙은 책에서 읽는 이야기는 모두 여기에 해당된다. 이렇게까지 내용에 간섭하는 것을 보면서 그저 교육에 대한 관심이 아닌 뭔가 다른 뜻이 있는 건 아닌지 생각해 볼 필요가 있다. 이를테면 기존의 헬라스 세계에서 통용되던 인격적 신에 대한 숭배를 없애고 소크라테스가 믿고 있던 종류의 신으로 전면적으로 대체하려는 것은 아닌지 등을 고려해 보아야 한다는 것이다. 이런 관점에서 시가에 나오는 이야기를 문제삼는다면, 궁극적으로는 비인격적인 우주의 법칙 외에는 모두 없애야 한다는 주장도 가능할 것이다.

    영웅도 마찬가지다. 헬라스 세계에서 영웅은 공동체의 수호자였다. 그들에 대한 정의定義는 투퀴디데스의 《펠로폰네소스 전쟁기》에서 발견할 수 있다. "옛날에는 헬라스 인들과 대륙의 해안 지대나 여러 섬에 살던 비헬라스 인들이 배를 타고 자주 왕래하기 시작하면서부터 해적질을 생업으로 삼았기 때문이다. 해적질은 유력자들이 주도했는데, 개인적인 이익을 챙기고 백성들 중 약자들을 먹여 살리기 위해서였다. 그들은 성벽도 없이 사실상 여러 마을로 구성된 도시들을 습격하며 재물을 약탈했는데, 이것이 그들의 주된 생계 수단이었다. 또한 이것은 수치스러운 짓이 아니라 일종의 영광스러운 행위로 간주되었다. 이 점은 대륙에 거주하는 일부 부족이 해적질에 성공한 것을 오늘날에도 뭔가 자랑스러운 것으로 여기는 것을 보면 알 수 있다"(《펠로폰네소스 전쟁기》, 1.5.1~2). 이렇게 보면 서사시에 등장하는 영웅에 대한 묘사는 좋지 않은 교육적 효과를 가져올 게 틀림없다. 호메로스의 《오뒷세이아》는 아킬레우스의 탄식을 묘사한다. "땅 위에 살 수만 있다면 나는, 토지도 많은 재산도 없는 / 어떤 이 옆에서 날품팔이라도 하고 싶다네, / 죽어 있는 모든 망자들을 통치하는 것보다는"(《오뒷세이아》, 11.489~491). 영웅을 묘사하면서 이렇게 한심한 모습을 보여 주는 건 곤란하다는 것이다. 차라리 테이레시아스야말로 진정으로 죽음의 두려움을 극복한 이라 할 수 있다. "눈먼 예언자 테이레시아스의 혼령에게 물어봐야 합니다. / 그의 정신은 산 자의 정신과 같이 온전하게 남아 있죠. / 그가 죽고 나서 페르세포네가 그에게만 사고 능력을 / 허락했지요"(《오뒷세이아》, 10.492~494).

한 가지 더 생각해 볼 수 있는 것은 시의 거짓된 내용에 대한 비판이 어떤 함축을 가지고 있는가이다. 시인이 시에서 거짓을 말하는 것은 신에 대한 참된 앎을 가지지 못했기 때문인가, 아니면 앎을 가졌으면서도 그렇게 표현하는 것인가? 여기서 시인(또는 예술가 일반)의 유비적 모방이나 시각적 모방이 참된 앎의 결여에 기인한다는 플라톤의 입장은 시의 내용에 대한 비판을 넘어 시 일반에 대한 비판과 모방적 시의 제거라는 주장으로 나아갈 실마리를 가지고 있다.

내용만 따지고 드는 게 아니다. 표현 방식도 문제삼는다. "숨은 뜻(hyponoia)이 있게 지어졌건 또는 아무런 숨은 뜻도 없게 지어졌건 간에, 우리의 이 나라에 받아들여져서는 아니 되네." 이 말은 일종의 우의가 사용되어서도 안 된다는 것이다. 본뜻을 직설적으로 표현해야지 그것을 뒤에 숨기고 비유를 사용해서는 안 된다는 것이다. 이렇게 시를 단도리하는 것은 시를 즐기는 독자의 입장이 아니다. 소크라테스는 아데이만토스에게 한 나라의 수립자의 관점에서 사태를 바라볼 것을 촉구했다. '플라톤은 예술에 대한 검열을 주장했다'고들 하는데, 이렇게 보면 맞는 말이다. 플라톤은 검열은 물론 일종의 창작 지침까지 생각했던 것 같다. 신과 관련된 이야기는 그 장르가 무엇이건 신은 신으로서 묘사되어야 한다는 것이다. 신을 신으로서 묘사한다는 것은 무엇일까? 인간은 신을 본 적이 없다. 신을 알지 못한다. 그저 신이라 여기는 것을 묘사할 뿐이다. 신은 인간이 규정하는 것이다. 어떻게 규정해야 제대로 된 것일까?

소크라테스는 신에 대해 규정하기 시작했다. 시가의 내용을 문제삼은 속뜻은 여기에 있다. 헬라스 세계에서 시가를 통해서 사람들에게 전승되는 신에 대한 규정을 바꾸려는 것이다. 첫째, 신은 선하고 좋은 것들의 원인이다. 좋은 것으로부터는 나쁜 것이 나올 수 없다. 그가 믿는 신은 "다른 새로운 영적인 것들(daimonia)"(《소크라테스의 변론》, 24b)이다. 이는 헬라스에서 믿어 오던 신들인 다이몬daimōn과는 다르다. 인간이 다이몬에게 공물이나 희생물을 바치면 다이몬은 그것을 받아들여 은혜(kharis)를 베풀어 준다. 아데이만토스와의 대화에서 나왔던 것처럼 "마음 돌림"(364d)이 일어나는 것이다. 이에 비해 다이모니아daimonia는 구체적인 형상물을 만들어서 숭배할 수 있는 것이 아니다. 그것은 법칙적인 것이고 정신적인 것이다. 소크라테스는 전혀 다른 종류의 종교를 도입하려 했다. 이것은 당대 헬라스 종교에 대한 이단(heresy)이라기보다는 이교(pagan)라 말할 수 있는 것이다. 적어도 그것은 우리가 '그런 짓을 하다니 하늘이 무섭지도 않으냐'고 말할 때의 하늘과 비슷한 것이다. 이때 하늘은 우리의 잘못에 대해 벼락을 내리거나 하는 게 아니다. 우리의 잘못에 대해 구체적인 벌을 줄 수도 있겠지만 무엇보다도 그것은 우주에 변함없이 존재하는 법칙 같은 것이고 우리의 내면에 스며들어 있는 '명령' 같은 것이다. 그것의 명령에 따라 우리는 스스로를 캐묻는다. 소크라테스가 시가를 비판하고 내용을 고치려는 것은 사람들의 '기억' 속에 들어 있는 사유의 바탕 자체를 완전히 전환시키려는 일종의 헤게모니 전략으로 이해해야 한다.

    신에 대한 첫째 규정이 좋은 것이었다면 둘째 규정은 무엇일까. 그것은 신이 변함없다는 것이다. 불변의 것이며 다른 것을 베끼지 않은 것이다. 신성과 거룩한 것, 그것의 속성은 선하고, 좋은 것만의 원인이며, 단순하고, 속이지 않는 것이다. 말 그대로 지상을 떠난 착한 신이다. 이는 플라톤이 일관되게 주장하고 있는 점이다. 그가 말하는 신은 이러한 법칙으로서의 신이다. 그 법칙을 알고 그것을 본받아서 통치를 하려는 자들이 철학적 통치자들일 텐데 그들은 플라톤이 세운 종교의 신관들이다.

시가의 내용에 관한 논의가 이렇게 정리되었다. 이제부터는 시가의 형식에 관한 것이 논의된다. 앞서 우의를 사용하는 것이 잠깐 거론되었는데 여기서는 먼저 직접화법과 간접화법이 다루어진다. 시인들은 모방을 표현 방식으로 삼는다. 그것은 시인이 스스로를 말하는 인물의 위치에 놓고 그와 똑같은 생각을 하고 똑같은 감정을 느끼는 것처럼 표현하는 것이다. 이는 '상상력이 풍부한 동일시'(imaginative identification) 또는 '풍부한 모방을 통한 동일시'라 할 수 있다. 이러한 동일시를 통해서는 듣는 이에게 어떠한 이성적 사유도 생겨나지 않는다는 게 플라톤의 입장일 것이다.

2.2.2. 시가의 이야기 투(392c~398b)

소크라테스는 아데이만토스와 함께 이제 시가의 이야기 투(말투: lexis)를 고찰하려 한다. 아데이만토스는 "그건 무슨 말씀인지 모르겠군요"라면서 이러한 시도를 의아해하지만 소크라테스는 시가의 형식적 측면, 즉 시인이 구사하는 언어적 장치를 반드시 고찰해야 한다고 하는 것이다. 그에 따르면 시인이 이야기를 하는 방식은 세 가지다. 첫째, "단순한 이야기 진행". 이는 서사적 방식이다. 둘째, "모방(mimēsis)을 통해 이루어지는 이야기 진행". 이는 극화의 방식이다. 셋째, "양쪽 다를 통해서". 이는 혼합 방식이다.

 소크라테스는 호메로스의 《일리아스》를 예로 들어 "모방 없는 단순한 이야기 진행", 즉 첫째 방식을 설명한다. 이는 시인이 극중 인물을 흉내내어 말하지 않고, 즉 "크리세스가 되어 말하지 않고 여전히 호메로스로서" 말을 하는 것이다. 소크라테스는 그렇게 말할 경우 어떻게 될 것인지를 설명하면서 자신이 "시적인 사람이 못 되기 때문"에 "운韻을 쓰지 않고서" 말하겠다고 한다.

 소크라테스는 시가의 내용만이 아니라 시가가 창작되고 낭송되는 방식까지도 수호자들의 교육과 관련되어 있으므로 어떤 방식을 택하지 "못하도록 할 것인지에 대해서 합의를 보아야만 된다"고 주장한다. 그는 표면상으로는 "그 이상"을 모르고, "논의가 이끄는 대로 그리로 가야만" 한다고 하지만, 사실상 이는 언제든 다시금 논의될 수 있음을 전제하는 것이다. 이 언급에 이어서 곧바로 "수호자들이 모방에 능한 사람들로 되어야 하는지"를 묻는다.

 모방은 뭔가를 배우는 데 있어서 중요한 방식이다. 수호자들도 이를 교육의 방식으로 채택할 수 있으나 그들은 무엇보다도 "엄밀한 뜻의 '자유의 일꾼'(구현자: dēmiourgos eleutherias)들이어야만" 하므로 "어떤 것도 모방해서는 아니" 된다. 그들이 뭔가를 모방하고자 한다면 "이들에게 어울리는 것들을, 즉 용감하고 절제 있고 경건하며 자유인다운 사람들을, 그리고 이와 같은 모든 것을 바로 어릴 때부터 모방해야만" 한다.

대화는 수호자의 교육에 관한 것으로 나아갔다가 다시 시가의 이야기 투에 관한 것으로 되돌아온다. 극시적 모방의 양식은 "온갖 형태의 변화를 다 갖기 때문에" 모방하는 사람은 "양면적인 사람(diplous anēr)"이나 "다방면적인 사람(pollaplous anēr)"이 된다. 소크라테스는 "재주가 있어서 온갖 것이 다 될 수 있고 또한 온갖 것을 다 모방할 수 있는 사람이 우리의 이 나라에 와서 몸소 그런 자신과 자기의 작품을 보여 주고자 한다면, 우리는 그를 거룩하고 놀랍고 재미있는 분으로서 부복하여 경배하되, 우리의 이 나라에는 그런 사람이 없기도 하지만, 그런 사람이 생기는 것이 합당하지도 않다고 말해 주고서는, 그에게 머리에서부터 향즙을 끼얹어 준 다음, 양모로 관까지 씌워서 다른 나라로 보내 버릴 걸세"라고 말한다. "우리의 정체(politeia)"에 어울리는 사람은 "한결 딱딱하고 덜 재미있는 시인과 설화 작가(이야기꾼: mythologos)"이다.

플라톤이 시가의 내용에 대해 논한 것은 그것이 가진 영향력 때문이지만 영향력의 측면에서 보면 내용만이 전부가 아니다. 내용을 말하는 방식, 즉 형식도 매우 중요하다. 사람들 눈에는 정치 체제의 물리적 강제력만 보이겠지만 권력은 그것만으로 이루어지지 않는다. 더 강력한 것은 오래도록 지속되는 체제 정당화 논리들이다. 그 논리들은 내용과 형식의 유기적 결합으로 이루어져 있다. 시가의 형식을 다루는 것은 이런 관점에서 고찰해야 한다.

시가의 내용, 이야기는 세 가지 방식으로 말해진다. 이야기를 만들어서 전달하거나, 모방을 통해 극화하는 방식을 채택하거나, 그 둘을 뒤섞는 것이다. 플라톤은 단순한 이야기 진행만을 권한다. 여기서는 이야기의 내용이 서사시인지, 비극인지, 희극인지는 중요하지 않다. 시인이 포괄적인 의미의 언어 매체를 사용하여 실재를 표현하는 방식이 문제되기 때문이다. 굳이 모방을 통해 극화를 한다 하더라도 최소한으로만 해야 한다. 이것은 구체적으로 어떤 식으로 하는 것인가. 시인이 이야기를 하되 자신의 인격 속에서, 이를테면 3인칭으로 말하는 것이다. 시인이 등장인물처럼 말하지 않고 다른 사람의 이야기를 전해 주고 있음을 듣는 이에게 분명하게 밝히는 것이다. 소크라테스는 호메로스의 서사시 한 부분을 가져다가 자기가 개작하여 읊었다. 오늘날 용어로 말하자면 전지적 작가 시점으로 개작한 것이다.

소크라테스는 자신이 '시적인 사람'이 아니라고 말했다. 이는 소극적으로는 자신이 헬라스 전통의 시가의 창작이나 낭송 방식을 습득하지 못했음을 말하고, 적극적으로는 시가와는 구별되는 추상적인 담론의 방식을 채택하고 있음을 천명하는 것이다. 이와 비슷한 상황이 《소크라테스의 변론》에도 나온다. 자신이 법정에서 사용하는 말투에 익숙하지 않다는 것, 이는 자신이 소피스트가 아니라는 말이다. 여기서 '운을 쓰지 않겠다'는 말은 시인을 본받지 않겠다는 말이다. 플라톤 대화편의 여러 부분을 보면, 지속적으로 소크라테스는 변론술의 교사들과 시인들을 문제삼고 있음을 알 수 있다. 단순히 시인이나 교사들을 혐오하기 때문에 그런 것은 아니다. 플라톤이 생각하기에 이들이 아테나이의 교육에 심각하고 치명적인 해가 되기 때문이다. 그런 것들을 걷어 내야만 냉정하고 반성적인 진리 탐구의 철학적 담론이 시작된다.

    소크라테스가 전통적인 방식을 폐기했다는 것은 깊은 함축을 가지고 있다. 그는 시가에 관한 한 단순한 형식 이상의 것을 겨냥하고 있다. 그가 겨냥하는 '그 이상'은 서사시나 극시를 받아들이는 것보다 더 큰 맥락, 즉 철학적 맥락을 가리키며, 구체적으로는 시가의 형식에 관한 대화가 이 논의의 근본적 목적인 수호자들의 교육과 관련된 것임을 가리킨다. 모방에 관해서도 마찬가지다. 그가 수호자들의 모방 능력에 관하여 묻는 것은 얼핏 보기에는 이야기 투에 관한 논의에서 벗어난 것이지만, 사실은 그것이 수호자의 교육에 있어 중요한 논제이기 때문이다. 이로써 논의의 초점은 시가 자체에 관한 것에서 벗어나 교육적 맥락으로 옮겨갔다.

    모방에 관한 것을 살펴보자. 소크라테스는 "우리가 시인들로 하여금 모방함으로써만 우리한테 이야기를 해 주도록 할 것인지, 아니면 일부는 모방하되 일부는 모방하지 않도록 함으로써 해 주도록 할 것인지, 그리고 이 경우에 그 각각은 어떤 것을 그러도록 또는 그러지 못하도록 할 것인지, 아니면 전혀 모방을 못 하도록 할 것인지에 대해서 합의를 보아야만 된다"고 주장했다. 이 주장을 보면 그가 염두에 두고 있는 것은 그저 모방만이 아니다. 시인의 창작이나 낭송 행위를 모방하는 것은 몸가짐이나 목소리와 같은 외면적인 것에서 시작될 것이지만, 그것은 내면으로 스며들어 사고에 영향을 미칠 뿐만 아니라 마침내 성향으로 자리잡게 될 것이다. 굳이 불가피하게 모방을 해야 한다면 소크라테스의 방식을 따라야만 한다. 그는 시적인 사람이 아니기 때문이다. 아데이만토스가 그것을 알아차리고 "우리가 이 나라에 비극과 희극을 받아들일 것인지, 아니면 받아들이지 말 것인지를 생각하고" 있는지를 물어보았다. 소크라테스의 대답은 이렇다. "아마도. 그러나 어쩌면 그 이상일 것이네." 여기에 초점이 있다. 비극과 희극을 받아들이는 문제 이상일 것이라는 말. 그는 여기에 "나로서도 실은 아직 그 이상은 모르기 때문일세"라고 덧붙인다. 실제로 모르는 것이 아니다. 알고 있다. 비극과 희극을 받아들이는 문제보다 더 큰 문제, 즉 철학적 맥락의 문제이고 수호자 교육의 문제이고, 이 대화편 마지막에 나오는 것처럼 '시를 둘러싼 거대한 싸움'이라는 것을 알고 있다.

사실 철학 교육의 방법은 '모방'이다. 형상을 모방하는 것이 철학 교육이라면 플라톤이 생각하는 것과 같은 방식의 올바른 모방이 아닌 것들은 제거할 필요가 있다. 수호자들은 반드시 뭔가를 본받아야 한다. 그것은 형상이다. 교육에 도움이 되지 않는 나쁜 것들은 제거해야 할 뿐만 아니라 아무것이나 본받게 해서는 안 된다. 모방을 하되 시인들이 하듯이 하면 안 된다. 흉내내기 정도의 차원에서 본받게 하면 안 된다. 반성적으로 주체적으로 자신의 사유를 통해서 본받기를 해야 한다는 것, 그것이 수호자 교육에서 요구된다. 모방을 하지 말라는 게 아니다. 무엇을 모방해야만 하는가, 어떻게 모방해야만 하는가에 대해 엄격한 기준을 정해야 한다는 것이다.

모방을 함부로 해서는 안 되는 까닭은 어디에 있는가. 어릴 때부터 그것을 하다 보면 목소리나 태도, 더 나아가 생각까지도 습관이나 성향으로 굳어져 버리기 때문이다. '습관'과 '성향'을 영역본에서는 'second nature'라 해 두었다. 아예 '다른 본성'이 되고 만다는 것으로 이해한 것이다. 시인은 교사로서의 위치까지 올라가서는 안 되는 사람이다. 소크라테스는 이런 종류의 사람은 자신이 구상하는 나라에 어울리지 않는다고 말했다. 그 나라에서는 한 사람이 한 가지 일을 하기 때문이다. 양면적이거나 다방면적인 사람은 온갖 것이 될 수 있고 온갖 것을 모방할 수 있는 사람이다. 이런 일을 할 수 있는 사람은 앞서 살펴 본 수호자들뿐이다. 그들은 용맹하면서도 온순한, 양면적인 사람이다. 시인도 그런 사람일까? 플라톤이 보기에는 아니다. 그저 그런 사람인 것처럼 흉내낼 뿐이다. 시인은 보기에만 다면적인 사람들일 뿐이다. 진정으로 다면적인 사람은 수호자들이다.

《국가》에서 처음부터 끝까지 지속적으로 제시되는 올바름의 기준은 '한 사람이 한 가지 일을 성향에 따라 적기에 하는 것'이다. 최소한도의 나라에 대해 논의할 때 이미 이 기준이 제시되었다. 철학적 정치가는 아직 등장하지 않았으니 어떤지 모르겠지만 적어도 수호자는 한 가지 일만을 하는 사람이 아니다. 오늘날의 용어로 말하자면 수호자들은 다면성을 가지고 있는 사람들이다. 이 나라의 원칙인 '한 사람이 하나의 일을 하는 것'이 수호자 집단에는 적용되지 않음을 유념해 두어야 한다. 한 사람마다 하나의 직업을 갖는 나라에서 수호자들도 그 명칭은 '하나의' 직업이지만 내용상으로는 그렇지 않다. 그들의 성향은 교육을 통해서 다면적으로 변화하였으며 바로 그 다면성이 수호자 또는 통치자의 근본적인 특성이어야 함을 암시하고 있다. 수호자(와 통치자)만 유식해지고 나머지 사람들은 단순 무식한 상태로 만들자는 것인가라고 의문이 들 수도 있겠지만, 우민정치를 하자는 것이라고까지 말하는 것은 과잉해석일 것이다.

2.2.3. 노래와 서정시가의 양식(398c~401c)

소크라테스는 시가의 이야기 투 검토를 끝내고 "노래(ǫdē)와 서정시가(melē)의 양식"을 다룬다. 그는 "이것들이 어떤 것들이어야만 되는지에 대해서 우리가 해야 할 말들이 무엇인지는 모두가 이미 찾지 않았겠는가?"라고 말한다. 기본 원칙은 공유되고 있음을 알린 것이다. 글라우콘은 "저는 그 '모두'에서 제외되는 것같이 생각"된다면서 자신은 아직 그것들에 동의하지 못한다고 말한다. 소크라테스는 글라우콘이 시가에 밝다는 것을 인정하면서 이 문제와 관련된 대화를 그와 함께 전개한다.

    소크라테스와 글라우콘은 "노래(melos)"를 이루고 있는 요소들, "즉 노래말(가사: logos), 선법(harmonia), 그리고 리듬(rhythmos)" 중에서 특히 선법에 대해 논한다. 그들은 "전사들을 위해서"는 "느슨한" 선법을 이용할 수 없음에 합의한다. 이것을 이용할 수 없다면 어떤 선법을 남겨 놓을 것인가? 소크라테스는 자신이 선법을 모르기는 하지만 원칙은 제시할 수 있다고 한다. 그 원칙은 다음과 같다. "용감한 사람의 어조와 억양", "참을성 있게 막아 내는 사람의 어조와 억양을 적절하게 모방하게 될 선법", "모든 경우에 절제 있고 절도 있게 행동하며 결과에 만족하는 그런 사람의 어조와 억양을 적절하게 모방하게 될 선법". 그들은 뤼라, 키타라, 피리 등의 악기도 남겨 두는 데 합의한다.

　소크라테스는 이 일을 마친 뒤 "역시 단연코 말하네만, 우리는 방금 전에 호사스런 나라라고 말했던 나라를 우리도 모르는 사이에 다시금 완전히 정화했네"라고 한다. '완전히 정화했다'고 말했으나 아직 남은 것이 있다. 곧바로 이어서 그가 "그러면 나머지 것들도 정화하세나"라고 말하고 있기 때문이다. 그것은 리듬에 관한 것인데, 시가에 밝은 글라우콘도 이것에 대해서는 자신있게 말할 수가 없다. "운율이 짜이는 방식에는 세 종류가 있다는 것은 관찰한 바가 있어서 말씀드릴 수 있겠습니다만, 어떤 리듬이 어떤 삶을 모방해 내는 것인지에 대해서는 말씀드릴 수가 없군요." 소크라테스도 이 문제를 해결할 수 없다. "이것들은, 내가 말했듯, 다몬에게 넘긴 걸로 하세나. 이를 구별한다는 것은 작은 논의거리가 아닐 것이기 때문일세." 소크라테스와 글라우콘이 가지는 최소의 규준은 "우아함(고상함, 좋은 모양: euskhēmosynē)과 꼴사나움(askhēmosynē)이 좋은 리듬과 나쁜 리듬을 따른다는 것"이다.

　시인들에 대한 "감시"는 "다른 장인(dēmiourgos)들"에 대한 감시로도 이어져야만 한다. 이러한 감시들이 효과를 드러내면 젊은이들은 "모든 것에서 덕을 보게 되고, 이로 인해서 아름다운 작품들에서 뭔가가, 마치 좋은 곳에서 건강을 실어다 주는 산들바람처럼 그들의 시각과 청각에 부딪혀 오게 되어, 어릴 적부터 자신들도 모르는 사이에 아름다운 말과의 닮음 (homoiotēs)과 친근함 그리고 조화로 이끌"리게 될 것이다.

시가에 의한 교육, 시가의 이야기 투에 관한 논의에서 중시되었던 것은 수호자의 품성이 다면적이어야 한다는 것이었다. 겉보기에만 그럴싸한 시인이 아니라 진정으로 그러한 사람이 되어야 한다는 것, 이것이 강조되었다. 시가에 관한 이어지는 논의들은 이 점을 심화한 것이다. 특히 '혼의 두 측면을 위한 시가와 체육의 혼화'는 수호자가 어떠한 심성을 가져야 하는지를 집약해서 보여 준다.

소크라테스는 노래와 서정시가의 양식과 관련된 부분을 논의했다. 이것은 대화 상대자를 전환시키기 위한 장치다. 글라우콘이 음악에 대해 많이 알았던 모양이다. 소크라테스의 말을 보면 그렇다. "비탄조의 선법들은 무엇 무엇인가? 말해 주게. 자네는 시가(음악)에 밝으니까 말일세." 두 사람은 전사들에게 도움이 될 만한 선법을 골랐다. 비탄조의 선법, 유약하고 주연酒宴에 맞는 선법은 제외되고, 용감하고 참을성 있고 절도 있게 행동하는 사람의 어조와 억양을 훌륭하게 모방하게 될 그런 선법은 남게 된다. 선법을 고르고 나서는 악기를 골랐다. 선법과 악기를 고르고 나서도 남은 것들이 있다. 리듬도 있고, 노랫말도 있다. 이런 것들까지 정리를 해야 정화가 끝날 것이다. 물론 그의 언급에서 '다시금 완전히 정화했다'는 것이 무엇을 의미하는지는 논의의 여지가 있다. 시가의 내용, 이야기 투, 선법을 정리함으로써 호사스런 나라는 건강한 나라가 되는가? 시가 교육이 잘못되면 치명적인 결과가 생기는가? 적어도 소크라테스는 그렇게 생각하고 있음이 분명하다. 그것은 수호자의 근본 심성에 깊숙이 관여하는 것이기 때문일 것이다.

플라톤의 이 논의가 시가에 대한 제대로 된 이해에 바탕을 두고 있는지에는 의문의 여지가 있다. 앞서 소크라테스는 "나는 운韻을 쓰지 않고서 말하겠네. 나는 시적인 사람이 못 되기 때문일세"(393d)라고 말한바 있고 《파이드로스》에서도 이렇게 말하고 있다. "시인으로서 운문으로 쓴 것이건 또는 사인으로서 산문으로 쓴 것이건 간에 말일세"(《파이드로스》, 258d). 이러한 언급들은 운을 쓰는 것을 시적인 것의 규준으로서 제시하고 있는데, 시가 반드시 운율을 써야만 하는 것은 아니다. 이를테면 엠페도클레스의 단편들은 운율이 있지만 그의 작품을 시라고 부르지는 않는다. 플라톤이 시를 잘 알지 못하는 듯하면서도 그것들을 이리저리 검토하는 것은 명백하게 도덕주의적인 의도에서다. 그런 점에서 여기서 플라톤이 시가에 대해 논하는 것을 예술론의 영역으로 포함시킬 수는 없다. 좋게 말하면 시를 비롯한 예술이 인간의 영혼이나 심성에 어떤 영향을 끼치는지를 살펴보는 것이고, 나쁘게 말하면 도덕적 잣대로 예술을 억압하는 것이다. 사태가 이러하니 플라톤의 대화편들에서 미에 관한 이론들을 찾는 것은 불가능할 것이나 어이없게도 플라톤의 이론은 그 어느 철학자들의 그것보다도 더 오랫동안 미학과 예술 이론의 근거가 되어 왔다.

2.2.4. 시가 교육이 중요한 까닭(401d~403c)

소크라테스는 "리듬과 선법(화음: harmonia)은 혼의 내면으로 가장 깊숙이 젖어 들며, 우아함을 대동함으로써 혼을 가장 강력하게 사로잡고, 또한 어떤 사람이 옳게 교육을 받는다면, 우아한(고상한) 사람으로 만들 것이나, 그렇지 못할 경우에는, 그 반대로 만들 것"이기 때문에 "시가(mousikē)[를 통한] 교육(양육: trophē)"이 매우 중요하다고 말한다.

소크라테스가 생각하기에 시가 교육은 우선 인격(ēthos) 형성의 출발점이다. 인격은 습관(ethos)에서 시작되고, 습관은 습성(hexis)에서 비롯된다. 이 교육은 "절제(sōphrosynē), 용기(andreia), 자유로움(eleutheriotēs), 고매함(호방, 도량: megaloprepeia) 및 이와 같은 부류인 모든 그리고 또 이것들과 반대되는 것들, 이 모두의 형상(eidos)들이 어디에고 '옮겨가[며 나타나]고 있음'"을 알게 하며, "그것들이 그 안에 있게 된 것들 안에는 그것들 자체가 그리고 그것들의 상(像)들이 '들어가 있음'(안에 있음: enonta)"도 깨닫게 한다. 즉 형상과 개물의 관계를 파악하는 데에도 도움이 된다. 이것이 시가가 중요한 둘째 이유일 것이다. 이러한 교육을 받은 이는 혼 안의 훌륭한 성격 및 그것들에 합치하는 외모가 "같은 원형(모형: typos)에 관여(metekhonta)"하고 있는, 즉 "가장 아름다운 광경"을 볼 수 있다. 마지막으로, 적절한 시가 교육을 받아 절제 있고 교양 있는 사람이 된다면 "본성상 질서 있고 아름다운 것"을 사랑하게 될 것이다. 시가 교육은 에로스를 일깨우는 것이다. 이로써 소크라테스는 시가에 관한 논의를 끝맺는다. "아무튼 끝맺어야 할 곳에서 끝맺었네. 시가와 관련된 것들은 어쩌면 아름다운 것에 대한 사랑들(ta tou kalou erōtika)로 끝나야만 할 것 같으이."

시가에 대한 논의가 도덕주의적 견지에서 시도되고 있음이 분명해졌다. 도대체 왜 이렇게까지 하는 것일까? 다시 말해서 시가 교육에 대해서 이렇게까지 신경을 곤두세우는 이유는 무엇일까? 수호자들이 좋은 성격(euētheia)을 가져야 하기 때문이다. 좋은 성격을 갖춘 사람은 좋은 말씨와 조화로움, 우아함을 가지고 좋은 리듬을 좋아하게 된다. 좋은 성격을 형성하는 원천이 시가이다. 좋은 성격은 품성상태이기도 하다. 그러한 성격은 타고난 것이 아니라 사회에서 갈고닦아 얻어지는 것이다. 헬라스 인들은 이것을 일련의 연쇄로 생각하였다. 무의식적으로 되풀이하는 행위가 굳어져서 습성(hexis)을 형성한다면, 그것이 지속되고 다른 사람들과 함께 생활하는 국면에서는 습관(ethos)으로 나타난다. 이러한 습관은 그의 성격이나 인격(ēthos)을 드러낸다는 것이다. 플라톤의 교육관도, 아리스토텔레스 윤리학의 덕론도 이에 기본 바탕을 두고 있다.

좋은 성격은 "어리석음(anoia)을 좋게 부를 경우의 순진성(단순함)이 아니"(400e)다. 우리가 '그 사람이 성격은 좋지'라고 말할 때 그것은 두 가지 뜻을 함축한다. 하나는 말 그대로 인품이 훌륭하다는 것이고 다른 하나는 뭘 잘 몰라서 남들에게 뒷통수를 맞아도 그걸 알아차리지 못한다는 것이다. 뒤의 뜻으로 말하는 것은 어리석음을 비웃는 것이다. 여기서 소크라테스가 말하는 것은 그런 어리석음이 아니다. "성격('성품: ēthos)을 진성으로 잘(eu) 그리고 훌륭하게 갖춰 갖게 된 사고(dianoia)"(400e)다. '디아노이아'dianoia에는 세 가지 뜻이 있다. 일반적인 의미에서는 '지적 사고', 넓은 의미에서는 '마음', 인식론적 의미에서는 '추론적 사고'이다. 좋은 성격은 지적 사고와 추론적 사고를 할 줄 아는 것이다. 흔히 공공장소에서 화를 내는 것은 성격이 나빠서 그런 것이라 하는데, 정확하게 말하면 무식하고 지적인 사고를 하지 못해서 그런 것이다. 자신이 처해 있는 주변 상황을 '모르기' 때문이다. 좋은 성격을 가진 사람을 한마디로 하면 지적인 인간, 지성인이다. 인격이 좋다는 말은 지적인 사고능력을 갖추었다는 것임을 기억해 두어야 한다. 플라톤이 구상한 나라에서 수호자가 되려면 반드시 필요한 덕목이다. 이것은 시가 교육 등을 통해 연마할 수 있다.

우리는 소크라테스가 말하는 시가 교육이 예술 교육이 아님을 알았다. 그것은 수호자들의 기본 소양을 기르기 위한 양육 과정에 들어 있는 것이다. 그 교육을 받은 사람은 아름다운 것을 아름다운 것으로 받아들일 줄 알게 된다. 이것만이 아니다. 그림자에 불과한 것과 진짜인 것을 식별해 내는 능력도 갖추게 된다. 예를 들어 "문자들의 상(eikōn)들이 물이나 거울 어딘가에 나타나" 보인다고 해 보자. 그것이 본래 어떤 것인지는 진본에 해당하는 문자의 형상을 알기 전에는 식별해 낼 수 없다. 그것을 식별하려면 수련을 통해 전문지식을 습득하여야 한다. 형상 또는 진짜를 알아내는 능력, 이것이 시가 교육을 바탕으로 만들어지는 것이다.

앞서 나왔던 '보이기(dokein)와 되기(einai)'라고 하는 틀이 여기서는 '상(eikōn)과 형상(eidos)'의 틀로 제시되었다. 이렇게 틀을 바꾸면서 플라톤은 참으로 있는 것(진리)과 그것이 나타나 보이는 것(현상)의 관계를 설명한다. 절제, 용기, 자유로움, 고매함 같은 것들이 있다고 해 보자. 이것들은 눈에 보이지 않지만 진짜인 것들, 즉 형상이다. 그것들은 어딘가에 "들어가 있(안에 있음: enonta)"다. 이는 형상이 구체적인 사물과 관계를 맺는 첫째 방식이다. 둘째 방식은 "같은 원형에 관여"하는 것이다. 이 두 가지를 터득한 사람은 "시가에 밝은(교양 있는: mousikos) 사람"이다. 이로써 시가 교육의 목적은 교양인을 양육하는 데 있음이 분명해졌다. 그는 궁극적으로 "아름다운 것에 대한 사랑들"까지 가지게 된다. 시가 교육의 궁극적인 목표는 아름다운 것에 대한 사랑을 갖춘 사람(erōtikos)을 양성하는 데에 있다. 사실 에로티코스erōtikos는 철학자이다.《국가》에서는 철학자가 어떤 사람인지 논하는 부분에서 이것이 상세하게 논의된다. 수호자를 위한 시가 교육에서는 일종의 예고편처럼 거론되었으니 그 논의가 연결되어 있음을 유념해 둘 필요가 있다.

2.2.5. 체육에 의한 교육(403c~410b)

"시가 다음에는 체육(gymnastikē)에 의한 교육"이다. 소크라테스가 이 교육에서 제시하는 기본 원리는 훌륭한 혼이 자신의 "'훌륭함'에 의해서 몸을 최대한 훌륭한 것이게끔 만들어" 준다는 것이다. 이것은 '단순성'을 통해서 구현된다. "최선의 체육은 우리가 좀 전에 다루었던 단순한 시가와 유사한 것"이며, "단순하고 훌륭한 체육, 특히 전쟁과 관련되는 것들의 체육"이다. 수호자들은 공동체를 지키는, "전쟁과 관련되는" 일을 수행하는 집단이다. 이들에게 단순한 시가와 단순한 체육을 교육할 때의 효과는 다음과 같다.

"단순성(haplotēs)은 시가와 관련해서는 혼에 절제를 낳고, 체육과 관련해서는 몸에 건강을 낳겠군?" "더할 수 없는 진실입니다." 소크라테스와 글라우콘은 이처럼 확신에 가득 찬 어조로 합의한다.

단순한 체육은 신체에 대해 지나친 관심을 갖지 않게 하는 방식으로 수행되며, 이는 신체에 관한 기술인 의술에 관한 논의로 이어진다. 소크라테스는 의사들인 아스클레피오스와 헤로디코스를 비교한다. 소크라테스에 따르면 헤로디코스는 복잡한 의술을 전했는데, "체육의 한계를 넘은, 몸에 대한 이 지나친 보살핌은 무엇보다도 제일 지장을 주기 십상일 것"이며, "가장 중대한 것은 그것이 어떤 종류의 공부나 고찰 또는 자기 수련도 힘들게 만든다는 점"이다. 아스클레피오스에 대해서는 "정상적으로 살 수 없는 사람은, 자신을 위해서도 나라를 위해서도 유익하지 않기 때문에, 치료를 해서는 아니 된다고 생각한 것으로 말해야" 한다. 헤로디코스는 환자를 위해서 의술을 시행하고 아스클레피오스는 공동체의 좋음을 위해서 의술을 시행한다. 글라우콘의 지적처럼, 아스클레피오스는 의사가 아니라 "정치가"이다.

글라우콘은 정치가의 입장에 서서 의술을 시행할 경우에 생겨날 문제점을 지적하며 동시에 그것을 재판관의 경우와도 비교한다. 소크라테스의 방식을 따른다면 훌륭한 의사들이 많아지지 않을 것이며, 재판관들의 자질도 탁월하지 않으리라는 것이다. 글라우콘의 주장은 다음과 같다. "가장 많은 건강한 사람과 가장 많은 병약한 사람을 다루어 본 사람들이 누구보다도 그런 사람들[훌륭한 의사]일 것이며, 재판관(판관: dikastēs)들 역시 마찬가지로 온갖 성향의 사람들과 사귀어 본 사람들이 그런 이들일 것입니다."

소크라테스는 글라우콘의 문제 제기에 대해 두 경우를 분리해야 한다고 대답한다. "자네는 같지 않은 문제를 한 물음으로 제기했네." 소크라테스에 따르면 "혼(마음)으로써 몸을 치료"하는 의사들은 질병 상태와 건강 상태 모두를 공부해야 하지만, "혼(마음)으로써 혼을 다스리"는 판관들은 "혼이 그 자체로 훌륭하디훌륭하면서 올바른 것들을 건전하게 판단하려면, 자체가 어려서는 나쁜 성격들에 대한 체험도 없어야만 하며, 그런 것들로 더렵혀지지도 않아야만" 한다. 판관은 무엇보다도 올바름의 본(paradeigma)을 가져야만 하고, 그러한 "지식"이 있어야만 "낯선 혼들 안에 있는 그 낯선 것이 본성상 어떻게 나쁜 것인지를 오랜 세월 동안 노력한 끝에 분명하게 알게" 된다. "못됨(나쁨: ponēria)은 훌륭함(덕: aretē)도 저 자신도 결코 알지 못하겠지만, 훌륭함(덕)은, 천성이 교육을 받게 되면, 시간이 지나면서 자신에 대한 앎과 함께 못됨에 대한 앎도 갖게 될 것이기 때문"이다.

시가 교육에 이어 논의되는 것은 체육에 의한 교육이다. 신체 단련의 중요함을 논하는 내용이라고 함부로 결론을 내리면 안 된다. 플라톤은 이를 영혼, 즉 정신과 연결지어 논의했다. 체육에 의한 교육은, 몸이 아닌 혼을 향하는 것이다. 이는 플라톤이 가진 인간관의 특징을 보여 준다. 그는 신체와 영혼의 조화를 추구하는 듯하지만 참다운 인간은 혼 안에서, 즉 내면에서 서로 다른 다양한 특성들이 조화를 이룬 존재이고 궁극적으로는 순수한 지혜가 그 모든 것을 아울러 이끌어 가야 한다고 생각한다. 신체 단련과 관련하여 유명한 격언을 예로 들어 보자. '건강한 신체에 건강한 정신'(Mens sana in corpore sano)이라는 말이 있다. 데키무스 유니우스 유베날리스가 한 말이라고 한다. 얼핏 보면 신체도 건강하고 정신도 건강하면 좋다, 또는 신체가 건강하면 정신도 건강해진다는 뜻으로 이해되는데 그건 잘못 안 것이다. 원래는 "Orandum est ut sit mens sana in corpore sano"라는 문장이고 이는 풍자시의 한 구절이다. 뜻을 보면 '건강한 신체에 건강한 정신이 깃들도록 기도하라'이다. 여기서 핵심은 '기도하라'이다. '너는 지금 몸이 굉장히 건강해 보인다, 그런데 몸만 건강해 보이고 정신은 좀 멀쩡하지 않은 듯하다, 그러니 몸만 단련하지 말고 정신도 좀 챙겨서 건강해지게 해 봐라, 그게 안 되면 기도라도 해야지 않겠나'라는 것이다. 소크라테스가 여기서 체육에 의한 교육을 말하는 것과 직접 관련은 없지만 유베날리스의 말은 이와 크게 다르지는 않다. 신체 단련을 한다, 그게 뭘 위한 것이냐, 신체 자체를 위한 것이냐 아니면 정신의 어떤 측면을 위한 것이냐, 이렇게 물어봐야 한다. 당연히 영혼의 한 측면을 위한 것이다. 신체 단련은 "힘을 염두에 두고서보다도 제 천성의 '격정(기개: thymos)적인 면'(to thymoeides)을 염두에 두고 이를 일깨우느라, 힘들여서" 하는 것이다.

시가 교육이 좋은 성격과 그에 이은 지성의 측면을 위한 것이었다면 체육 교육은 '격정'을 위한 것이다. "무엇보다도 혼을 위해서 양쪽 다를 제도화한 것"(410c)이다. 달리 말해서 하나의 혼이 가지고 있는 두 측면을 위해서 그 두 가지 교육이 요구된다. "수호자들은 성향상 이들 양면을 지니고 있어야만"(410e) 한다. 혼이 양면성을 가지고 있어야 한다. "이 양면이 조화를 이룬 사람의 혼은 절도 있고 용감"하다. 한 가지만 잘 하면 안 된다. 시가는 정신을 위한 것, 체육은 육체를 위한 것이라고 생각하면 안 된다. 진정으로 용감한 자는 정신을 단련한다고 한다. 적을 두려워하지 않는 사람이 아니라 난감한 상황에서도 정신적으로 무너지지 않고 이 상황을 이겨 낼 수 있도록 머리를 짜 내는 사람이다. 용감함은 무작정 돌격하는 것이 아니다. 그러다가는 바로 죽는다. 어려운 상황에서도 냉정함을 잃지 않는 것이다. 앞서 헬라스의 교육에서는 시가와 체육이 각각 혼과 몸에 관여한다고 여겨져 왔다고 했다. 플라톤은 이것을 다르게 본다. 시가와 체육 모두 영혼에 관여하는 것으로 바꾼 것이다. 교육은 영혼의 문제가 된다.

2.2.6. 혼의 두 측면을 위한 시가와 체육의 혼화(410c~412b)

소크라테스가 선호하는 '정치가로서의 의사'는 공동체의 좋음, 즉 '잘 사는 것'에 집중하므로 생명의 유지를 목적으로 삼지 않게 된다. 그는 신체의 건강을 돌보지 않는 의사인 것이다. 공동체를 위해서는 의사가 아닌 의사가 요구되듯이 체육도 신체를 위한 것이 아니라 "무엇보다도 혼을 위해서" 제도화되어만 한다. 체육과 시가는 혼 아래에, 구체적으로는 혼의 두 측면에 포섭된다. 이는 "[혼의] '격정(기개)적인 면'(to thymoeides)과 '지혜를 사랑하는(애지적인) 면'(to philosophon)을 위해서, 부수적인 경우가 아니고서는, 혼과 육신을 위해서가 아니라, 그 둘을 위해서, 곧 그 둘이 '적절한 정도'(to prosēkon)만큼 조장되고 이완됨으로써 서로 조화를 이루도록 하기 위해서"이다.

소크라테스는 이로써 교육의 세부 과정까지는 언급하지 않으나 교육에 관한 논의를 마친다. 수호자들은 이 교육을 받음으로써 올바름에 관한 교육 단계를 남겨 놓은 전사가 되었다.

플라톤에게 있어 시가와 체육의 기본적인 목적은 인간이 가지고 있는 서로 모순되어 보이는 양 측면을 조화시키는 것이다. 그렇게 되었을 때 그 둘을 골고루 쓸 수 있다. 이것이 혼화混和이다. 어떤 어려움이 닥쳐도 겁먹지 않고 차분하게 어떻게 할 것인지를 생각할 수 있게 된다. '적절한 정도'에 이르게 되는 것이다. 이것은 '올바름'이라 할 수 있을 것이다. 올바름은 딱 정해진 것이 아니라 활동을 가리킨다. 올바름은 특정한 상황에서 도덕적으로 최선인 것을 궁리해 내는 사유활동이다. 플라톤에 있어 올바름은 혼의 혼화에 이르는 과정을 이끌어서 혼화의 상태와 적절함을 만들어 내는 사유의 힘이다.

수호자들은 무엇보다도 공동체를 지키는 '전사'임을 거듭 고려한다면, 지금까지 논의된 교육과 양육의 '규범들'은 전투에서 사용되는 탁월한 기술과 신체보다는 혼, 즉 공동선共同善의 형성에 헌신하는 정신에 집중하는, 일견 부적절한 것들이다. 전사는 공동체의 수호를 위해 격정을 가져야 하므로 정신에 대한 과도한 관심이 부적절한 것이기는 할 것이나, 소크라테스가 시가와 체육의 목적을 영혼의 훈육에 두려는 것은 이들 수호자들을 질적으로 다른 존재로 만들고자 하는 의도일 수도 있겠다.

폴레마르코스에게 올바름은 친구에게는 잘해 주고 적에게는 해를 입히는 것이었다. 케팔로스는 관습에 따른 올바름을 이야기하면서 갚을 것을 갚는다고 했는데 이것들은 기계적인 균형만 고려한 원칙이다. 폴레마르코스와의 대화에서 예로 들었던 것, 무기를 빌렸다가 돌려주는 것은 잘못하는 것이다. 상황에 따른 지적인 추론을 하지 않았기 때문이다. 대규모 집단에서는 모두의 사정을 고려하기 어렵기 때문에 일률적인 기준을 정해 적용한다. 그럴 경우 우는 소리하는 사람, 부당하다고 떠들어 대는 사람들이 나오기 마련이다. 억울한 사람이 나오면, 시행한 사람은 처음에 규칙을 정해 놓고 했기에 공정하다고 말한다. 그러고는 뭔 말이 많으냐고 해 버리면 불평하는 이들이 폭동을 일으키게 된다. 일반적으로 기준을 정해 놓고 하는 것을 '공정함'이라고 말한다. 플라톤은 공정함 가지고는 안 된다고 이야기하는 것이다. 그것만으로는 올바름이라는 상태에 이르지 못한다.

플라톤이 염려하는 것은 형평이라는 기준을 객관적으로 놓고 적용하느라 참된 올바름을 입 밖에 꺼낼 수 없게 되는 상황이다. 유형의 객관적 기준을 내놓으면 집단적으로는 통용 가능하고 올바름과 비슷해 보이는 것에 접근할 수 있을지는 몰라도 올바름이 되지는 못한다. 억울하고 존중받지 못한다고 생각하는 사람이 생기면 그것은 올바름이 실현되지 않은 상태다. 이러한 올바름을 실현하려고 노력하는 사람들이 바로 민주 정체의 참다운 정치가들이다.

플라톤이 이러한 방식으로 올바름을 생각한 까닭이 뭘까? '많은 사람'이 자신들의 의견을 내놓고 이익을 추구하고 있는 체제였기 때문이다. 모든 시민이 주권자인 민주 정체에서 당파싸움이 일어나지 않게 하려면 어떻게 해야 하는지를 고민하면서 이런 걸 궁리한 것이다. 플라톤이 민주정을 반대했다면 이건 고민할 필요가 없는 문제다. 모두의 입을 닥치게 하는 억압과 통제의 방책이면 충분하니까. 플라톤은 민주정을 반대한 사람이 아니라 민주정에서 벌어지는 싸움을 지성적으로 해결하려 한 사람이다. 민주 정체에서 정치 지도자들이 가져야 할 덕목에 대해서 연구한 사람이다.

왜 민주 정체에서만 이런 문제가 발생할까? 신분제가 엄격한 나라에 사는 사람은 자신이 억울하다는 생각을 하지 않는다. 서양 중세에서 장남은 집안의 문장紋章을 이어받는다. 차남이 그것에 대해 화내지 않는다. 둘째로 태어난 자신의 운명에 승복하고 다른 방책, 이를테면 일확천금을 노리고 십자군에 참전한다. 왜 불평이 없는가? 그것이 자신의 기본값이라고 교육받았기 때문이다. 자신이 사는 세상이 그렇게 돌아가고 있음을 굳이 따져서 알 필요도 없다. 이런 상황에서는 공정함 따위를 따지지도 않는다. 아무리 노력해도 자신이 장남이 될 수 없다. 노력하면 뭔가를 성취할 수 있는 체제에서만 올바름과 공평함이 문제된다. 한국은 노력하면 성취할 수 있다는 것을 오랫동안 집단의 중심 가치로 가지고 살아온 나라다. 이런 나라에서는 불공정에 대한 생각이 강하게 생겨난다. 플라톤이 올바름에 대해 논의를 했다는 것은 민주 정체에서 핵심적인 쟁투가 어디서 일어나는지를 알고 있었음을 보여 준다. 아테나이에서는, 민주정 시기는 물론 참주정 체제에서도 이런 일이 끝없이 일어났다. 그는 민주정에서 조화로운 정치적 행위들이 가능한 방법, 체제 붕괴를 불러오는 당파적 쟁투를 막는 민주 정체 지도자들의 덕목이 무엇인지를 궁리한 것이다.

2.3. 수호자들의 선출과 목표

2.3.1 수호자들의 구분(412c~415d)

소크라테스는 나라의 수호자들을 양성하기 위한 교육 과정을 수립한 후 "이들(수호자들) 중에서 누가 '다스리고', 또 누가 '다스림을 받을' 것인가"를 나누자고 제안하고, 이에 글라우콘은 흔쾌히 찬동한다.

수호자들을 구분하는 기준은 먼저 연장자와 연소자이고, 연장자들 중에서도 "가장 훌륭한 사람(최선자)들(hoi aristoi)"이다. 이들은 "나라를 가장 잘 지키는 사람들"이다. 이들은 "슬기롭고 유능한 사람들이어야 하며, 더 나아가 나라에 대해 마음 쓰는 사람들"이다. 이들은 지금까지 받은 기본 교육에 더해 "나라를 위한 최선의 것을 해야만 된다는 소신(doxa)을, 홀려서도 강제에 의해서도, 잊거나 내팽개치는 일이 없는지"를 엄밀히 시험받아야 한다. 그렇게 하려면 "갖가지의 힘든 일과 고통 그리고 경합을 그들에게 부과하여"야 한다. 이러한 시험을 거친 이들만이 "통치자(hoi arkhōn) 및 수호자(phylax)"로 임명되어야 할 것인데, 소크라테스는 그들의 특성을 정리하여 다음과 같이 말한다. "어떤 경우에나 좀처럼 홀리지 않고 의젓하며, 자기 자신과 자기가 배운 시가(mousikē)의 훌륭한 수호자인 걸로 보인다면, 그래서 이 모든 경우에 있어서 자신을 단정하고 조화로운 사람으로 드러내 보인다면, 그런 사람이야말로 자기 자신을 위해서나 나라를 위해서 가장 유용한 사람일 걸세." 소크라테스는 이들을 "완벽한 수호자들(phylakes panteleis)"이라 부르고 "이제껏 우리가 수호자들이라 불러 왔던 그 젊은이들은 통치자들(hoi arkhontes)의 신념을 위한 보조자들(epikouroi) 및 협력자들(boēthoi)"이라 부른다.

소크라테스는 구분을 마친 뒤 몹시 망설이면서 "필요한(마땅한) 경우에 부응하는 거짓말"을 만들어 내야 한다고 주장한다. 그는 그것이 거짓말임을 분명히 알고 있으며, 사람들에게 "이를 곧이듣도록 하는 데에는 많은 설득"이 필요하다는 것도 알고 있다. 그는 글라우콘의 재촉을 받고 두 부분으로 이루어진 거짓말을 내놓는다. 첫째는 이들 수호자들이 "땅속에서 만들어져서 양육되고 있었"으므로 "누군가가 이들이 살고 있는 고장을 공격해 오기라도 한다면, 마치 어머니나 보모에 대해서 그러기라도 하듯, 이 고장에 대해 자신들이 숙의하고 방어를 하게끔. 또한 다른 시민들에 대해서도 흙에서 태어난 형제들을 위하듯 생각"해야만 된다는 것이다. 공동체에 대한 수호자들의 헌신은 사실상 교육을 통해서 형성되지만 그것을 자연적 유대라고 정당화해야만 한다는 것이다. 이는 어려운 문제이며 글라우콘도 그 점에 수긍한다. "방금 선생님께서 그 허구(pseudos)를 이야기하길 망설이신 것이 공연한 건 아니군요."

나머지 이야기는 더욱 어려운 문제에 관련되어 있다. 그것은 수호자 집단의 우위를 정당화하는 것이다. 이를 위해 소크라테스는 다음과 같은 거짓말을 제안한다. "이 나라에 있는 여러분은 실은 모두가 형제들입니다. 그러나 신은 여러분을 만들면서, 여러분 중에서 능히 다스릴 수 있는 이들에겐 탄생시에 황금을 섞었는데, 이들이 가장 존경받는 것은 이 때문입니다. 반면에 보조자들에겐 은을 섞었습니다. 하지만 농부들이나 다른 장인에게는 쇠와 청동(구리)을 섞었습니다." 소크라테스는 신성함을 빌어 인간 재능의 자연적 위계를 정당화한다. 그에 따르면 정치적 올바름은 천성적으로 불평등한 사람이 불평등한 명예와 몫을 받는 데에서 성립하며, 이러한 불평등을 "법제화"해야만 하는 상황에서는 많은 반발이 일어날 수 있다. 소크라테스의 거짓말은 불평등한 지위를 정당화하는 것이 정치적으로 얼마나 어려운 문제인지를 표상한다. 글라우콘 역시 이 문제를 잘 알고 있다. "이들 자신이 곧이듣도록 할 방도는 결코 없습니다. 그렇지만 이들의 아들들과 그들의 후손들, 그리고 또 그 이후의 다른 사람들이라면, 곧이듣도록 할 방도는 있을 겁니다." 세월이 흘러 제도가 정착되기를 기다리는 수밖에 없다는 것이다. 소크라테스도 더이상의 궁리를 내놓지 못한다. "이 이야기도 전설(phēmē)이 이끄는 대로 그 길을 갈 걸세."

소크라테스, 글라우콘, 아데이만토스가 함께 논의하여 세운 나라의 수호자들의 성격이 규정되었다. 그들은 다면적인 성향을 가진 사람으로 양육되고 교육된다. 이제부터는 그들을 일종의 상층 정치가들과 하위 지도자들로 다시 분류하고, 그들이 어떤 방식으로 살아갈 것인지 등을 규정해야 한다. 자잘해 보이지만 이것들은 정치가들의 삶을 규율하는 중요한 요소들이다. '한 나라를 지키는 참다운 방책과 교육'에 이르면 정치 체제에 관한 논의는 원칙적으로 끝난다.

412c~415d

수호자를 다시 분류하는 부분부터 살펴보자. 지금까지는 함께 양육과 교육을 받아 온 수호자 집단이 엄밀한 의미의 수호자들(또는 통치자)과 보조자들로 세분되었다. 통치자들은 나라에서 최고의 권위를 가지게 된다. 보조자들은 통치자의 명령에 따라 군대와 경찰, 행정 등의 일들을 수행한다. 그들은 공직자이므로 모두 공동체의 좋음을 위해서 일을 한다. 이미 그들은 그러한 기능을 갖추도록 교육받았다. 혼의 혼화, 여러 입장을 고려하여 최선의 대안을 마련해 내는 능력을 가지는 것, 그것이 바로 공동체의 이익을 위하여 생각하고 행하는 것이다. 교육만으로는 훌륭한 공직자가 될 수 없다. 한 사람의 처지만 생각하다 보면 사람은 자기 입장만을 생각하기 마련이니 지도자가 전체의 입장을 고려하게 하려면 강제를 필요로 한다. 사유재산을 가질 수 없고 처자도 공유해야만 하는 충격적인 제도적 장치는 이런 이유로 마련된 것이다. 이러한 장치가 없다면 아무리 영혼이 공직자 정신에 투철하다 해도 금방 무너지기 십상이다. 이러한 강제가 가능한 것은 이들이 귀족 집안에서 태어나지 않기 때문이다. 분명히 그들은 성향에 따라 선발되어 교육을 받기 시작한다. 그 선발이 그들의 집안 내력을 고려한 것은 아니다. 대대손손 부귀영화를 누리던 집안 자식들이 재산도 가지지 못하고 처자도 공유하는 일에 지원이나 하겠는가. 말도 안 되는 장치라고 웃고 넘어갈 수도 있겠지만 플라톤은 여기서 꽤나 진지하게 이 장치를 이야기했다.

이 나라의 통치자들은 "수호자들 중에서도 가장 훌륭한 사람들"이다. 한국어판 번역자는 이 부분에 주석을 붙여 두었다. "최선의 인간들이 통치하는 체제, 즉 '최선자〔들의〕 정체'(aristokratia)가 여기에서 시사되고 있다." 최선자들의 정체가 흔히 귀족 정체로 이해되곤 하는데 그렇게 보아서는 안 된다. '최선자들'은 신체적 강인함은 물론, 내면에 자율적 자립적 인격을 갖추고 있는 사람들이라 하는 게 옳을 것이다. 플라톤은 《메넥세노스》에서 그것을 언급하고 있다. "동일한 정치 체제, 즉 최선자 정체가 당시에도 있었고 지금도 있는바, 우리들은 지금은 물론 그 당시부터 거의 내내 그 정치 체제 아래서 시민으로서의 생활을 영위해 왔기 때문입니다. 어떤 자는 그것을 민주 정체라고 부르고 어떤 자는 자기 마음에 드는 다른 이름으로 부르지만 그러나 실상 그것은 대중의 찬성이 수반된 최선자 정체입니다"(《메넥세노스》, 238c). 이 구절을 보면 최선자 정체는 '가장 좋은 정치 체제'를 가리킬 뿐이다. 민주 정체라 해도 '최악의 정체'로 불릴 수 있다. 플라톤은 자신이 살고 있는 나라가 민주 정체라 불리는데 그것은 최선자들의 정제라는 것, 귀족이 다스리는 나라가 아니라 다수의 승인을 받은 가장 훌륭한 사람들이 다스리는 나라라고 말한 것이다. 당시 아테나이의 정치 체제에 대한 가장 정확한 표현이다. 플라톤은 이것을 아주 구체적으로 지적하고 있다. "사실 우리에게는 한편으로는 항상 왕들이 있어 왔습니다. 이 사람들은 어떤 때는 세습되었지만, 어떤 때는 선거로 뽑힌 사람들입니다. 그리고 다른 한편으로는 대중이 국가의 일 대부분을 장악하고 있으면서 그때그때 가장 훌륭하다고 생각되는 자들에게 관직과 권력을 부여해 왔던 것입니다"(《메넥세노스》, 238c).

통치자를 정하는 기준이 혈통에 의한 세습이나 집안과 같은 출신 내력 따위가 아님은 분명하다. 우리가 주목해야 하는 것은 그들을 선발하는 기준들이다. 무엇보다도 나라를 위하는 신념이 뚜렷한 이들이어야 할 것이다. "그 신념을 명심하고 있어서 좀처럼 속지 않는 사람을 뽑아 들이되, 그렇지 못한 사람은 가려서 제외시켜야만" 할 것이다. 나라를 자신의 이익실현 수단으로 간주하는 사람, 공직이 수익사업인 사람은 결단코 배제해야 할 것이다. 양지바른 길만 골라서 공직 생활을 해 온 사람도 물리쳐야 한다. 그런 다음에 최종 평가를 해야 한다. 소크라테스가 '완벽한 수호자'라고 일컫은 사람에 대해서 하나하나 따져 보자. 첫째, 홀리지 않고 의젓하다. 자신의 주관이 뚜렷하되 편견이 없다는 말이겠다. 둘째, 자기 자신과 시가의 훌륭한 수호자이다. 교양을 갖추었다는 말이겠다. 셋째, 자신을 단정하고 조화로운 사람으로 드러낸다. 공동체에서 드러나는 모습인 인격이 완성되어 있다는 말이겠다. 우리가 살펴보았듯이 이들은 격정적인 측면과 지혜로운 측면을 동시에 가지고 있는 사람들이다. 앞에서 이야기한 혼화가 좀 막연한 것이었다면 여기서는 그것을 구체적으로 설명해 놓았다. 통치자들과 수호자들의 선출과 임명에 관한 것은 이것으로 마무리되었다.

이제 '체제의 정당화를 위해 요구되는 거짓말'에 대해 생각해 보자. 이것은 거짓말이라기보다는 자신들이 살고 있고 통치하고 있는 공동체에 관한 자부심을 담고 있는 신화와 같은 것이다. 어떤 공동체든지 그러한 종류의 '만들어진 전통'을 가지고 있다. 아테나이에도 그것이 있었다. 소크라테스는 이것을 자신이 만든 새로운 이야기로 대체하고자 하는 것이다. 이러한 신화가 끊임없는 선전선동을 주입하여 통치자들에게 그릇된 우월의식을 심어 줄 가능성은 분명히 있다. 탁월한 분별력을 가지도록 교육된 통치자들에게 과연 그러한 선전선동이 먹힐까 하는 의구심이 없는 건 아니다. 이에 대해서 우리는 긍정적인 판단도 부정적인 판단도 일단 보류해 둘 필요가 있을 것이다. 텍스트를 문자 그대로 읽으면 선전선동이지만, 새롭게 만들어진 나라이므로 최소한 건국 신화 정도는 있어야 하지 않겠는가, 이 정도이다.

사실 이 신화는 현실정치를 수행하는 데 있어서 어떤 점이 어려운지, 특히 통치권력의 정당성 확보가 얼마나 어려운지를 함축하고 있다. 그런 통치권력의 정당화도 밑바탕에는 통치자와 피치자 사이에 신뢰관계가 구축되어 있어야 작동한다. 여기서 지도자들이 해야 할 첫째 과제가 신뢰를 구축하는 것이다. 통치자들은 피치자들도 똑같이 흙에서 태어난 형제임을 생각해야 한다. 즉 특권 의식을 가져서는 안 된다. 통치자들에게는 다음과 같은 이야기를 들려주어야 한다. "여러분은 모두가 동족이기에, 대개는 여러분 자신들을 닮은 자손들을 낳지만, 때로는 황금의 자손에서 은의 자손이, 그리고 은의 자손에서는 황금의 자손이, 그리고 그 밖의 모든 자손이 이처럼 서로의 자손에서 탄생되는 때가 있습니다." 태어날 때는 각각 황금, 은, 쇠, 청동이 섞인 사람으로 나뉘지만 대대손손 금인 집안은 없다. 결코 혈통에 따른 계급사회가 아니라는 것이다. 그렇기 때문에 지금 자신의 신분을 자식에게 물려줄 수도 없다. 통치자 계급은 처자를 공유하고 있어서 애초에 자식을 식별할 수도 없다. 이미 여기서 기회의 평등이 보장되고 있다. 누구든지 "황금이나 은의 성분이 혼합된 상태로 태어난다면, 그런 사람을 예우하여, 수호의 지위나 보조의 지위로 상승"시킬 것이다.

2.3.2. 수호자들의 삶의 방식(415e~421c)

이제부터 논의할 주제는 수호자들이 "어떤 방식으로 살며 거주 생활"을 해야 하는지에 관한 것이다. 수호자들은 자신들의 "보호를 받는 사람들에 대해 온순"해야만 한다. 수호자들의 삶의 방식을 규제하는 것은 이 온순함을 갖추게 하기 위함이다. 소크라테스는 수호자들의 사나움을 만들어 내는 첫째 요소가 "사유 자산"이라고 말한다. "집", "생활 필수품", "공동식사" 등은 모두 이것과 관련되어 있다. 수호자들은 "자신의 혼 안에 신들이 준 신성한 금은을 언제나 지니고" 있으므로 "신에게서 받은 그 소유물을 사멸하는 인간의 소유물과 섞음으로써 더럽히는 것은 경건하지 못한 것"일 뿐만 아니라 "이들이 개인의 땅과 집 그리고 돈을 소유하게 될 때, 이들은 수호자 대신에 호주와 농부로 될 것이며, 다른 시민들의 협력자 대신 적대적인 주인"이 되고 만다.

수호자들의 삶이 이렇게 법제화된다면 사람들은 "이들이 나라에서 좋은 일로 혜택을 입는 게 아무것도 없"다고 생각하게 될 것이다. "아데이만토스가 말허리를 끊고서" 제기하는 물음이 이것이다. 아데이만토스는 "이들이 영락없이, 마치 이 나라에 주둔하고 있는 용병들처럼, 파수꾼 노릇을 하는 사람들에 불과해 보인다"고 지적한다. 소크라테스는 이러한 불만 제기가 당연하다고 하면서도 자신의 제안을 철회할 생각이 조금도 없다. 소크라테스는 수호자 집단의 삶의 목표를 전혀 다른 곳에 두고 있다. "우리가 이 나라를 수립함에 있어서 유념하고 있는 것은 우리의 어느 한 집단(ethnos)이 특히 행복하게 되도록 하는 게 아니라, 시민 전체가 최대한으로 행복해지도록 하는 것." 이렇게 함으로써만 이 나라에서는 "올바름(올바른 상태, 정의: dikaiosynē)을 가장 잘 찾아 볼 수" 있을 것이다. 소크라테스가 세우고 있는 나라에서 가장 중요한 일은 "진짜 수호자"를 교육하고 그들이 통치하게 하는 것이다. "법률과 나라의 수호자들이 실제로는 그런 사람들이 아니면서도(mē ontes) 그런 듯이 여겨지기만 하는(dokountes) 사람들일 때, 이들이 온 나라를 송두리째 파멸시키겠지만, 또한 오직 이들 수호자들만이 나라를 잘 경영하고 행복하게 하는 계기를 쥐고 있"기 때문이다.

'건국 신화'를 통해서 일종의 '정신교육'을 받으면 통치자나 수호자들이 크게 삐뚤어지지는 않을 것이나, 사람 일은 모르니 아예 그들이 사는 방식을 정해 두어서 처음부터 딴 맘 먹지 못하게 하는 방책이 구상되었다. 가장 먼저 통제되는 것은 사유자산이다. "아주 필요한 경우가 아니라면, 누구든 어떤 사유자산도 가져서는" 안 된다. 이쯤 되면 아주 필요한 경우라는 게 있기나 할까? 애초에 포기할 것이다. 그 다음으로는 사적인 생활 공간을 누려서는 안 된다. "생활 필수품은, 절제할 줄 알고 용감한 전사들이 필요한 정도만큼의 것을 다른 시민들한테서 이들의 수호에 대한 보수로서 일정하게 정하여 받되, 이는 이들의 연간 소요량을 초과하지도 부족하지도 않을 정도"만 받아야 한다. 통치자와 수호자, 즉 고위 공직자가 되는 것은 고생길에 들어서는 셈이다. "공동 식사"를 하고 "야영하는 군인들처럼, 공동으로 생활"하는 지경에 가면 통치자가 되려는 사람은 아무도 없을지도 모른다. "금은을 다루거나 만지는 것"이 안 되는 것은 물론 아예 "금은과는 같은 지붕 밑에서 기거해서도 아니 되며, 이를 [몸에] 걸쳐서도 아니 되고, 그리고 또 황금이나 은으로 만든 잔으로 술을 마셔서도" 안 된다. 이것을 "법제화"한다.

현대의 자유주의적 자본주의 체제에 사는 이들은 이러한 조처들이 개인의 재산권을 침해하는 나쁜 원칙이라고 말할 것이다. 생각해 보자. 개인의 재산권, 그것이 인류 역사에서 보편적으로 옳은 영원불변의 원칙으로서 작용해 왔는가. 플라톤이 살았던 시대에 그것은 그렇게까지 소중한 것이었을까. 현대에도 부의 무한한 축적에 대한 자유는 굉장히 풀기 어려운 과제이다. 특정 공동체의 부가 무한히 축적되어도 모든 이가 원하는 만큼 가질 수 없다. 한

쪽이 축적하면 다른 쪽은 빼앗기거나 적어도 줄어드는 상황에 처한다. 기술이 고도로 발전하여 생산성이 향상되었다 해도 이는 해결할 수 없는 문제다. 하물며 고대 사회에서처럼 충분히 발전된 기술적인 도구가 없는 상황에서 부의 축적은 심각한 문제가 아닐 수 없다. 그것은 곧바로 약탈의 양상을 띠게 된다. 특히 플라톤 시대의 아테나이는 상업이 크게 발달하면서 모든 이들이 재산 축적의 욕구로 치닫는 곳이었다. 여기서 통치자 집단이 사유재산을 갖지 못하도록 제도적 장치가 마련된다는 것은 단순히 욕구 억제의 시도가 아니다. 신뢰를 바탕으로 하는, 올바름으로 가는 첫 단계이다.

2.3.3. 한 나라를 지키는 참다운 방책과 교육(421d~427c)

소크라테스는 "다른 일꾼(장인)들"에게도 수호자들과 유사한 제한을 요구한다. 그는 아데이만토스의 사유재산 옹호를 공동체 전체와 다른 나라와의 관계 속에서 검토함으로써 본격적으로 논박해 들어간다. 소크라테스에 따르면 재산에 제한을 두지 않을 경우, "빈곤(penia)과 부(ploutos)로 인해서 기술의 산물들도 더욱 못해지지만, 상인들 자신들도 더욱 못해진다." 부로 인해서는 "사치와 게으름 및 변혁(neōterismos)"이 초래되고, 빈곤으로 인해서는 "변혁에 더하여 노예 근성(aneleutheria)과 '기량의 떨어뜨림'(kakoergia)"이 초래된다.

아데이만토스가 현실적인 어려움을 제기한다. "전적으로 그렇긴 합니다. 그렇지만 소크라테스 선생님, 이 점을 생각해 보십시오. 우리의 이 나라가 재물을 갖지 못했을 경우에, 특히 크고 부유한 나라를 상대로 싸우

2. 공동체의 수호자들

지 않을 수 없게 되었을 때에, 어떻게 싸울 수 있겠습니까?" 소크라테스는 하나의 가난한 나라와 두 개의 부유한 나라가 싸울 경우를 예로 든다. 그에 따르면 가난한 나라는 두 나라를 상대하기 위해서 전술을 세워야 하는데, 부유한 나라는 전술, 즉 외교보다는 싸움 자체에 더 신경을 쓰기 때문이다. "부자들은 전술에 대한 것보다는 권투에 대한 지식이나 경험을 더 많이 갖고 있다고 자네는 생각하지 않는가?" 소크라테스는 외교를 통해 부유한 나라와 상대하는 방책을 제시한다.

소크라테스가 더욱 중요하게 생각하는 것은 공동체 내부의 단결이다. 그는 "다른 나라들은 더 큰 명칭으로 불러야만" 한다고 주장한다. '다른 나라들'은 겉으로 보기에는 '한 나라'지만 사실은 '수많은 나라'이다. 그 나라들은 분열되어 있다. "거기엔 서로 적대관계에 있는 두 개의 나라, 즉 가난한 자들의 나라와 부자들의 나라"가 있는 것이다. 한 나라를 수많은 나라들로 분열시키는 핵심적인 요인은 부와 빈곤이다. 정파 분열이 없는 "강대한 하나의 나라는 헬라스 인들 사이에서도 또는 이방인들 사이에서도 (…) 쉽게 찾아볼 수 없을" 것이다. 공동체 내부의 단결을 염두에 두면 나라의 규모도 규정된다. "나라가 커지더라도 하나로 머물러 있게 되는 한도까지, 즉 그 정도까지 키우되, 그 이상은 키우지 않는 걸세." 소크라테스는 이처럼 공동체가 "충분하고 하나인 것이도록 모든 방법을 다해서 수호해야" 함을 주장한다. "이것으로 의도한 바는 다른 시민들도 저마다 타고난 성향에 따라 이 한 가지 일(기능: ergon)에 개개인이 배치되어야만 된다는 것을 분명히 하는 것이었는데, 이는 각자가 자신의 한 가지 일에 종사함으로써 각자가 여럿 아닌 한 사람으로 되도록 하고, 또한 바로 이런 식으로 해서 나라 전체가 자연적으로 여럿 아닌 '한 나라'로 되도록 하기 위해서였네."

소크라테스는 다시 한 번 "교육과 양육"을 강조한다. 이 교육과 양육은 앞서 언급되었던 시가 교육, 체육 교육 등과는 다른, 삶의 세부적인 항목들을 포함한다. "우리가 지금은 제쳐두고 있는 많은 다른 것까지도, 이를테면 아내들의 소유나 혼인 또는 출산 등, 이 모든 걸, 속담에 따라, 최대한으로 '친구들의 것들은 공동의 것'으로 만들어야만" 된다는 것. 아데이만토스는 소크라테스의 주장에 전적으로 수긍하면서 세부적인 항목 만들기에 가담한다. "체육 및 시가와 관련해서 기존의 질서와 어긋나게 '혁신하는 일'(neōterizein)", 특히 "'가락(법: nomos)의 어김(paranomia)'"에 유념해야만 한다. 가락을 어기는 일이 생겨나면 그것이 "성격과 관행(관례: epitēdeumata)"에 스며들고, "이게 커져 나와서는 상호 간의 계약들 속으로 들어가고, 다시 이 계약들에서 (…) 그야말로 무엄하게도 법률과 정체政體를 향해서 옮겨가서는, 마침내는 공사公私 간의 모든 걸 뒤집어엎기에 이를 것"이다. 소크라테스는 교육의 핵심을 "준법적인(ennomos) 놀이"에 두되, 이는 "말로나 문자로 입법화"할 필요가 없다고 한다. "시장 상거래의 세칙", "치안 조례와 항만 조례" 등도 마찬가지다. "이런 종류의 것으로 참된 입법가가 수고를 할 필요는 없"기 때문이다. 이는 관습적으로 처리할 일들이다.

소크라테스와 아데이만토스는 수호자들의 교육과 양육에 관한 논의를 마치면서 마지막으로 "법령들 가운데서도 가장 중대하고 가장 훌륭하며 으뜸가는 것들"을 논의한다. 그것은 "신전들의 건립과 제물들, 그리고 그 밖에 신들과 수호신들 및 영웅들에 대한 섬김"이며, "죽은 자들의 매장과 저세상에 있는 자들이 '심기가 좋은 상태에 있도록' 이들에 대해 해야만 하는 봉사"이다. 이러한 섬김과 봉사는 "'조상 전래의 해설자(조언자, 판단자)'(patrios exēgētēs) 이외의 다른 어떤 해설자를 따르지도, 또한 이용하지도 않을" 것이다.

아데이만토스는 세심한 성격답게 걱정이 많다. 그는 당대의 아테나이 상황에 비추어 볼 때 소크라테스가 내놓는 제안들이 사람들에게 받아들여지지 않을 뿐더러 심지어 원망을 사게 되지 않을까 걱정했다. 통치자들은 좋은 일을 하고 있으면서도 행복하지도 않고 혜택을 입는 것도 없다는 말이다. 소크라테스는 그게 마땅하다고 대답했다. 올바른 일을 하고 있는 것 자체가 이미 행복하다는 것이다. 통치자들은 철저하게 공공의 입장에서 모든 일을 처리한다. 시민 전체의 행복을 위해서 자신들의 물질적 행복을 기꺼이 포기한다. 오늘날 사람들은 이에 대해 의문을 갖게 될지도 모른다. 사람은 본성상 자기 자신을 챙기는 이기적인 존재인데 그런 통치자의 입장에 서는 게 가능할까 하고. 인간은 합리적이며 본성상 자신의 이익을 추구한다는 것은 이른바 '자유민주주의'가 불변의 것으로 전제하는 명제이다. 각각의 개인이 합리적 선택을 할 수 있고 그 선택이 모이면 사회의 이익이 극대화된다고들 한다. 굳이 전체의 입장에서 고려할 필요가 없다고 생각한다. 이것을 부정하면 곧바로 '전체주의'라는 딱지를 붙였다. 이는 거짓 이분법의 잘못을 저지르는 논변이다. 인간이 언제 어디서나 자신에게 이익이 되는 것을 계산할 만큼 합리적이지 못하다는 것은 새삼스럽게 증명할 필요도 없다. 전체의 이익을 추구하는 것이 장기적으로 이익이라는 것이 명백한 경우도 아주 많다. 그렇다면 전체를 고려할 필요가 없는 까닭은 무엇이었을까. 몇몇 개인이 극단적으로 자신의 이익을 추구해도 다른 사람들이 건전한 태도를 가지고 있었거나, 그들 몇몇의 못된 짓 따위가 공동체에 큰 타격을 입히지 않을 만큼 공동체가 탄탄했기 때문이다. 공동체의 건전함이 무너지는 사태, 이를테면 대규모 역병이 번지는 상황이면 인간의 이기심은 극대화되고 내 한몸 돌보는 것 말고는 아무것도 고려하지 않는다. 이럴 때 최소한 통치자 집단 구성원이라도 자신의 몸과 이익을 돌보지 않아야 그 공동체가 유지된다. 우리는 투퀴디데스의 기록을 통해, 위기의 시대에 공동체가 어떻게 해체되고 사람들이 얼마나 사악해지는지를 펠로폰네소스 전쟁 초반 아테나이에 역병이 번지면서 벌어진 사태에서 생생하게 볼 수 있다.

전체 공동체의 행복 증진을 목적으로 삼는 것은 전체주의가 아니라 공동체주의다. 공동체주의는 각각의 개인이 가지고 있는 의사결정의 권한을 존중하면서도 그 개인이 공동체 입장에 서서 뭔가를 해 보는 것을 중요하게 여긴다. 여기서 플라톤은 선택된 소수의 행복이 아닌 전체의 행복을 추구함으로써 행복한 공동체를 세우려 한다. 이것으로 가는 첫걸음은 통치자의 무소유다. 부의 문제는 통치자들이 자산을 소유하지 않는 것만으로는 해결되지 않는다. 그것은 빈부격차의 문제로 파생된다. 소크라테스는 이 점을 지적하면서 부는 "사치와 게으름 및 변혁"을 가져오고 빈곤은 "변혁에 더하여 노예 근성과 '기량의 떨어뜨림'"을 초래한다고 말했다. 이는 통치자들이 어떤 사람들이 지나치게 부유해지고 어떤 사람들이 지나치게 가난해지는지를 늘 신경써서 살펴야 하고, 부의 균등한 분배를 통해서 인간다운 삶을 누릴 수 있게 해야 한다는 말이다. 여기서 '변혁'은 좋은 방향으로 개선해 나가는 것이 아니다. 무작정 새로운 것들을 추구하는 태도를 가리킨다. 빈부의 격차는 심각한 문제를 초래한다. 무엇보다도 한 나라 안에 두 개의 나라가 있는 것과 다를 바 없이 분열된다.

  플라톤이 구상한 공동체주의와 관련하여 그가 생각한 나라의 적절한 규모에 대해 따져 볼 필요가 있다. 플라톤은 한 나라가 지나치게 큰 규모여서는 제대로 운영되기 어렵다고 생각하였다. 그만큼 "나라를 규모에 있어서 어느 정도로 크게 만들어야 하고, 또 그만한 크기만큼의 영토만 경계를 긋고서는, 다른 땅에 대해서는 상관하지 않게 하는 기준"이 중요하다. 폴리스의 영역이 지나치게 넓으면 통일성이 이루어지기 어렵다. 플라톤 시대의 행정 조직 수준이나 의사소통 도구를 생각해 보면 충분히 이해가 가는 대목이다. 플라톤이 생각하기에 제대로 된 나라는 '한 나라'여야 한다. 이것을 단순하게 독재 국가, 전체주의 국가로 생각하면 안 된다. 올바름은 특정한 '덕목'이 아니라 '상태'다. 이러이러한 것들이 잘 조화를 이루고 있는 상태. '한 나라'로서 조화를 이루고 있는 상태가 나라에서의 올바름이 실현된 것이다.

한 나라를 통치하는 데 있어 고려해야 할 점들 중 굵직한 것들은 다루어졌다. 이제부터 논의되는 것들은 얼핏 보기에는 사소한 것들이다. 후대의 사람들은 이 부분을 읽으면서 플라톤이 지나치게 자잘한 것들까지 조언을 하고 있다고 생각할지도 모른다. 그것은 자신이 살고 있는 세상에서 당연하다고 여기는 것의 종류가 다르기 때문에 생겨나는 판단일 것이다. 지금 우리에게는 아주 당연한 것이어서 이걸 굳이 말로 해야 하나 싶은 것들이 플라톤 시대에는 결코 빠뜨려서는 안 될 주의사항이 되기도 하였을 것이다. 그런 것들을 감안하고 가능한 한 당대의 맥락 속에 들어가서 텍스트를 읽는 것이 좋다.

특히 플라톤은 체육과 시가와 관련해서 정해진 원칙을 함부로 바꾸어서는 안 됨을 강조하고 있다. "'혁신하는 일'이 없이, 가능한 한 그대로 지키도록 해야 한다." 용례를 하나 들어 보자. 투퀴디데스의 《펠로폰네소스 전쟁기》에서 아테나이 사람들의 특징을 가리키는 말로 '네오테로포이오이'neōteropoioi가 사용되었다. '진취적'이라는 뜻으로 번역되기도 하였으나 이는 '새로운 것을 좋아하는 사람'이라는 뜻을 포함하고 있다. 기존 질서와 어긋나게 무엇을 경박하게 바꾼다는 것이다. 플라톤이 이를 지나치게 경계하는 것처럼 보이지만 그의 분석에는 미묘한 구석이 있다. "어쨌든 이 '가락의 어김'은 모르는 사이에 쉽게 숨어 들지요"라는 말에서 시작되는 대화를 유심히 보자. 체육 및 시가와 관련해서 새로운 것을 도입하면 그것이 규범을 어기는 것이 될 것이다. 얼핏 보기에는 사소한 것, 그저 놀이 삼아 벌이는 일이라 별다른 해가 없어 보이지만 사소한 변화가 정체의 근간을 무너뜨리는 결과를 초래할 위험이 있는 것이다. 그것들은 점진적으로 침묵과 비밀 속에서 스며들고, 어느 순간부터는 실제의 형태를 띠며 뻔뻔하게 법률과 체제 안으로까지 이르러 개인의 삶과 공공생활 전체를 뒤집어 놓을 것이다. 이러한 언급으로부터, 정체는 눈에 보이는 제도만으로 이루어지는 것이 아님을 플라톤은 명백하게 알고 있었음을 추론해 낼 수 있다. 이는 우리가 정치사상에서 정치 체제에 대해 고찰할 때 어떠한 것들까지 살펴봐야 하는지를 간접적으로 알려 주는 것이라 하겠다.

플라톤은 "연소자들이 연장자들 앞에서 행하는 적절한 침묵과 자리 양보, 자리에서 일어섬, 그리고 부모의 봉양, 그리고 또 머리 손질과 의복, 신발 및 전반적인 몸가짐과 기타 그런 유의 모든 것"에 이르기까지 하나하나 간섭을 한다. 나라에서 하기에는 자잘한 것으로 보인다. 굳이 입법을 통해서 해결할 일은 아닌 듯하다. 그건 알고 있었던 듯하다. "이것들을 입법화한다는 것은 어리석은 일이라 생각하네. 아마도 이것들이 말로나 문자로 입법화되는 일은 없을 것이고, 입법화되더라도 유지되지도 못할 것이기 때문일세." "시장 상거래의 세칙", "수공예가들과의 계약, 폭언과 폭행, 서면 고소와 판관(배심원)들의 선임", "치안 조례와 항만 조례" 등도 마찬가지다. 나쁜 형태의 정체는 사실 모든 것을 입법으로써 해결하려 한다.

플라톤이 어이없는 말을 하는 게 아니다. 플라톤은 끊임없이 시인들과 그들이 사람들에게 스며들게 한 시가를 문제삼아 왔다. 거기에 더해 체육에 의한 교육도 강조하였다. 이때 체육은 몸을 단련하는 것에 관여하는 것이 아니었다. 플라톤은 체육마저도 혼의 특정한 부분과 연결시켰다. 플라톤은 인간의 정체성이 어떻게 만들어지고 어떤 방식으로 변화하는가에 관한 통찰 위에서 이러한 논의를 전개하였을 것이다. 그가 보기에 인간은 육체와 의식을 지니고 있다. 인간의 정체성이 의식, 즉 영혼에 의해서 최종적으로 규정되는 것은 틀림없지만 그것이 육체와 무관한 것은 아니다. 공동체에 살고 있는 인간은 전승에 의해 몸에 새겨진 기억을 가지고 있으며 일시적으로 가지는 감각적 의식 또한 가진다. 이 두 가지는 한 사람의 영혼 속에서 뒤섞인다. 공동체의 전승에 따른 기억, 한 사람이 지속적으로 가지는 기억과 일시적인 감각적 인상들은 다른 사람의 그것과 계속해서 주고받는 관계 속에 있다. 시인과 시가는 이것에 집중적으로 관계되어 있다.

캐물어서 검토되지 않은 상태이지만 많은 사람이 받아들이고 있는 것, 그것은 진리로 '보이는 것'이지 진리가 '된 것'은 아니다. 보이는 것은 '의견'(doxa)일 뿐이다. 많은 사람이 받아들인다고 해서 그것이 진리로 확정된 것은 아니다. 이 상황에서 플라톤이 주장하고자 하는 것 역시 많은 사람에게는 또 하나의 의견에 불과한 것으로 보일 것이다. 그렇게 보이기만 하는 것으로 그치면 그나마 다행이다. 많은 사람의 의견에 정면으로 맞서는(para) 주장을 하면서 야단치고 호통을 친다면 그들은 그를 죽일 것이다. 소크라테스가 그렇게 죽었다. 플라톤은 소크라테스의 죽음을 보고 다른 방식을 시도한다. 일단 많은 사람의 의견에 '맞서는 의견'(paradoxos)을 내놓는다. 그런 다음, 시인들에 의해 많은 사람들에게 유포된 기존의 의견을 공격한다. 플라톤 자신의 새로운 시가 교육과 체육 교육을 통해서 자신의 의견을 점차 진리, 참다운 앎(epistēmē)으로 확정해 나간다. 느슨하게 연결되어 있는 듯하지만 사람들에게 스며들어 있는 것과 뚜렷하게 규범으로 세워야 하는 것들을 묶어서 그것을 '기존의 질서'로 확립한다. 이것은 사유재산 폐지와 처자 공유라고 하는 반전통적 장치들과 함께 '철학자가 나라를 다스려야 한다'는 "역설적인 주장들(paradoxos logos)"(472a)로 가는 선행 단계들이다. 이 단계들을 차곡차곡 쌓아 올린 다음 "'세 차례의 파도'(trikymia) 중에서 가장 크고 〔감당하기에〕 가장 힘든 파도"(472a)를 내놓는다.

  플라톤은 오늘날의 용어로 말하자면 나름 정교한 여론정치 작업을 하고 있다. 그 작업의 마지막에 그가 힘주어 강조하는 것은 종교이다. 이는 철학적 정치가라고 하는 마지막 단계에 이르기 바로 직전에 내놓은 주장이다. 그가 중시하려는 신은 아폴론 신이요, 그 세부 항목들은 "신전들의 건립과 제물들, 그리고 그 밖에 신들과 수호신들 및 영웅들에 대한 섬김"이다. 소크라테스는 이 대화를 시작할 때 벤디스 여신의 축제에 "축원과 구경"(327a)을 하러 가서 "트라케 인들이 지어 보인 행렬"을 "근사"(327a)하다고 하였으나 그가 세우는 나라에서는 그러한 행렬을 구경하지 못하게 하는 셈이다. 아니면 '근사'하다는 그의 찬사는 비꼼이었을 수도 있겠다. '섬김'은 가볍게 생각할 만한 것이 아니다. 아폴론은 올림포스 12신에 속하는 태양신이다. 같은 태양신이라 해도 티탄 족의 태양신인 헬리오스 신과는 성격이 다르다. 헬리오스 신이 원시적인 신인 반면, 아폴론은 철저하게 이성의 신이다. 아폴론 신은 '멀리 쏘는 신'이라 불리기도 한다. 여기서 우리는 이성의 여신을 숭배한 프랑스혁명 당시의 '시민종교'와 같은 것을 떠올리면 될 것이다. 일종의 국민의례라 할 수 있겠다. 아폴론 숭배를 플라톤의 광신이라 보아서는 안 된다. 우리는 이것을 '시를 둘러싼 거대한 싸움'의 맥락에서 보아야 한다. 수호자와 통치자의 교육에서 재정돈되는 시가 교육과 체육 교육, 인간의 신체와 영혼에 관한 생각, 철학적 통치자에 관한 주장과 진리의 도덕적 근거들,《국가》마지막 부분에서 다시 거론되는 시에 관한 논박과 영혼불멸 논변, 이 모든 것들이 그 요소들에 해당한다. 이 논의들을 통해서 플라톤은 우리에게 당대의 의견, 그것에 맞서는 자신의 의견, 자신의 의견을 진리로서 확정하기와 같은 지식권력 투쟁의 전형적인 모범을 보여 준다.

3. 한 나라와 한 사람에서의 올바름

3.1. 한 나라에 있어 세 가지 성질의 것들과 올바름(427d~434c)

아데이만토스가 만족할 만한 나라가 세워지자 소크라테스는 그의 "아우와 폴레마르코스, 그리고 나머지 다른 사람들"을 재촉하여 "도대체 어디에 '올바름'(올바른 상태, 정의: dikaiosynē)이 있으며, 또 어디에 '올바르지 못함'(올바르지 못한 상태, 부정의: adikia)이 있는지"를 "나라 안에서 살피고 생각"하자고 한다. 글라우콘은, 그것을 찾는 일은 본래 소크라테스가 하기로 했던 것임을 "상기"시키지만 소크라테스는 "여러분도 합세"하라고 거듭 말한다.

  소크라테스는 이 나라를 다음과 같이 규정한다. "이 나라가 지혜롭고 용기 있으며 절제(절도) 있고 또한 올바를 것이라는 건 아주 분명하이." "이 나라에 있어서 아주 명백한 첫째 것은 지혜(sophia)"이다. 그에 따르면 이 나라가 "지혜로운 나라"인 것은 "분별이 있기 때문"인데, "분별(euboulia)은 일종의 앎(epistēmē)"이다. 이 앎은 "이 나라 전체와 관련해서 어떤 방식으로 이 나라가 대내적으로 그리고 다른 나라들과 가장 잘 지낼 수 있을 것인지를 숙의 결정해 주게 될 그런 지식"인데, "수호술(phylakikē)"이라 할 이 지식은 "완벽한 수호자들(teleoi phylakes)", 즉 "통치자들(arkhontes)"이 가지고 있다. 이 나라는 정치적 의사결정에 가담하는 자들이 소수의 교육받은 자들로 제한되는 나라다. 아테나이에서 정치적 의사결정이 이루어지는 방식과는 반대되는 것이다. 또 다른 항목인 "용기(andreia)"는 "나라를 위해 전쟁을 하고 군인으로 복무하는" 이들이 가지고 있으나 반드시 전쟁에만 해당하는 것이 아니라 "일종의 보전(sōtēria)"의 기능이다. 좀더 상세하게 말하자면 "법에 의한 교육을 통해, 두려워할 것들이 무엇무엇이며, 또 어떠한 것들인지, 이와 관련해서 생기게 된 소신(판단)의 보전", "바르고 준법적인 소신(판단)의 지속적인 보전과 그런 능력"으로서 "시민적 용기"라 할 수 있는 것이다. 시민적인 훌륭함, 시민적 용기, 즉 바르고 준법적인 소신은 앎(epistēmē)에서 생겨나는 것이 아니다. 앎에서 생겨나는 것은 "법"이고, 소신은 법에 기반한 교육, 즉 연습에 의해 생겨나는 것이다. 시민적 용기는 앎과 습관 둘 중의 어느 것도 아닌, 중간에 성립된 것이요, 앎과 습관을 매개하는 제3의 것이다. 이제 남아 있는 것은 올바름과 절제인데, 글라우콘은 "올바름보다는 절제(sōphrosynē)를 먼저 고찰"해 달라고 요청한다.

소크라테스에 따르면 "절제란 어쩌면 일종의 질서요, 어떤 쾌락과 욕망의 억제"로 보이지만 그렇게 간단한 것만은 아니다. "단순하며 절도 있는 욕구는, 지성(nous)과 바른 판단(소신, 의견: orthē doxa)을 아울러 갖춘 헤아림(추론: logismos)에 의해 인도되는 것이어서, 소수의 사람에게서, 성향에 있어서도 가장 훌륭하지만 교육도 가장 훌륭하게 받은 사람들에게서" 발견되는 것이다. 절제는 앎과 용기를 갖춘 이가 헤아림에 의해 인도되는 것을 가리키는 것이다. 절제는 "소수의 사람"이 가지는 것이지만, 어느 한 나라에서의 "절제는 정말로 나라 전역에 걸치는 것으로서, [말하자면 협화음처럼], 가장 약한 소리를 내는 사람들과 가장 강한 소리를 내는 사람들, 그리고 중간 소리를 내는 사람들이 같은 노래를 합창함으로써 전숲 음정을 통하여 마련되는" 것이다. 이제 남은 것은 "이를 통해 이 나라가 '훌륭함'(훌륭한 상태, 덕: aretē)에 또한 관여하게도 되는 것", 즉 "올바름"이다.

  소크라테스는 올바름을 찾아 나서면서 글라우콘에게 다음과 같이 말한다. "바야흐로 우리는, 마치 사냥꾼들이 그러듯, 사냥감이 숨은 덤불을 에워싸고 둘러서서는, 올바름(정의)이 빠져 달아나 사라져 버림으로써 불분명하게 되는 일이 어떻게든 없도록 주의해야만 되네. 그게 이곳 어디엔가 있는 게 분명하니 말일세. 그러니 살피게나. 열의를 갖고 찾아내도록 하게. 혹시 자네가 나보다도 그걸 먼저 목격하면, 내게 그걸 알려 줄 것이고." 소크라테스는 글라우콘에게 '올바름'의 정의定義를 찾도록 촉구하고서 곧바로 "우리가 어떤 발자국을 찾은 것 같으이"라고 말한다. 소크라테스는 말한다. "이미 오래 전에, 아니 처음부터 그게 우리 발 앞에 굴러다니고 있었던 것 같은데, 그런데도 우리는 그걸 목격하지 못하고, 지극히 우스꽝스러운 꼴을 보이고 있었네. 마치 사람들이 제 손에 쥐고 있었으면서 그렇게 쥐고 있는 그걸 찾는 경우가 가끔 있듯이, 우리도 이에 미처 눈을 돌리지 못하고, 엉뚱하게 먼 곳에서 찾고 있었으니, 이 때문에 아마도 우리가 이를 목격하지 못하게 된 것 같으이." 논의에 가담한 이들이 "이 나라를 수립하기 시작할 당초부터 언제나 준수해야만 된다"는 것에 동의했던 바로 그것이 '올바름'이다. "'제 일을 하고 참견하지(polypragmonein) 않는 것'이 올바름(올바른 상태)이라고 하는 이 말은 다른 사람들이 많이들 하는 걸 듣기도 했고, 우리 자신도 몇 번이나 말하기도" 했던 것이다. 즉 다른 "세 가지 모두가 이 나라 안에 생기도록 하는 그런 힘을 주고, 일단 이것들이 이 나라 안에 생긴 다음에는, 그것이 이 나라 안에 있는 한은, 그것들의 보전을 가능케 해 주는 그런 것"이다. "이런 사람들이 서로의 도구나 직분을 교환하게 된다면, 또는 동일한 사람이 이 모든 일을 동시에 하려 든다면, (…) 이들의 이 교환이나 참견이 이 나라에 파멸을 가져다주는 것으로 여겨질 것"이다. "이들 사이의 참견(polypragmosynē)이나 상호 교환(기능의 바꿈: metabolē)은 이 나라에 대한 최대의 해악(blabē)이며, 따라서 무엇보다도 더한 '악행'(잘못함: kakourgia)"인 것이다. 한 나라에 있어서의 올바름에 관한 논의는 이로써 끝난다.

소크라테스를 비롯한 대화자들은 '올바름'에 관한 논의를 시작했으나 그들의 논의는 난문에 이르렀었다. "올바른 것이 도대체 무엇인지(to dikaion hoti pot' estin)"(354b) 알아내지 못하면 모든 논의가 헛된 것으로 사라지고 마는 상황에 처했던 것이다. '올바름 자체'는 형상이다. 그것은 "그 자체 때문에 반기며 갖고자 하는 그런 것"(357b)이다. 논의에 가담한 자들은 올바름 그 자체를 찾아 나섰지만 그것을 찾는 것이 손쉬운 것은 아니었기에, 그들은 한 사람에 있어서의 올바름의 형상에 관한 탐색을 보류하고 "올바름은 한결 큰 것에 있어서 더 큰 규모로 있을 것"(368e)이라는 이유를 들면서 "먼저 나라들에 있어서 올바름이 어떤 것인지"(369a)를 찾으려 하였다.

그들은 '나라에 있어서의 올바름'을 찾기 위해 먼저 "이론상으로 수립되고 있는 한 나라"(369a)를 탐구하였다. 이 나라는 '이론상으로', 즉 논리적인 영역에서 성립한다. 소크라테스가 이 나라에 대한 논의를 마칠 즈음 글라우콘이 "선생님께서는 그 사람들로 하여금 요리도 없이 잔칫상을 받게 하신 것 같습니다"(372c)라며 반론을 제기했고, 소크라테스도 "옳은 말일세. 그들이 요리도 먹게 될 것이란 걸 내가 잊었네"(372c)라고 수긍하였다. 이때부터 소크라테스가 글라우콘, 아데이만토스 등과 더불어 탐구한 나라는 현실적으로 수립되어 있는 나라, 즉 '호사스런 나라'였다. 이 나라는 현실의 아테나이를 가리킬 것이다. 이들은 '호사스런 나라'를 "정화"(399e)하여 "이론상으로 수립되고 있는 한 나라"(369a)에 접근시켰다. 이렇게 세워진 나라가 바로 소크라테스가 아데이만토스에게 "자네의 나라"라고 하는 나라일 것이다. 이로써 이들에게는 '이론상으로 수립되고 있는 한 나라'와 '호사스런 나라', 그 둘 중의 어느 것도 아닌, 중간에 성립된 '아데이만토스의 나라', 이렇게 세 나라가 제시되었다. 역사적인 현실로서의 나라를 최대한 이론적으로 검토하여 섬세한 아데이만토스의 요구까지도 충족시키는 나라가 수립된 것이다. 논의에 가담한 이들이 이제부터 고찰하는 나라는 셋째 나라이다. 소크라테스가 이 나라는 "완벽하게 훌륭한(좋은) 나라"라고 말했는데도, 논의에 가담한 이들 모두는 이 나라에서의 올바름을 함께 찾아야 한다고 재촉하고 나섰다. 남은 것은 이렇게 수립된 나라와 그 나라에 살고 있는 사람들이 과연 올바름의 상태에 있는지, 그렇지 않다면 더 해야 할 것들이 무엇인지를 따져 보는 일일 것이다.

소크라테스는 이 대화의 자리에 참여한 사람들 모두의 주의를 환기시키고 불러모았다. 그는 매듭을 짓듯이 이 나라가 지혜롭고 용기 있으며 절제(절도) 있고 올바를 것임이 분명하다고 말했다. 그가 여기서 이야기한 네 가지, 즉 지혜, 용기, 절제, 올바름은 나란히 쓰여 있는데, 사실 이것들은 같은 차원에 있지 않다. 지혜, 용기, 절제, 이렇게 세 가지가 있고, 그것들이 조화롭게 작동하는 상태가 올바름이다. 올바름은 어딘가에 따로 있어서 필요할 때면 나타나는 것이 아니다. 지혜를 가진 통치자와 용기를 가진 전사, 그리고 절제를 가진 사람들이 모여서 전체를 위해서 뭔가를 할 때 올바름이 생겨난다. 이것은 낮은 단계에 있는 정신적인 것들을 통합하는 가장 높은 단계의 정신적 실체다.

플라톤 이전의 자연철학자들은 이런 것을 표현할 때 적당한 술어를 사용하지 못하였다. 이를테면 탈레스가 '만물은 물로 되어 있다'고 하였을 때 그 물은 저기 흘러가는 강물의 물을 가리킨 것이 아니다. 세계 속에서 항상 움직이고 있는 무엇을 '물처럼 흐르는 것'으로 표현한 것이다. 물처럼 액체 상태에서 기체 상태가 되기도 하고, 상황이 변하면 고체 상태가 되기도 하지만 그 본질은 변함없는 무엇인가가 만물을 움직이는 원리라는 것이다. 탈레스가 물이라는 자연물로 설명한 것처럼 플라톤은 한 사람의 영혼에 대해 설명하기 위해 비유를 도입하여 처음에 '큰 글씨'인 폴리스를 거론했었다. 여기서 폴리스는 현실에 존재하는 나라일 수도 있고, 앞서 말한 지혜, 용기, 절제를 구체적인 사물에 비유하기 위한 장치일 수도 있다. 폴리스에는 지혜, 용기, 절제에 상응하는 집단들이 있다. 이것은 모두 유형有形의 것들이다. 통치자 집단을 보고 그들로부터 지혜라는 개념을 떠올릴 수 있다. 그런 다음 이 개념을 사람의 혼에 적용시킨다. 구체적인 사물이나 집단을 가리키는 데 사용하는 개념을 정신의 특정한 상태를 가리키는 데 가져다 쓰는 것이다.

종말론을 예로 들어 보자. 신약성서 〈요한의 묵시록〉에는 세상의 종말에 관한 이야기가 적혀 있다. 그것을 실제로 일어날 사건으로 받아들이는 사람들이 있다. 이것은 종말론을 우주론적 맥락에서 이해하는 것이다. 초기 기독교에서 그러했으나, 신경信經(credo)이 형성되어 가고 니카이아 공의회에서 삼위일체 교리가 정립됨에 따라 종말론적 사건은 우주에서 실제로 일어날 사건이 아닌 사태를 설명하기 위한 존재론적 범주로 전화轉化되었다. 물리적인 사물을 통해 이해하던 것을 정신적인 것으로 바꾸어 이해하는 것이다. 다른 경우를 생각해 보자. 중국 사상에서 흔히 등장하는 개념으로 음양陰陽이 있다. 이 개념을 가지고 여자는 음이요, 남자는 양이라는 말들을 한다. 여기서 여자와 남자는 그저 물리적 실체이고, 그것을 하나의 모형으로 삼아 음과 양의 개념을 표현하는 것이다. 음과 양을 보면서 그냥 글자일 뿐이라 생각하는 사람은 없다.

지혜, 용기, 절제 각각이 어떤 것인지 알아보자. 한 가지 유념해 둘 것은 이 세 가지는 모두 지식, 앎이다. 용기나 절제도 지식으로 간주된다. 그것은 교육을 통해 습득하는 것들이다. 먼저 지혜. 이 지식을 가지고 있는 집단은 통치자 집단이다. 이것은 특정한 이해관계를 대표하는 것이 아닌 전체로서의 폴리스 내부와 외부 관계들 둘 다를 통찰하는 지식이다.

둘째는 용기. 우리가 용기라고 하면 전쟁터에서 적을 무찌르는 것들만 떠올리기 쉬운데 사실은 '극악무도한 상황을 견디는 힘'을 말한다. 이를 소크라테스는 염색에 비유하여 설명하기도 한다. 자주색 양모를 만들기 위해 흰 빛깔의 양모를 고르고 그것에 짙게 자주색 물을 들이면 자주색 광채가 없어지지 않는다. 이것이 용기에 의한 보전이라는 것이다. 사실 이 설명은 잘 납득이 되지 않는다. 차라리 계속해서 자주색을 만들어 내면 보전이 된다고 하는 게 더 나은 설명이다. 우리가 어떤 좋은 성질을 가지고자 한다면 그것을 그저 보존하고 있기보다는 계속해서 그 좋은 성질을 생산하는 것이 나을 것이다. 용기는 폴리스의 삶과 관련된 의미를 가지기도 한다. 《파이돈》에서는 "평민적이며 시민적인 훌륭함(덕)"은 "철학과 지성(nous)을 거치지 않은 채 습관(ethos)과 단련(수련: meletē)을 통해서 생기는 것"(《파이돈》, 82a~b)이라 말한다. '습관과 단련을 통해서 생긴 훌륭함(덕)'을 갖춘 자유로운 시민은 그때그때 자신이 부딪치는 어떤 사태에 대해서도 자기 나름으로 판단하고 굳건하게 처신할 수 있다.

마지막으로 절제. 이는 특정한 집단과 연결되어 있는 것이 아니다. 그런 점에서 올바름과 비슷한 측면이 있다. 소크라테스에 따르면 지혜나 용기보다는 "절제가 더 협화음(symphōnia) 및 화성

(harmonia)과 유사"하다고 한다. 얼핏 보기에도 이것은 적용 범위가 굉장히 넓다. 통치자건 군인이건 쾌락과 욕망을 억제하면 그것은 절제하고 있는 것이다. 절제는 자기 자신을 스스로 이겨 내는 것이다. 이것은 무조건 참고 견디는 것만을 뜻하지 않는다. 인간은 자신의 내면에 서로 성질이 다른 것들을 가지고 있다. 욕구를 가지되 어느 정도까지가 용인될 수 있는지를 헤아리는 힘도 가진 것이다. 절제는 바로 이 힘이 작용하는 것이다. 이는 폴리스에 사는 사람 모두가 가지고 있어야만 한다. 모든 사람의 "이 '한마음 한뜻'(한마음: homonoia)이, 즉 나라에 있어서나 한 개인에 있어서 성향상 한결 나은 쪽과 한결 못한 쪽 사이에 어느 쪽이 지배를 해야만 할 것인지에 대한 합의가 절제라고 말하는 것이 가장 옳을 것"이다.

지혜, 용기, 절제에 올바름이 더해지면 훌륭함, 즉 훌륭한 폴리스가 이룩된다. 이 올바름은 어디에 있을까? 새삼스럽게 찾을 필요가 없는 것이다. 그것은 그들이 이미 알고 있는 것이었다. 그것은 "각자는 자기 나라와 관련된 일들 중에서 자기의 성향이 천성으로 가장 적합한 그런 한 가지에 종사해야 된다는 것"이다. 이 말은 아주 소극적으로 말하면 자신의 일에 신경을 쓰고 다른 사람들을 방해하지 않는 것이다. 이는 헬라스 사람들에게 통용되던 일종의 격언 같은 것이다. 대중의 상식적인 이해도 구할 수 있는 것이다. 논의에 가담한 이들에게는 물론 아테나이 사람들 모두에게도 전혀 낯선 원리가 아니다. '각자가 맡은 일을 충실히 하자'는 것이지 '내 일 신경쓰지 말고 너나 잘 하라'고 하는 게 아니다. 절제를 해야 할 시점, 용기를 가지고 버텨야 하는 시점, 그 적당한 때 (kairos)에 그에 걸맞은 일을 한다는 것은 누구나 인정하고 있는 올바름의 준칙이다. 예를 들어 칸트의 '너의 의지의 준칙에 따라 행위하라'는 말은 틀린 말은 아니다. '타인을 수단이 아닌 목적으로 대하라'도 틀린 말은 아니다. 또는 '자신이 원하지 않는 바를 다른 사람에게 베풀지 않는다'(기소불욕물시어인己所不欲勿施於人) 같은 것도 마찬가지다. 이러한 올바름의 원칙은 자연법적인 원리라 할 수 있다. 굳이 따로 말할 필요가 없는 그런 것이다. 그것이 있음으로 해서 사람들은 조화에 이를 수 있다. 그것이 없다면 지금 상황이 잘못되어 가고 있다는 것을 느끼지도 못한다. 지혜와 용기와 절제가 필요하다는 것 자체도 알아차리지 못한다. 올바름은 절제와 용기와 지혜가 생기게 하는 것, 사람들이 엉망으로 엉켜 있을 때, 탐욕과 쾌락에 빠져 있을 때, 우리가 정도를 넘어 지나치게 행동하는 것은 아닐까, 참아야 하는 시점에서 참지 못하고 있는 것은 아닐까, 사람들의 지혜를 모아서 해야 하는 일인데 그냥 마구 제멋대로 하고 있는 것은 아닐까 하는 반성이 생기도록 하는 것이다. 그렇게 해서 사람들이 뭔가를 떠올리고 지혜와 용기와 절제를 찾아냈을 때 그것을 보전하게 해 주는 힘이 올바름이다. 전에는 그런 생각이 있었는데 지금은 그런 생각이 없어진 것 같다는 생각이 들면, 무엇인가를 보전하게 하는 힘을 가진 것이다. 이는 상식 속에서 직관적으로 알아낼 수 있는 올바름이다. 여기서 소크라테스는 셋째 나라에서의 올바름은 직관을 통해서 얻을 수 있음을 피력한 것이다. 사람들은 각자가 각자의 일을 해야 한다. 그렇게 함으로써 공동체는 내부의 조화에 이르러야만 한다.

3.2. 영혼이 지니고 있는 세 가지 성질의 것들과 올바름(434d~445e)

소크라테스는 처음 의도했던 것처럼 훌륭한 나라에서 발견된 "'개념'(형상: eidos)이 개개의 인간에 적용되어 거기에서도 올바름인 걸로 합의를 보게 된다면, 우리는 곧바로 이를 인정"하고, "고찰의 끝막음"을 하자고 제안한다. "만일에 그것이 일치한다면, 그건 잘 된 일"이겠으나 "만일에 개인에 있어서는 다른 어떤 것이 나타난다면, 다시 나라로 되돌아가서 시금석으로 시험하듯 시험해 보세나. 그래서 이 둘을 서로 비교 관찰하며, 마치 점화용 나무토막을 마찰시키듯 하다 보면, 아마도 우리는 올바름이 그 빛을 발하게끔 하게 될" 것이라고 말한다. 여기서 소크라테스가 제시하는 형상의 인식 방법은 '비교 관찰'과 '마찰'이다.

    소크라테스는 결론을 미리 말한다. "그렇다면 '올바름'의 개념(형상) 자체의 관점에서는 올바른 사람은 올바른 나라와 아무런 차이도 없고, 닮은 것일 걸세." 한 나라가 올바른 나라일 수 있는 것은 그 나라 안에 있는 세 부류가 서로 다른 "처지"와 "습성"을 가지면서도 참견을 하지도 기능을 바꾸지도 않기 때문이다. 소크라테스가 보기에는 한 사람의 경우에도 마찬가지다. 나라의 경우와 "똑같은 종류들을 자신의 혼 안에 지니고" 있는 것이다.

소크라테스가 마주친, "혼이 그 안에 이들 세 가지 종류를 지니고 있는지 없는지 하는 문제"는 글라우콘이 지적하고 있듯이, "전혀 사소한 문제"가 아니다. 소크라테스에 따르면 "이제까지의 논의를 통해서 이용했던 그런 방법들로는 이 문제를 우리가 결코 정확하게 이해하지 못할 것"이다. "이 문제의 고찰에 이르는 길은 더 길고도 먼 또 다른 길"이기 때문이다. 소크라테스는 한 나라와의 상응관계만 발견되면 만족하겠다고 한다. 그것을 발견하기 위해서 소크라테스는 세 가지가 있는지를 탐구한다. 이들 세 가지는 "각각의 다른 부분으로 다른 행위"를 한다. "동일한 것이 동일한 부분에 있어서 그리고 동일한 것에 대해서 상반된 것들(tánantia)을 동시에 행하거나 겪는 일은 없을 것"이다. 소크라테스는 한 사람에 대한 고찰에 있어 모순이 생겨날 수밖에 없다는 것을 염두에 두고 "이게 이렇지가 않고, 다른 것으로 판명될 때는, 이에서 나온 우리 모든 결론은 취소될 것이라는데 우리가 동의를 하고서" 논의를 진전시키자고 말한다. 소크라테스와 글라우콘은 고찰 방식에 관한 검토를 마무리한 다음 논의를 시작한다.

소크라테스는 "혼의 헤아리는(추론적, 이성적: logistikon) 부분"과 "비이성적(헤아릴 줄 모르는: alogiston)이며 욕구적인(epithymetikon) 부분"을 구분한다. 그런 다음 그는 "격정(기개: thymos)의 부분이며, 그것으로써 우리가 격하게도 되는 부분은 제3의 것인가, 아니면 저들 둘 중의 어느 하나와 같은 성질의 것인가"를 묻는다. 글라우콘은 대답한다. "아마도 그중의 하나, 즉 욕구적인 부분과 같은 성질의 것일 겁니다." 여기서 소크라테스의 반례가 제시된다. 소크라테스는 "사형 집행자 옆에 시체들이 누워 있는 것을 목격하고서는, 한편으로는 보고 싶어도 하고, 또한 다른 한편으로 언짢아하며 외면하려 했다"는 레온티오스의 사례를 거론하며 "실상 분노(orgē)가 욕구와는 별개의 것으로서, 때로는 욕구들에 대항해서 다툰다는 것을 암시해 주고" 있다고 말한다. 격정과 내용상 같은 것인 분노가 욕구에 대항해서 다툰다면 그것은 "헤아리는 부분"과 같은 성질의 것은 아닐까? 소크라테스는 이러한 의문에 대해 '같은 성질의 것'이라고 확답하지 않고 "격정(기개)이, 마치 분쟁하고 있는 두 당파 사이에서처럼, 이성(logos)과 한 편이 되는 경우"를 제시한다. 그에 따르면 "격정적인 부분(to thymoeides)과 관련해서 우리가 보게 된 것이 방금 전과는 정반대로 되었다는 것일세. 아까는 이를 욕구적인 것으로 우리가 생각했었지만, 지금은 그렇기는커녕, 혼의 내분에 있어서 오히려 헤아리는(이성적인) 부분(to logistikon)을 위해 무장을 한다고 우리가 말하고 있으니까 말일세." 글라우콘은 의견을 바꾸고, 소크라테스는 이를 확인하듯이 다음과 같이 묻는다. "그렇다면 그것은 헤아리는 부분과도 다른 것인가, 아니면 헤아리는 부분의 일종이어서 결국 혼에는 세 가지 아닌 두 가지 종류의 것들, 즉 헤아리는 부분과 욕구적인 부분만 있는가?" 글라우콘은 "셋째 것이 반드시 있"다고 대답한다. 소크라테스는 그 대답을 기다렸으나 유보 조건을 덧붙인다. "그럴 걸세. 그것이 욕구적인 부분과 다른 것임이 밝혀졌던 것처럼 헤아리는 부분과도 다른 것임이 밝혀진다면 말일세."

혼 안에 세 가지 종류가 있음은 아직 확증되지 않는다. 이 상태에서 그들은 "나라를 지혜롭게 한 방식 및 부류와 같은 방식 및 부류(부분)에 의해서 개인도 지혜롭게 되는 것임은 아무튼 이미 필연적"이라 단정짓고, "이 나라가 올발랐던 것이 그 안에 있는 세 부류가 저마다 '제 일을 함'(to hautou prattein)에 의해서 였다는 것"까지 그대로 되풀이한다. "저마다 제 일을 함"만으로는 훌륭함에 이를 수 없지만 공동체는 "전체를 위해서 유익한 것에 대한 앎(지식)을 그 자신 속에" 가지고 있으며 교육과 양육을 통해서 나라 안의 세 가지 부류를 이 목적으로 향하게 할 수 있다. 한 사람의 경우에는 어떻게 할 것인가? 소크라테스는 다음과 같은 방법을 제시한다. "헤아리는 부분은 훌륭한 말과 학문으로 조장하여 키워 주되, 격정적인 부분은 달래는 말로 이완시키며, 화성과 리듬으로 순화시킴으로써 말일세." "그래서 이 두 부분이 이처럼 양육되어 참으로 제 할 일들을 배우고 교육받게 되면, 이것들은 욕구적인 부분을 지도하게 될 걸세."

  소크라테스를 비롯하여 이 논의에 가담한 이들이 처음부터 찾고자 했던 것은 한 사람에 있어 올바름이다. 이에 대해 이들은 어찌 보면 불필요한 길을 거쳐 마지막 귀결에 이른다. "사실 '올바름'이 그런 어떤 것이긴 한 것 같으이. 하지만 그것은 외적인 자기 일의 수행과 관련된 것이 아니라, 내적인 자기 일들의 수행, 즉 참된 자기 자신 그리고 참된 자신의 일과 관련된 것일세. 자기 안에 있는 각각의 것이 남의 일을 하는 일이 없도록, 또한 혼의 각 부류가 서로들 참견하는 일도 없도록 하는 반면, 참된 의미에서 자신의 것인 것들을 잘 조절하고 스스로 자신을 지배하며 통솔하고 또한 자기 자신과 화목함으로써, 이들 세 부분을, 마치 영락없는 음계의 세 음정(horos), 즉 최고음(neatē)과 최저음(hypatē) 그리고 중간음(mesē)처럼, 전체적으로 조화시키네. 또한 혹시 이들 사이의 것들로서 다른 어떤 것들이 있게라도 되면, 이들마저도 모두 함께 결합시켜서는, 여럿인 상태에서 벗어나 완전히 하나인 절제 있고 조화된 사람으로 되네. 이렇게 되고서야 그는 행동을 하네. 그가 무슨 일을, 가령 재물의 획득이나 몸의 보살핌 또는 정치나 개인적인 계약에 관련된 일을 수행하게 될 경우에는 말일세."

글라우콘과 소크라테스는 이제부터 "'올바르지 못함'(올바르지 않은 상태, 부정의: adikia)에 대해 생각해" 보기로 한다. 소크라테스에 따르면 "'올바르지 못함'은 이들 세 부분 간의 일종의 내분(stasis)이며, 참견(polypragmosynē)과 간섭(allotriopragmosynē), 그리고 혼 전체에 대한 어떤 일부의 모반(epanastasis)"이다. 소크라테스는 혼의 상태를 질병에 대응시켜 논의한다. "'훌륭함'(훌륭한 상태: aretē)은 일종의 혼의(정신적인) 건강(hygieia)이요 아름다움(kallos)이며 좋은 상태(euexia)인 반면, '나쁨'(나쁜 상태: kakia)은 일종의 혼의 질병(nosos)이요 추함(aiskhos)이며 허약함(astheneia)인 것 같으이." 이로써 소크라테스와 글라우콘은 올바름에 관한 논의를 마친 듯하지만 소크라테스는 "이제 우리에게 생각해 볼 것으로 남은 것"이 있다고 말한다. "즉 올바른 것을 행하며 훌륭한 것들을 수행하고 올바르게 되는 것이, 그런 사람인 것을 남이 알건 모르건 간에, 이득이 되는가, 아니면 올바르지 못한 짓을 저지르며 올바르지 못하게 되는 것이, 만약에 벌금도 물지 않고 또는 처벌을 통해 교정을 받는 일도 없다면, 이득이 되는가 하는 것"을 탐구해야 한다는 것이다. 이는 올바름의 정의定義가 내려졌다 해도 그것의 실질을 탐구해야만 한다는 것을 의미한다. 그렇지만 이에 대해 글라우콘은 "그 문제가 이미 우스운 걸로 되어 버린 것 같"다면서, 정의가 내려졌으니 더이상의 것을 논의하는 것은 무의미하지 않은가를 반문한다. 소크라테스도 이에 수긍한다. "정말 우스운 게 되었구먼. 그런데도 일단 우리가 이제 이러하다는 것을 최대한으로 명확하게 볼 수 있는 데까지 이르렀으므로, 우리가 지쳐 버려서는 아니 되네."

　　소크라테스와 글라우콘이 올바름의 정의를 명확하게 하기 위해서 지금부터 찾아야 하는 것은 나쁨의 종류이다. "이들 중에서도 역시 언급할 가치가 있는 것들은 네 가지"다. 여기서도 소크라테스는 "정체의 형태(tropos)"와 "혼의 유형(tropos)"을 대응시켜 말한다. 그 유형은 좋은 것 하나, 즉 "특출한 한 사람이 생기게 될 경우에는 '왕도 정체'(basileia)라 불리겠지만, 여럿일 경우에는, '최선자[들의] 정체'(aristokratia)"라 불리는 것과 나쁜 것 넷, 모두 다섯이다. 소크라테스는 좋은 것을 유지하는 데에는 앞서 말한 것 이상의 논의가 필요치 않다고 생각한 듯하다. 특출한 사람이 "여러 사람이 생기든 한 사람이 생기든 간에, 그들이 양육(trophē)과 교육(paideia)을 우리가 상세히 언급한 대로 따라 한다면, 이 나라의 중요한 법률을 바꾸지" 않아도 된다고 말하고 있기 때문이다. 그는 네 종류의 나쁜 상태에 관한 것들을 "각기 서로에서 다음 것으로 옮겨갈 것으로 여겨지는 대로 차례로 언급"하려 한다.

　　올바름에 관한 고찰에 있어서 소크라테스가 취한 방법은 '큰 글씨'와 '작은 글씨'의 유비였다. 한 나라가 큰 글씨라면 한 사람은 작은 글씨다. 달리 말해서 훌륭한 나라에 관한 고찰을 통하여 올바름의 개념이 얻어진다면 그것을 영혼에 적용시켜 볼 수 있다는 것이다. 여기서 '개념'이라고 번역된 것은 '에이도스'eidos이다. 이 말은 플라톤의 대화편에서 일반적으로 궁극적 진리를 뜻하는 '형상'으로 옮겨지지만 여기서는 일종의 개념틀을 뜻한다. 이것을 영혼에 적용한다는 것은 사람들이 자신이 살고 있는 공동체, 생활세계의 구조를 내면화 또는 내재화할 수 있는지를 살펴보자는 것이다. 공동체의 구조에서 형성된 개념, 가치 구조가 그 공동체 구성원의 영혼에 들어갈 수 있는지를 살펴보려는 것이다. 이 고찰의 결과 공동체의 개념이 그대로 구성원의 영혼 안에서 자리를 잡지 못하면 개념 설정을 다시 해야 할 수도 있다. 소크라테스는 일치를 발견할 수 있으리라는 희망을 가지고 탐구를 시작했다. 우리는 여기서 소크라테스의 태도에 주목해야 한다. 그는 좀 망설였다. 공동체에 관한 통찰에서 얻은 개념이 한 사람의 영혼에 관한 통찰에 들어맞지 않을 가능성을 예상한 듯하다. 왜 그런 걸까?

공동체라는 공간에는 각각의 역할을 하는 행위자가 따로 있다. 그들에게 규칙을 부여하고 그것에 따라 행위하도록 정해 둘 수 있다. 각자가 각자의 일을 하라고 하면 된다. 한 사람에게는 이렇게 할 수가 없다. 한 사람에게 동시에 서로 다른 종류의 행위를 하게 할 수가 없다. 공동체라는 차원과 한 사람이라는 차원은 분명히 다르다. 그 둘을 조화시키는 방법으로 소크라테스가 제안했던 것은 '마찰'이다. 이것에 대해서는 플라톤의 《일곱째 편지》에 상세하게 설명되어 있다. "그것은 다른 학문들처럼 결코 말로 옮길 수 있는 것이 아니라, 주제 자체와 관련하여 이루어진 오랜 교유와 공동생활로부터, 예컨대 튀는 불꽃에서 댕겨진 불빛처럼 갑자기 혼 안에 생겨나서 비로소 자기 자신을 스스로 길러 내기 때문입니다"(《일곱째 편지》, 341c~d). "이것들을 배우는 것은 내가 처음에 말했듯이 전체 실재의 거짓과 진상을 배우는 것과 동시에 이루어져야 하며, 많은 시간을 들여 온갖 연마를 해야 하는 것이 필연적이기 때문입니다. 이름들과 정의들, 시각들과 감각들이 서로와 관련해서 각각이 연마되고 호의를 품은 검토 과정에서 검토가 되고 질투심 없는 물음과 대답을 이용할 때, 인간의 능력의 최대치에 이르러, 가까스로 분별력과 지성이 각각과 관련해서 빛을 발합니다."(《일곱째 편지》, 344b~c).

한 나라에서의 올바름을 탐구하여 개념을 얻었다고 해 보자. 그걸 한 사람의 영혼에 적용하려면 그 사람에게 '이러이러한 것이 올바름이다, 이것을 잘 알고 실천하라'고 말만 해서 될까? 안 된다. 결코 안 된다. 진리는 말로 옮길 수 있는 게 아니다. 혼자서 곰곰이 생각해서 풀어 내는 수학 문제 같은 게 아니다. 공동체에서 살아가면서 필요한 올바름은 더욱 그러하다. 당연히 '오랜 교유와 공동생활'을 거쳐서 몸에 스며들게 해야만 한다. 이 편지의 내용은 궁극적 진리의 탐구에 관한 것이니 공동체에서의 삶에는 적용하기 곤란하다는 것을 감안한다 해도, 이론적 진리를 탐구하는 데에도 그러한 마찰이 필요한데 하물며 공동체의 삶은 어떻겠는지 짐작할 수 있다.

이런 것을 염두에 두고 구체적으로 고찰해 보자. 소크라테스는 같은 이름으로 불리는 것은 한 나라에 있어서든 한 사람에 있어서든 닮았다고 말했다. 올바름이라 불리는 것들이라면, 다시 말해서 명칭만 같으면 같은 것이라 할 수도 있겠지만 그것들이 생겨난 영역은 분명히 다르다. 한 나라에서 올바름이 실현될 수 있었던 것은 "이 나라 안에 있는 성향(physis)이 다른 세 부류가 저마다 제일을 한 때문이며, 그리고 또한 이 나라가 절제 있고 용기 있으며, 또한 지혜로운 나라인 것도 바로 이들 세 부류가 처한 상이한 처지(감정 상태: pathos)와 상이한 습성(성격 상태: hexis)" 때문이었다. 이 세 부류는 한 나라에 있어도 서로 충돌하지 않는다. 통치자가 동시에 전사가 되지는 않는다. 전사가 갑자기 통치자를 하겠다고 나서지 않는다. 소크라테스는 그렇게 말해 놓고 한 사람의 경우에도 부류가 다른 습성이 한 나라에서처럼 공존할 수 있다고 주장했다. 이는 틀린 이야기다. 일부러 그렇게 말했다고 봐도 괜찮을 것이다. 똑같은 종류들을 자신의 혼 안에 지니고 있다는 말은 한 사람 안에 지혜, 용기, 절제가 다 있다는 말이다. 그것은 가능하다. 한 사람이 여러 종류의 성격 특성을 가질 수는 있지만 그 특성들이 동시에 발현될 수는 없다. 한 나라에 있어서는 각자가 각자의 일을 동시에 할 수 있다. 여기서 한 나라의 경우와 한 사람의 경우가 다른 점이 드러난다. 한 나라에서나 한 사람에서나 격정적인 부분은 헤아리는 부분을 보조한다는 점에서 같은 역할을 하고 있으나, 한 나라에서 격정적인 부분은 욕구적인 부분을 억누를 뿐만 아니라 그 부분에 대해서 관대하기도 하고 외부의 적도 억누른다. '저마다 제 일을 함'이라는 원리는 마찬가지이나 그 일의 종류는 다르므로 나라와 사람의 상응관계에 의한 고찰은 성공적이라 할 수 없다.

한 사람이 서로 다른 성격 특성을 동시에 발현한다면 그것은 모순이다. 같은 사태가 같은 시간, 같은 장소에서 일어날 수 없다. 모순율을 어긴 것이다. 공동체에서 일어나고 있는 일들은 실제 세계에서 일어나는 일들이다. 여러 사람이 각자의 역할을 맡아서 동시에 할 수 있지만 한 사람이 하나의 몸으로 동시에 두 가지 일을 할 수는 없다. 당연히 순차적인 선택이 행해질 수밖에 없다. 모순이 발생하기 때문이다. 우리의 사유 속에서는 얼마든지 몇 가지를 동시에 떠올릴 수도 있지만 그러한 사유를 가진 영혼은 동시에 두 가지 몸 상태에 처할 수 없다. 웃기면 웃는 것이고, 슬프면 슬픈 것이다. 겉으로 드러나는 상태는 실제로 일어난 것이니 동시에 두 가지 상태일 수 없지만, 자신의 지금 처지가 웃기다는 것을 자각하는 사유와 자신이 슬프다는 것을 자각하는 사유는 동시에 할 수 있다. '웃픈 일'을 자각할 수는 있다는 것이다. 사유, 즉 혼 안에는 지혜, 용기, 절제가 동시에 있을 수 있다. 생각으로는 뭘 못하겠는가? 플라톤은 하나의 영혼 안에서는 동시에 여럿이 있을 수 없다는 것을 말하려고 하지만 이것은 혼 안에서 일어나는 일이기 때문에 모순율을 어기는 것은 아니다. 생각으로는 얼마든지 모순을 저지를 수 있다. 애초에 모순율을 어긴다는 것 자체가 정신에는 해당되지 않는다. 이는 정신이 가지고 있는 힘이다.

한 나라에서의 올바름은 실현 가능할 수 있을지 모르겠지만, 한 사람에게 있어서의 올바름이라는 것은 실현이 불가능해 보인다. 플라톤은 이렇게 불가능해 보이는 일을 왜 하려는 것일까? 사실 한 나라의 올바름만 따져도 그 정치 체제를 유지해 나가는 데는 크게 어려움이 없다. 예를 들면, 본성은 악한 사람인데 위선자이다 보니 착한 척 하느라 착한 일만 하다가 죽었다. 그러면 착한 사람인가 악한 사람인가. 우리는 그를 욕할 수 없다. 본래 어떤 사람이었는지는 상관 없다. 사회적으로 드러난 모습이 착하다면 그게 전부다. 한 나라에서의 올바름만 따진다면 사회적 모습만 제대로 작동되어도 훌륭한 나라가 되기에 부족함이 없다. 한 사람에서의 올바름, 내면까지 착한지는 따지지 않아도 될 것이다. 군주들에게 '그런 척'하라고 훈계하는 귀감서들이 얼마나 많은가. '보이기' 면 충분하지 굳이 '되기'까지 나아갈 필요가 있겠는가. 그것이 '정치적인 것'이다. 《국가》가 정체에 관한 탐구라면 한 개인의 올바름은 따지지 않아도 될 텐데 왜 따지고 있는가. 이 대화편은 애초에 귀감서들과 다른 성격을 가진 것이기 때문이다.

아리스토텔레스의 《니코마코스 윤리학》이 있다. 그것은 사람의 품성상태에 관해 따진다. 그의 《정치학》은 그런 것들을 심도 있게 논의하지는 않는다. 물론 제1권 제1장 첫 문장에서 "우리는 모든 폴리스가 어떤 종류의 공동체(koinōnia)이고, 모든 공동체는 어떤 좋음을 위해서 구성된다는 것을 관찰한다"를 천명함으로써 좋음과의 연결을 분명히 해 두기는 한다. 아리스토텔레스는 《니코마코스 윤리학》 마지막에 지금까지의 논의가 《정치학》으로 이어질 것임을 밝힌다. 이 두 책은 하나다. 플라톤의 《국가》는 윤리학과 정치학을 하나로 묶어 둔 것이다. 한 사람의 올바름은 윤리학, 한 나라의 올바름은 정치학이다. 《국가》는 이 두 가지를 포개려 하는 텍스트이다. 윤리학의 측면만 집중해서 보면 이 대화편은 어설픈 현실주의의 시도이고, 정치학의 측면만 집중해서 보면 이 대화편은 반정치적이다. 한 나라에 있어서 올바름과 한 사람에 있어서의 올바름을 서로 연결하려는 《국가》의 시도는 실패할 것이다. 아무리 플라톤이라 해도 이건 안 된다. 모순이 해결되지 않기 때문에 실패한다.

공자와 그의 후계자들도 여기서 실패했다. 유가는 인仁, 의義 같은 한 사람의 도덕이나 심성상태 위에 공적인 공간에서 실행되는 정치적 권력을 세운다. 나를 닦고 다른 사람을 다스리며(수기치인修己治人), 그런 다음에 나라와 세상을 다스린다(치국평천하治國平天下). 이걸 해낸 정치가는 '내성외왕'內聖外王, 즉 도덕적으로 훌륭하면서 동시에 탁월한 정치적 능력을 가진 사람으로 불린다. 이들은 나라에 어려움이 닥치면 임금의 덕이 부족하여 그런 것이라 자학하기도 한다. 이처럼 도덕 우위의 편향에서 시작하였으니 객관적으로 세워진 질서를 낮은 단계의 술책으로 규정하게 되고 모든 것을 예禮로써 해야 한다고 한다. 사소한 법法 규범 하나면 끝날 지점에서 인간의 품성을 따지고 있다. 내면의 품성에 따라 인간의 됨됨이가 규정되고 그것은 자연스럽게 공적 영역에서의 인간 차별로 이어진다. 모든 이를 어질게 대해야 한다지만 모든 이의 도덕적 성취는 다를 수밖에 없지 않은가. 통치의 현실은 법에 의존할 수밖에 없다. 법은 형식적 평등을 전제한다. 그게 도덕적 차원으로 차별하는 것보다는 낫다. 그런데도 공동체에 필수적인 일을 하지만 법을 다루는 이들, 손에 더러운 것을 묻히는 이들은 항상 도道가 아닌 술術을 다루는 천한 것 취급을 받게 된다. 그게 중요하다는 것을 알고 있으면서도 의식과 사회적 관습과 규범에서는 그것의 중요성을 인정하지 않는 것, 거기에서 이중 잣대와 위선이 생겨난다. 권력은 더러운 것임을 곧이곧대로 인정하고 그것을 명료한 규칙에 따라 실행하는 게 낫다.

플라톤은 어디까지 밀고 나갔는지 살펴볼 필요가 있다. 그가 어떤 안간힘을 쓰고 있는지 어떤 개념적 장치를 마련하는지를 살펴보아야 한다. 소크라테스는 다양한 예를 들면서 서로 반대되는 것들을 이야기했다. 그에 이어서 그것들과 혼의 관련을 논했다. 수긍하는 것과 부인하는 것, 뭔가를 갖고 싶어하는 것과 갖고 싶어하지 않는 것, 끌어당기는 것과 떼미는 것, 일반적으로 말하면 능동적인 것과 수동적인 것, 이 모든 것들이 서로 반대되는 것으로 간주된다. 서로 반대되는 것은 어떤 식으로 작동하는가. 목말라 하는 사람이 있다. 그에게는 목마름의 결핍이 있으므로 그것을 충족시키려 하는 것이 당연할 텐데 "만일에 목말라하는 혼을 반대쪽으로 끌어당기는 어떤 것이 혹시나 있다면" 그런 경우에는 "다른 어떤 것이 혼 안에 있"다고 봐야 할 것이다. "동일한 것이 자신의 동일한 부분에 의해서, 동일한 것과 관련해서, 동시에 상반되는 것들을 행하지는 못"하기 때문에 목마름을 채우려는 욕구가 '동시에' 목마름을 채우지 못하게 할 수는 없다. 혼 안에 다른 것이 있어서 목마름을 채우려는 욕구를 막아야만 한다. 그것이 있다고 가정해야 "목말라하면서도 마시려고는 하지 않는 사람들"에 대해 설명할 수가 있다. 소크라테스는 그 다른 것을 "헤아림(추론: logismos)"이라고 말했다. 욕구가 생겨나는 것은 "어떤 느낌들(처지, 감정: pathēmata)이나 병적인 상태들" 때문이다. 여기까지 논함으로써 인간의 혼 안에는 "헤아리는(추론적, 이성적: logistikon) 부분"과 "비이성적(헤아릴 줄 모르는: alogiston)이며 욕구적인(epithymetikon) 부분"이 있음을 확인하였다. 소크라테스는 "이들 두 종류가 우리의 혼 안에 있는 것들로서 구별된" 것이라 말했다. 물론 이 둘이 있다는 것을 인정한다 해도 이 둘이 '동시에' 작용할 수는 없음은 분명히 해 두자. 욕구가 생겨나고, 그런 다음에 헤아림이 생겨날 것이다.

한 사람 안에서 욕구가 생겨나고 그런 다음에 헤아림이 생겨났다고 해 보자. 욕구가 생겨나게 하고 헤아림이 생겨나게 하는 것은 무엇일까? 이 '생겨나게 하는 것'을 소크라테스는 "격정(기개: thymos)"이라 이름 붙이고 그것이 어떤 종류의 것인지를 물었다. 한 나라에 있어서는 이렇게 물을 필요가 없었다. 한 나라에서는 일단 담당자 두 명을 두면 된다. 한 사람에게 욕구도 하고 헤아림도 하라고 부여하지는 않는다. 욕구 담당과 헤아림 담당을 두고 업무 분장을 해서 서로 견제하라고 규정을 만들어 두면 된다. 아니면 말 그대로 제3자에게 감독 업무를 맡기면 된다. 이 세 사람이 한 조직 안에 있다는 게 결코 골치아픈 일이 아니다. 한 사람에 있어서는 그렇게 간단하지 않다. 반대되는 것을 하게 하는 힘이 있어야 한다. 욕구에 미친 사람은 헤아림 따위는 아랑곳하지 않기 마련이고, 헤아림에 몰두하는 사람은 욕구를 일으키지 않는다.

격정이 발휘된 대표적인 사례는 소크라테스의 삶이다. 소크라테스는 시가에 내재되어 전승된 규범이 참으로 가치 있는 것인지를 물었다. 이는 주체성에 근거하여 기존의 가치를 다시 음미한 것이고, 전통을 철저하게 밑바닥부터 캐묻는 것이다. 전통에 대해서나 자신의 실존적 생활에 대해서나 모든 것을 전면적으로 "캐묻지 않은 삶은 사람에게는 살 가치가 없는 것"(《소크라테스의 변론》, 38a)이다. 그렇게 물어본 다음 그는 아테나이의 전통문화를 무너뜨리고 아테나이 사람들이 익숙하게 살아오던 생활세계에서 벗어나 다른 세계로 올라가려는 인간상을 제시하였다. 이는 얼핏 보면 현실 세계로부터의 도피, 궁극에는 회의주의로 귀결되는 태도이다. 어쩌면 그는 그러한 구름 위의 세상에서 느긋하게 지낼 수도 있었을 것이나 그를 회의주의와 느긋함에서 벗어나게 한 것은 그가 살고 있던 아테나이라는 세계였다. 그는 아테나이의 생활세계와 규범과 구성원들에 대해 철저하게 캐물은 다음 그들에 대해 절망하였다. 그러한 절망 속에서도 아고라에서 그들과 대화하였으나 그가 맞이한 마지막 결과는 사형이었다. 그[것]들은 자신들의 체제를 수호하려는 격정을 발휘하여, 그들을 깨우쳐 함께 좋음의 세계로 상승하고자 했던 소크라테스의 격정을 파괴했던 것이다. 격정은, 이처럼, 보존하는 힘이기도 하고 보존된 것을 깨뜨리는 힘이기도 하다.

글라우콘은 아무래도 '제3의 것'이라는 생각에 동의하기 어려웠을 것이다. 소크라테스도 이런저런 사례와 반대 증거들을 거론하면서 욕구와는 다르고 헤아림과도 다른 뭔가가 있으리라는 것만을 막연히 말할 뿐 그것의 구체적인 성격과 기능을 규정해 내지 못했다. '혼에는 세 부분이 있다'는 것보다 더 중요한 것은 사실 욕구와 헤아림 사이에 뭔가가 있어서 그것이 욕구와 헤아림 둘 다에 반드시 관여함을 밝히는 것이다. 욕구와 헤아림은 있다, 사람이 가만히 있으면 그것 둘만 있는 것처럼 보이는데 어떤 상황이 생겨났을 때는 사람이 '오로지 욕구'나 '오로지 헤아림'으로 가 버리는 걸 막고 그것들을 조정하는 게 있음을 말하고 싶은 것이다. 나라에 있는 성질들은 고정적인 듯한데 비해 영혼에 있는 것들은 고정적인 것이 아니다. 특히 튀모스thymos(격정)는 상황에 따라 다르게 작용하므로 플라톤은 그 상황에 따라 다른 술어를 사용하고 있기도 하다. 어떤 경우에는 오르게orgē(분노)를 사용한다. 격정 또는 분노는 상황에 따라 다르다. 좀더 일반화해서 말하면 이것은 중간에서 매개하는 것이라 할 수 있다. 매개에는 반발하는 것, 거역하는 것도 포함될 수 있고 협력하는 것도 포함될 수 있다. 소크라테스는 몇 가지 상황을 거론하면서 그것이 발휘하는 사례를 들어 보였다. "어떤 사람이 자신이 올바르지 못한 짓을 당했다고 생각할 때는 어떻겠는가? 이 경우에는 그의 격정이 끓어오르며 사나워질 것이고, 올바르다고 생각되는 것과 한편이 되어 싸우지 않겠는가? 그것은 굶주림을 통해서도, 추위로 떨게 되거나 또는 이런 유의 온갖 걸 겪게 됨을 통해서도, 이를 견디어 내며 이겨 내지 않겠는가? 그리하여 마침내 하고자 하는 바를 성취하거나, 죽기까지는, 또는, 마치 개가 목자(牧者)에 의해서 진정되듯, 자신에게 있는 이성(logos)의 불러들임에 의해서 진정되기 전까지는 고귀한 행동을 중단하는 일이 없지 않겠는가?" 이 경우 격정은 억누르는 힘이 아니라 끓어오르게 하는 힘이다. 이런 힘을 발휘하려면 무엇이 올바른 것인지, 어느 수준까지 얼마나 끌어올릴 것인지, 어느 수준에서 멈춰야 하는지도 판단해야 한다. 어찌되었든 이것저것 고려해야 할 것이 많을 것이다.

    이 제3의 것은 어중간한 상황을 견디는 힘으로 보이기도 한다. 뭔가 엉켜서 모순처럼 보이는 사태를 견뎌 내는 힘에 가깝다. 글라우콘은 인간이라면 누구나 이것을 가지고 있는 것으로 여기는 듯하다. 본성상 타고나는 것이라 여기고 있는 것이다. 그는 이렇게 말했다. "아이들한테서조차도 이건 찾아 볼 수 있겠기 때문입니다. 아이들은 태어나는 길로 격정으로 가득해 있지만, 헤아림의 경우에는, 사람들이 더러는 이를 영영 지니지 못하고 마나, 많은 사람이 늦게서야 지니게 되는 것으로 제겐 여겨집니다." 이 말은 제3의 것이 훈련을 많이 해야만 생겨나는 것도 아니라는 것이다. 여기까지 이야기를 한 다음 소크라테스는 매듭을 지었다. "그러고 보니 이것들(이 문제들)을 우리가 가까스로 헤쳐 나왔으며, 나라 안에 있는 것들과 똑같은 부류의 것들이 개개인의 혼 안에도 있고, 그 수도 똑같다는 데 대해서 우리가 훌륭하게 의견의 일치도 보게 되었네." 이것은 얼버무리는 말이다. 그들이 이 문제들을 가까스로 헤쳐 나온 것은 사실일지라도 한 사람의 혼 안에 있는 것과 나라 안에 있는 것은 똑같은 부류의 것들이 아니다. 게다가 한 사람 안에 있는 것 중의 하나는 명확하게 규정되지도 않았다. 그것들은 그 수가 똑같을 뿐이다. "사람이 올바르게 되는 것도 나라가 올바르게 된 것과 똑같은 방식에 의해서라고" 말할 수가 없다. 나라에 있는 것과 사람 안에 있는 것들이 각각의 영역을 잘 지켜서 제대로 작동하면 올바른 나라, 올바른 사람이 된다는 것만이 분명하다. 소크라테스도 그러한 어려움을 말했다. "어떤가? 우리가 보기에 개인에 있어서 올바름은 어딘가 불분명해서, 나라에 있어서 밝혀졌던 것과는 다른 것으로 생각되지는 않는가?" 그렇다. 다르다. 상응관계는 어려운 것이었다.

소크라테스는 지금까지 대화를 통해서 얻은 것을 이렇게 말했다. "그건 적어도 올바름의 어떤 영상(eidōlon)이었네." 이 '영상'은 형상(eidos)이 아니라 '형상을 닮은 것'이다. 올바름 자체를 알아내지는 못하였지만 올바름의 어렴풋한 윤곽에는 이르렀다. 한 나라에서의 올바름이 그러한 것이니 한 사람에서의 올바름도 명료하게 규정하기 어렵다. 그것은 "외적인 자기 일들의 수행과 관련된 것이 아니라, 내적인 자기 일들의 수행, 즉 참된 저 자신 그리고 참된 자신의 일들과 관련된 것"이다. 이렇게 되면 한 사람에서의 올바름은 공공 영역인 폴리스에서 행위하는 지침으로 작용할 수 없다. 사실상 올바름이 재정의되었다고 봐야 할 것이다. 데스몬드 리가 번역한 영역본은 'external actions'(외적인 행위)와 'inward self'(내적인 자아)라는 말로 둘을 대조하고 있다. 여기서 논의된 한 사람의 영혼에서의 올바름은 겉으로 드러나는 행위에는 관여하지 못하는 것이라는 뜻이겠다.

    내적인 자기 일들을 잘 하는 사람이 과연 나라의 일도 잘 할 수 있을까. 이것은 의문이다. 필연적인 관계는 없을 것이다. 잘 하려면 일종의 '후반기 교육'을 받아야만 할 것이다. 소크라테스는 여기서 논의를 그럭저럭 마무리하고 이제부터는 "나쁨(나쁜 상태: kakia)에는 얼마나 많은 종류가 있는지"를 살펴보자고 했다. 문제가 남아 있는 상태에서 다음 단계로 넘어가려는 것이다. 당연히 논의를 더 진행해야 한다. 통치자들을 교육시킬 수 있는 데까지는 교육을 해야 하는 것이다. 그것이 다음 과제인데, 대화에 가담한 이들은 앞서 제시되었던 '역설적인 주장들' 중에서 강한 것들에 대한 보충 설명을 요구했다. 그것은 공동체의 조직 형태, 구체적으로는 남녀의 공동관여와 가족 제도, 전쟁 규범에 관한 것이다. 그 이야기를 마치고 나면 역설적인 주장들 중에서 가장 강력한 것에 대해 논의하게 될 것이다. 가장 강력한 것은 이상적 정치가, 즉 철학적 정치가에 대한 것이지만 내적인 자기 일들을 잘 하는 사람이 나라의 일도 잘 하게 하려는 교육 과정이기도 하다.

4. 공동체의 조직 형태

4.1. 남녀의 공동관여(449a~457b)

소크라테스는 좌중과 함께 한 나라와 한 사람에 있어 올바름이 무엇인지에 관한 논의를 마치고 수없이 많은 나쁜 상태의 정체 중에서 언급할 가치가 있는 네 가지의 정체 형태를 말하려 한다. 좋은 정체를 수립하고 유지하려면, 내놓은 양육과 교육의 방안을 그대로 따라 하면 된다는 말도 덧붙인다. 그러나 폴레마르코스가 아데이만토스에게 "귓속말로 뭔가를 속삭"이면서 이야기가 중단된다. 아데이만토스와 폴레마르코스는 앞에서(423e~424a) 간략하게 언급하고 지나갔던 "처자와 관련해서" "그 공유(koinōnia)의 방식이 무엇인지에 대한 설명"을 촉구하는 결의를 다지고 있다. 그들이 보기에 "그것이 옳게 이루어지는가 아니면 옳지 못하게 이루어지는가가 나라의 조직 형태에 중대하고도 전반적인 결과를 초래할" 사안이기 때문이다. 글라우콘이 "저도 또한 그 결의의 동조자로 취급해" 달라면서 설명을 재촉하고, 트라쉬마코스도 "소크라테스 선생! 그건 의심할 것 없이 우리 모두가 결의한 걸로 간주"하라고 말함에 따라 소크라테스는 이 논의에 나서지 않을 수 없게 된다.

  소크라테스는 좌중이 상세하게 말하라고 요구한 문제가 "실로 엄청난 논의"이며 "많은 논의거리를 불러일으키고" 있는 것이므로 "자세하게 말하기란 쉽지"않을 뿐더러 "또한 그게 언급된들 가능한 것이라고 믿지 않을 것"이라고 한다. 소크라테스는 논의를 시작하면서 "아드라스테이아 여신께 엎드려 경배"한다. 아드라스테이아 여신은 인간의 오만함(hybris)을 징벌하는 네메시스 여신을 가리킨다.

소크라테스는 먼저 방법적 원칙을 말한다. "내 판단으로는, 처자의 획득과 이용의 바른 방법으로는, 우리가 처음에 출발시켰던 그 길을 따라 그들이 가는 것 이외에 다른 것이 없다네." 그것은 바로 "이 나라를 수립하고 있을 때의 그 수립의 시작 단계에서 개개인이 성향에 따라 자신의 한 가지 일을 해야만 된다는 데 당신들 자신이 합의"했다는 것이다. 이렇게 하면 "많은 것이 관습(ethos)에 어긋나서, 만약에 말한 대로 실천된다면, 아마도 우습게"보이기도 하겠지만, 소크라테스는 처자의 획득과 이용의 문제를 다른 이들처럼 '남녀'의 차원에서 접근하지 않고, '성향'의 차원에서 접근하고 있다. 이렇게 접근하면 "눈으로 볼 때의 우스꽝스러움도 '이치로 따져서'(논의를 통해서: en tois logois) 드러난 최선의 것에 의해서 사라"지는 것이다.

글라우콘은 이러한 논의가 "갑작스러워서, 그리 쉽지가 않"다고 하면서도 "그게 무엇이든, 밝히어 말씀해 주실 것"을 청하지만, 소크라테스는 "이것들은 그리고 이와 같은 많은 다른 것은 내가 오래 전에 예견하고서 두려워했던 바이고, 따라서 처자의 소유 그리고 양육과 관련된 법을 건드리기를 망설"였다고 대답한다. 그가 제시하는 해체와 재구성의 원칙은 이러하다. "모든 일(업무)에 여자도 '성향에 따라'(kata physin) 관여하게 되고, 남자도 모든 일(업무)에 마찬가지로 관여하게 되는"것이다. "같은 성향들에는 같은 일(업무)들이 배정되어야만 하지 않겠는가?" 이렇게 함으로써 이 나라에는 "최선의 남녀들"이 생기게 될 것이다.

소크라테스는 글라우콘과 아데이만토스의 요구에 따라 올바름이 무엇인지에 관한 논의를 시작했었다. 충분히 논의가 되었다고 생각한 소크라테스는 마지막으로 나쁜 상태의 정체에 대해 말하려 하였으나 대화에 참여한 사람들은 앞서 소크라테스가 간략하게 언급한 수호자들의 삶의 방식에 대해, 남녀의 공동관여 및 가족 제도에 대해 상세히 말해 달라고 요청한다. 아무래도 당대의 사람들이 일반적으로 받아들이고 있는 관습과 많이 어긋나는 제도적 장치들이 마음에 걸렸던 듯하다. 이때부터 나누는 대화는 그것에 관한 일종의 추가 설명이다. 소크라테스는 그 설명을 마치고 내친 김에 그 공동체의 도덕적 근거와 그것을 터득한 정치가들에 대해서까지 이야기하게 된다. 이것들은 "세 차례의 파도(trikymia)"(472a)로 표현된다. 이 세 가지가 '파도'로 지칭된다는 점에서 두 개의 파도(공동관여, 가족 제도)를 설명하는 이 부분은 더 센 파도(철학적 정치가)로 가기 위한 준비이기도 할 것이다. 소크라테스가 본래 언급하려던 것은 중단되었으니 이 부분은 본래 할 이야기가 아니었던 것처럼 보인다. 형식적으로 보면 이는 소크라테스가 의도한 것이 아니므로 우리는 대화가 왜 이런 식으로 배치되었는지 살펴보아야 한다. 이에 대해서는 여러 견해가 있겠지만 우리는 하나의 이야기로 이어진 것이라 간주하고 읽어 나가기로 하자.

소크라테스가 인간의 오만함을 징벌하는 여신에게 미리 사과하고 말하기 시작했던 내용들은 오늘날의 용어로 규정하자면 '급진적 이상론'이다. 소크라테스의 급진적 이상론은 '유익한 목적'을 위한 아내의 '공유'에서 시작하여, '공동체' 일의 '공동 수행'(관여)과 자녀의 '공유'로 이어진다. 이는 공동체에서 새로운 형태의 기준이 된다. 이로써 소크라테스는 공동체의 조직을 전래의 관습에서 벗어나게 하고 새로운 제도의 기초를 놓는다. 이어지는 셋째 파도인 철학적 정치가도 그러하다. 철학적 정치가는 굉장히 획기적인 발상은 아니다. 현자가 다스리는 나라는 급진적인 것이 아니고 시도해 볼 만한 것이다. 심각한 난점은 그러한 통치자를 어떻게 재생산할 것인가에 있다. 한 명의 철학적 정치가가 있다고 할 때 그의 자식이 똑같은 사람이라는 보장은 없다. 어디서 그런 사람을 다시 뽑아 올 가능성도 그리 높지 않다. 철학적 정치가의 생물학적 재생산이라는 문제를 플라톤이 생각해 보지 않았을 리가 없다. 그는 그것을 위해 당대의 세계에서 최대한 활용 가능한 방법들을 다 생각해 보았을 것이며 그 결과로 고안해 낸 장치가 '공동체의 조직형태'에 담긴 내용이다. 처자 공유와 사유재산 폐지는 근본주의적인 처방이다. 통치자들이 도덕적으로 훌륭하든 출중한 무력을 가지고 있든 간에 이들을 훌륭한 통치자일 수 없게 하는 핵심적인 요소가 가족과 사유재산이다. 그런 점에서 그들이 사적인 것을 가지지 못하도록 철저하게 막아야 하는 것이다. 소크라테스는 수호자 계급의 여성을 논의의 대상으로 삼아, 전통적인 관습에 따르는 가족을 해체하고 그들을 한 사람으로 환원시킨 다음, 이치로 따져서 재구성했다. 번식을 원하는 쌍들은 짝짓기 축제에 참여하게 하고, 태어난 아이들은 나라의 보육시설에서 돌본다. 이렇게 함으로써 훌륭한 시민을 육성할 수 있고, 일반적인 가족관계에서 생겨나는 어설픈 애정과 훈육을 방지하며 철저하게 공동체에 봉사하는 사람으로 육성할 수 있다. 이런 것들을 제도화하고 공동체 차원에서 채택하자고 하는 것일 뿐이다. 플라톤이 이렇게 하는 것은 남녀의 성별 차이가 아닌 인간의 성향의 차이라는 차원에서 접근하기 때문이다.

4.2. 공동체를 위한 가족 제도(457b~466d)

소크라테스가 오만함을 무릅쓰고 주장한 "여성과 관련된 법"은 "하나의 파도(kyma)"에 비유되고 있다. 논의 가담자들은 "남성 수호자들과 여성 수호자들이 모든 걸 공동으로 수행해야만 하는 것으로 정함으로써, 그 파도에 완전히 휩쓸리는 일이 없게 되었으며, 오히려 그것들이 가능하고 유익한 것들이라는 주장이 어떤 면에서 그 자체로 일관성을 갖게" 된다. 여자의 공유에 뒤따르는 법은 "아이들도 공유하게 되어 있고, 어떤 부모도 자기 자식을 알게 되어 있지 않으며, 어떤 아이도 자기 부모를 알게 되어 있지 않"다는 것이다. 글라우콘은 "그 가능성 및 유익성에 대한 불신감과 관련해서 볼 때, 이번 파도(둘째 파도)가 아까 것보다도 월등하게" 크다고 말하지만,

소크라테스는 느긋하다. "그것의 유익함과 관련해서 논쟁을 하게 되리라고는 생각하지 않으이. 즉 여자들을 공유하게 되는 것이, 이것이 정녕 가능하다면, 이것이 최선의 것이 못 된다고 나는 생각하지 않으이." 소크라테스가 "그것의 가능성 여부와 관련"한 "최대의 논쟁"을 예상치 못하는 것은 아니나, 그는 이를테면 "휴식하는 기분이 되어, 그것들을 미루어 놓고" "지금으로서는 그것들이 가능한 것들로 치고서" "그것들이 정작 실현되었을 때, 통치자들(hoi arkhontes)이 그것들을 어떻게 정리할 것이며, 또한 그것들이 실현되는 것이 나라와 수호자들을 위해서 무엇보다도 제일 유익할 것인지를 생각해" 보려 한다.

소크라테스에 따르면 "이들은 공동의 주거를 가지며, 공동 식사 (syssitia)도 하고, 그 누구도 그와 같은 것을 전혀 개인적으로 소유하지 못하므로, 함께 살 것이며, 체육 훈련이나 그 밖의 양육에 있어서도 함께 어울리게 되어, 자연적 필연성(anankē)에 의해 상호의 성적 관계로 유도"될 것이다. 자녀에 관하여 말하자면, 이들은, 사람들이 "사냥개들"과 "좋은 새들"을 키울 때 "최선의 것들한테서 최대한으로 새끼를 얻으려 열심"인 것과 마찬가지로, "최대한으로 절정기의 것들한테서" 그러한 것과 마찬가지로 행위해야만 한다. 소크라테스는 이를 다음과 같이 정리한다. "최선의 남자들은 최선의 여자들과 가능한 한 자주 성적 관계를 가져야 하지만, 제일 변변찮은 남자들은 제일 변변찮은 여자들과 그 반대로 관계를 가져야 하고, 앞의 경우의 자식들은 양육되어야 할 것이로되, 뒤의 경우에는 그럴 필요가 없다네. 만약에 우리의 무리가 최상급이려면 말일세. 그리고 수호자 집단이 최대한 분쟁 없는 상태로 있으려면, 이 모든 일은 통치자들 자신들을 제외하고는 아무도 모르게 행해져야만 하네." 이를 행하기 위해서는 "어떤 정교한 추첨이 이루어져야만 하는데" 이 장치에는 변변찮은 사람을 배제하는 기계奇計가 개입되지만 그것이 겉으로는 드러나지 않을 것이다. '공유'는 "한 사람에 가장 가까운 상태에 있는 나라"를 이룩하게 하고, "혼에 이르기까지 전신에 걸친 전체적 공동관계(koinonia)는 거기에 있어서 지배적인 것이 주도하는 하나의 조직으로 뻗어" 있게 되는 것이다. 소크라테스는 이러한 '공유의 공동체'를 유익함, 즉 "최대선最大善(to megiston agathon)"의 관점에서 파악해야 함을 거듭 강조한다. "공유(함께 함: koinōnia)"는 "나라를 단결"시키는 반면, "사유私有(달리 함: idiōsis)"는 "나라를 해체"시킨다. "우리의 통치자들"은 서로를 "동료 수호자들(symphylakes)"이라 부른다. "이들 중의 누구든 동료 수호자들 중의 누군가를 남으로 생각하고 그렇게" 부르지 않는다. 이 나라에서는 "친척 명칭들만을 법으로 정"할 뿐만 아니라 "이 명칭들에 일치하는 모든 행동을 행하도록 법으로 정"하며, 더 나아가 "그들이 아버지들과 관련해서 그리고 다른 친족들과 관련해서도 어릴 적부터 아이들의 귀에 쟁쟁하도록 모든 시민한테서 듣게 될 '교훈의 말(phēmē)들'"을 만들기도 해야 한다. 일종의 '새로운 서사시'를 창출해야만 하는 것이다. 수호자들은 "저들 자신의 것에 대한 한 가지 신념으로 동일한 것을 목표로 삼고서, 고통 및 즐거움과 관련하여 모두가 최대한으로 '공감 상태'(homopatheia)"에 이르게 된다.

'헬라스 사람들은 어떻게 살았을까'에 관한 연구들을 보면 지금 우리가 살아가는 세상의 관행과는 다른 것들, 심지어 아주 비

인간적으로 여겨지는 것들이 행해졌음을 알 수 있다. 영아 살해를 시사하는 부분도 있다. 스파르타에서는 허약하거나 기형으로 태어난 아이들에 대해 이것이 행해졌다. 아테나이에서 이것이 행해진 정도는 논란의 여지가 있지만, 원치 않거나 사생아로 태어난 경우이거나 결함이 있게 태어난 경우에는 제한적이나마 그것이 행해졌다는 확실한 증거들이 있다. 이 관행은 스파르타와 아테나이만이 아니라 헬라스 세계에 널리 퍼진 것으로 보인다. 현대의 우리가 가지고 있는 인권이라는 개념, 인간 존재 자체가 의미가 있다는 개념 자체가 굉장히 새로운 개념이다.

《티마이오스》에는, 《국가》에서 논의했던 것들을 소크라테스가 요약하면서 시작하는 부분이 있다. "더 나아가 우수한 사람들의 자식들은 물론 교육을 받아야만 하지만, 열등한 사람들의 자식들은 다른 시민들 사이에 은밀히 분산시켜야만 한다고 우리가 말했던 것도 기억납니까? 그러나 그들이 자라는 동안 통치자들은 그들을 지켜보면서 그럴 만한 가치가 있는 자들은 언제나 다시 신분 상승을 시키되, 자신들 쪽의 무자격자들은 올라간 사람들의 자리로 이동시켜야만 한다고 한 것도?"(《티마이오스》, 19a). 최대한 능력 위주로 사람을 뽑고 배치해야 한다는 것은 플라톤의 지속적인 신념으로 보인다. 이러한 장치들을 시행함으로써 "눈으로 볼 때의 우스꽝스러움도 '이치로 따져서' 드러난 최선의 것에 의해서 사라"(452d)지게 되는 것이다.

4.3. 전쟁 규범(466e~471b)

소크라테스는 모든 것 중에서 "전쟁과 관련해서 이들이 어떤 방식으로 전쟁을 하게 될지는 분명하다"고 말한다. 그는 전쟁을 공동관여의 한 사례로서 거론하는 것이다. 공동관여(koinōnia)는 "나라 안에 머물 때나 싸움터에 나가서나 함께 수호도 하고, 마치 사냥개들처럼, 사냥도 같이 해야 되며, 가능한 한, 모든 것에 모든 방식으로 관여"(466c)하는 것이다. 소크라테스는 전쟁을 어떻게 할 것인지를 다음과 같이 말한다. "함께 출진出陣하게 될 것이라는 것. 게다가 아이들 중에서도 건장한 자들을 모조리 데리고 갈 것이라는 것." "이들을 되도록 어려서부터 말 위에 오르도록 시켜야 하며, 그래서 승마를 배우고 나면, 드세지도 전투적이지도 않은 그러나 가장 날래면서도 가장 고분고분한 말들에 태워 전투를 관찰토록 인도해야만" 하고, "이렇게 해서 이들은 자신들의 일을 가장 훌륭하게 관찰하게 될 것이며, 필요할 경우에는, 나이 많은 인도자들을 따라감으로써 가장 안전하게 구조를 받게" 되리라는 것. 이러한 '관찰'을 출발점으로 삼아 수련을 쌓음으로써 아이들은 "전쟁에 있어서 능숙한 사람들"이 될 것이다.

전쟁에 관련하여 규범으로 삼아야 할 둘째 것은 군인들이 "서로에 대해서 그리고 적들에 대해서 어떤 태도를 취해야만 하는가"이다. 군인은 "대오를 이탈하거나 무기를 버리거나 또는 이런 유의 어떤 짓을 비겁함 때문에" 저질러서는 안 된다. "적한테 생포된 자는 그를 생포한 자들에게 선물로 제공되어, 그들이 원하는 대로 노획물로 이용되겠"지만, "반면에 최고의 무공을 세운 자나 명성을 떨친 자는 우선 출정 중에도 같이 출정한 청소년들한테 이들 한 사람 한 사람한테서 차례로 화관을 둘러쓰게" 된다. 글라우콘은 여기에 그들이 "누군가를, 남자든 여자든, 사랑하게 될 경우에, 무공의 상을 받는 데 더 열성이도록 하기 위해서", "그들이 그 출정 중에 있는 동안은, 그가 입맞춤을 하고 싶어하는 사람이면 누구도 거절할 수 없도록 하는" 것을 "첨가"하겠다고 한다. 소크라테스는 이 제안을 "훌륭한 말"이라 칭찬하며 "훌륭한 사람에게는 다른 사람의 경우보다도 더 많은 혼인의 기회가 마련되어 있으며, 그와 같은 것들을 위해 선택될 기회가 다른 사람들에 비해 더 자주 주어지게 될 것이라는 것"을 덧붙인다. 이는 기계 齋計에 어긋나기는 하지만 "이미 언급"된 것이기도 하다. "젊은이들 중에서도 전쟁에서나 또는 다른 데서 빼어난 사람들에겐 아마도 포상과 그 밖의 상이 주어져야만 하며, 여자들과의 한결 잦은 동침의 자유가 허용되어야만 하겠는데, 이는 이걸 핑계로 동시에 최대수의 아이들을 이런 사람들한테서 얻게 되도록 하기 위하여서일세"(460b).

소크라테스와 글라우콘은 이제 적군에 관한 태도를 논의한다. 소크라테스는 묻는다. "노예로 만드는 것과 관련해서, 헬라스 사람들이 헬라스 사람들을 노예로 만드는 것이 올바른 것으로 생각하는가? 아니면 가능한 한, 다른 어떤 나라에도 이를 허용하지 않고, 헬라스 종족을 관대하게 대하는 것을 관습으로 굳히는 것이 올바른 것으로 생각되는가?" 글라우콘은 대답한다. "관대하게 대하는 것이 전반적으로 그리고 모든 점에서 월등히 낫습니다." 소크라테스가 "전사자들을 무장 이외의 것까지 벗기는 것이 좋은 짓일까? 혹은 이 짓이 비겁한 자들에게 있어서는 싸우고 있는 적한테로 가지 않도록 하는 핑계를 제공하는 것이 아닐까? 마치 죽은 자의 주변을 얼쩡거리면서 자신들이 뭔가 필요한 일을 하고 있기라도 한 듯이 말일세. 하지만 이런 약탈이 이미 많은 군대를 파멸시켰"음을 지적하며 글라우콘에게 "그러므로 시체를 벗기는 짓과 적이 시신을 갖고 가는 걸 방해하는 짓은 그만두어야만 하는가"를 묻자, 글라우콘은 이에 대해 단호하게 대답한다. "단연코 그만두어야만 합니다." 여기서 소크라테스와 글라우콘은 적군의 종류를 구분하고 그 구분에 따라 "불화(diaphora)"를 둘로 나눈다. "하나는 친족 및 동족에 대한 것이나, 다른 하나는 남인 이민족에 대한 것이네. 내분(stasis)이란 친족 사이의 적대심에 적용되어 지칭되나, 전쟁(polemos)은 남인 사이의 적대심에 적용되어 지칭되네." 소크라테스와 글라우콘은 이러한 구분에 동의하여 "친족인 헬라스 인들에 대한 불화", 즉 "내분"이 궁극적으로는 "화해"를 목표로 삼아야 하며, "그야말로 선의로 제정신이 들게 해 주려는 것이지, 예속이나 파멸을 의도하여 벌주는 것"은 아니어야 함을 주장한다. 이를 글라우콘은 다음과 같이 정리한다. "저로서는 우리의 시민들이 대립 관계에 있는 나라의 시민들에 대해 이런 식으로 대하여야만 한다는 데에 찬동합니다. 반면에 이방인들에 대해서는 오늘날 헬라스 인들이 서로에 대해서 대하듯 해야만 하고요." 글라우콘의 이 말에는 당대의 헬라스 상황에 대한 인식이 담겨 있다. 당대의 헬라스 인들은 서로를 이방인 대하듯 하고 있는 것이다. 소크라테스는 글라우콘에게 "그러면 우리가 이 법도, 즉 국토를 유린하지 말며 가옥을 불태우지도 말도록 하는 법도 수호자들에게 제정해 줄까"를 묻고 글라우콘도 이에 동의한다.

전쟁 규범에 관해 다루고 있는 것은 《메넥세노스》에서 제시되는 것과 크게 다르지 않다. 전사들은 헬라스 세계의 우애를 위해서 노력해야 한다. 특히 펠로폰네소스 전쟁에 대한 기억이 플라톤에게 이러한 전쟁 규범을 구상하게 하였을 것이다. 플라톤은 분명히 그 전쟁을 못마땅하게 여기는 입장을 견지하고 있다. 펠로폰네소스 전쟁 초반까지만 해도 동족에 대한 증오는 없었다. 참전한 사람들은 "동족을 상대로 싸워야만 하는 것은 승리하기까지이고, 한 나라에 대한 개별적인 분노로 헬라스 인들의 공익을 손상해서는 안 되지만, 이민족을 상대로는 파멸 때까지 싸워야만 한다고 생각"(《메넥세노스》, 242d)했기 때문이다. 시켈리아 원정 시기부터는 사태가 전혀 다른 양상으로 전개되기 시작했다. 이때 이후 헬라스 세계가 분열되어 버린다. "제가 끔찍하고 바라지 않은 전쟁의 양상이 벌어졌다고 말한 것은 다음 것을 말합니다. 이 나라에 대해서 다른 헬라스 인들이 갖게 된 대결의식의 정도는 이런 것이라는 겁니다. 이들은 우리와 함께 공동으로 축출했던 가장 적대적인 대왕에게 메시지를 보내길 감행했는데, 이는 저들만을 위해서 대왕을, 헬라스 인들에 맞서는 이 이민족을 다시 데려오는 것이거니와, 이 나라에 대항해서 모든 헬라스 인들과 이민족들까지 결집한 것입니다"(《메넥세노스》, 243b). 펠로폰네소스 전쟁의 여러 전투에서 벌어진 참담한 사태들을 염두에 두면 이러한 전쟁 규범이 납득되는 것이다.

    플라톤이 수호자들의 교육을 설계하고 한 나라와 한 사람에서의 올바름을 대조하여 논의한 다음 그들을 철저한 공동체 생활로 들여보내는 까닭은 어디에 있을까? 여기서 제시된 수호자들은 나라를 지키는 사람들이다. 그들은 통치자가 될 자질을 가지고 있다. 통치자의 기본적인 자질은 사적인 인간으로서의 모든 관계를 없애야 하는 데에 있다. 현대 사회에서는 공무원들도 한 명의 주권자이지만 그들이 공직에 있는 한 그들은 공직이라는 기구(apparatus)의 한 조각이다. 거대한 조직(organization)의 한 기관(organ)에 불과한 것이다. 이 조직과 기구는 그 안에 어떤 인간이 들어온다 해도 규범과 원칙에 따라 작동한다. 플라톤 시대에는 그러한 것이 없었다. 더욱이 민주 정체는 시민의 사적인 이해관계가 충돌하는 민회에서 모든 공적인 사안이 결정되었다. 그것이 민주정을 흔들고 불안으로 몰아가는 치명적인 한계라고 할 수 있다. 플라톤은 이러한 상황에서 오늘날 우리가 추상적인 권력 기구라 부르는 장치를 구상한 것이다. 수호자들의 사적인 관계를 제거함으로써 그들은 권력 기구와 전면적으로 하나가 된다. 이제 그들은 '사람'이 아니라 '기관'이 된 것이다. 그들의 정체성을 구성하는 요소에서 '나'는 사라지고 '우리', '폴리스'만 남는다. 그들은 폴리스의 일(ergon)을 수행하는 기계와 마찬가지다.

플라톤이 제시하는 수호자들은 오늘날의 관점에서 보면 공직자들이다. 아테나이가 민주정을 성립시킴에 따라, 특정한 공직을 특정한 집안에서 차지한다고 하는 이른바 귀족정의 요소는 사라졌다. 특정 공직과 특정 인물을 세습적으로 상응시키는 것이 귀족정의 원리이기 때문이다. 이 원리가 제거됨으로써 아테나이는 공직과 인물의 분리가 가능했다. 플라톤이 구상한 폴리스에서는 시민 전체가 원칙적으로 공직을 맡을 수 있다고 하는 민주정의 작동원리가 어느 정도 부정되고 있기는 하지만, 수호자들이 같은 혈연 집단에서 선발되지는 않는다. 그 점에서 귀족정의 원리는 완전히 제거되었다. 공직과 인물 또는 특정 가문의 분리는 고대 아테나이와 로마 공화정이 이룬 중요한 성취이다. 이를테면 로마 공화정 운용의 기본 원칙은 '상호 조화'(concordia ordinum)였는데, 이는 원로원과 인민 모두가 수행해야 할 과제였으며 이것이 로마 시민 모두의 관습, 즉 '모스 마이오룸'mos maiorum(조상들의 관습)이었다. 로마의 지배층은 공적인 명예를 위해 움직였으며 그 명예는 정치적 합의에 따라 작동하는 '관직의 사다리'(cursus honorum)라는 보상체계로 나타났다. 공직과 인물이 철저하게 분리된 것은 아니었다 해도 누구나 법에 따라 관직에 들어설 수 있었으므로 로마 제국 시기에 들어서면 속주 출신 황제까지도 가능했던 것이다.

*

정치적 제도와 장치가 없다면 인간의 삶에는 질서가 세워지지 않는다. 모든 이가 평화롭게 살아가는 자연적 공동체야말로 허망한 이상이다. 정치적 제도와 장치는 필연적으로 지배와 예속의 관계를 불러온다. 이 관계를 없애고 모든 이가, 많은 사람이 지배자가 되는 것이 민주정 체제일 것이지만 그것은 모든 이가 자기가 원하는 것을 하고 싶은 대로 할 수 없다는 뼈아픈 교훈을 가져다줄 뿐이다. 그렇게 하다가는 모두가 자신의 욕망을 충족시키는 데 골몰한 나머지 모두가 파멸하고 말기 때문이다. 이 난관을 어떻게 해결할 것인가. 플라톤은 정치 권력의 안정성을 유지하면서도 그것에 반성적 통찰과 도덕적 가치를 부여할 수 있는 방안을 궁리한다. 그것이 바로 정치 권력과 철학의 합치라고 하는 역설적인 주장이다. 앞서 플라톤은 정체의 연속성을 유지하는 데 반드시 필요한 공동체적 인간인 수호자들의 양육에 대해 설명했다. 그들은 사적인 이해관계에 전혀 얽히지 않고 어김없이 공동체의 일을 위해 헌신한다. 그들의 업무 수행 능력에는 문제가 없지만 공동체가 나아가야 할 방향은 제시할 수 없다. 여기서 다른 종류의 통치자가 요구되는 것이다. 이제부터 소크라테스는 대화 상대자들과 함께 철학자는 무엇인지, 철학자가 당대 사람들에게 받아들여지려면 무엇을 해야 하는지, 그렇게 함으로써 철학자가 정치가로 변화하여 어떤 통치를 할 수 있는지를 모색한다. 철학과 정치의 통일을 이룬 인간, 즉 철학적 정치가에게는 수호자들과 다른 종류의 교육이 필요할 것이다. 그들은 무엇보다도 공동체의 본을 만들기 위한 신적인 앎을 가져야 할 것이고, 그 앎을 가지고 현실정치에 가담해야 할 것이다. 공동체와 합치된 기계적 인간에 지혜를 덧입힌 인간이라 할 철학적 정치가에 대한 논의가 전개되는 《국가》의 둘째 부분은 흔히 플라톤의 '이상국가론'으로 여겨졌으나 사실은 플라톤이 최선을 다해 현실화하고자 하는 체제 구상을 담고 있다.

제Ⅱ부
공동체의 궁극적 근거와 철학적 정치가

1. 철학적 정치가의 통치

1.1. 역설: 정치 권력과 철학의 합치(471c~474b)

전쟁에 관한 이야기가 끝나자 글라우콘은 "기습을 하듯" 소크라테스를 압박한다. 글라우콘은 소크라테스에게 "이 정체(politeia)가 생길 수 있는 것일까, 그리고 도대체 어떤 방식으로 생길 수 있는 것일까 하는 문제", 즉 "이게 가능하다는 걸 그리고 어떻게 가능한지를 우리 자신이 납득하게 되게끔" 설명하라고 촉구하는 것이다. 소크라테스는 "내가 멈칫거리는 데 대해 봐주지를 않는구먼"이라 불평하며 이것이 "'세 차례의 파도'(trikymia) 중에서 가장 크고 [감당하기에] 가장 힘든 파도"라고 말한다. 소크라테스가 말하려는 것이 "역설적인 주장(paradoxos logos)"이기 때문이다.

글라우콘은 물러서지 않는다. 소크라테스는 역설적인 주장을 내놓기 전에 지금까지의 논의 과정을 다시 한 번 살핀다. 그에 따르면, 지금까지의 논의는 "올바름(dikaiosynē)"과 "올바르지 못함(adikia)"의 정의定義를 찾는 것이었다. 소크라테스는 여기서 생겨나는 난관을 지적한다. "우리가 올바름이 어떤 것인지를 찾아내게 되었다고 해서, 우리는 또한 올바른 사람이 '올바름 자체'와 조금도 다르지 않고 모든 면에서 올바름과 같은 그런 것이기를 요구할 것인가? 아니면 가급적 그것에 가깝다면, 그리고 그것에 다른 어떤 것들보다도 최대한으로 관여한다면, 그것으로 우리는 만족할 것인가?" 글라우콘이 그것으로 만족할 수 있다고 하자 소크라테스는 이를 다시 상세히 설명한다. 지금까지 그들이 탐구를 해 온 것은 "본(paradeigma)을 위해서"였지 "그것들을 생길 수 있는 것들로 입증하기 위해서는 아니었다"는 것이다. 논의를 통해서 "훌륭한 나라(agathē polis)"의 본을 만들었으나 그것을 실현할 수 없다 해서 "덜 훌륭한 말"을 한 것은 아니며, 어떤 경우 "실천(praxis)은 말보다도, 비록 어떤 이에겐 그렇게 생각되지 않을지라도, 언제나 진실에 덜 미치는 본성을 지니고" 있다. 이러한 설명에도 글라우콘이 동의하자 소크라테스는 "우리가 논의를 통해서 자세히 말한 그러한 것들이 완전히 실제로 실현되는 걸 보여 주어야만 된다"고 강요하지 말 것을 부탁하고 "한 나라가 어떻게 하면 앞서 언급된 바에 가장 가깝게 다스려질 것인지를 우리가 발견할 수만 있다면" 만족하자고 한다.

이론적 탐구와 현실적 실천의 분리에 합의하자 소크라테스는 "오늘날 나라들에 있어서 잘못되고 있는 것이 도대체 무엇인지, 무엇 때문에 이들 나라들이 그런 식으로 다스려지지 못하고 있는지, 그리고 최소의 것으로 무엇이 변혁을 봄으로써 한 나라가 이런 형태의 정체로 옮겨갈 수 있을 것인지"를 구체적으로 따져 보자고 제안한다. 소크라테스는 "한 가지 변혁" 방안을 내놓는다. 그 방안 때문에 그가 "웃음거리로 폭소감"이 되고 "나쁜 평판을 흠뻑 뒤집어쓰게" 되더라도 말하려 한다. 이것은 그의 역설적인 주장이다. "철학자(지혜를 사랑하는 이: ho philosophos)들이 나라들에 있어서 군왕들로서 다스리거나, 아니면 현재 이른바 군왕(basileus) 또는 '최고 권력자'(dynastēs)들로 불리는 이들이 '진실로 그리고 충분히 철학을 하게(지혜를 사랑하게)' 되지 않는 한, 그리하여 이게 즉 '정치 권력'(dynamis politikē)과 철학(지혜에 대한 사랑: philosophia)이 한데 합쳐지는 한편으로, 다양한 성향들이 지금처럼 그 둘 중의 어느 한 쪽으로 따로따로 가는 상태가 강제적으로나마 저지되지 않는 한, 여보게나 글라우콘, 나라들에 있어서, 아니 내 생각으로는, 인류들에게 있어서도 '나쁜 것들의 종식'(kakōn paula)은 없다네." 소크라테스가 '훌륭한 나라'로 상정했던 나라에서는 '본성에 따라' 각자의 일을 해야만 한다. 그 나라에서 철학자는 철학을, 군왕은 통치를 해야만 한다. 소크라테스는 앞서의 논의에서는 이렇게 주장했으면서도 여기서는 철학자와 군왕을 결합시킨다. 그의 말처럼 이는 "굉장히 역설적인 언급"임에 틀림없다. "그야말로 많은 그리고 결코 만만하게 볼 수 없는 사람들이 이런 식으로, 이를테면 일제히 웃통을 벗어던지고서는 맨몸으로 저마다 닥치는 대로 무기를 들고서 놀랄 짓들을 저지를 양으로 힘껏 달려올 것"을 초래하게 된다. 글라우콘의 이러한 염려는 과장이 아니며 "이론으로써 막으며 피"해야 한다는 그의 요구 또한 마땅한 것이다. 소크라테스는 글라우콘의 이러한 요구를 받아들이면서 "철학자들이 통치를 해야만 된다고 우리가 감히 주장하고 있는 그 철학자들이란 어떤 사람들을 두고 하는 말인지를 그들한테 정의定義해(diorisasthai)" 주는 일부터 착수한다.

    소크라테스와 글라우콘은 공동관여를 위한 조직 형태를 논의했다. 논의의 과정에서 그들은 '두 차례의 파도'를 거론했다. 그것들은 각각 여성 수호자들과 처자의 공유 문제였다. 소크라테스가 이제부터 말하려는 '역설적인 주장'은 한마디로 철학자가 정치가가 되든지 아니면 정치가가 철학자가 되든지 해야 한다는 것이다. 이것은 '세 차례의 파도' 중에서 가장 센 것이다. 당대 아테나이 사람들이 받아들이기에 가장 어려울 주제이기 때문일 것이다. 당대 아테나이는 민주정의 절정에 있었다. 민주정은 동일한 의무와 권리를 가진 평등한 시민들의 결의로써 운영되었다. 예외인 경우도 있었으나 시민들은 추첨을 통해 공직에 취임하였고 정치 권력은 공적 영역에서 투명하게 행사되었다. 일체의 신분제도는 없었고, 직분이 없었으므로 전문화된 교육도 이루어지지 않았으며, 사적인 유대가 개입될 여지는 원천적으로 차단되었다. 철학자가 정치가가 되어 통치를 하는 것을 용납할 수 없는 것은 차치하고라도 앞서 소크라테스가 주장했던, 능력에 따른 배치와 재배치 따위는 결코 통할 수 없는 것이었다. 아무리 그것이 "이치로 따져서 드러난 최선의 것"(452d)이라 해도 받아들여질 수 없었을 것이다. 소크라테스가 자신은 본(paradeigma)을 만들고 있을 뿐이라고 변명하고, 현실에서 실천하는 것은 이론적으로 따져 보는 것과 당연히 차이가 있다고 강변을 한다 해서 수긍할 수 있는 것이 아니다. 그런데도 소크라테스는 장황하게 자신의 논변을 전개했다. 왜 그랬던 것일까?

현실은 현실이다. 그것은 결코 이상이 아니다. 어떠한 정치적 구상을 제시하였을 때 그것에 상응하는 제도와 조직이 만들어질 가망이 없는 것을 이상주의적이라고 말하며 실현 가능성이 아주 높은 것을 현실적이라고들 한다. 다른 측면에서 생각해 보자. 눈앞에서 펼쳐지고 있는 정치적 제도와 조직이라는 실제 공간 속에서 작동하는 유형有形의 것들이 있다. 그것에 상응하거나 그것을 반영하는 정치적 사유를 했다면 그것은 현실적인가. 이는 단순히 현실을 반영한 것에 불과하다. 정치적 사유가 현실의 정치적인 것을 반영한다 해도 인간의 사유는 정확하게 그것을 반영할 수 없다. 모든 사유에는 인간의 반성이 개입될 수밖에 없다. 반성은 사유이고 관념이다. 관념(idea)은 이상적(ideal)이고 이상주의적인(ideal) 것이다. 여기서 플라톤이 내놓는 생각은 현실의 아테나이에서 펼쳐지는 정치를 검토한 다음에 나온 것이므로 관념이고 이상적인 것이다. 아리스토텔레스가 《정치학》에서 전개하는 논변들은 어떤가. 플라톤이 이상주의적이라면 아리스토텔레스는 현실적인가. 우리의 관점에서 아리스토텔레스는 현실적이라고 말할 수 있는가. 그는 아테나이에서 오래 살기는 했으나 아테나이 시민으로서 살았던 것은 아니다. 그가 학문적인 업적을 쌓은 시기에 그가 살았던 체제들은 민주정과 거리가 멀었다. 마케도니아는 왕정이었다. 그는 여기저기를 떠돌아다니면서 다양한 정체들에 대해 생각하였으며 그러한 사유의 성과물을 《정치학》에 담았다. 《정치학》에는 현실에 대한 분석도 있으며, 좋음을 실현한 정체가 되기 위해서 해야 할 대책들도 있다. 그것들 역시 이상적이다.

　　소크라테스의 변명을 받아들이면서 우리는 그런 변명을 하면서까지 이렇게 본을 만드는 까닭이 무엇인지를 물어본다. 현실은 내버려두면 그대로 흘러간다. 가끔은 그것을 되짚어서 살펴보아야 한다. 그렇게 살펴볼 때 뭔가 기준이 있어야 한다. '가장 좋은 것'에 대한 논의를 거쳐서 만들어 둔 것이 있어야 한다. 그것과 똑같지는 않더라도 그것을 닮은 것이라도 있어야 한다. 말 그대로 본이 있어야 그것에 대볼 수가 있는 것이다. 우리는 아주 하찮아 보이는 일을 하더라도 '그래, 하는 데까지 해 봐, 그러다 보면 뭐가 되더라도 되겠지, 그거면 충분한 것 아니겠어'라는 태도로 일을 하지는 않는다. 하물며 공동체의 통치에 관한 것을 그렇게 할 수는 없다. 적어도 '여기까지는 가 줘야 하지 않겠는가' 하는 게 있어야 한다. 소크라테스는 그것이 현실의 공동체가 지향해야 할 최종 목적으로서의 '좋음의 이데아'라고 말하고 싶은 것이다. '좋음의 이데아'라는 말이 낯설다면, 하늘의 변함없는 이치, 천리天理라고 이해할 수도 있다. 하늘의 이치는 인격신처럼 사람에게 벌을 주거나 상을 주지는 않지만 그래도 인간의 마음속에서 힘을 발휘한다. 이래라 저래라 명령을 한다. 뜨끔한 마음이 들게 하여 잘못을 깨닫게 하기도 한다. 많은 사람이 그것을 늘 마음에 새기고 살 수는 없겠지만 적어도 그런 사람이 정치를 해야 하지 않겠는가. 소크라테스가 '철학적 정치가'를 말하는 것은 그것을 실천할 수 있는 사람에 대해서 논의를 해 보자는 것이다. 반드시 그 사람이 다스려야 하는 것은 아니겠지만 그래도 이 정도 되는 정치가가 있어야 하지 않겠는가를 말하려는 것이다. 이것이 기본적인 출발점이다.

    소크라테스가 말한 '정치 권력과 철학의 결합'은 정치가와 철학자가 결합된 사람, 즉 '철학적 정치가'를 가리킨다. 그가 어떤 사람인지에 대해 간략하게 미리 생각해 두자. 플라톤은 소피스테스를 규정하기 위해《소피스테스》를, 정치가를 규정하기 위해《정치가》를 썼다. 철학자에 대한 규정은 지금부터 우리가 읽을 부분에 들어 있다. 이렇게 보면 정치가와 철학자는 분명히 구별된다. 철학자에게는 철학자의 직무와 자질이 있고 정치가에게는 정치가의 직무와 자질이 있다. 이 둘을 통합해서 가진 사람은 철학자이면서 동시에 정치가인 사람, 철학적 정치가이자 정치적 철학자이다. 한 사람이 한 가지를 하기도 벅찬데 어떻게 성향과 직무가 전혀 다른 두 가지를 동시에 할 수 있겠는가. 그런 사람이 세상에 있을 수나 있겠는가. 없을 것이지만 한번 생각은 해 볼 수 있다. 그런 사람을 길러 내려면 무엇을 가르치고 어떤 훈련을 시켜야 하는지를 궁리해 볼 수는 있다. 지금부터 소크라테스가 이야기할 것들이 이런 내용들이다. 철학자는 어떤 사람인가, 그가 정치가가 되려면 무엇을 알아야 하는가, 그렇게 알게 된 것을 몸에 밴 습관으로 만들려면 어떤 훈련을 받아야 하는가, 이런 것들을 이야기한다.

1.2. 철학자의 정의(474c~480a)

소크라테스는 "철학자들이 어떤 사람들인가가 분명하게 되면, 어떤 사람들에게 있어서는 철학에 종사하면서 동시에 나라에 있어서 지도자로 되는 게 성향상 적합하지만, 다른 사람들에게는 철학에 종사하는 것도 어울리지 않을 뿐만 아니라 지도자를 따르는 것이 제격임을 보여 주는 것으로서 그들을 막아 낼 수" 있다고 주장한다. 소크라테스의 주장은 철학자의 자질이 정치가의 자질을 함축하고 있음을 전제하면서도 "실천은 말보다도 (…) 언제나 진실에 덜 미치는 본성을 지니고 있"(473a)음을 지적함으로써 정치가가 행하는 "실천"과 철학자의 "말", 즉 이념 사이에는 본질적 차이가 있음을 간과하지 않는다.

소크라테스와 글라우콘은 먼저 철학자가 어떤 사람인지 탐색한다. 소크라테스는 글라우콘이 "사랑에 민감한(애정이 강한: erōtikos) 사람"이라 말하면서 규정을 시작한다. 그는 포도주를 좋아하는 사람, 명예를 좋아하는 사람의 예를 거쳐 "지혜(sophia)를 욕구하는 사람"인 철학자(애지자愛知者)에 이른다. 애지자는 "어떤 지혜는 욕구하되 어떤 지혜는 욕구하지 않는 자가 아니라, 모든 지혜를 욕구하는 자", "모든 배움을 선뜻 맛보려 하고 배우는 일에 반기며 접근하고 또한 만족해 할 줄 모르는 사람"이다. 철학자는 '전면적인 지적 호기심을 가진 자'인 것이다. 글라우콘은 이 규정에 반론을 제기한다. "그렇게 되면, 많은 이상한 사람이 선생님께서 말씀하시는 그런 사람들로 될 텐데요. 구경을 좋아하는 모든 사람들도 제가 생각하기엔 기쁜 마음으로 배우는 까닭에 그런 사람들인 것 같으니까요. 또한 듣기를 좋아하는 사람들도 있는데, 이들은 지혜를 사랑하는 사람들 속에 포함시키기엔 아무래도 기이하기 그지없는 사람들로서, 마치 모든 합창 가무(khoros)를 듣기 위해 제 귀를 세놓기라도 한 사람들처럼, 디오니소스 제전에는, 그게 도시에서 벌어지는 것이건 또는 시골에서 벌어지는 것이건 간에, 빠지지 않고 뛰어 돌아다니며 듣습니다. 그래, 이들 모두를 그리고 이런 유의 것들을 배우는 사람들도, 또한 소소한 기술들을 배우는 사람들도 지혜를 사랑하는 사람들이라 우리가 말할 것입니까?" 소크라테스가 "모든 지혜"를 거론한 것에 대해 글라우콘은 참으로 그러한가를 묻고 있다. 소크라테스가 대답한다. "결코 그렇지는 않으이. 하지만 지혜를 사랑하는 사람들을 닮은 사람들일세." 뭔가를 좋아하는 사람들은 철학자를 "닮은 사람들"이라는 것이다. 이들은 철학자를 닮았으므로 어떤 과정을 거치면 이들이 철학자가 될 수 있을 것인가도 생각해 볼 필요가 있다. 소크라테스는 글라우콘의 물음을 놓고 철학자가 사랑하는 대상을 다시 규정한다. "진리(alētheia)를 구경하기 좋아하는 사람들". 이것이 철학자에 대한 둘째 규정이다.

소크라테스에 따르면 "모든 형상(eidos)"은 "각각이 그 자체는 하나이지만, 여러 행위 및 물체와의 결합(교합, 관여: koinōnia)에 의해서 그리고 그것들 상호 간의 결합에 의해서 어디에나 나타남으로써, 그 각각이 여럿으로" 보이게 된다. "듣기를 좋아하는 사람들이나 구경을 좋아하는 사람들은 아름다운 소리나 빛깔 및 모양을 그리고 이와 같은 것들로 만들어진 온갖 걸 반길 뿐, 이들의 사고(마음 상태: dianoia)는 '아름다움(아름다운 것) 자체'(auto to kalon)의 본성(physis)을 [알아]볼(idein) 수도 반길 수도 없"다. 이들은 "꿈을 꾸는 상태"로 살고 있다. "이와는 반대로 '아름다운 것 자체'를 믿을 뿐만 아니라, 이것과 이것에 '관여하고 있는 것들'(ta metekhonta)을 알아볼 수 있는, 그래서 '관여하고 있는 것들'을 '그것 자체'(auto)로 생각하거나 또는 '그것 자체'를 '관여하고 있는 것들'로 생각하고 있는 일도 없는 사람들"은 "깬 상태(hypar)"로 살고 있다. "그렇다면 이 사람의 사고는 알고 있는 자의 것으로서 우리가 이를 인식(지식, 앎: gnōmē)이라 함이 옳겠으나, 앞엣 사람의 사고는 의견을 갖는 자의 것으로서 [우리가 이를] 의견(판단:

doxa)이라 함이 옳"을 것이다.

소크라테스는 여기서 한층 더 나아가 철학자의 인식의 대상과 다른 이들의 의견의 대상이 둘로 나뉘고 그것에 각각 인식과 무지가 상응한다고 단언한다. "'있는 것'(실재: to on)에는 인식(앎: gnōsis)이, '있지 않은 것'(비실재: to mē on)에는 필연적으로 무지(모름: agnōsia)가 상관"한다는 것이다. 소크라테스는 여기서 "'있으면서'(존재하면서: einai) '있지(존재하지) 않기도'(mē einai) 하는 그런 상태의 것일 때, 그것은 '순수하게(절대적으로) 있는 것'(to eilikrinōs on)과 '어떤 식으로도 있지 않은 것'(to mēdamē on)의 '중간에'(사이에: metaxy) 위치하지 않겠는가?"라고 글라우콘에게 묻는다.

글라우콘이 긍정적으로 대답하자 소크라테스는 다음과 같은 확신을 피력한다. 실재와 비실재, "그것들 '사이의 것'(to metaxy)에 상관하는 것으로는 무지(agnoia)와 인식(앎: epistēmē) '사이의 어떤 것'(metaxy ti)을 찾아야만 하지 않겠는가?" 소크라테스에 따르면 '인식'은 '있는 것'에 관여하고 '무지'는 '있지 않은 것'에 관여한다. "그러나 의견을 갖는 사람은 적어도 '어떤 하나의 것'(hen ti)에 대해서 의견"을 갖는다. "그러니까 의견(판단)은 무지도 인식도 아니"다. "그러니까 이들 둘의 중간에 의견이" 있는 것이다. "그러면 우리가 아직 찾아야 할 것으로서 남아 있는 것은 이런 것, 즉 '있음'(einai)과 '있지 않음'(mē einai)의 양쪽 모두에 관여하는 것으로서, 따라서 순수한 어느 한쪽만의 것으로서 부르는 것이 옳지 못한 그런 것"이기에 "만약 그런 것이 나타난다면, 그것을 우리가 '의견의 대상'(doxaston)이라 일컫는" 것이 타당할 것이다.

소크라테스는 지금까지의 논의를 다시 정리한다. "그러고 보니 우리는 아름다움이나 다른 여러 가지 것에 관련된 다중의 많은 '관습'(관례들: ta nomima)이 '있지(…이지) 않은 것'과 '순수하게 있는(…인) 것'의 중간 어딘가에 맴돌고 있다는 사실을 발견한 것 같으이." "의견의 대상"은 "중간에서 헤매는 것"이요, 이는 "중간의 능력에 의해서 포착되는 것"이다. 이 능력을 가진 이들은 "'많은 아름다운 것(사물)'(polla kala)을 보되, '아름다운 것(아름다움) 자체'(auto to kalon)는 못 보며, 거기로 자신을 인도하는 사람을 따라 갈 수 없는 사람들, 또한 '많은 올바른 것'(polla dikaia)을 보되 '올바른 것(올바름) 자체'(auto to dikaion)는 못 보는 사람들, 그리고 또 일체의 것에 대해서 그러는 사람들"이다. 이들과는 달리 존재로서의 '있다'를 볼 수 있는 사람들, "'각각의 실재 자체'(각각인 것 자체, x인 것 자체: auto hekaston to on)를 반기는 사람들은 '지혜를 사랑하는 사람들'(철학자들)"로 불러야 한다.

소크라테스는 '올바름 자체'는 아니더라도 가급적 그것에 가까운 것이라도 만족할 수 있는지를 물었다. 형상은 좀 어렵더라도 그것 닮은 것, 본(paradeigma)이라도 괜찮은가를 물어본 것이다. 글라우콘이 괜찮다고 하였다. 여기서 잠깐 생각을 해 봐야 한다. 본이라도 괜찮겠다고 했지만 그 본의 원본은 어떻게 아는가. 그 원본, 즉 형상은 철학자가 알아내야 한다. 그렇게 알아낸 것이 원본이지 아니면 원본을 닮은 것인지는, 철학자만이 알고 있다. 생각 속에서는 알고 있다 해도 그것을 현실 세계에서 설명하거나 실현하는 것은 불가능할 것이다. 영역본에서는 'paradeigma'를 'ideal pattern'(관념적 형태)으로 옮겼다. 우리는 그것을 '닮은

1. 철학적 정치가의 통치 **207**

것'(resemblance)으로 옮겨도 될 것이다. 이것은 '적당히 중간에 있는 것'이다. 진짜 원본을 알기 위해서는 어떻게 해야 하는가, 뭘 할 줄 알아야 그것을 알아낼 수 있는가. 이는 철학자의 기능을 물어보는 것이다. 소크라테스는 그것에 답함으로써 철학자가 무엇인지를 규정하려 했다. 철학자는 첫째, 사랑에 민감한 사람이다. 헬라스 어로 '에로티코스'erōtikos이다. 둘째, 그는 진리를 구경하기 좋아하는 사람이다. 이러한 기능들에 대한 상세한 설명은 제시되지 않았다. 그것은 다음 부분 '철학자의 성향'에서 논의될 것이다. 여기서는 철학자가 탐구하는 대상인 형상에 관한 설명이 제시되었다.

철학자가 탐구하는 대상과 그것을 탐구하는 철학자의 기능 및 성향을 다 묶으면 '철학자란 무엇인가'가 잘 규정될 수 있을 것이다. 이것이 소크라테스가 뭔가를 규정할 때 사용하는 방법이다. '그 사람 누구야?'라고 물으면 그 사람 이름만 대답해도 된다. '그 사람 뭐하는 사람이야?'라고 물으면 그 사람이 하는 일을 대답하면 된다. 그의 기능만 알려 주면 되는 것이다. '그 사람 어떤 사람이야?'라고 물으면 그 사람이 하는 일만 알려 주면 안 된다. 말 그대로 그 사람이 어떤 사람인지, 착한지 성격이 까탈스러운지 등과 같은 성향까지 대답해야만 한다. 소크라테스는 우선 철학자의 기능을 간단히 말한 다음, 철학자가 그 기능을 발휘하는 대상에 대하여 말하고, 그러고 나서 철학자의 성향을 알려 주는 순서를 택했다.

이제 본격적으로 철학자의 탐구 대상인 형상에 대해서 알아보자. 형상은 그것 자체로 하나이지만 여러 행위나 물체와 결합한다. 소크라테스는 형상이 무엇인지를 말한 게 아니라 형상이 여러 행위 및 물체와 관계를 맺는 방식부터 말했다. 이는 궁극적 진리인 형상이 인간의 행위와 관련되므로 실천적 영역에도 불변의 형상이 관여한다는 것을 의미한다. 어떤 물체에 형상이 있다는 것은 이해하기도 증명하기도 어려워 보이지 않는다. 우리가 마시는 물은 얼음 형태로도 있고, 수증기 형태로도 있다. 그것들의 형상은 H_2O라고 표현할 수 있다. 겉으로 보이는 것이 무엇이든 그것의 본질은 이 분자식으로 표현할 수 있다는 것이다. 여기서 소크라테스는 인간의 행위에도 그런 것이 있다는 말을 한다. 이것은 고정된 불변을 찾아내는 것이 가능한 물체와 달리 행위에 관한 것이니 쉽게 말할 수 있는 게 아니다. 이것 때문에 많은 어려움에 부딪히게 될 것이다. 아리스토텔레스는 아예 인간의 행위는 물체의 본질을 찾아내는 것과 다른 영역에 있는 것이라고 보아서 행위에 관한 것을 실천학으로 분류했고, 그것에 속하는 윤리학이나 정치학에서는 엄밀한 이론적 지식을 찾아낼 수 없다고 하였다. 플라톤은 분명 아리스토텔레스와 다르다. 그런 어려움이 있다는 것 정도만 유념해 두고 형상이 관계 맺는 방식을 보자.

    여기서는 '결합'이라는 표현이 나왔다. 이 말은 '코이노니아'koinōnia를 옮긴 것인데 한국어판 번역자는 이것을 '관여'로 번역해도 무방하다고 하였다. 결합이나 관여로 옮길 수 있는 말은 '메텍시스'methexis도 있다. 플라톤의 형이상학에서 형상이 행위나 물체와 관계를 맺는 방식은 결합, 관여, 현현顯現(parousia), 이렇게 세 가지다. 앞의 두 가지는 서로 바꾸어 쓸 수 있다고 하였다. 현현(나타나 있게 됨)이나 현시顯示로 옮겨질 수 있는 말로는 '에피파네이아'epiphaneia도 있는데, 이는 신적인 것, 즉 놀라운 것의 나타남을 뜻한다. 플라톤에서는 이 말이 사용되지 않는다.

　인간의 행위들이나 세상의 사물들이 있다. 그것들은 여럿이지만 하나의 형상으로 묶일 수 있다. 물, 얼음, 수증기가 하나로 묶이듯이 여러 행위들도 하나로 모아서 '좋음 자체'나 '나쁨 자체'로 묶을 수 있다. 이때 여러 행위들은 좋음 자체나 나쁨 자체가 나타난 것, 좋음 자체나 나쁨 자체가 관여한(결합한) 것들, 달리 말하면 '좋음 닮은 것들', '나쁨 닮은 것들'이다. '나타나 있게 됨'에 대해서는 '닮은 것'이라는 말을 사용하기가 좀 곤란한 듯하다. 본래 그러했던 것이 숨어 있다가 겉으로 드러난 것이니 닮았다고 하기는 곤란하지 않겠는가. 코이노니아와 메텍시스는 뭔가 결합되어 있는 것, 형상에 뭔가를 섞어서 만들어 내는 것이라 이해할 수 있는데 '파루시아'parousia는 '묻어 들어가 있는'(embodied) 것이라고 할 수 있다. 기독교에서는 파루시아가 예수 그리스도의 재림을 가리키는 말로 사용된다. 본래는 '함께 있음', '도착해서 있음' '와 있음'(임재)을 의미하였다. 결합과 관여와는 달리 '나타나 있게 됨'이니 파루시아는 관계맺음의 방식이 까다롭다. 함께 있다는 것, 이를테면 예수 그리스도 안에는 인성과 신성이 함께 있다는 것이 삼위일체 교리의 핵심 논지인데, 이것을 논증하는 일은 참으로 만만치 않은 일이다.

소크라테스는 형상에 대해 물었다. 그것은 "'있는'(존재하는: on) 것인가, 아니면 '있지 않은'(존재하지 않는: mē on) 것인가?" 당연히 글라우콘은 "있는 것입니다. 있지 않은 것이 도대체 어떻게 알려질 수 있겠습니까?"라고 대답했다. 하나인 형상이 있고 그것을 닮은 것이든 그것이 드러난 것이든, 그것에 관여하거나 결합한 것이든, 행위들과 사물들을 이야기하다가 느닷없이 형상은 있는 것인가 있지 않은 것인가를 물었다. 여기서 주의해야 한다. 있다/없다는 존재의 차원에 관한 것이다. 있으면 있는 것이고 있지 않으면 있지 않은 것이다. 있음/없음 사이에는 '어중간하게 있음' '대강 있음', '있기도 하고 있지 않기도 함' 따위는 없다. 이것을 모순 관계라고 한다. 둘 사이에 중간이 성립하지 않는다. 이는 배중율(exclusion of the middle)이다. 소크라테스가 "어떤 것이 이런 상태의 것, 즉 '있으면서'(존재하면서: einai) '있지(존재하지) 않기도'(mē einai) 하는 그런 상태의 것일 때, 그것은 '순수하게(절대적으로) 있는 것'(to eilikrinōs on)과 '어떤 식으로도 있지 않은 것'(to mēdamē on)과의 '중간에'(사이에: metaxy) 위치하지 않겠는가?"라고 물었던 것은 말이 안 되는 것이다. 중간에는 아무것도 없다. 글라우콘이 "그 중간에 위치합니다"라고 대답한 것도 틀렸다.

소크라테스는 있음과 있지 않음에 앎과 모름을 대응시켰다. 있음이 앎과 서로 관계가 있고 없음이 모름과 서로 관계가 있다는 것은 서로 다른 영역에 있는 것들을 이어 붙인 것이다. 잘못된 것이다. 앞서 말했듯이 있음과 있지 않음은 모순 관계이지만, 앎과 모름은 모순 관계가 아니다. 적당히 아는 것, 적당히 모르는 것이 가능하다. 이것은 반대 관계다. 앎과 모름 사이에는 어떤 항목들이 있을 수 있다. 있음과 없음 사이에는 그게 없다. 어쨌든 '사이의 것'에 상관하는 것은 '의견'이다. 이는 '인식과는 다른 능력'이다. 아는 것도 모르는 것도 아닌 어중간한 것이다. 여기서 소크라테스는 앎, 모름, 적당히 앎 또는 적당히 모름이라는 세 가지 능력을 거론했다. 소크라테스의 논변에 따르면 앎은 있음에, 모름은 있지 않음에, 적당히 앎 또는 적당히 모름은 '사이의 것'에 상응한다. 이렇게 정리해 두고 나서, 의견을 가진 사람들은 형상을 보지 못하는 사람들이라고 말을 맺었다. 그들은 '많은 아름다운 것'은 볼 수 있지만 '아름다운 것(아름다움) 자체'는 보지 못하며, '많은 올바른 것'은 볼 수 있지만 '올바른 것(올바름) 자체'는 볼 수 없다. 이들 많은 사람을 아름다움 자체, 올바름 자체로 인도하는 사람이 철학자인지는 아직 알 수 없다. 철학자는 '각각의 그 자체의 것들'을 인식을 하지, '의견을 갖는 게' 아니라고 말할 수 있는 사람들이다. 일단은 거기까지다.

　　소크라테스는 자체를 아는 것이 앎이고, 의견을 가지고 있는 것은 비진리로 간주했다. 그러면서도 의견을 가진 사람들을 진리로 인도하는 일에 대해서 말했다. 대다수의 사람들은 의견 속에서 산다. 그들을 어떻게든 이끌고 가야 한다. 아무것도 모르는 상태에 있는 이가 자신의 모름을 알아차렸다고 해 보자. 이 무지의 자각은 앎인가, 의견인가? 아직은 의견이다. 자신이 무식한 건 알지만 아직 앎은 없다. 모름에서 앎으로 가는 중간 단계다. 이것은 모름과 앎의 운동 과정이다. 앎과 모름은 이처럼 연속되는 흐름 속에 놓여 있다. 서로 모순 관계가 아닌 반대 관계이기 때문이다. 흰색과 까만 색도 반대 관계이다. 흰 색에 때가 묻으면 회색이 된다. 그러다가 때가 아주 많이 묻으면 까만 색이 된다. 그것과 마찬가지다. 우리 모두 모름에서 앎으로 가는 과정에 있는 사람들이다. 그 중간 단계를 우리는 '생성'이라 표현해도 될 것이다. 우리가 이러한 생성에 나섰을 때 그것을 인도해 줄 누군가가 필요하다.《국가》에서는 누가 그런 일을 할 것인가. 일단 앎을 가진 철학자가 하리라고 예상해 볼 수 있다.

우리가 모름의 상태를 깨닫고 앎의 상태로 옮겨 가기 위해 노력한다면 우리는 '지혜를 사랑하는 사람들을 닮은 사람들', 즉 철학자를 닮은 사람들이 된다. 우리는 아직 앎을 가지고 있지는 않지만 앎 닮은 것을 가지고 있다. 의견은, 달리 말하면 앎 닮은 것 또는 앎을 본받은 것이다. 앎의 흔적을 조금이라도 가지고 있어야 앎이 될 수 있지 않겠는가. 철학자는 앎을 가진 사람들이다. 그 사람들만이 우리에게 앎을 알려 줄 수 있거나 앎 닮은 것이라도 알려 줄 수 있다. '닮은 것'은 '본'이다.

형상은 그 자체로 있는 것이다. 그것은 다른 것이 조금도 묻어 있지 않은 것이다. 본은 형상을 닮은 것이다. 형상과 한 치의 오차도 없이 똑같은 것이 아니라 그것에 접근해 있는 것이다. 우리가 원의 면적을 계산할 때 원주율(π)에 반지름의 제곱을 곱한다. 이는 원을 다각형으로 쪼개는 것이다. 쪼개도 그냥 몇 번 쪼개고 마는 것이 아니라 무한히 쪼갠다고 가정해서 그 면적을 계산하고 그것에 원주율을 곱하는 것이다. 그렇게 하여 얻어 낸 원의 면적이 원의 진짜 면적과 정확하게 일치하는가? 그렇지 않다는 것은 누구나 알고 있다. 무한히 쪼개는 것이 불가능할 뿐만 아니라 원주율 자체가 확정되어 있지 않다. 우리가 얻어 낸 면적은 원의 진짜 면적에 접근해 있을 뿐이다. 원의 진짜 면적은 신만이 알 수 있다. 인간은 그 면적에 접근할 수 있을 뿐이다. 신이 알고 있는 것은 신적인 것이고 인간은 신 닮은 것만을 알 수 있다. 여기서 우리는 두 차원을 구분한다. 하나는 완전하게 자기 스스로와 합치하는 차원, 즉 신의 차원, 형상의 차원이고, 다른 하나는 극한의 노력을 기울여 형상의 차원에 가깝게 간 '본'의 차원이다.

파르메니데스는 '있음만 있고 없음은 없다'고 말했다. 그는 이러한 존재론적 명제로써 세계의 모든 것을 설명할 수 있다고 생각한 듯하다. 틀린 말은 아니지만 옳은 건 아니다. 세상 만사가 그렇게 간단하지 않기 때문이다. 플라톤의 형상도 파르메니데스의 '있음'(일자)과 같은 것이다. 아리스토텔레스가 논리학과 이론학에서 이야기하는 게 이러한 것들이다. 그러한 존재론적 있음은 한 치의 오차도 없이 분석(diairesis)하고 종합(synagogē)할 수 있다. 한 덩어리로 되어 있는 것을 잘게 쪼갠 다음 그것을 다시 모으면 원래의 덩어리와 딱 맞아 떨어진다. 이게 사람 사는 공간에서는 안 된다. 남거나 모자란다. 아리스토텔레스가 실천학을 따로 분리해 낸 까닭이 이것이다. 파르메니데스의 일자, 플라톤의 형상, 아리스토텔레스의 부동의 원동자는 논리적 공간에만 자기 자리를 가질 수 있다. 그것들은 분해와 결합이 일치하는 통일적 연속체이다. 세상사는 전혀 다르다. 인간의 일은 결코 그렇지 않다. 그나마 원은 끊어지지 않고 이어진 공간이다. 가다 보면 툭 끊겨서 갑자기 사라지는 불연속 공간이 아니다. 어디서 끊길지 얼마나 끊겨 있을지도 모르는 공간이 아닌 것이다. 인간의 일에서는 우발적인 사태, 느닷없이 끊기는 것이 반드시 일어난다. 우발적인 것의 필연성이라고 말해야 할 정도이다. 자꾸 중간에 샌다. 빼돌려지고, 썩고, 망가진다. '한 나라와 한 사람에서의 올바름'에서 나라와 사람의 올바름을 연결시키는 데 실패한 까닭 중의 하나가 바로 이것이다. 한 나라에서는 사람들에게 어떤 역할을 맡겨서 기계처럼 운용할 수 있지만 한 사람에게는 그렇게 할 수가 없다.

우발적인 것의 필연성은 해결할 방법이 없다. 말 그대로 우발적인 것이니 그렇다. 오늘 내가 나의 건강을 위해서 밥을 굶었는데 이것이 정말로 건강을 위한 것인지는 계산할 수 없다. 온갖 종류의 과학을 동원해서 죽을 때까지 계산을 해도 답을 낼 수 없다. 인간은 원처럼 닫힌 공간의 존재가 아니다. 어떤 행위를 딱 맞아떨어지게 설명할 수 없다는 것이 인간에 관한 모든 학문의 한계이다. 편리하게도 신학은 모든 우발적 양상을 초월한 신을 도입함으로써 이 문제를 해결한다. 이를테면 인간 세계의 악은 분명 우발적인 것이다. 그것을 '신의 뜻'으로 돌려 버리면 답을 찾아다닐 필요가 없어진다. 후대의 잉글랜드 철학자 토마스 홉스가 신학을 극도로 배척한 까닭 중의 하나가 바로 이것이다. 그는 인간이 살고 있는 세계를 '과학적'으로 이해하고 인간의 행위도 과학으로써 설명하고자 하였다. 그렇게 하기 위해 그는 인간을 쪼갤 수 있는 데까지 쪼갰다. 분해한 것이다. 그렇게 분해해서 인간 안에 있는 최소한의 것인 '충동'(endeavour, conatus)이라는 것을 얻었다. 그는 거기에서 다시 종합을 시작한다. 그렇게 분해-종합함으로써 그는 물체(De Corpore)-인간(De Homine)-시민(De Cive)을 하나의 체계(monolithic system) 안에 집어 넣을 수 있었고, 이를 집약하여 '리바이어던'(《리바이어던 또는 교회국가 및 시민국가의 재료와 형태 및 권력》)이라는 거대한 인공물을 만들어 낼 수 있었다. 이 인공물에 인간이라는 '재료'를 공급하는 공학을 적용하면 인공물은 영원히 지속될 수 있다. 살아 있는 유기체인 자연인(natural perosn)을 재료로 삼아 자신의 인공적 생명을 유지해 나가는 현대의 법인(legal perosn)을 떠올리면 바로 이해가 될 것이다.

우발적인 것의 필연성이라는 차원에서 인간과 사회를 보면 어떤 목적을 설정한다는 것은 참으로 황당한 일이 된다. 나중에 어찌 될 줄 알고 목표를 세운단 말인가. 그저 인간이 계산할 수 있는 범위에서 '달성하고자 하는 목표'면 충분하다. 전통적인 의미에서의 윤리학과 정치학은 궁극목적이 폐기되면서 더이상 학문으로서의 지위를 가지지 못하고 그 자리에는 계산 가능한 목표들을 설정하고 그것을 실행할 수 있는 최적의 장치들을 마련하기 위한 '도덕

과학'이 들어서게 된다. 제레미 벤담의 학문이 그렇게 성립한다. 우주의 목적, 사회의 목적과 같은 거대한 야망을 버리고 인간의 효용과 감정과 원인과 결과를 인과율의 사슬 속에서 정확하게 계산하는 일이 중요하게 된 것이다. 플라톤은 이들과 다르다. 그는 행위들과 물체들 모두에 걸쳐 있는 좋음이라는 목적이 있고 이론과 실천이 분리되지 않는다고 생각한다.

아리스토텔레스는 이론학과 실천학을 분리함으로써 논리적 존재론적 차원과 인간사 차원의 차이를 인정하였다. 아리스토텔레스의 논리학은 추론을 핵심으로 한다. 추론은 분석과 종합이다. 추론을 통해서 상위의 유類와 하위의 종種을 구분한다. 이는 언어(범주론)와 사물(존재론)의 일대일 대응을 가능하게 하며 만유(ta onta)를 마주보게 배열할 수 있게 한다. 이렇게 만유를 배열하면 그 뼈대는 기계론(mechanism)적인 것이다. 아리스토텔레스는 이 뼈대 맨 꼭대기에 목적(telos)을 놓았다. 기계론과 목적론을 합체한 것이다. 인간사의 학문, 실천학은 본을 가지고 한다. 본은 형상을 닮은 것이다. 닮은 것은 모방(mimēsis)을 통해서 만들어 낸다. 모방은 이론적인 추론을 통해서 만드는 것이 아니다. 엄밀한 것이 아니기 때문이다. 모방을 할 때 사용하는 언어들은 은유(metaphora)다. 은유로써 만들어지는 것은 이야기(mythos)다. 이야기를 만들어 내는 사람은 인간사에서 벌어지는 온갖 우발적인 것에 당황하지 않는다. 낯선 것을 두려워하지 않는다. 낯선 것은 항상 움직이는 것, 변화하는 것, 운동하는 것이므로 논리적으로 파악할 수 없다. 그는 이것들을 가져다가 전체적으로 파악하고 그때그때 필요한 이야기들을 만들어 사람들을 설득한다. 그것이 인간사이기 때문에 당연하다는 듯이 그 일을 한다. 그가 일하는 공간은 논리적이지 않다. 소피스테스와 철학자와 정치가 중에서 가장 비논리적인 사람은 정치가이다. 반면에 소피스테스는 이론적인 개념 규정만 가지고 현실을 왜곡하기까지 하는 사람들이니 얼마나 논리적이겠는가.

우발적인 것들 중에서 가장 극심하게 움직이고 변화하고 운동하는 것이 인간의 파토스(정념, 겪음)이다. 인간은 이처럼 한정되어 있지 않다. 무한정자無限定者(to apeiron), 정해져 있지 않은 존재, 우발적 존재, 불연속성 속에 있는 존재이다. 인간은 이 따위 존재다. 그렇다면 인간에 관한 통찰을 그만둘 것인가. 그것이 아무리 맞는 사실이라 해도 뭔가를 해야 하지 않는가. 플라톤은 포기하지 않았다. 야망이 컸거나 아니면 어리석었거나 어떤 이유에서건 그는 그 두 차원을 분리하지 않았기 때문에 논리적인 차원에서만 성립하는 형상이 인간사 실천의 차원에도 통하게 하려고 '형상 닮은 것', 본을 고안해 내야만 했다. 누가 그것을 만들고 실행할 것인지도 궁리해야만 했다. 이것이 가능하려면 최소한으로라도 변함없는 부분이 있어야 인간에게 뭔가를 해 볼 것이다. 플라톤이 확보한 것은 영혼이었다. 플라톤에게 영혼은 생물이 자기동일성을 확보하기 위해 운동하는 힘이다. 곡악한 범죄를 저지른 자가 '그때 나는 제정신이 아니었다'고 아무리 주장해도 재판부는 '제정신이 아니었던 그때의 나'와 '지금 여기서 재판을 받고 있는 나'를 똑같은 사람으로 간주한다. 공인된 정신분석 결과가 없는 한 그는 극형을 면할 수 없을 것이다. 인간의 자기동일성을 규정하지 않으면 공동체의 규범이 유지될 수 없다. 플라톤에서 영혼은 그러한 역할을 한다. 어제의 저 사람이 오늘의 저 사람이며 내일의 저 사람일 것임을 보증해 주는 바탕이다. 그의 영혼 안에는 온갖 요소들이 들어가 있을 것이다. 그 요소들이 일종의 조정자에 의해 종합되어 조화에 이르지 않으면 그는 '그 사람'이라 불릴 수 없다. 플라톤이 말하는 철학자는 영혼의 조화가 완전한 사람이다. 그는 많은 사람이 가진 파토스를 완벽하게 제거한 존재이다. 사물이 된 인간이다. 본성상 사물이겠지만 그 인간에게는 좋음의 이데아가 있다. 좋음의 이데아를 내재한 사물적 기계적 인간이 철학자이다. 그는 흔들림이 없다. 그는 완벽한 절제에 이르러 있다. 아직까지는 그 경지에 이르지 못했지만 앞으로 논의하는 부분에서 플라톤은 그러한 사람을 길러 내는 교육 과정을 제시할 것이다.

　플라톤에서 형상이 어떤 의의를 가지고 있는지, 그것은 본과 어떤 관계에 있는지, 논리적인 차원에서는 불필요해 보이는 본이 왜 인간사에서는 반드시 요구되는지를 살펴보았다. 이 모든 문제의 바탕에는 인간이라고 하는 어이없는 존재가 있음을 얼핏 짐작힐 수 있다. 플라톤은 그런 인간들에 대해 거대하고도 무모해 보이는 낙관을 가지고 '그래도 사람이 여기까지는 가 봐야 하지 않겠는가' 하고 있는 중이다. 이제 그런 인간들에게 반드시 필요한 본은 어떤 절차를 거쳐서 만드는지를 살펴보기로 하자.

먼저 지혜(phronēsis)를 작동시켜서 형상을 파악한다. 이렇게 해서 인식(epistēmē)을 얻을 수 있다. 지혜는 고정불변의 실재인 형상을 파악하는 힘이다. 지혜를 사랑하는 사람에게는 격정(thymos)이 있다. 이것은 역동적이고 변화하는 것을 조정하는 힘이다. 격정은 특정한 시기에 적절하게 발휘되어 영혼을 돕는다. 그것은 그때그때 발휘되는 것이다. 그렇게 함으로써 제3의 것, 중간적인 것(mēdeteron)을 만들어 내야만 한다. 현실의 역사적 시공간에 있는 많은 사람을 인도하려면 이것들을 모두 가져야 한다. 많은 사람을 인도하는 이는 누구인가. 그걸 할 사람은 기본적으로 철학자이되 거기에 더해 인간사에서 벌어지는 온갖 우발적 사태에 최선을 다해 대처할 수 있는 사람, 철학적 정치가일 것이다. 똑똑한 철학자만으로는 안 된다. 능란한 정치가만으로도 안 된다. 철학자들은 형상을 알아낸다. 거기서 그치면 그는 철학자일 뿐이다. 사람들을 인도하기 위해서 사람들과 접촉해야만 한다. 천상에 올라가 지식을 얻은 다음 그들을 인도하러 내려가야만 하는 것이다. 올라가면 철학자이고 내려가면 정치가이다. 정치가가 되어 내려갈 때 그는 자신이 만든 형상의 모방물인 본을 가지고 갈 것이다.

철학자이면서 동시에 정치가라 하는 것은 사실 말이 안 된다. 철학자는 형상을 앎으로써 스스로 완성된다. 그것으로써 목적에 이르러 끝난다. 형상의 세계는 고요하고 시간으로부터 벗어난 곳이다. 인간 세상은 변화에 얽매여 있는 곳이다. 천상의 세계는 질서 잡혀 있으며 한정되어 있으나 아래는 혼돈스러우며 한정되어 있지 않다. 이것들 각각은 진리와 비진리이니 겹칠 수가 없다. 인간의 삶에 자족성(autarkēs)이 있다면 본을 가진 정치가가 요구되지 않는다. 인간 실존은 논리적 공간에서 살고 있지 않으며, 인간 공동체는 불완전하다. 인간이 할 수 있는 것은 천상에 있는 형상을 '전체에 따라서'(kata holon) 모방한 본을 가지는 것일 뿐이다. 이 본은 어중간하게 중간에 있는 것이다.

1.3. 철학자의 성향(484a~487a)

소크라테스는 글라우콘과의 "다소 긴 자세한 논의를 통해서 지혜를 사랑하는 사람(철학자)들과 그렇지 않은 사람들이 각기 어떤 사람들인지를" 밝혀냈다. 이들이 철학자를 규정하려는 것은 "나라의 지도자들"을 찾기 위해서다. 소크라테스는 "'언제나 똑같은 방식으로 한결같은 상태로 있는 것'을 파악할 수 있는 이들이 지혜를 사랑하는 사람(철학자)들"이며, 이들을 "나라의 법률(nomoi)과 관행들(관례들: epitēdeumata)을 수호할 수 있을 것으로 보이는 사람들"로 간주하려 한다. 소크라테스와 논의에 가담한 사람들이 수립한 나라는 '성향에 따라' 각자의 일을 하는 것을 올바름으로 여기는 나라였다. 철학자들이 나라의 지도자로 적합한지를 판단하려면 철학자들의 성향을 "제대로 알아야만" 할 것이다. 이 성향을 알게 되면 '철학자이면서 지도자인 사람'이 가능하다는 것, 즉 "동일한 사람들이 그러한 양면을 겸비할 수 있다는 것에 대해서 또한 이들 이외의 다른 사람들이 나라들의 지도

자들로 되어서는 아니 된다는 것에 대해서도 합의를 보게 될 것"이다.

소크라테스에 따르면 철학자들은 "언제나 있으며 생성(genesis)과 소멸(phthora)에 의해 헤매게 되는 일이 없는 저 존재(본질: ousia)를 자신들에게 드러내 보여 주는 배움을 언제나 사랑한다." 여기서 확실한 것은 철학자가 본질을 드러내는 배움을 사랑한다는 것이다. "온 존재를 사랑하여, 그것의 작은 부분이건 큰 부분이건 또는 그것의 귀한 부분이건 하찮은 부분이건 간에 자진해서는 포기하는 일이 없다." "진실로 배움을 좋아하는 사람은 젊어서부터 줄곧 진리에 최대한으로 이르고자" 한다. 배움에 대한 사랑을 가지는 이들은 "이에 더하여" "진실함(거짓 없음)"을 "필연적으로" 갖추어야만 한다. 배움에 대한 사랑을 가지는 이들은 "정말로 절제가 있어서, 결코 재물을 좋아하는 사람"이 아니다. 그는 "저속함(aneleutheria)에 관여하는 일"이 없어서 "고매함(호방함, 도량: megaloprepeia)을, 그리고 모든 시간과 일체의 존재(본질: ousia)에 대한 관상(thēoria)을 갖는 그런 마음을 지닌 사람"이기도 하다. 이러한 성향을 가진 사람은 "'각각의 실재'(hekaston to on)의 '이데아'(형상, 본 모습)로 쉽게 인도"될 것이다.

올바른 나라의 지도자이려면 올바름이 무엇인지, 즉 올바름의 형상을 알아야만 한다. 올바름의 형상을 알려면 "선천적으로 기억력이 좋고 쉽게 배우며 고매하고 정중하면서, 진리와 올바름, 용기, 그리고 절제와 친구"여야 한다. 이것이 여덟 가지 필요조건이다. 소크라테스는 여기에 다음과 같은 요건을 덧붙인다. "그러나 그런 사람들이 교육과 연륜을 통하여 원숙해졌을 경우에, 오로지 이런 사람들에게만 자네는 나라를 맡기려 하지 않겠는가?"

철학자는 어떤 사람인가, 즉 철학자의 정의定義를 묻는 물음에는 세 가지를 답해야 한다고 하였다. 첫째, 철학자가 탐구하는 대상이 무엇인가. 둘째, 그 대상을 탐구하기 위해서 철학자가 사용하는 능력이나 기술에는 어떤 것들이 있는가. 마지막으로 철학자는 어떤 성향을 가지고 있는가. 지금까지 우리는 소크라테스를 따라서 철학자가 탐구하는 대상이 무엇인지를 살펴보았다. 그것은 변함없이 존재하는 형상이었다. 그 형상을 알아내기 위해서 철학자는 어떤 기술을 가져야만 하는지도 알아보았다. 이제 마지막으로 알아야 하는 것, 철학자의 성향을 살펴볼 차례다.

철학자들은 언제나 배움을 사랑한다. 그 배움의 대상은 '존재'(본질: ousia)이다. 이것을 배우면 '생성과 소멸'에 의해 헤매는 일이 없게 된다. 이것을 배우려면 구체적으로 어떤 성향을 가져야 하는가. 논의의 마지막에 여덟 가지가 나열되어 있다. 이것들 각각에 대한 자세한 설명은 없다. 그저 있는 그대로 이해하면 될 것이다. 여기서 플라톤이 그 성향들에 대해 별다른 의미를 부여한 것 같지는 않지만 이것들은 철학자만이 가지고 있는 성향은 아닌 듯하다. 우리가 일반적으로 훌륭한 사람이라 지칭하는 이들이 가지고 있는 미덕들이다. 이 미덕들을 가지고 있으면 철학자가 될 가능성이 있다. 그 가능성을 가진 상태에서 앞서 말한 탐구의 대상들로 시선을 돌려야 하는 것이다. 공부 잘 하는 사람들이 어떤 성향을 가지고 있는지는 많은 연구를 통해서 잘 알려져 있다. 방금 언급된 미덕들과 그리 다르지 않은 성향들일 것이다. 그들이 무엇을 공부하는가,

어떤 대상을 탐구하는가에 따라 전공이 달라질 것이다. 철학자도 마찬가지다. 바탕은 다른 이들과 마찬가지겠지만 결국 무엇에 관심을 갖는지가 중요하다.

　　기본적인 성향이 갖추어진 사람이 형상을 탐구한다면 철학자라고 할 수 있게 되었다. 이제 그 사람들이 나라를 다스리면 되는 것일까? 철학자이기만 하면 정치가가 되기에 충분할까? 그렇지 않다. 철학자의 성향과 정치가의 성향은 곧바로 일치할 수 없는 것이다. 소크라테스는 반드시 교육과 연륜이 필요한지를 물었다. 이것은 철학자가 정치가로 변화하는 과정을 암시하는 중요한 물음이다. 앞서 우리는 철학자이기만 해서는 정치가가 될 수 없다는 것을 살펴보았다. 왜 그럴까? 원칙적으로 철학자는 변화하는 인간사에 대해 잘 모르기 때문이다. 구체적으로 말하면 '많은 사람'에 대해 알지 못하기 때문이다. 철학자를 정치가로 전환시키려면 이 점들을 철저하게 보완해야만 한다. 이론적 교육과 현실에서의 실천적 연륜이 반드시 요구된다. 그 연륜은 다중과의 접촉에서 쌓아 올린 것들도 포함될 것이다. 이것이 필요한 것은 당시 아테나이 사람들과 철학자, 또는 철학자라 자부하는 이들 사이에 심각한 마찰이 있었기 때문이다. 우리는 소크라테스가 재판에서 사형을 언도받은 것을 알고 있다. 소크라테스가 아고라에서 많은 사람을 만나고 다니면서 대화를 하였지만 그는 결국 그들 다수를 설득하지 못하였다. 《국가》첫머리에서 폴레마르코스 무리가 소크라테스를 '붙잡아서' 집으로 데려갈 때의 상황을 다시 떠올려 보자. 그들은 자기들이 수가 많으니 자기 말을 듣는 게 좋을 것이라 하였다. 폴레마르코스 집에는 소피스테스 중의 한 사람인 트라쉬마코스가 있었다. 소피스테스는 많은 사람과 접촉을 하고 그들을 어떤 식으로든 설득해 내는 자들이었다. 이들을 본받을 필요까지는 없어도 이들이 어떤 방식으로 그렇게 하는지 정도는 알고 있어야 하지 않겠는가. 설득은 정치가에게 반드시 필요한 기능이다.

1.4. 철학자와 당대 사람들과의 불화(487b~496e)

철학자들이 교육과 연륜을 통하여 원숙해진다면 사람들이 나라를 맡기려 할 것이라는 판단에 이르자 아데이만토스가 문제를 제기한다. 반드시 먼저 검토해야 할 것들이 있다는 것이다. 그것은 바로 철학자들이 당대 사회의 구성원들에게 거부되고 있는 상황을 어떻게 볼 것인가이다. 아데이만토스는 "현재의 상황을 눈여겨보고" 나서 철학자 일반의 처지를 보고한다. "철학을 하기 시작한 많은 사람이 충분한 교육을 받기 위해서 젊을 적에 이를 건드려 본 다음에, 이를 그만두지 못하고서, 더 오래 계속해서 하게 되는 모든 사람 가운데서 대다수가, 아주 못된 이들이라고 우리가 말할 지경으로까지는 되지 않더라도, 아주 이상하게 되는가 하면, 가장 훌륭하다고 여겨지는 사람들일지라도, 그런 이들인데도, 선생님께서 칭찬하시는 이 일(활동)로 인하여 나라들에 쓸모없는 이들이 되는 이런 일을 어쨌든 겪게 된다고 말씀입니다." 아데이만토스에 따르면 철학을 하는 사람들은 아주 이상한 사람이 되거나 나라들에 쓸모없는 사람이 된다. 소크라테스는 이것을 "진실"이라고 동의한다. 아데이만토스는 당황한다. "그러면 나라들에 쓸모없는 사람들이라고 우리가 동의하고 있는 철학자들이 그들의 나라들에서 [정작] 다스리게 되기 전에는, 그 나라들이 나쁜 것들의 끝을 볼 수 없을 것이라고 말하는 것이 어떻게 옳을 수 있겠습니까?"

　소크라테스는 철학자들이 통치해야만 제대로 된 나라가 된다고 주장하였으나, 아데이만토스의 보고에 따르면 철학자들은 쓸모없는 사람들이고 소크라테스도 이에 동의한다. 이는 역설이며 소크라테스의 말처럼 "증명하기 힘든 논변"이다. 소크라테스는 아데이만토스의 물음을 "비유를 통해서 말하게 되는 대답을 요하는 질문"이라 규정하는데, 이에 대해 아데이만토스는 "선생님께서는 아무튼 비유를 통해서 말씀하시는 데는 익숙지 않다"고 하면서, 비유를 사용하는 시인에 대한 소크라테스의 비난을 상기시킨다. 분명히 소크라테스는 시인들이 비유를 사용한다는 이유로 그들을 비난하였으니 그가 비유를 사용하는 것은 용납하기 어렵다. "이처럼 증명하기 힘든 논변에 말려"든 경우에는 비유를 사용해도 되는가? 소크라테스의 비유와 시인들의 비유는 다른가? 소크라테스의 변명을 들어 보자. "어쨌든 내 비유를 들어 보게. 내가 얼마나 열을 올리며 비유를 하는지를 자네가 한결 더 잘 알게끔 말일세. 가장 훌륭한 사람들이 나라들과의 관계에 있어서 처하여 있는 처지는 아주 어려운 것이어서, 그와 같은 처지는 그것 말고는 하나도 더 없다네. 그러나 그 처지의 비유와 그들을 위한 변론은 여러 가지 것에서 모아서 해야만 하네. 이를테면 화가들이 '염소 사슴'이나 이런 유의 것들을 혼성해서 그리듯이 말일세."

소크라테스는 자신의 비유의 성격을 정리하고 '선박의 비유'를 내놓는다. 이 비유에는 '선박-나라', '선주-민중', '선원-선동가들'이 등장하고, 이것들을 둘러싼 난관을 해결할 수 있는, 키의 조종에 능한 사람이 있다. "조타술에 능한 사람"은 "한 해와 계절들, 하늘과 별들, 바람들, 그리고 그 기술에 합당한 온갖 것에 대해 마음을" 쓰며, "남들이 원하건 원하지 않건 간에, 키를 어떻게 조종할 것인지에 대한 기술적 지식"을 가지고 있으나 선주와 선원들은 그를 "영락없는 천체 관측자나 수다쟁이로, 그리고 자신들에게는 쓸모없는 사람"으로 부른다. 소크라테스는 아데이만토스에게 "철학자들이 나라들에 있어서 존경을 받고 있지 못한 데 대해 놀라워하는 사람들에게 이 비유를 알려"주라고 권한다. 선박의 비유에서 볼 수 있듯이 사람들이 철학자를 쓸모없다고 여기는 것은 "그들을 이용하지 않는 사람들" 탓이지 "훌륭한 사람들" 탓이 아니다. "키잡이가 선원들한테 자기의 지휘를 받도록 청한다는 것도, 또한 현자들이 부자들의 문전으로 찾아가는 것도 자연스럽지가 않기 때문"이지만 소크라테스가 이러한 사태를 안타까워하는 것은 뚜렷하다. "진실은 본디 이러하이. 부유하든 가난하든 아픈 사람이 의사들의 문전으로 찾아갈 필요가 있으며, 또한 다스림을 요하는 모든 사람이 다스릴 수 있는 사람의 문전으로 찾아갈 필요가 있지. 진실로 쓸모가 있는 경우의 통치자가 다스림을 받을 사람들에게 자신의 다스림을 받도록 청할 필요가 없다네."

소크라테스는 선박의 비유에 이어서 "많은 사람의 타락(ponēria)의 필연성을 언급하고서, 그 탓이 되는 게 철학이 아니라는 것도" 밝히려 한다. 여기서 소크라테스는 철학자들에 대한 "비방의 원인을 검토"하려면

"참으로 지혜를 사랑하는 사람들의 성향(자질)을 재론하고, 필연적으로 규정도" 해야 하기 때문에 참된 철학자가 추구하는 것과 그 추구의 과정을 다시 정리한다. "참으로 배움을 좋아하는 사람은 천성으로 '실재'(있는 것: to on)에 이르려 열심이고, '존재하는'(있는: einai) 걸로 생각되는 '많은 각각의(-ㄴ, x인) 것'(ta polla hekasta)에는 머물지 아니하고 나아가되, '각각인(-ㄴ, x인) 것 자체'(auto ho estin hekaston)의 본성(physis)을, 그런 것을 포착하기에 적합한 혼의 부분으로써, 그건 동류의 것에 적합할 것이기에, 마침내 포착하게 되기까지는, 그것에 대한 사랑(erōs)에 있어서 무디어지거나 그 사랑을 그만두는 일은 없을 것이라고 말일세. 혼의 그 부분에 의해서 '참으로 있는 것'(to on ontōs)에 접근하여 그것과 교합하여 지성(nous)과 진리를 낳아, 앎에 이르게 되어 진실되게 살며 양육되는데, 그 진통(ōdis)이 그치는 것은 이렇게 해서이니, 그러기 전에는 이 진통은 그치지 않는다고 말일세." 정의가 제시되었으니 이제 "이 성향의 전락"을 살펴볼 수가 있다. 사람들이 철학자의 쓸모를 부인하는 것은 사람들 탓도 있지만 철학을 한다는 사람들의 탓도 무시할 수 없다. 소크라테스는 이를 모르지 않는다. "철학적 성향을 흉내내며 이 성향에 종사할 일(활동)을 하게 되는 혼들의 성향들이 어떤 것이기에, 자신들에게 어울리지도 않고 넘치는 일(활동)에 임하게 되며, 여러 가지로 엉뚱한 짓을 하여, 자네가 말하는 그런 평판을 도처의 오만 사람들 사이에서 철학에 대해 붙여 주게 되는지도 말일세."

소크라테스의 비판은 '사이비 철학자'들로 향한다. 철학자들의 성향을 가진 이들이 전락하게 되는 것은 그렇지 않은 이들이 전락하는 것보다 더 쉽게 일어난다. "무엇보다도 대경할 것은 그 성향이 지니고 있는 것들로서 우리가 칭찬했던 그 하나하나가 그것들을 지니고 있는 혼을 파멸시키며 철학에서 떼어 놓고 있다는 것일세." "최선의 성향이 그것에 맞지 않는 양육 상태에 있게 될 경우에는, 그것은 평범한 성향보다도·더 못하게 될 것은 당연"한 것이다. "용기와 절제 그리고 우리가 열거했던 모든 것"을 지닌 이들은 "적절한 가르침"을 받아야만 하지만, "소피스테스들에 의해 타락"하게 된다. 소피스테스에는 두 종류가 있다. 하나는 "개인적인 소피스테스들(sophistai idiōtikoi)"이고 다른 하나는 "막강한 소피스테스들(sophistai megistoi)"이다. 막강한 소피스테스들인 대중은 "젊은이들이든 나이 많은 사람들이든, 또는 남자든 여자든, 자신들이 바라는 사람들로 가장 완벽하게 교육하고 만들어" 낸다. 막강한 소피스테스들의 교육이 행해지는 곳은 "민회(ekklēsia)나 법정(dikastērion), 극장이나 군영 또는 그 밖의 다른 어떤 공공의 대중 집회"이다. 이들은 "말로써 설득을 하지 못할 경우에는, 행동으로써 강제적인 제제를" 가하며, 그렇게 해서도 설득되지 않는 사람은 "시민권 박탈(치욕: atimia)과 벌금 그리고 사형에 의해 처벌한다." 이들을 교육하는 개인적인 소피스테스들은 "다중의 신념들(dogmata)"을 "지혜라 일컬으며, 이를 '전문적 지식'(기술: tekhnē)으로 체계화해서 가르치려" 한다. 이들 소피스테스들은 "어느 것이 진실로 아름다운 것이거나 추한 것인지, 또는 좋은 것이거나 나쁜 것인지, 그리고 또한 올바르거나 올바르지 못한 것인지를 전혀 모르면서도" "함께 모인 온갖 부류의 다중(hoi polloi)의 기분(분노)과 즐거움들을 잘 알아차리는 것을 지혜로 믿는 사람"들이다.

사이비 철학자들인 '개인적인 소피스테스들'에 의해 교육된 '막강한 소피스테스들'이 지배하는 세상에서는 "철학이 가장 잘 어울리는 사람들"이 "철학에서 이탈하여, 철학과 짝을 짓지 않고 이를 쓸쓸하게 남겨 둔 채로, 자신들에게 어울리지도 진실되지도 않은 삶을 살게" 된다. "반면에, 마치 친족을 잃은 고아 꼴이 된 철학에 자격 없는 다른 사람들이 대신 접근해서는, 철학을 수치스럽게 만들고 갖가지 비난을 받게 하는데, 이 비난들은 (⋯) 철학을 비난하는 사람들이 퍼붓는 그런 것들로서, 이를테면 철학과 교류하는 사람들은 일부는 아무 쓸모도 없고, 많은 수는 많은 나쁜 일을 당해 마땅하다"는 것이다. 이러한 상황에서는 "철학과 제대로 교류하는 자들 가운데서도 소수의 부류"만이 남게 된다. 그들은 "철학이 얼마나 즐겁고 축복받은 소유물인지를 맛보게 되는 한편으로, 다중의 광기(mania)마저 충분히 목격하게 되어서는 (⋯) 마치 짐승들 속에 떨어진 사람의 경우처럼 (⋯) 이 모두를 헤아려 본 다음에, 조용히 지내면서 자신의 일을" 하다가 "어떻게든 자신이 올바르지 못함과 신성하지 못한 짓들에서 벗어나 깨끗한 상태로 이승의 삶을 살게 된다면 만족할 것이며, 또한 이승의 삶에서 해방됨도, 밝은 희망과 함께, 심기가 좋은 상태로 그리고 상냥한 마음 상태로 맞게 될" 것이다. 소크라테스가 살아간 시대의 철학자는 '짐승들 속에 떨어진 사람'과 마찬가지다. 철학자가 정치가가 될 가능성이 전혀 없는 것이다. 소크라테스가 '역설적인 주장'을 내놓으면서 "웃음거리로 폭소감"(473c)이 되고 "나쁜 평판을 흠뻑 뒤집어쓰게"(473c) 되리라 걱정했던 것도 이 때문이다.

플라톤은 철학자와 당대 사람들과의 불화를 검토하면서 동시에 그 사람들이 어떤 성향을 가지고 있는지, 어떤 식으로 철학자를 능멸하는지를 알려 주었다. 이들은 사실 철학자가 정치가가 된 이후에 상대해야 할 사람들이다. 그들에 대해 자세히 알아 둘 필요가 있는 것이다. 여기서부터 철학자가 정치가가 되는 과정이 시작되었다. 정치가가 되었을 때 부딪힐 문제가 무엇인지를 알아내는 것부터 시작하는 것이다. 이러한 분석과 파악은 넓게 보면 철학적 정치가의 가능성을 모색하는 준비 단계일 것이다. 이제부터는 철학자라는 말이 나오면 '정치가가 되려 하는 철학자'라고 이해하는 것이 타당하다.

당시 사람들이 철학에 대해 어떻게 생각하는지, 철학자를 어떻게 대하는지를 살펴보자. 이것은 플라톤이 우리에게 알려 주는 것이니 있는 그대로의 사실이 아닐 수 있다. 그 점을 고려한다 해도 이것을 읽어 보면 철학에 대한 적대감이 아주 생생하게 느껴진다. 철학자로서 살아가는 것은 물론 철학적 정치가로서 뭔가를 해 보겠다는 것은 참으로 만만치 않은 일이었으리라는 것을 짐작할 수 있다. 사람들은 젊을 때 철학을 좀 건드려 본다. 오늘날에도 그렇다. 문득 인생이 허무하다고 느낄 때, 뭔가 잘 안 풀릴 때, 철학을 공부하면 답을 얻을 수 있지 않을까 하는 기대에 철학 책을 좀 들여다본다. 그러다가 얼마 안 있어 그만둔다. 그만두지 못한 사람들은 지금까지 자기가 투여한 시간과 책값이 아까워서 그만두지 못하고서 하던 짓을 계속하게 된다. 이들에 대해 두 가지 비난이 제시되었다. 하나는 아주 이상하게 된다는 것이고 다른 하나는 나라에 쓸모 없는 사람이 된다는 것이다. 소크라테스는 그 비난에는 무시할 수 없는 진실이 있다는 식으로 말했다.

어찌된 일인가. 앞에서 소크라테스는 철학자들이 정치가가 되어 나라를 다스려야 그 나라에 나쁜 일들이 더이상 일어나지 않을 것이라 했는데, 정작 철학자들이 쓸모없고 이상한 자들이라면 안 되지 않는가. 그들이 나라를 다스려서는 안 될 일 아닌가. 이 상황에서 소크라테스는 비유를 들어 대답을 한다. 소크라테스가 비유를 말하는 경우는 합리적으로 원인과 결과를 따져서 말할 수 없을 때이다. 그의 말처럼 '증명하기 힘든 논변'을 해야 할 때, 논리적 추론을 할 수 없는 상황에서 그는 비유로써 말한다. 이야기를 하는 것이다. 《국가》에는 여러 가지 비유가 등장한다. 이럴 때마다 소크라테스가 난관에 처했다고 보기는 어렵겠지만 대체로 그렇다고 생각해도 무방하다. '염소 사슴'(tragelaphos)은 상상의 동물이다. 그것은 눈에 보이는 것들을 모아서, 사유로써 재구성할 때에만 성립하는 동물이다. 소크라테스의 비유는 이와 같은 것이다. 소크라테스는 눈에 보이지 않는 것을 증명하기 위하여 눈에 보이는 사태들을 사유로써 재구성하고, 이런 방식으로 눈에 보이는 감각의 대상들을 눈에 보이지 않는 관념적 이상적인 것들로 전환시킨다. 소크라테스의 비유는 눈에 보이지 않는 것을 '발견'하는 방편일 수도 있고, 그것을 '발명'하는 방편일 수도 있다.

여기서 소크라테스가 사용하는 것은 '선박의 비유'이다. 선박의 비유를 사용하는 것은 두 가지 맥락에서 이해할 수 있다. 첫째, 이 비유는 아테나이 사람들에게 익숙한 상황을 전제한다. 그들은 항해라는 것에 대해 잘 알고 있었으므로 이를 비유로 사용하면 설득하기가 수월할 것이라고 본 것이다. 한반도에서 전해지는 이야기 중에는 선박의 비유라고 할 만한 것이 없다. 바다에서 벌어지는 일을 소재로 하는 민담도 별로 없다. 스파르타와 같은 육상-농업 중심 폴리스에도 이런 비유가 없었을 것인데, 그 폴리스에서 남긴 문화적 유산이라고는 '스파르타식 교육'밖에 없으니 확인할 도리가 없다. 둘째, 선박의 비유는 선박에서 일하는 여러 사람들의 기능이 분화되어 있으므로 소크라테스가 설득하고자 하는 나라에 대한 적절한 비유가 될 것이다. 이 둘째 요소가 여기서 주로 거론된다. 소크라테스가 사용하는 비유는 그것이 가리키는 바가 아주 뚜렷하다. 한국어판 번역자가 주석에서 설명하고 있듯이, 배는 폴리스를, 선주는 민주 정체(dēmokratia)의 주인인 민중(dēmos)을, 그리고 선원들은 민중선동가들(dēmagōgoi)을 가리킨다. 이들은 나라의 주인인 시민을 설득하는 데 성공하여 훌륭한 사람들을 죽이거나 배 밖으로 던져 버린다. 이것은 정적政敵의 처형이나 국외 추방을 빗대어 하는 말로 이해하면 된다. '키의 조종'(kybernēsis)은 나라의 경영, 즉 통치를 빗대어 한 말이다. 따라서 조타술은 정치술(politikē[tekhnē])을 뜻한다.

여기서 우리가 기억해 두어야 할 점은 그저 많은 수의 사람인 '많은 사람'(hoi polloi)을 가리키는 여러 용어들이 등장하고 있다는 것이다. 이것들은 '나쁜 상태의 네 가지 정체와 시민들'에서 참주정을 논의할 때 다시 등장한다. 폴리스에서 나라 일에 관여하는 사람들은 '시민'이라 불린다. 민주 정체와 관련하여 사람들을 일컬을 때는 '데모스'dēmos라는 말을 쓴다. 데모스는 오늘날로 말하자면 주권을 가진 사람들이다. 그들이 선동가들에 의해 휘둘리면 '오클로스'okhlos라 불린다. 이 말에는 어원상 '동요하다'라는 뜻이 포함되어 있으므로 '동요하는 대중'으로 이해하면 되겠다. '플레토스'plēthos는 별다른 가치평가를 포함하지 않고 '대중'(다수자)을 가리킨다.

선박의 비유에서 소크라테스는 탁월한 정치가에 해당하는 '조타술에 능한 사람'이 선원들에게는 쓸데없는 말만 앞세우는 사람으로 불릴 것이라 했다. 사람들에게 이런 대접을 받는 게 얼핏 보기에는 철학을 공부한 사람들이 못났기 때문일 수도 있다. 철학의 이름을 내세워 타락한 사람들의 잘못이라 할 수 있는 것이다. 소크라테스의 지적처럼 "가장 훌륭한 성향을 지닌 혼들도 마찬가지로 못된 지도를 받게 될 경우에는" 타락할 수가 있다. 철학의 잘못이 없지는 않겠지만 아테나이의 상황은 그렇게 보기에는 상당히 좋지 않다. 아테나이에는 소피스테스에 의해 타락하게 된 젊은이들이 있는데 이들은 민중선동가(dēmagōgos)에 의해 조종당하고 있는 대중(plēthos)에 속한다. 이들은 소피스테스에 의해 타락하였으므로 소피스테스가 가진 성질을 그대로 가지고 있는 '막강한 소피스테스'이다. 소크라테스는 이들이 언제 어떤 짓을 하는지 상세히 설명한다. "민회나 법정, 극장이나 군영 또는 그 밖의 다른 어떤 공공의 대중 집회에 떠들썩거리며 모여 앉아서는, 행하여진 발언들과 행동들 가운데서 어떤 것들은 비난하되 어떤 것들은 칭찬할 때이겠는데, 어느 경우에나 그들은 극단적으로 나가며, 고함을 지르면서 박수를 해 대네."

어쩌겠는가, 민주정 아닌가. 옳고 그름에 대한 판별 없이 많은 수를 믿고 그들이 고함을 지르면서 박수를 해 대는데 누가 당하겠는가. 아무리 현명한 철학자라 할지라도 그들을 이길 수 없다. 이쯤 되면 철학을 공부하는 사람들은 자기 혼자 자신의 일만을 하는 쓸쓸한 사람이 될 것이다. 그 사람들과 교류하는 사람들은 조용히 지내며 자신의 일을 하게 될 것이다. 철학자들은 소수자가 된다. 다중의 광기를 보면 진저리가 쳐진다. 나라 일에 대해서는 함께 이야기할 만한 동지가 없으니 의논도 하지 못할 테고, 설혹 올바른 일이라 해도 함부로 나섰다가는 욕먹고 몰매 맞을 위험이 있고 심지어 목숨을 잃을 수도 있을 것이다. 무슨 말을 해도 소용이 없을 때는 입을 다무는 게 상책이다. 이 정도로 상황이 좋지 않다면 철학자가 많은 사람을 접촉함으로써 정치가로 변화되는 것 자체도 불가능해 보인다. 애초에 그렇게 하겠다고 나설 사람이 없다고 봐야 하지 않겠는가. 소크라테스의 말처럼 다른 사람들은 무법(anomia) 상태이니, 그저 내 한몸 잘 챙기며 나쁜 짓하지 않고 깨끗하게 살다 보면 죽을 때도 깔끔한 상태리라 여길 것이다.

소크라테스는 당대의 아테나이가 철학적 정치가를 결코 용납하지 않으리라 말했지만 아쉬움이 남았다. 우리들이 이런 상황이라면 어떻게 하는 게 좋을까? 소크라테스는 포기하지 않는다. 마음에 맞는 사람들과 교류하면서 조용히 살다가 죽겠다는 생각은 없다. 그렇다고 해서 당장 나서서 선동정치가들처럼 뭔가를 하겠다는 것은 아니다. 그는 다른 길을 가려고 한다. 그것은 사태를 지켜보면서 차분하게 참다운 나라의 설계도를 그리는 일이다. 여건이 된다면 그것을 현실에서 실현해 보려고도 할 것이다.

1.5. 철학적 정치가의 가능성 모색(497a~502c)

철학자가 "조용히 지내면서 자신의 일"(496d)을 한다는 것은 "최대의 것을 성취한 것"이 아니다. "자신과 어울리는 정체에서는 자신도 성장하지만, 개인적인 것들과 함께 공동의 것들도 보전"하게 되는데 이것이야말로 참다운 성취일 것이기 때문이다. 여기서 아데이만토스는 묻는다. "철학과 어울리는 정체가 오늘날의 것들 중에 어느 것이라고 말씀하시겠습니까?" 소크라테스는 단호하게 대답한다. "오늘날의 것들 중에서는 그 어떤 '나라 체제'(katastasis poleōs)도 철학적 성향에 걸맞은 것이 없다네. 이 때문에 철학적 성향은 또한 뒤틀리기도 하며 변질되기도 하네. 마치 낯선 땅에 뿌려진 씨앗이 곧잘 그 고장 것으로 꼼짝없이 퇴화되어 가듯, 마찬가지로 이 부류도 지금으로선 자신의 힘을 유지하지 못하고, 다른 성격의 것으로 전락하고 만다네. 그러나 만일에 그것이 최선의 정체를 갖게 된다면, 그것 자체가 최선의 것이듯, 그땐 그것이 참으로 신적인 것인 데 반해 다른 것들은 인간적인 것들이라는 걸 밝히어 줄 걸세." 소크라테스는 철학적 성향에 걸맞은 체제를 '신적인 것'으로, 그렇지 않은 것을 '인간적인 것'으로 규정한다. 아데이만토스는 소크라테스가 말한 '신적인 통치'가 지금까지 "우리가 나라를 수립하면서 다루었던 그것과 같은 것인지 아니면 다른 것인지"를 묻는다. 소크라테스는 다른 것이라 대답하면서도 나라에는 "입법자(nomothetēs)로서 법률(nomoi)을 제정함에 있어서 정체에 대해서 갖고 있었던 것과 똑같은 그런 '이론적 근거'(논거: logos)를 갖는 뭔가가 언제나 있어야만 한다"고 말한다.

소크라테스는 먼저 "나라가 철학을 어떤 식으로 대하면 파멸하는 일이 없을까"를 따져 본다. 그는 예비적으로 철학 교육의 현 상황을 검토한다. 그에 따르면 당시에 "철학에 손대는 자들은 유년기를 갓 벗어난 젊은이들로서, 이들은 이 시기와 가사 경영(oikonomia) 및 돈벌이에 앞선 중간 시기에 이 [탐구] 활동의 가장 힘든 부문에 접어들어서는, 이를 그만두게 되는데도, 이들이 철학에 가장 통달한 사람들로 간주되고" 있다. 이들은 나중에도 이를 "여사餘事(parergon)"로 여기며, "노년에 이르면, 그야말로 소수를 제외하고는 그 열정이 헤라클레이토스의 태양보다도 잘 꺼져" 버린다. 철학적 탐구활동이 전문적이고 집중적으로 이루어지지 않고 젊은 날의 한때 일로 여겨지는 상황인 것이다. 철학 교육은 전혀 다른 방식으로 이루어져야 한다. 청소년기에는 물론이고, "혼이 원숙해지기 시작하는 나이가 되면서부터는 혼의 단련(gymnasia)을 증진해야만" 하며 "정치와 군복무에서 물러나게 되면, 그땐 [철학의 초원에서] 방목 상태로 지내면서, 여사로서가 아닌 한, 다른 건 아무것도 하지 않아야" 한다. 소크라테스는 정치와 군복무를 하는 동안 철학 탐구활동이 집중적으로 이루어져야 함을 강조한다.

아데이만토스는 소크라테스의 "열정"에 감탄하면서도 이러한 견해 또한 "트라쉬마코스 선생님을 비롯하여 많은 수의 사람들이 한결 더 열성적으로 반대"를 하리라고 걱정한다. 소크라테스의 말에 대한 반대가 여전할 것임을 지적하는 것이다. 이에 대해 소크라테스는 "방금 친구가 된 나와 트라쉬마코스 선생을 자네가 이간 붙이지는 말"이라고 한다. 소크라테스에게는 소피스테스가 적이 아니다. 그가 심각하게 생각하는 상대는 다중, 즉 '막강한 소피스테스들'이다. 이들은 "언급된 것들에 의해 설득되지 않는" 사람들이다. 대중은 "언급된 것(legomenon)"이 "실현된 것(genomenon)"을 본 적이 전혀 없다. "말과 행동에 있어서 가능한 한도까지 '훌륭함'(덕)을 완벽하게 닮고 그것과 동화된 사람"을 본 적이 없고, 한 사람이건 그 이상이건 "그런 사람이 자기와 같은 유형의 나라에서 권력을 장악하고 있는" 것을 본 적도 없다. 언급된 것이 실현되는 것을 본 적이 없기는 소피스테스도 마찬가지다. "인식(gnōnai)을 위해서 모든 방식으로 열심히 진리를 추구하되, 오로지 재판이나 사사로운 모임들에서 명성과 다툼만을 목표로 삼는 교언이나 논쟁적인 언사들은 멀리하는 그런 훌륭하고 자유로운 논의들을 그들은 충분히 경청해 본 적도 또한 없"는 것이다. 누구에게든 중요한 것은 '언급된 것이 실현되는 것'을 보는 것이다. '언급된 것'은 철학자들이 정치가가 되거나 정치가가 철학을 사랑하게 되는 것이다. 이는 얼핏 불가능해 보이나 소크라테스는 "이 둘 가운데 어느 하나가 또는 둘 다가 일어나는 것이 불가능하다고 할 어떤 근거도 없다"고 주장한다. 이 일의 실현 방안을 모색하겠다는 것이다.

소크라테스는 아데이만토스에게 다중에 대한 "비난"을 삼갈 것을 요청하면서 "그들과 다투어 이기려 하지 않고 그들을 달래며, 배움을 좋아함에 대한 그들의 비방을 제거하기 위해, 자네가 말하는 철학자들이 어떤 사람들인지를 보여 준다면. 그리고 또, 방금 우리가 했듯. 철학자들의 성향과 활동을 규정해 주어서, 자네가 말하고 있는 철학자들을 그들이 생각하고 있는 그런 이들로 믿는 일이 없도록 한다면. 그들은 틀림없이 다른 의견을 갖게 될" 것이라 말한다. 다중에게 철학자들의 참모습을 알리고 설득해야만 한다는 것이다. 철학자를 핍박하는 이들은 소수일 뿐이다. 철학자가 "신적이며 절도 있는 것과 '함께 지냄으로써'(homilōn) 그 자신이, 인간으로서 가능한 한도까지, 절도 있고 신과도 같은 사람"이 된다면, 다중은 그러한 철학자를 "찬탄하면서 가까이" 하고, 마침내 그를 본받게 될 것이다. 철학자가 수행해야 할 과제는 우선 이것이다.

철학자가 다음으로 해야 할 일은 "신적인 '본'(paradeigma)을 이용하는 화가들이 나라의 밑그림(diagraphē)을 그리지 않고서는 결코 행복할 수 없을 것이라고 말"하고 이러한 신적인 '본'을 가지고 다중을 설득하는 것이다. "철학자들은 나라와 인간들의 성격들을 마치 화판처럼 갖고서는 먼저 이를 깨끗하게" 만든다. 이것을 바탕으로 철학자들은 "정체의 형태를 윤곽으로 그리게 될 것"이다. 윤곽을 그린 다음에는 철학자가 가지고 있는 신적인 '본'과 현실의 상황을 혼합하여 구체적인 나라의 모습을 만들어 가는 과정이 이어진다. "그들은 자주 양쪽에 대해서, 즉 본성에 있어서 올바른 것과 아름다운 것, 절제 있는 것, 그리고 이런 모든 것(형상들)에 대해서. 그리고 또 한편으론 그들이 인간들 속에 생기도록 하려는 것에 대해서 주목할 걸세. 그러고선 여러 가지 활동(생활 습관: epitēdeumata)을 한데 섞어서 인간의 모습을 혼성해 낼 것이니, 이는 호메로스도 인간들 속에 나타난 '신의 모습'이며 '신을 닮은' 것이라 불렀던 바로 그것에 근거한 것일세." "그리고 그들은 어떤 것은 지워 버리되, 어떤 것은 다시 그려 넣을 것이니, 인간의 성격들을 가능한 한 최대한으로 신들의 마음에 들도록 만들게 되기까지 그럴 걸세." 이로써 철학자는 다중과 함께 '인간적인 통치'가 가능한 나라의 수립에 이르렀다.

  소크라테스는 아데이만토스에게 인간적인 통치가 시행되는 나라의 모습을 다시금 확인한다. 이 나라에서는 철학자에 대한 다중들의 반발이 "진정"되고 "아주 상냥해지고 납득도 하게" 되어서 "철학자들은 실재(있는 것: to on)와 진리(alētheia)를 사랑하는 사람들"임을 인정하며, "군왕들이나 최고 권력자들의 자손들이 성향에 있어서 지혜를 사랑하는 사람들(철학자들)로" 태어나는 것을 인정하며, "통치자가 법률과 우리가 언급한 그 관례(관행)를 정하고, 시민들은 이를 기꺼이 이행하는 것"을 인정한다. 소크라테스는 확인을 마친 뒤 말한다. "이것들이 최선의 것들이라는 것을 우리가 앞에서 충분히 언급했다고 나는 생각하네." "법률의 제정(입법: nomothesia)과 관련하여 우리가 말한 것들이, 만일 실현만 된다면, 최선의 것들이라는 것이, 비록 실현되기는 어렵지만 어쨌든 불가능한 것은 아니라는 것이 우리에게 있어서 이제야말로 밝혀진 것 같으이."

  소크라테스는 대화 상대자들과 함께 여러 종류의 나라에 대해 논의했었다. 처음 그들이 말했던 것은 최소한도의 나라였다. 그것은 인간의 욕망이 없는 최소한의 필요만 있는 나라이다. 그런 나라에서라면 능력에 따라 일하고 필요에 따라 가져간다는 원칙도 세워 봄 직하다. 굳이 사람들을 규율하는 제도적 장치들이 요구되지도 않을 것이다. 규모가 작은 공동체이니 서로 다들 알고 지낼 것이고 관습적 원칙에 따라 다툼을 해결해도 괜찮을 것이다. 일체의 제도적 장치들 없이 구성원들의 심정에 근거한 소박한 나라이다. 소박한 믿음을 가진 종교인들이 세우고자 했던 공동체가 이러한 모습일 것이다. 우리는 이런 것을 '이상국가'라고 한다. 인류의 역사에서 이런 종류의 공동체를 세우고자 하는 시도는 아주 많이 있었다. 그러한 시도들은 정치적 지배야말로 자연의 조화로운 질서에 어긋나는 것이므로 정치적 지배와 폭력적인 제도를 말끔히 없애야만 인간의 삶이 자연과 합치하게 될 것이라는 주장을 내세운다. 자연과 합치하는 삶은 진정한 행복을 가져다준다는 것이 그들의 주장이다. 얼핏 보기에는 옳은 말이지만, 그렇게 자연과 직접 합치하는 삶은 인간에게 고통과 절망을 가져다준다. 자연은 그 자체로 조화로운 질서를 가지고 있을지도 모른다. 문제는 인간이 자연의 그러한 이치를 알아낼 도리가 없다는 것이다. 인간의 눈에 자연은 그저 예측 불가능한 우발성의 덩어리이다. 전 지구를 뒤덮는 대규모의 질병이 만연할 것임을 예측할 수 있는가, 태풍이 어디서 어떻게 불어올지 알 수 있는가, 저 앞산이 무너져서 온 마을을 덮칠 것을 미리 알 수 있는가, 인간이 가진 최대한의 능력을 발휘해서 자신들의 삶을 규정하고 다스리려는 노력이야말로 인간의 삶에 조금의 행복이라도 가져다준다. 혼자 사는 삶도 버거운데 여럿이 모여 사는 공동체는 더욱이나 자연의 질서를 본받아서는 안 된다. 정치적 지배가 없다면 정돈된 인간의 삶은 불가능하다.

소크라테스는 사람들이 이상적인 것이라 내세우는 주장과 그것에 근거한 나라들의 한계를 알고 있는 듯하다. 그는 철학적인 구상을 세우되 가능한 한 최대한 그것에 가까운 나라를 세우려는 시도를 포기하지 않는다. 가능하면 최상의 것으로 여겨지는 설계를 마련하는 것, 이것이 현실적인 대책이다. 철학적인 구상으로 세워진 설계도는 그의 표현처럼 '신적인 것'이라 할 수 있다. 그것을 있는 그대로 현실화할 수는 없을 것이지만 그는 좌절하지 않는다. 여기서 그는 철학적 정치가가 세우는 '신적인 것을 닮은 인간적인 나라'의 성립 가능성을 모색하는 것이다. 이런 나라는 무엇보다도 입법자들이 법률을 제정할 때 이론적 근거를 가지고 있다. 신들이 다스리는 나라에는 법률이 필요하지 않다. 신들이 알아서 그때그때 필요한 기술로써 통치하기 때문이다. 소크라테스는 인간이 다스리는 정체에는 무엇보다도 법률과 이론적 근거가 필요하다는 것을 지적했다. 거기에 더해서 훌륭한 나라의 설계도를 그려 낸 철학자들을 정치에 가담시켜야만 한다. 그러한 능력을 가진 철학자들을 어떻게 양성해야 할지도 궁리할 필요가 있다. 이를테면 청소년기에는 기초적인 것만 교육하고 어른이 될 무렵에는 육신을 잘 보살핀다. 혼이 원숙해지는 시기가 되면 혼을 단련하는 일에 더욱 힘쓰게 하는 한편, 정치와 군대 생활을 끝낼 무렵에 자유롭게 철학적 사색을 하게 한다.

철학적 훈련을 받은 이들은 철저하게 철학적 삶을 살아감으로써 대중들의 존경을 이끌어 내도록 노력해야만 한다. 간단히 말해서 엄격한 철학자이되 대중 친화적인 사람이 되어야 하는 것이다. 철학이 무엇인지를 계속 설득하는 것이 중요하다는 것이다. 어느날 갑자기 철학적 정치가들이 나타나 이끄는 것이 중요한 것이 아니라 대중과 끊임없이 접촉하여 그들을 감화시킬 수 있는 철학자를 배출하는 철학 교육을 강조했다. 그렇게 하다 보면 결국 대중은 철학자에게 동화될 것이다. 사실 인간은 누구나 다 엉망이다. 그러한 인간이 교육을 받고 노력을 하면 신에 동화될 수 있는 씨앗을 가지고 있다고 생각하는 사람이 플라톤이다. 인간에 대한 굉장한 낙관주의가 있다. 정치가는 정치를 하면서 동시에 훈육자가 된다. 이들이 참된 진리를 알고 있고, 그것에 바탕을 두고 신적인 본을 이용하여 나라의 밑그림을 그린다. 그렇게 그린 그림으로써 대중을 계속 설득해 나가는 것이다. 이것이 바로 플라톤이 생각한 철학적 이상을 현실화하는 방안이다.

여기서 우리는 조금 다른 생각을 해 보자. 지금 이러한 철학적 이상을 현실화하려는 철학적 정치가는 신적인 존재인가, 인간적 존재인가? 그렇게 둘로 나눌 수 없다면 신적이면서도 인간적인 존재인가? 철학자(philosophos)는 지혜(phronēsis)를 가지고 있다. 그것으로써 그는 앎(epistēmē)을 가지게 된다. 그러는 한에 있어서 철학자는 땅 위에서 벌어지는 일에서 벗어난 것에 관여한다. 형상에 대한 앎을 가지고 있는 그가 지상 세계와 그 앎을 연관시키려면 연결 고리가 있어야 한다. 적어도 그가 그 연결 고리를 이을 수 있는 사람이어야 한다. 일종의 가상의 이야기를 생각해 보자. 철학자들이 살고 있는 천상이 있다. 그들은 지상에서 벌어지는 일에는 관여하지 않고 살았다. 어느 날 지상 세계에 다툼이 벌어져 너무 시끄럽고 정치가 엉망이어서 철학자 한 사람을 아래로 내려 보내기로 하였다. 그에게 '정치가'(politikos)라는 이름표를 붙여서 보냈다. 그는 철학자들 중에서 가장 강한 자이다. 지상의 아수라장을 견딜 수 있는 사람이다. 싸움 잘 하고 온갖 고난을 견딜 수 있는 사람이다. 이 사람이 지상에 내려와서 이삼 년 동안 정치를 하였다. 그는 본래 철학자였지만 지상에서의 인간적 일들을 수행하기 위하여 정치가가 되었다. 그는 더이상 천상의 철학자가 아니다. 그는 지상의 정치가이다. 정치가는 정치가인데 본래 철학자였던 사람이다. 철학적 정치가이다. 그는 제3의 존재라 할 수 있다.

플라톤이 여기서 말하고자 하는 것은 이와 같은 사람이다. 소크라테스가 들었다고 하는 이치와 법칙의 명령을 듣고 지상세계에서 그것을 실현하려고 노력하는 인간이다. 정치가는 철학자와 많은 사람, 이 둘의 중간에 있는 사람이다. 정치가가 가지고 있는 본(paradeigma)은 형상(eidos)과 많은 사람의 의견(doxa) 사이에 있다. 정치가는 인간도 아니고 신도 아니고, 인간이기도 하고 신이기도 하다. 철학적인 앎을 가지고 있는데 그가 살아가는 곳은 많은 사람들 틈이다. 많은 사람들 틈에서 그는 이야기(mythos)를 한다. 신과 똑같지는 않지만 신을 닮은 존재, 인간이긴 한데 인간과 같지 않은 존재이다. 그는 인간의 모든 파토스에서 벗어나 고요한 앎을 가지고 있으면서도 인간 세계에 살면서 많은 사람의 파토스를 이끌고 가는 인간, 온갖 모순을 다 끌어안고 견디는 힘을 가진 인간이다.

2. 좋음의 이데아와 철학적 정치가의 임무

2.1. 배움의 최고 대상이자 도덕적 목적: 좋음의 이데아(502d~506c)

소크라테스와 아데이만토스가 살펴보아야 할 것은 철학적 정치가와 관련된 것이다. "이젠 다음으로 남은 문제들을 말해야만 되지 않겠는가? 즉 우리에게 이 정체의 보존자들이 생기게 되는 것은 어떤 방법으로, 그리고 무슨 교과들(학문들: mathēmata)과 무슨 활동들로 인해서이며, 또한 어떤 연령에 따라 이들 각자가 그 각각에 관여함으로써 되는 것인지를 말일세."
소크라테스는 "통치자들(hoi arkhontes)의 문제"를 탐구하기 시작하면서, 그들이 갖추어야 할 근본적인 자질을 다시 거론한다. "통치자들은, 즐거운 일들이나 괴로운 일들을 통한 시련을 겪고서도, 제 나라를 사랑하는 사람들로 판명되어야만 하며, 이 신념을 힘든 일이나 누려운 일들 또는 다른 변화에 처해서도 내던지지 않는 사람들로 또한 판명되어야 한다고 했었네." 이러한 자질은 "가장 엄밀한 의미의 수호자들(phylakes)"이 갖추어야 하는 기본적인 것이며 "철학자들(philosophoi)"이 바로 그들이기도 하다. 그들은 기본 자질 외에도 "기억력이 좋고 재치 있으며 민첩"하면서도 이와 상반되는 성향들인 "조용함과 안정됨을 유지하며 절도 있게 살고 싶어하는 그런 성향들"을 "잘 그리고 훌륭히 겸비"하고 있어야만 한다. 이처럼 대립되는 성향들이 공존하고 있는 이들만이 "가장 중요한(최고의) 교과(학문)들"을 감당할 수 있을 것이다.

아데이만토스는 "정확히 어떤 교과(학문)들을 가장 중요한(최고의) 것들로 말씀"하는지를 묻는다. 앞서 그들은 "더 길고도 먼 또 다른 길"(435d)을 통해서만 분명해지는 것을 말했지만 소크라테스를 제외한 다른 이들은 "그로써 충분하다", 그것은 논의하지 않아도 무방하다고 말했었다. 소크라테스가 "보기엔 정확성에 있어서는 부족한 것 같았지만", 그들은 "'적절한'(metriōs) 것"이라 하면서 만족했었다. 이에 대해 소크라테스는 "그런 것들의 척도(metron)가 조금이나마 실재(to on)에 미치지 못할 경우에는 전혀 '적절한' 것으로 되지가 않는다"고 하면서 이런 사태는 "나라와 법률의 수호자에겐 전혀 요청되지 않는 것"임을 지적한다. "그런 사람"은 "더 먼 길을 에돌아가야만 되며, 또한 신체를 단련하는 것 못지 않게 공부하는 데 있어서도 열심히 해야만" 한다. 그렇게 할 때에야 비로소 "'가장 큰 (중요한) 배움'(to megiston mathēma)의 목표"에 이를 수 있을 것인데, 이것은 바로 "좋음의 이데아'(hē tou agathou idea)"이다. "이 이데아 덕분에 올바른 것들도 그 밖의 다른 것들도 유용하고 유익한 것들"이 된다.

사람들은 여러 가지 종류의 '좋음'에 대해 말한다. "다중한테는 즐거움(쾌락: hēdonē)이 좋은 것이라 생각되지만, 한결 세련된 사람들한테는 지혜(사려 분별: phronēsis)가 좋은 것"으로 여겨진다. 후자 중에는 '좋음'이 무엇인지 모르면서도 '좋음에 대한 지혜'를 말하는 이가 있기도 할 것이다. 전자 중에는 "나쁜 즐거움이 있다는 데 어쩔 수 없이 동의"하는 이도 있을 것이다. "그러면 크고 많은 논쟁들이 이와 관련해서 있을 것"이다. 이처럼 혼란한 상태에서 소크라테스는 "모든 혼이 추구하는 바로 그것이며 또 그것 때문에 모든 것을 행하게 되는 것, 그런 어떤 것이 있다는 걸 혼이 예감하면서도, 도대체 그것이 무엇인지에 대해서는 당혹해하며 족히 파악하지도 못하여", "'가장 훌륭한 사람들'(최선자들: hoi beltistoi)인 저들조차도 그런 성질의 그처럼 중대한 것에 대해서 이렇듯 깜깜한 상태"에 있는 그것을 자신이 찾아나서겠다고 한다. 나라와 법률의 수호자들에게 "올바른 것들과 아름다운 것들이 도대체 어떤 점에서 좋은 것들인지"를 반드시 알려 주어야만 하기 때문이다.

아데이만토스가 묻는다. "선생님께선 좋은 것을 앎(epistēmē)이라고 보십니까, 아니면 즐거움(쾌락)이라고 보십니까? 또는 이것들 이외의 다른 어떤 것이라고 보십니까?" 소크라테스는 되묻는다. "인식(앎)이 결여된 의견(판단: doxa)들은 모두가 창피스런 것이라는 걸 자넨 깨닫지 못하고 있었는가?" "자네는 밝고 아름다운 것들을 남들한테서 들을 수 있으면서도, 창피스럽고 맹목적이며 일그러진 것들을 보기를 원하는가?"

소크라테스는 철학자이면서도 정치가인 사람들이 현실의 폴리스에서 올바른 통치를 할 수 있다는 것에 조금이라도 희망을 가지게 되었다. 이들은 수호자들이기는 하지만 동시에 철학자들이어야 한다. 그 수도 많지 않다. 무엇보다도 그들은 재치 있고 민첩하며, 활기차고 당당하면서도 안정되고 절도 있는 사람들이어야 한다. 한마디로 그들은 서로 반대되는 성향을 가지고 있되 그것을 조화시킬 수 있어야만 한다. 그러려면 당연히 교육을 받아야만 한다. 무엇을 배워야만 하는지가 궁금해지는 대목에서 소크라테스는 바로 공부해야 할 과목을 말하지 않고 공부의 궁극적인 목적을 먼저 이야기했다. 그것은 배움의 최고 대상인 좋음의 이데아이다. 이는 폴리스의 정치가들에게 정치의 기술을 알게 해 주는 공부는 아니지만 올바름을 알아차리고 실현하는 데 있어 가장 근본이 되는 것이다. 소크라테스의 말처럼 지금까지의 공부 과정을 통해서는 습득할 수 없는 것이기도 하다. 시가 교육이나 체육과 같은 일상의 경험을 통해서는 알 수 없는 것이므로 더 먼 길을 돌아가야만 한다. 그 방법은 증명을 통할 수 없다. 이야기로써 설득하는 것이다. 이데아가 어떤 것인지를 설득하기 위해서 플라톤은 태양의 비유, 선분의 비유, 동굴의 비유를 사용할 것이다. 플라톤의 대화편에서 비유가 등장하는 장면은 경험에서 얻어 낸 증거를 통해서 증명을 해 낼 수 없는 것들에 관하여 말할 때이다. 여기서도 마찬가지다. 좋음의 이데아가 얼마나 좋은 것인지를 사람들에게 알려 주려면 사람들이 가장 잘 알고 있는 태양을 비유로 드는 것이 가장 쉽다. 이 세상에 살고 있는 사람들 중에 태양이 얼마나 좋은 것인지를 모르는 사람은 없다. 따로 증거를 가지고 오지 않아도, 태양이 없다면 지상에서의 삶 자체가 원천적으로 불가능해진다는 것을 누구나 알고 있다. 평소에는 태양이 얼마나 좋은 것인지 깨닫고 있지 못하지만 그것이 없다고 가정해 보면 금방 알아차릴 수 있다.

소크라테스는 즐거움과 지혜를 비교했다. 사람들에게 무엇이 좋은 것인가를 물으면 많은 사람이 쾌락이 더 좋은 것이라고 대답할 것이다. 지혜가 더 좋은 것이라고 대답하는 사람은 별로 없다. 지혜가 더 좋다는 것은 사실 설득하기가 굉장히 어렵다. 인간은 머리 속으로 계산해 봐서 이익이 되는 것이 즐거운 것이고 좋은 것이라고 생각하기 마련이다. '길게 보면 그게 이익은 아니다'라고 설득하기란 참으로 어렵다. 그 '길게 보면'이 얼마나 긴 것인지를 설정하는 것부터가 난관에 부딪힌다. 사람의 삶은 짧고 그 세월을 머리 속에서 떠올려 보는 것이 쉽지 않다. 이것은 어쩌면 증명의 문제가 아니라 삶과 세계를 대하는 태도의 문제일 것이다. 그래서인지 소크라테스는 올바른 것과 아름다운 것들이 얼마나 좋은 것인지 알지 못한다면 그것은 단순히 앎과 모름의 차원에서 끝나는 것이 아니라고 한다. 그는 그것이 창피스런 일이라고 말했다. 앎의 차원과 창피함의 차원은 놓여 있는 범주가 다른데 소크라테스는 이 둘을 연결시켰다. 진리를 모르면 부끄러운 것이라고 말하고 있는 것이다.

《소크라테스의 변론》에서 소크라테스는 법정에 서서 아테나이 사람들이 진실을 알지 못하는 것에 대해 부끄러움을 느끼라고 말했다. 그가 보기에 부끄러움은 좋은 것에 대한 보편적 욕구와 앎에 대한 자각을 불러일으키는 힘이다. 그는 사람들에게 '캐묻기'

를 하면서, 아테나이 사람들이 혼이 최대한 훌륭해지도록 하는 데 대해서는 마음을 쓰지도 않고 부끄러워하지도 않는다는 것을 발견하였다. 여기서도 소크라테스는 '좋음의 이데아'를 알지 못하는 것이 단순한 무지가 아니라 수치임을 질타하고 있다. 도대체 소크라테스는 무엇을 부끄러워하라고 하는 것일까. 뭔가를 모르고 있다는 것이 반드시 부끄러운 일만은 아니지 않은가. 우리가 공동체에서 살아가려면 알아야 하는 정보나 지식이 굉장히 많다. 당장 집을 나서서 어디를 가려면 길을 알아야 하고, 대중교통을 이용하려면 차비가 얼마인지, 어떻게 타고 내리는지를 알아야 한다. 이런 것들을 어려서는 가정에서, 조금 커서는 학교에 다니면서 배운다. 때를 놓쳐서 못 배웠다 해도 크게 부끄러운 일은 아니다. 모르면 물어 가며 배우면 된다. 공직에 나서서 일을 하려는 사람은 그 직에 반드시 필요한 것을 알아야만 한다. 그걸 모르면 부끄러운 일일 것이다. 아니 애초에 그 일을 맡을 자격을 갖추지 못하였으니 나서지도 말아야 할 것이다. 모든 사람이 부끄러워해야 할 일은 따로 있다. 단순한 정보나 지식이 아니라 행동거지와 품행과 도덕에 관한 것이다. 올바르지 못한 일을 하는 것은 누구나 부끄러워해야 한다. 다른 사람에게 해를 끼치는 일, 공동체의 규범을 어기는 일은 당연히 부끄러워해야 한다. 소크라테스가 말하는 진리는 바로 이러한 것을 가리킨다. 단순한 지식이 아닌 도덕적 진리, 공동체 구성원 전체가 올바르게 사는 것에 관한 것을 가리킨다. 철학적 정치가가 지금부터 배우게 되는 것은 참과 거짓에 관한 사실적 진리가 아닌 도덕적 진리인 것이다.

《국가》는 공동체에 대해 논의하면서 가장 먼저 수호자들의 성향을 다루었다. 성향은 성격으로 이어진다. 수호자들이 올바른 도덕적 성격을 갖추려면 올바른 내용을 갖춘 시가를 배워야 하고 체육에 의한 교육을 받아야 하며, 그 둘을 잘 조화시켜야만 한다. 아리스토텔레스가 《시학》이나 《수사학》에서 논의한 것을 참조하면, 인간의 성격(ēthos)은 도덕적 의도(proairesis)에 의해 결정되고 도덕적 의도는 목적(telos)에 의해 결정된다. 성향 또는 성격은 일종의 도덕적 요소이고, 의지의 일정한 상태나 방향을 드러낸다. 도덕적 의도, 개인이 가진 지속적인 성향, 기풍과 감정 등이 모두 결합되어 인간의 행위가 나타난다. 올바른 수호자가 되려면 이것들이 잘 조화를 이루어야만 하는 것이다. 성격은 사람이 삶을 영위하는 생활세계에서 형성된다. 어디서 어떻게 살았는지가 한 사람의 성격을 만드는 것이다. 거칠고 험한 곳에서 그런 것들만 보고 자라면 거칠고 험한 인간이 된다. 플라톤이 공동체 수호자들의 시가 교육에 잔뜩 공을 들이는 까닭이 여기에 있다. 무엇이 올바른 것인지를 애초에 배우지 못하고 편법과 거짓을 일삼는 삶을 살아온 자는 애초에 악이라는 의도 속에서 살아온 것이다. 그는 악에서 생겨난 그 편법과 거짓을 자연스럽게 삶과 공동체의 궁극적인 목적으로 삼아 버리게 된다. 그것이 그의 성격을 규정한다. 헤라클레이토스의 말처럼 '성격은 인간의 운명'(ēthos anthrōpō daimōn)이다. 이것과 비슷하게 우리는 '공동체의 성격이 공동체의 운명'이라는 말을 덧붙일 수도 있다. 공동체가 올바른 운명을 가지려면 공동체의 수호자가 올바른 이들이어야 하고, 공동체의 수호자가 올바른 성격을 가지려면 그가 살아온 세상이 올바른 것이어야 한다. 마지막으로 덧붙여야만 하는 것이 바로 올바른 도덕적 목적이다. 이 목적은 한 사람과 한 공동체가 항상 지향해야 하는 것이다. 이제 플라톤이 논의하고자 하는 것이 바로 이 도덕적 목적, 좋음의 이데아다. 공동체에 관한 대화에서는 흔히 권력을 장악하고 유지하는 방법, 권력에서 물러나지 않는 비책 등이 논의되는 것이 당연하다 여겨진다. 플라톤처럼 도덕적 목적의 근원을 따져 묻는 것은 정치적인 논의에 불필요한 형이상학이나 훈계 따위로 치부되기 십상이지만 이것은 결코 하찮은 것도 부수적인 것도 아니다.

플라톤이 '좋음의 이데아'를 제시하는 것은 세계의 궁극목적을 설정하기 위해서다. 그것은 그저 헛된 망상이 아니다. 어떤 체제에서든지 정치적 행위를 하는 데 있어서 반드시 요구되는 근본 원리이다. 이 원리가 있어야 막다른 골목에 이르렀을 때 사람들에게 그 사태의 원인을 설명할 수가 있다. 뭔가 잘못되고 있을 때 항상 써먹을 수 있는 전가의 보도와 같은 것이다. 한국 사회에서 정치적 반대파를 제거할 때마다 동원되었던 '빨갱이'라는 말을 떠올려 보자. 그 말을 사용하는 사람의 머리 속에서는 그렇지 않겠지만 그것에 설득되는 사람의 세계관은 '빨갱이와 빨갱이 아닌 자'로 이루어져 있다. 세상의 악, 부동산 가격의 하락, 공무원의 부정부패, 전염병의 급격한 전파 등과 같은 이해 불가능한 사태는 모두

빨갱이 때문이다. 아무리 훌륭한 일을 한 사람이라 해도 그가 빨갱이라면 그 모든 훌륭한 일은 다 소용없어진다. 음모론처럼 보이지만 그것의 가장 밑바탕에는 아주 오랫동안 한국 사회를 지배해 온 이 '레드 컴플렉스'가 자리잡고 있다.

폴리스에서 어떤 정치적 행위를 할 때 그것을 해야 하는 근본적인 까닭을 설명하려면 무엇이 필요할까. 이를테면 예상치 못한 긴급 사태가 발생할 경우에 대비하여 미리 만들어 두는 '위기 대응 계획'(contingency plan) 같은 것이 있어야 한다. 플라톤은 '좋음의 이데아를 실현하기 위해서'를 제시하였다. 플라톤이 폴리스의 궁극목적으로 설정한 좋음의 이데아를 오늘날의 용어로 말해 보면 '공동선'共同善이다. 이러한 최종 근거의 원초적 형태는 자연적 우주론, 즉 우주적 혼(cosmic soul)의 선이 세계를 뒤덮고 있다는 것에서 찾아볼 수 있다. 플라톤의 대화편 《티마이오스》가 이것에 관한 정신철학적 논의를 담고 있다. 근대적 형태의 우주론은 칸트의 초월론적 선험론에서 주장하는 '실천이성의 요청'(Die Postulate der praktischen Vernunft)과 같은 것이다. 최고선, 자유의지, 영혼불멸은 증명할 수 없지만 그것들은 인간 삶의 윤리적 국면을 위해서 목적론적으로 요구된다는 것이다. 현대 국가에 있어서는 공공복지 같은 이념이 정치에서의 최고선과 같은 역할을 한다. 이것이 설정됨으로써 정치의 궁극적 과제가 도출되며, 이것으로써 정치는 사적인 이익의 극대화에 기여하는 것이 아님을 스스로 증명해 보일 의무를 지게 되는 것이다. 이는 '정치의 궁극적 정당화 근거'이다.

우리가 사는 세상에는 악이 분명히 있다. 이 악을 없애야만 세상이 올바로 돌아갈 수 있다. 이 악을 없애려면 이 악이 어떤 것인지부터 알아야 한다. 악의 문제다. 신학에서는 이를 해결하기 위해 올바른 신을 전제한다. 이를 신정론神正論(theodicy, Theodizee)이라고 하며 신의론神義論, 변신론辯神論 등으로 불리기도 한다. 현재의 악을 해결하는 가장 수월하고도 널리 쓰이는 방법은 지금 악을 견디고 고통을 참으면 미래에 보상을 받을 것이라고 설득하는 현세적 신정론이다. 이것이 메시아주의, 지복천년설至福千年說(millenarianism)이고, 이것을 바탕으로 전개되는 것이 이른바 천년왕국 운동이다. 이 운동의 최대 취약점은 경험적 반증에 의해 뒤집어지기 쉽다는 것이다. '그때'에 제대로 된 보상이 이루어지지 않으면 모든 게 거짓으로 들통나 버린다. 이를 극복하기 위해 등장한 것이 내세적 신정론이다. 여기서는 다음 생, 즉 내세가 규범(nomos)을 실현하는 권역이 된다. 현세적 신정론과는 달리 경험적 반증을 견딜 수 있는 복잡한 수단을 마련한다. 구원이 현세에서 역사적으로 이루어질 수 없으므로 은밀하고 경험적으로 입증할 수 없는 방식으로 성취된다. 대표적인 방식은 구원을 역사의 우연성에서 떼어 내서 신비로운 영역으로 옮기는 것이다. 바빌론 유수 시기의 제2의 이사야에 의한 이스라엘 민족의 메시아적 희망을 재해석한 것이 이에 해당한다. 선악이원론도 신정론의 한 형태이다. 대표적인 사례는 조로아스터 교다. 아후라 마즈다Ahura Mazda(선)와 아흐리만Ahriman(악)의 이분법이다. 이후 미트라 교, 마니 교에서는 아노미 Anomie 현상들이 악의 세력에 귀속되고, 선의 세력이 아노미를 이겨 낸다. 구원은 현세에서 이루어지든 내세에서 이루어지든 올바른 편에 서서 인간이 투쟁에 참여한 대가로 주어진다. 영혼과 물질의 이원론을 주장한 영지주의도 있다. 영지주의에 따르면, 이 세계는 무질서의 영역이고 선한 신은 물질적 세계를 창조하지 않았다. 인간의 구원은 물질적 우주의 실재 안에 존재하는 것과 전적으로 다른 광명의 세계, 영혼의 참된 고향으로 돌아가는 것이다. 인간의 물리적 역사적 존재는 철저하게 평가절하된다. 경험적 역사는 구속적救贖的 의미로부터 선험적으로 배제된다. 무우주적 금욕적 무역사적 탈존(Ex-stasis, ecstasy)적 자기 추구가 구체적인 실천 방안이다. 이원론은 이 세계의 근원적인 악을 문제 삼는다. 여기서 제기되는 가장 일반적인 물음은 '어떻게 신이 이러한 악을 허용할 수 있는가, 신은 선한 존재 아닌가?'이다. 이에 대해 이원론은 현전의 세계를 악으로 규정함으로써 유일신의 역사성을 부정한다.

유대교와 기독교의 신정론은 말이 안 되는 소리들을 묶어 놓은 것처럼 보인다. 구약성서 《욥기》에서 고통받는 욥은 철저하게 초월적인 절대적 위력의 신, 절대적 타자 앞에서 한없이 무기력하다. 신에게는 인간의 항의와 울부짖음이 가 닿지 않는다. 인간의 울부짖음은 '신의 영광을 더하기 위하여'(Ad maiorem Dei gloriam, AMDG)라는 자기비하적 고백으로 받아들여진다. 욥의 '친구'들이 내놓는 합리적 논변은 모두 기각되고 욥의 철저한 자기비하적 순종만이 용납된다. 이 상황에서 신을 비난하는 것은 죄를 저지르는 것이요 결국 처벌의 이유가 될 것이다. 이렇게 되면 신정론이 겨냥하는 바는 신에서 인간으로 옮겨 가고, 그에 따라 '인간은 얼마나 올바른가'를 묻는 인정론人正論으로 전환된다. 칼빈주의의 예정설(divine predestination)이 이러한 종류의 논변이다. 인정론은 자신에게 파멸을 선고했던 바로 그 신을 찬양함으로써 성립한다.

    기독교의 정통적 신정론은 아우구스티누스가 정초를 놓은 삼위일체론에 의해 성립된다. 인간의 육신을 입고 지상에 내려온 신, 성육신成肉身한 신은 바로 그 강생降生(incarnatio)으로써 고난을 겪는 신이기도 하다. 신이 고난을 당했으므로 고난은 이제 불의한 것이 아니라 불가피한 것이 되지만, 천상과 지상의 모든 것이 예외 없이 고난을 당해야 한다면 인간은 기이한 형태의 행복을 누리게 된다. 이를 피하기 위해 삼위일체론은 그리스도의 고난이 하느님 자신의 고난과 동일한 것이며, 동시에 참인간의 고난이라고 정리하고 이 고난은 그리스도가 인간의 죄를 대신 속죄하기 위한 것이라고 주장한다. 그리스도의 고난에 인간이 동참하는 방법은 자신의 죄를 고백하는 것이다. 그리스도의 완전한 신성과 완전한 인성이 동시에 견지될 수 있다면 성육신이 제공하는 신정론도 설득력을 갖는다. 니카이아 공의회에서 논란이 되었던 이른바 '아리우스파 논쟁'이 이것을 둘러싸고 벌어진 것이었다.

2.2. 좋음의 소산: 태양의 비유(506d~509c)

 글라우콘은 소크라테스의 질타를 듣고 단단히 요구한다. "마치 다 끝나기라도 한 것처럼, 물러서시는 일은 단연코 없도록 하십시오. 선생님께서 올바름과 절제 그리고 그 밖의 것들에 관해서 상세히 말씀하신 것처럼, '좋음'(agathon)에 관해서도 그렇게 상세히 말씀해 주신다면, 저희는 정말 만족해 할 것입니다." 소크라테스는 물러설 뜻이 없음을 밝힐 뿐만 아니라 그의 요구를 흔쾌히 수행하려 한다. 소크라테스는 논의의 순서를 정한다. "도대체 '좋음 자체'가 무엇인지 하는 문제는 지금 상태로 두어 두기로 하세나. (…) 하나, '좋음'의 소산(소생: ekgonos) 같고 그것을 가장 닮아 보이는 것을 내가 말하도록 함세." "그러고서 앞의 논의에서 언급되었으며 또한 다른 기회에 이미 여러 번 언급된 것들을 자네들한테 상기시켜 주겠네."

 소크라테스의 논의가 본격적으로 시작된다. 그에 따르면 우리는 "많은 것(polla)을 아름답'다'(아름다운 것들'이다')고 하며, 많은 것을 좋'다'(좋은 것들'이다')고, 또한 이런 식으로 '각각의 것(x)들'(hekasta)을 '…(이)다'(einai)라고" 말한다. "그런가 하면 아름다운 것 자체니, 좋은 것 자체니 하고, 그리고 그때 우리가 '많은 것'(polla)으로 상정한 모든 것과 관련해서도 이런 투로 말하며, 이번에는 각각의 것(x)에 한 이데아가 있는 것으로 상정하여, 이 한 이데아에 따라 이 각각을 '실재하는 것'(ho estin)이라" 한다. 이를 달리 말해 보면 "앞엣것들은 [눈에] '보이기는'(horasthai) 하되 '지성(nous)에 알려지지는'(지성에 의해서[라야] 알게 되는: noeisthai) 않는다고 우리가 말하는 반면에, 이데아들은 지성에 알려지기는(지성에 의해서[라야] 알

2. 좋음의 이데아와 철학적 정치가의 임무 257

게 되기는) 하나 [눈에] 보이지는 않는다"는 것이다. 우리가 무엇인가를 보는 것은 우리의 "시각으로써", 듣는 것은 "청각으로써" 한다. "그 밖의 '감각에 의해 지각될 수 있는 것들'(ta aisthēta) 모두도 다른 감각(aisthēsis)들로써 지각"한다. 소크라테스는 이것만으로는 우리의 감각이 작동할 수 없다고 한다. "눈 속에 시각이 있고 이를 가진 자가 이를 이용하려고 꾀할지라도, 그리고 그 대상(보이는 것들)에 색깔이 있을지라도, 만약에 성질상 특이하게 바로 이 목적을 위한 것인 제3의 부류가 없게 되면, 시각 또한 아무것도 보지 못하게 되고 색깔들 또한 보이지 않게 될 것"인데, 이 "제3의 부류"는 바로 "빛(phōs)"이다. 이 빛은 "'보는'('봄'의) 감각과 '보이는'('보임'의) 힘"을 "연결해 주는 다른 어떤 멍에들보다도 더 귀한 멍에"이다. 여기서 소크라테스는 태양의 비유를 도입한다. 그에 따르면 "눈은 감각과 관련되는 기관(organon)들 중에서는 어쨌든 태양을 가장 많이 닮은 것"이다. "눈은 자기가 갖는 이 힘 또한 태양에서, 마치 넘쳐 흐르는 것을 받듯, 분배받아" 갖게 된다. 여기서 소크라테스는 "태양을 '좋음'의 소산(소생)으로, 즉 '좋음'이 이것을 자기와 '유비 관계에 있는 것'(analogon)으로 생기게 했다"고 말한다. 글라우콘은 이 비유를 좀더 상세히 말해 달라고 요청한다.

    소크라테스는 '좋음'이 '지성에 의해서 알 수 있는 영역'(ho noētos topos)에서 '지성'(nous)과 '지성에 알려지는 것들'(to nooumena)에 대해 갖는 관계를, '태양'이 '가시적 영역'(ho horatos topos)에서 '시각'과 '보이는 것들'에 대해 갖는 관계로 상세하게 설명하려 한다. "누군가가 눈길을 그 대상들에 보낼 경우에, 이를 그것들의 빛깔(표면) 위로 낮의 빛이 퍼져 있는 동안에 하지 않고, 밤의 어두운 빛이 퍼져 있는 동안에 할 땐, 눈은, 마치 그 속에 맑은 시각이 없기라도 한 것처럼, 침침해서 거의 눈멀거나 마찬가지"이지만 "태양이 대상들의 빛깔을 비출 때는, 눈이 또렷이 보게 되고, 또한 같은 이 눈 속에도 맑은 시각이 있는 것처럼 보일" 것이다. 태양의 빛이 퍼져 있는 상태에 따라 보이는 정도가 다른 것이다. 여기서 소크라테스는 지성에 의한 앎에 대해 이야기하면서 "그러니 마찬가지로 혼의 경우도 이렇게 생각해"보자고 하지만 사실 혼의 경우는 다르다. "진리와 실재가 비추는 곳, 이것에 혼이 고착할 때는, 이를 지성에 의해 대뜸 알게 되고 인식하게 되어, 지성을 지니고 있는 것"으로 보이지만, "어둠과 섞인 것에, 즉 생성되고 소멸되는 것에 혼이 고착할 때는 '의견'(판단: doxa)을 갖게 되고, 이 의견들을 이리저리 바꾸어 가짐으로써 혼이 침침한 상태에 있게 되어, 이번에는 지성을 지니지 못한 이처럼" 보이게 된다.

글라우콘은 자신이 이해한 바를 덧붙인다. "그것('좋음'의 이데아)이 인식과 진리를 제공하지만, 그것 자체는 아름다움에 있어서 이것들을 넘어선다는 말씀입니다." 소크라테스는 더 진전된 규정을 덧붙인다. "태양은 보이는 것들에 '보임'과 '힘'을 제공해 줄 뿐만 아니라, 또한 그것들에 생성과 성장 그리고 영양을 제공해 준다고 자네가 말할 것으로 나는 생각하네. 그것 자체는 생성(생성되는 것: genesis)이 아니면서 말일세." "그러므로 인식되는 것들의 '인식됨'이 가능하게 되는 것도 '좋음'으로 인해서일 뿐만 아니라, 그것들이 '존재하게'(einai) 되고 그 '본질'(실재성: ousia)을 갖게 되는 것도 그것에 의해서요, '좋음'은 [단순한] '존재'(ousia)가 아니라, 지위와 힘에 있어서 '존재'를 초월하여 있는 것이라고 말하게나." 글라우콘은 "아폴론이시여! 얼마나 놀라운 우월성입니까!"라고 "익살스레" 말하면서도 "적어도

2. 좋음의 이데아와 철학적 정치가의 임무 259

태양과의 유사성(homoiotēs)만은 다시 자세히 말씀해" 달라고 요청한다.

도덕적 진리는 세상의 경험으로부터 만들어질 수 없지만, 시대가 달라지면 그 기준도 달라진다. 예전에는 올바르게 여겨졌던 것들이 오늘날에는 바로 버려야 할 기준이 되어 버린 경우들을 우리는 많이 알고 있다. 이러한 상황에서 무엇이 올바른지를 결정하는 일은 결국 상대적인 일이 되고 만다. 이처럼 그때그때 처지를 봐 가면서 결정해야 하는 일이 되어 버리면 공동체의 일을 해야 하는 정치가는 갈피를 잡을 수가 없다. 그는 이러한 상황에서 지금 가장 올바른 것이 무엇인지를 판단해 내야만 한다. 이는 올바름에 관한 신념으로써 그것을 만들어 낼 수 있는 힘을 가지고 있어야만 가능하다. 그 힘을 기르는 것이 철학적 정치가의 교육 목적일 것이다. 그것은 먼저 좋음의 이데아가 얼마나 이익이 되는 것인지에 관한 철저한 믿음을 기르는 일에서 시작해야 한다. 이는 태양의 비유가 시도하는 것이다. 그에 이어서는 좋음의 이데아가 무엇인지, 어떤 수준의 정신이 되어야 알 수 있는지를 파악하는 것인데, 선분의 비유는 바로 이를 위한 것이다. 마지막으로 동굴의 비유는 철학적 정치가가 좋음의 이데아를 향해 올라가는 과정을 설명한다. 이 비유들이 가진 형이상학적 의미에 대해서는 많은 논의가 이루어져 있으나 우리는 그러한 논의들에 대해 깊은 관심을 갖지 않아도 괜찮다. 비유들 마지막에 플라톤이 세 비유를 종합하여 철학적 정치가의 임무를 설명하고, 그에 이어 상세한 교육 과정을 덧붙인 것에서 알 수 있듯이, 그가 이 대화편에서 이 비유들을 제시한 것은 정치적 실천적 목적에 따른 것이다. 우리는 그것을 파악하는 것으로 충분할 것이다.

소크라테스는 '좋음 자체'가 무엇인가 하는 문제는 지금 상태로 그냥 두기로 하고 '좋음'에서 파생된 것 같고 그것을 가장 닮아 보이는 것을 논의하겠다고 했다. 여기서 비유를 쓰는 이유는 좋음은 증명할 수 없는 것이기 때문이다. 어쩔 수 없이 좋음의 산물로 여겨지는 것들을 통해서 거슬러 올라가 보아야 한다. 즉 좋음 자체를 밝혀 보이기가 어려우니 좋음 닮은 것, 좋음에서 생겨난 것이라는 비유가 사용될 수밖에 없다. 좋음은 현실적으로 있는 것과 진리의 원천이 되는 것이다. 좋음이 어떻게 실재와 진리의 원천이 되는가? 우리가 지금 살고 있는 이 건물, 물리적인 사물인 이 건물은 실제 있는 건물이다. 이 건물의 원인(aitia)을 따져 가다 보면 좋음이 있다는 것인데, 이건 말이 안 된다. 비과학적 설명이다. 진리라는 것도 그렇다. 단순히 과학적 사실만을 이야기하는 것이 아니고 인간을 위하는 것, 착하게 사는 것도 진리다. 실천적 진리다. 그런 모든 종류의 진리의 원천이 좋음이라고 했다. 간단히 말하면 이는 전 우주를 윤리화하는 일종의 신정론이다. 사실 태양의 비유는 비유 자체가 말이 되지 않는다. 태양이 성장과 빛의 원천이라는 것에 누가 시비를 걸겠는가. 태양이 없으면 아무것도 볼 수 없고 아무것도 자라지 않는다. 지구상에 생물체 자체가 없었을 것이다. 물리적 세계에서의 사실이다. 이것을 실재와 진리의 원천으로 비유하는 것은 사실상 범주의 오류이다. 하나는 물리적인 세계에서 벌어지는 사태이고 나머지 하나는 가치 판단의 영역에서 벌어지는 사태이기 때문이다. 그렇기 때문에 '우주의 윤리화'라는 말로 표현할 수밖에 없다.

태양이 인간에게 주는 것은 힘(dynamis)이다. 우리에게 눈이 있어서 뭔가를 보려 해도 빛이 없으면 볼 수 없다. 이때 우리가 무언가를 볼 수 있게 해 주는 것은 빛이라는 힘이다. '제3의 부류'인 빛은 태양에서 온다. 낮에는 빛이 있으니 사물을 볼 수 있지만 밤에는 빛이 없으니 사물을 볼 수 없다. 일단 여기까지는 납득이 된다. '혼의 경우'에는 어떤가. 여기서 주의해야 한다. 착각을 일으키기 쉽다. 태양과 빛의 관계는 그 강도에 따라 다르지만 정신과 좋음의 관계는 방향으로 연결된다. 물론 정신이 어두운 곳, 빛이 비치지 않는 곳을 보면 침침한 상태에 있게 되고 빛이 비치는 곳을 보면 환한 상태에 있게 된다는 비유가 있기는 하지만 정신은 어디를 향하는지가 중요하다. 앞서 이야기한 것처럼, 태양과 좋음의 이데아는 비교할 수 없다. 태양은 물리적 세계이고, 좋음의 이데아는 가치적 세계이다. 억지로 이어 붙이자면, 그것들은 모두 하나의 힘을 준다는 것이다. 태양이 주는 힘은 '보이게 하는 힘'이고 좋음의 이데아가 주는 힘은 어딘가를 '보게 하는 힘'이다. 둘의 차이는 분명하다. 빛이 비출 때 우리가 뭔가를 볼 수 있듯이 좋음의 이데아는 우리에게 인식과 진리를 얻는 '힘'을 주므로 인식과 진리의 "원인(aitia)이지만, '인식되는 것'"이기도 하다. 힘을 주는 것이면서, 원인이면서, 인식의 대상이기도 하다는 것이다. 선분의 비유를 지나 동굴의 비유로 가면 밝은 곳, 태양이 있는 곳을 향해 고개를 돌리는 것이 중요하다. 진리를 아는 것은 우리의 마음과 시선이 어디를 향하느냐에 달린 것이다. 태양의 힘은 강도의 차이를 낳고 좋음의 이데아는 어디를 향하게 하는가의 차이를 낳는다. 태양은 우리에게 직접적인 영향을 주지만 좋음의 이데아는 우리의 고개를 돌리게 한다. 우리의 의지에 개입한다. 가치 판단에 영향을 미친다. 태양의 비유에서는 이것까지 논의되지는 않았다. 글라우콘이 태양과의 유사성만을 다시 자세히 말씀해 달라고 요청한 것은 태양을 이용한 비유에서 뭔가가 모자라거나 덧붙여야만 할 것이 있음을 암시한 것이다.

2.3. 의견과 지성에 의한 앎: 선분의 비유(509d~511e)

소크라테스는 보완 논의를 위해서 글라우콘이 "이들 두 종류를, 즉 가시적인 것과 '지성에 의해서[라야] 알 수 있는 것'을 확보"했는지를 확인하고 선분의 비유를 시작한다. "같지 않은 두 부분으로 나뉜 하나의 선분을 취한 것처럼 하고서, 이 각각의 부분, 즉 [눈에] '보이는 부류'(to horōmenon genos)의 부분과 '지성에 알려지는 부류'(to nooumenon genos)의 부분을 다시 같은 비율로 나누게나." 하나의 선분을 둘로 나누되 한 쪽을 다른 쪽보다 더 짧게 나눈다. 여기서 선분을 나누는 비율은 지적인 상태의 비율, "상대적인 명확성(saphēneia)과 불명확성(asapheia)"을 가리킨다. 이렇게 나눈 것 중에서 '눈에 보이는 부류'에 속하는 것들은, 한 부분은 "영상(eikōn)들"로, 다른 한 부분은 "이 영상들이 닮아 보이는 것, 즉 우리 주변의 동물들과 모든 식물 그리고 인공적인 일체의 부류"로 이루어져 있다. 이 두 부분들은 "'의견(doxa)의 대상인 것'(to doxaston)이 '인식 가능한 것'(인식 대상: to gnōston)에 대해서 갖는 관계"와 유사하게 앞의 것은 뒤의 것을 모방한다. '눈에 보이는 부류'를 이렇게 나눈 다음 소크라테스는 "이번에는 '지성에 의해서[라야] 알 수 있는 것'(to noēton)의 부분을 어떻게 잘라야 할 것인지 생각"해 보라고 한다.

소크라테스는 '지성에 알려지는 부류'를 다음과 같이 나눈다. "이것의 한 부분에서는 모방(닮음)의 대상들로 되었던 것들을 혼이 이번에는 영상(모상)들로 이용하여(다루어), 가정(전제: hypothesis)들에서 원리(근원: arkhē)로 나아가는 식이 아니라, 결론(종결: teleutē)으로 나아가는 식으로 탐구를 하지 않을 수 없게 되네. 다른 한 부분에서는 '무가정(무전제) 원리'(arkhē anypothetos)로 나아가는 것으로서, 가정에서 나아가서 앞부분의 영상(모상)들도 없이, 형상(eidos)들 자체를 이용해서 이들을 통해서 탐구를 진행하네." '눈에 보이는 부류'는 모상과 그것의 대상으로 나뉘었다면 '지성에 알려지는 부류'는 탐구 방식으로 나눈다. '지성에 알려지는 부류'의 한 부분에서는 혼이, 모방의 대상이었던 것들이 모방의 대상임을, 모상이 모상임을 알고 있다. 그러한 상태에서 탐구를 하되, 모상이라는 '가정'들에서 시작하여 '원리'로 나아가는 것이 아니라 '결론', 하위의 다양한 것들로 진행한다. 다른 한 부분에서는 아무것도 전제하지 않은 상태에서 아무런 모상도 이용하지 않고, 형상들만을 이용하여 탐구를 진행한다. 이러한 설명에 대해 글라우콘은 "말씀하시는 것들을 충분히 이해하질 못했"다고 실토한다. 소크라테스는 글라우콘이 '지성에 알려지는 부류'의 부분들에 관한 것을 충분히 이해하지 못했음을 확인하고 이것들에 대한 설명을 보충하기 시작한다. "다시 말함세. 먼저 이런 것들이 언급되고 나면, 더 쉽게 이해하게 될 것이기 때문일세." 소크라테스는 "기하학이나 계산(산술) 그리고 이와 같은 것들에 관여하는 사람들"이 탐구를 진행하는 방식을 설명한다. 그들은 "홀수와 짝수, 도형들, 세 종류의 각角 그리고 각각의 탐구에 따른 이런 등속의 다른 것들"을 "이미 알고 있는 것들로서 가정"한다. '가정'은 "모두에게 명백한 것들로, 자신들에게도 남들한테도 더이상의 아무런 설명도 해 줄 필요가 없는 것으로 간주"되는 것이다. 그들은 "이 가정에서 출발하여 곧 나머지 것들을 거쳐서는, 애초에 고찰을 시작하게 된 대상에 이르러 일관성 있게(모순되지 않게) 결론"으로 나아간다.

소크라테스는 또 다른 설명을 덧붙인다. "그들은 눈에 보이는 도형(eidos)을 추가로 이용하며 이것들에 관해서 논의를 하되, 그들이 정작 생각하고 있는 것은 이런 도형들이 아니라 이것들이 닮아 보이는 원래의 것들에 관해서이고, 그들이 논의를 하고 있는 것은 정사각형 자체나 대각선 자체 때문이지." 소크라테스가 '추론적 사고'(dianoia)라 부르는 이것은 도형을 이용하여 논의를 하지만, 그 논의는 논의에 이용되는 각각의 도형에 관한 것이 아니라, '원래의 것들', '도형 일반', '도형 자체'에 관한 것이다. 여기서 논의에 이용되는 '각각의 도형'은 '도형 자체'를 닮은 것이 아니다. '도형 자체'는 '각각의 도형'의 '닮음의 대상'이 아닌 것이다. 추론적 사고는 '지성에 알려지는 부류'에 속하기는 하지만 가정을 이용하고 있으므로 온전히 지성계에 속한다고 할 수 없다. 소크라테스는 이것을 다음과 같이 정리한다. "이건 내가 '지성에 의해서[라야] 알 수 있는'(noēton) 것이라고 말한 종류(eidos)이긴 하나, 이 종류의 탐구와 관련해서는 혼은 어쩔 수 없이 가정들을 이용하게 되고, 원리(근원)로는 나아가지를 못하고 있는데, 이는 혼이 가정들에서 벗어나 더 높이 오를 수가 없기 때문이네. 그 아랫 단계의 것들에 의해 닮음의 대상들로 된 바로 그것들이며, 그 아랫것들에 비해 명백한 것들로 판단되고 존중되는 것들이기도 한 그것들을 또한 혼은 상(모상)들로서 이용하네." 추론적 사고는 "어쩔 수 없이 가정들을 이용"하고 있으므로 '보이는 부류'에 관련된다. 추론적 사고에 속하는 기하학이 이용하는 도형은 '보이는 부류'가 이용하는 대상이기도 하다. 글라우콘은 추론적 사고가 무엇인지를 이해하고 다음과 같이 대답한다. "알겠습니다. 선생님께서는 기하학이나 이와 유사한 '학술들'(tekhnai)에 속하는 종류를 말씀하시고 계시다는 걸."

글라우콘이 추론적 사고를 이렇게 규정하자 소크라테스는 "'지성에 의해서[라야] 알 수 있는 종류'의 다른 한 부분"에 대한 논의로 나아간다. "이는 '이성(logos) 자체'가 '변증술(dialektikē)적 논변'(dialegesthai)의 힘(능력)에 의해서 파악하게 되는 것으로서, 이때의 이성은 가정들을 원리로서가 아니라 문자 그대로 '밑에(hypo) 놓은 것(thesis)'(기반)들로서 대하네. 즉 '무가정의 것'(to anypotheton)에 이르기까지 '모든 것의 원리(근원)'로 나아가기 위한 발판들이나 출발점들처럼 말일세." '지성에 알려지는 영역'의 다른 부분에서 이성은 변증술적 논변의 힘을 가지고 있다. 변증술적 논변은 추론적 사고와는 달리 가정에 의존하지 않으며, 형상들 자체만을 이용한다.

변증술적 논변은 가정들을 궁극적인 원리로 삼지 않고, 최고 원리로 나아가기 위해 '밑에 놓은 것들'로 여긴다. 변증술적 논변은 이렇게 밑에 놓은 것들을 하나하나 검토하고 폐기하면서 결국에는 '무가정의 것'에 이르는데, 바로 이 무가정의 것은 다른 어떤 원리에도 의존하지 않는, 모든 것의 원리인 좋음의 이데아이다. 이성 자체가 좋음의 이데아를 "포착"하게 되면 이 좋음의 이데아로부터 특수한 지식과 개별적인 것들로 "내려가"면서 "결론"을 연역하게 된다. 변증술적 논변은 이처럼 모든 것의 원리로의 상승과 "결론 쪽으로 내려"가는 하강을 수행한다. 변증술적 논변은 "감각적인 것"은 "전혀 이용하지 않고, 형상들 자체만을 이용"하거니와, 이는 형상들에서 시작하여 형상들에서 끝나는 과정이다.

글라우콘은 변증술적 논변에 관한 소크라테스의 설명을 충분히 이해하지 못했음을 시인하면서 추론적 사고에 대해서만은 자신이 이해한 바를 다시 정리한다. 변증술적 논변의 학문(epistēmē)이 고찰하는 부분은 학술들(tekhanai)이 고찰하는 부분보다 더 명확하다. 학술들은 가정을 원리로 삼는다. 학술들은 추론적 사고로써 대상을 고찰한다. 학술들은, 고찰 대상은 '지성에 의해서[라야] 알 수 있는 것들'이면서도 고찰 방식은 가정을 이용하는 추론적 사고이므로, "기하학자들이나 이런 부류의 사람들의 [지적] 상태(hexis)"는 '추론적 사고'라 일컬어지지 '지성'이라 일컬어지지는 않는다. 추론적 사고는 "의견(판단: doxa)과 지성 사이에 있는 어떤 것"이다.

소크라테스는 글라우콘이 자신의 "말뜻을 아주 충분히 납득했"음을 인정하고, 선분의 비유에서 거론한 "네 부분들에 대응"하는 "네 가지의 [지적인] 상태(pathēma)들"을 다음과 같이 나열한다. "맨 윗 것에 대해서는

'지성에 의한 앎(이해, 직관, 사유: noēsis)을, 둘째 것에 대해서는 추론적 사고(dianoia)를, 셋째 것에 대해서는 믿음(확신: pistis)을, 그리고 마지막 것에 대해서는 상상(짐작: eikasia)을 배당"한다.

소크라테스는 좋음의 이데아를 태양에 비유하였다. 태양과 좋음의 이데아는 그 힘만이 상응한다. 태양 아래에 밝음과 어두움이 있다면 좋음의 이데아 아래에는 인식과 의견이 있다. 인식과 의견은 "각기 자체의 능력에 따라 서로 다른 별개의 대상에 관여"(477b)한다. 의견의 대상과 인식의 대상은 그것들이 존재의 차원에 있으므로 철저하게 분리되어 있고 결코 뒤섞일 수 없다. 태양 아래에는 밝음과 어두움이 있다. 이것들은 철저하게 분리되지 않는다. 좋음의 이데아에 관련되는 영역과 태양에 관련되는 영역은 전면적으로 상응하지 않는다. 글라우콘이 태양과의 유사성을 다시 자세히 말씀해 달라고 요청하지 않았어도 소크라테스가 "현재로선 가능한 한은 일부러 남겨 두지는 않"(509c)아야 하는 까닭이 있는 것이다.

선분의 비유는 좋음의 이데아를 파악하는 정신의 상태에 관해 설명하는 것이다. 저쪽에 있는 좋음의 이데아를 이쪽에 있는 인간이 알아차리려면 어떤 상태이어야만 하는지에 관한 것이다. 이 부분을 일반적인 의미의 인식론이라고 생각할 필요는 없다. 플라톤이 이런 이야기를 한 이유는 철학적 정치가를 비롯한 사람들이 가지게 되는 앎의 종류를 설명하기 위한 것이다. 앎의 종류는 객관적으로 고정된 어떤 것이 아니라 인간의 정신에 따라 달라지는 것이다. 이것은 어찌 보면 철학적 정치가들을 교육하기 위해서 만든 일종의 목표일 수도 있다. 우리 인간이 어떤 방식으로 사물을 알게 되고 지성적인 것을 알게 되는가를 엄밀하게 설명하기 위해 고안된 것이 아니라, 철학적 정치가의 정신을 어느 수준까지 고양시켜야 하는지를 따져 보기 위해 만들어 놓은 일종의 지침으로 읽어야 한다.

선분은 크게 두 부분으로 나뉜다. 하나는 진리 아닌 것이 있는 영역, 가시계可視界를 가리킨다. 다른 하나는 진리가 있는 영역, 가지계可知界를 가리킨다. 여기서 특히 유심히 보아야 할 부분은 '지성에 의해서[라야] 알 수 있는 것'이다. '지성에 알려지는 부류'를 나누는 방식은 '보이는 부류'를 나누는 방식과 다를 뿐만 아니라, 정치가들이 지성을 갖추고 좋음의 이데아를 탐구하게 되면 어떠한 상태(hexis)가 되는지도 중요하다. 이 상태들 각각을 잘 분별해 두는 것이 정치가들에게 중요하다는 것이다. 진리 아닌 것이 있는 영역과 진리가 있는 영역은 연속된 선분 위에 있다. 다시 말해서 앞의 영역에서 뒤의 영역으로 넘어갈 수 있다. 넘어가려면 지성을 갈고 닦으면 된다. 지성을 갈고 닦는 것은 수월하지 않다. 글라우콘이 소크라테스의 설명을 잘 이해하지 못했다고 하면서 보충 설명을 거듭 요구하고, 그렇게 하면서도 결국 변증술적 논변에 관한 것을 이해하지 못하는 것만 보아도 이 어려움을 짐작할 수 있다.

2.4. 철학적 정치가의 도야 과정: 동굴의 비유(514a~517a)

소크라테스는 "교육(paideia) 및 교육 부족(apaideusia)과 관련된 우리의 성향"을 논의하기 위해 동굴의 비유를 제시한다. 이 비유에는 "사람들"이 등장한다. 그들은 "지하의 동굴 모양을 한 거처에서, 즉 불빛 쪽으로 향해서 길게 난 입구를 전체 동굴의 너비만큼이나 넓게 가진 그런 동굴에서 어릴 적부터 사지와 목을 결박당한 상태"로 있다. 그들은 동굴 안쪽을 향해 "앞만 보도록 되어 있고, 포박 때문에 머리를 돌릴 수도 없"다. "이들의 뒤쪽에는 위쪽으로 멀리에서 불빛이 타오르고" 있으며, "이 불과 죄수들 사이에는 위쪽으로 [가로로] 길이 하나 나 있는데, 이 길을 따라 담(흉장)이 세워져" 있다. 이 담을 따라 몇몇 사람들이 "온갖 인공의 물품들을, 그리고 돌이나 나무 또는 그 밖의 온갖 것을 재료로 하여 만들어진 인물상들 및 동물상들을 이 담 위로 쳐들고 지나"간다. 이러한 설정에 대해 글라우콘은 "이상한 비유와 이상한 죄수들"이라 투덜대지만 소크라테스는 글라우콘에게 이들이 "우리와 같은 사람들"이라 말한다. 소크라테스에 따르면 그들은 "불로 인해서 자기들의 맞은편 동굴 벽면에 투영되는 그림자들 이외에 자기들 자신이나 서로의 어떤 것인들 본 일"이 없다. 그들은 자기 자신도 타인도 실물로는 본 적이 없는 사람들이다. 우리와 같은 처지라 할 그들은 인공의 물품들과 인물상들 및 동물상들을 본 것도 아니다. 그들이 "서로 대화(토론)"를 한다 해도, "[벽면에서] 보는 이것들을 실물들(실재들: ta onta)로 지칭할(onomazein)" 뿐이다. "그러니까 이런 사람들이 인공적인 제작물들의 그림자들 이외의 다른 것을 진짜라 생각하는 일은 전혀 없"다.

동굴 속 사람들이 "결박에서 풀려나고 어리석음에서 치유되는 것"은 "이들 중에서 누군가가 풀려나서는, 갑자기 일어서서 목을 돌리고 걸어가 그 불빛 쪽으로 쳐다보도록 강요당"함으로써 시작된다. 어떤 사람이 풀려나는지, 누가 이를 '강요'하는지는 알 수 없으나 그렇게 풀려난 사람은 "고통스러워할 것이고, 또한 전에는 그 그림자들만 보았을 뿐인 실물들을 눈부심 때문에 볼 수도 없을" 것이다. "또한 만약에 그로 하여금 그 불빛 자체를 보도록 강요한다면, 그는 눈이 아파서, 자신이 바라볼 수 있는 것들로 향해 달아날 뿐만 아니라, 이것들이 방금 지적받은 것들보다도 정말로 더 명확한 것들이라고 믿"기까지 할 것이다. 인공물을 비추어 그림자를 만들어 내던 동굴 안의 불빛을 보는 일조차도 이러한데, 그를 "햇빛 속으로 끌어내" 올린다면 그는 더욱 "고통스러워하며 또한 자신이 끌리어 온 데 대해 짜증을 내"기도 할 것이다. "그래서 그가 빛에 이르게 되면, 그의 눈은 광휘로 가득 차서, 이제는 진짜들이라고 하는 것들 중의 어느 것 하나도 볼 수 없게" 될 것이다.

소크라테스는 이를 극복하기 위한 방법과 절차를 제시한다. "그가 높은 곳의 것들을 보게 되려면, 익숙해짐(synēteheia)이 필요하다고 나는 생각하네. 처음에는 그림자들을 제일 쉽게 보게 될 것이고, 그 다음으로는 물 속에 비친 사람들이나 또는 다른 것들의 상(eidōlon)들을 보게 될 것이며, 실물들은 그런 뒤에야 보게 될 걸세. 또한 이것들에서 더 나아가, 하늘에 있는 것들과 하늘 자체를 밤에 별빛과 달빛을 봄으로써 더 쉽게 관찰하게 될 걸세." "마지막으로는 그가 해를, 물속이나 다른 자리에 있는 해의 투영으로서가 아니라 제자리에 있는 해를 그 자체로서 보고, 그것이 어떤 것인지를 관찰할 수 있게 될 것이라고 나는 생각하네." 여기서 소크라테스는 '익숙해짐'을 방법으로 말하며, 그것의 성과는 '원인'을 알게 되는 것이라고 한다. "그는 태양에 대해서 벌써 이런 결론을 내리고 있을 걸세. 즉 계절과 세월을 가져다주며, 보이는 영역에 있는 모든 것을 다스리며, 또한 어느 면에서는 그를 포함한 동료들이 보았던 모든 것의 '원인(탓)이 되는 것'(aitios)이 바로 이것이라고 말일세."

　　태양이 모든 것의 원인임을, 참된 것임을 알게 된 이는 "자신의 변화로 해서 자신은 행복하다 여기되, 그들(동료 죄수들)을 불쌍히 여길 것"이다. 그는 동굴 안에서 인공물의 그림자의 움직임을 보면서 뭔가를 알아냄으로써 "명예와 칭찬 그리고 상이 주어"진다 해도 그것을 부러워하지 않는다. 그는 "'의견(판단)을 가지며'(doxazein) 그런 식으로 사느니보다는 무슨 일이든 겪어 내려" 한다. "만약에 이런 사람이 다시 동굴로 내려가서 이전의 같은 자리에 앉는다면, 그가 갑작스레 햇빛에서 벗어났으므로, 그의 눈은 어둠으로 가득 차 있게 되지 않겠는가?" 참된 것에 대한 앎에 '익숙해짐'이 필요했다면, 다시 동굴로 내려가 이전의 자리에 앉아서 적응하는 일 또한 '익숙해짐'이 요구된다. 익숙해지지 않는 이가 "줄곧 그곳에서 죄수 상태로 있던 그들과 그 그림자들을 다시 판별해 봄에 있어서 경합을 벌이도록 요구받는다면, 그것도 눈이 제 기능을 회복도 하기 전의 시력이 약한 때에 그런 요구를 받는다면, 어둠에 익숙해지는 이 시간이 아주 짧지는 않을 것이기에 그는 비웃음을 자초"할 것이며, 또한 "그가 위로 올라가더니 눈을 버려 가지고 왔다고 하면서, 올라가려고 애쓸 가치조차 없다고 하는 말을 듣게" 되기도 할 것이며, 심지어는 "자기들을 풀어 주고서는 위로 인도해 가려고 꾀하는 자를, 자신들의 손으로 어떻게든 붙잡아서 죽일 수만 있다면, 그를 죽여 버리려" 할 것이다.

선분의 비유가 이론적인 내용에 관한 것이었다면 동굴의 비유는 실천적인 내용에 관한 것이다. '사람이 배웠다'고 할 때, 그것이 무엇인지부터 따져 보아야 한다. '인공물의 그림자만 보고 사는 삶'을 살고 있는 건 아닌지 물어야 한다. 제대로 배웠다 해도 어떻게 실천할 것인지, 어떤 실천적 맥락에서 배웠는지가 중요하다. 많이 안다, 모른다는 것보다 그 앎과 배움을 어떤 과정에서 배웠는지, 또 어떻게 그 앎을 사용할 것인지의 문제들이다. 이는 본격적으로 정치가들과 관련된 부분이다. 동굴 속에 있는 사람들은 우리와 같은 처지에 있는 사람들이다. 그들은 참다운 것을 말해 주어도 금방 알아차리지 못한다. 소크라테스가 지적하고 있듯이 익숙해짐이 필요하다. 그렇게 익숙해진 다음에야 비로소 제자리에 있는 해를 그 자체로서 보고 그것이 어떤 것인지를 관찰할 수 있게 될 것이다. 여기에는 정치가도 등장하지만 무엇보다도 그 정치가들이 이끌고 가야 할 사람들이 있다. 그들의 처지가 어떠한지를 확실하게 알려 주고 있다. 그것을 알아야 정치가는 자신이 어떤 일을 해야 할지도 파악하게 될 것이다. 이는 굉장히 어려운 과정이다. 참된 것에 대한 앎을 가진 이는 의견을 가진 자들에게 비웃음당하고, 경멸당하고, 죽임당할 처지에 놓이기 십상이다. 동굴의 비유는 비극으로 끝나는 것이다. 소크라테스가 교육에 관련된 동굴의 비유에서 설명한 상황은 이와 같았다. 여기서 제시된 논제들—좋음의 이데아의 본질, 좋음의 이데아를 알기 위한 교육, 좋음의 이데아를 아는 이가 나라와 관련해서 해야 할 일—은 이제 앞서의 두 비유들과 함께 더 상세히 논의되어야 한다.

2.5. 세 비유의 종합과 철학적 정치가의 임무(517b~521c)

소크라테스는 동굴의 비유를 통해서 "교육(paideia) 및 교육 부족(apaideusia)과 관련된 우리의 성향"(514a)을 논의한 다음 글라우콘에게 이 비유를 "앞서 언급된 것들에다 적용"시켜야 한다고 말한다. 적용 방법은 "시각을 통해서 드러나는 곳을 감옥의 거처에다 비유하는 한편으로, 감옥 속의 불빛을 태양의 힘에다 비유"하고, 동굴의 비유에 있는 "위로 '오름'(anabasis)과 높은 곳에 있는 것들의 구경(thea)"을 선분의 비유에 있는 "'지성에 의해서 [라야] 알 수 있는 영역'으로 향한 혼의 등정(anodos)으로 간주"하는 것이다. '시각을 통해서 드러나는 곳'은 태양의 비유에서 논의된 '가시적 영역'이며, '감옥'은 동굴의 비유에서 거론된 '동굴 안'이다. 이 둘이 대응하므로 '감옥 속의 불빛'과 '태양의 힘'도 대응한다. '위로 오름'은 동굴의 비유에서 동굴 밖으로 나가는 것이며, '지성에 의해서[라야] 알 수 있는 영역으로 향한 혼의 등정'은 선분의 비유에서 "혼이 가정들에서 벗어나 더 높이"(511a) 올라가는 것에 대응한다. 선분의 비유에서 아랫 부분(태양의 비유에서는 '눈에 보이는 부류'의 부분)은 '동굴 안'에, 윗 부분(태양의 비유에서는 '지성에 알려지는 부류'의 부분)은 '동굴 밖'에 상응한다. "인식할 수 있는 영역에 있어서 최종적으로 그리고 각고 끝에 보게 되는" "좋음의 이데아"는 "모든 것에 있어서 모든 옳고 아름다운(훌륭한) 것의 원인(aitia)"인데, 이는 "'가시적 영역'에 있어서는 빛과 이 빛의 주인"인 태양에 비유되며, 선분의 비유에서의 "'지성에 의해서[라야] 알 수 있는 영역'에서도 스스로 주인으로서 진리와 지성을 제공"하는 것이다. 소크라테스는 세 비유를 이렇게 종합하면서도 "그렇지만 그게 진실인지 어쩐지는 아마도 신이나 알 걸세. 아무튼 내가 보기에는 이런 것 같으이"라고 말한다.

  소크라테스는 확신하지 못하면서도 비유의 종합을 더 진전시킨다. 그에 따르면 동굴 밖으로 나가서 좋음의 이데아를 본 사람들은 "인간사에 마음 쓰고(prattein) 싶어 하지 않고, 이들의 혼은 언제나 높은 곳에서 지내기를 열망한다." 이는 동굴의 비유에 등장하는 논의인데, 이들은 "다시 동굴로 내려가서 이전의 같은 자리에 앉"(516c)아야만 한다. 그러한 상황에 처하면 그들은 "아직도 제대로 못 보는 상태인데다 주위의 어둠에 충분히 익숙해지기도 전에, 법정이나 또는 다른 곳에서 올바른 것의 그림자들 또는 이 그림자들을 생기게 하는 상들과 관련해서 말다툼을 하지 않을 수 없게 되어서, 그리고 '올바름 자체'를 결코 본 적이 없는 사람들에 의해서 도대체 이것들이 어떻게 이해되고 있는지를 두고서 열띤 논쟁을 벌이지 않을 수 없게" 된다. 올바른 것을 두고 이러한 말다툼이 일어나는 이유는 "눈에 있어서의 두 가지 곤혹 현상", "즉 빛에서 어둠으로 옮겼을 때와 어둠에서 빛으로 옮겼을 때" 일어나는 "똑같은 현상들이 혼의 경우에도 일어"나기 때문이다. 올바른 것에 관한 교육은 단순히 "혼 안에 지식(인식: epistēmē)이 있지 않을 때", "지식을 넣어" 주는 것이 아니라 "혼 전체와 함께 생성계에서 전환"하는 것이다. 이는 단순한 앎이 아닌 총체적 전환이다. 여기서 소크라테스는 비진리의 세계를 '생성계'라 부르며, 그것으로부터 불변의 세계로 옮겨가는 "전환(periagōgē)"에 대한 "방책(기술: tekhnē)"을 이제부터 궁리하자고 하면서 세 비유에 대한 종합을 마무리한다.

　　소크라테스가 말하는 전환의 방책은 "보는 능력을 생기게 해 주는 것이 아니라, 이미 그 능력을 지니고는 있되, 바르게 방향이 잡히지도 않았지만, 보아야 할 곳을 보지도 않는 자에게 그러도록 해 주게 될 방책"이다. 소크라테스에게 있어 배움의 핵심은 '능력'이 아니라 '대상'이거니와, 이는 앞만 보도록 되어 있는 동굴 속 죄수들의 상황에서 이미 짐작할 수 있는 것이다. 이 방책은 "습관(ethos)과 단련(askēsis)에 의해 나중에야 생기게" 되는 '훌륭함'에 관여하는 것이 아니라, "무엇보다도 더 신적인 것 같아 보이"는, "'똑똑함'(to phronēsai)의 훌륭함(덕)"에 관여한다. 사람은 이 훌륭함의 "힘"을 가지고 있으므로 배움에서 중요한 것은 "이를 '나쁨'(kakia)에 봉사하지" 않도록 하는 일이다. 그러기 위해서는 "'생성'(genesis)과 동류인 것들", 즉 변화하는 것들, 비진리인 것들을 "어릴 적부터 곧장 다듬"어서 "혼의 눈길"이 "참된 것들로 방향을 바꾸게" 해야 한다. '교육을 받는다'는 것은 '좋음을 향하도록 방향을 잡는다'는 것을 의미하게 된다. 방향을 달리하면, 차원의 전환이 일어나면, 올바름의 기준이 총체적으로 바뀌지만 이러한 전환이 자발적으로 일어나지는 않는다. 소크라테스는 이것을 지적하며 "가장 훌륭한 성향(자질)을 지닌 자들로 하여금 앞서 우리가 가장 중요한(최고의) 것이라고 말한 배움에 이르도록, 그래서 '좋음'을 보게끔 그 오르막을 오르지 않을 수 없도록" 한 다음, 그들이 "거기에 머물러(katamenein)" 있지 않고, "죄수들 곁으로 다시 내려가서(katabainein) 저들과 함께 노고와 명예를, 이게 다소 하찮은 것이건 대단한 것이건 간에" 나누어 가지도록 해야만 한다고 주장한다.

최고의 배움에 이른 이에게는 노고와 명예가 하찮은 것이다. 그들은 배움을 나누려 하지 않으며, 그들에게 나눔을 강요할 수 없다. 글라우콘은 이러한 강요가 부당한 것임을 지적한다. "그렇게 되면, 우리는 이들에 대해 올바르지 못한 짓을 하게 되며, 이들로서는 더 나은 삶을 살 수 있는데도 불구하고 우리가 이들로 하여금 더 못한 삶을 살도록 만들게 될 텐데요?" 소크라테스는 글라우콘의 항의에 대하여 "법(nomos)"이 "관심을 갖는" 바가 무엇인지를 제시한다. 법은 "온 나라 안에 이것(잘 지내도록 하는 것)이 실현되도록 강구하는 데 관심을 갖는다." 이를 위해서 법은 "시민들을 설득과 강제에 의해서 화합하게 하고, 각자가 공동체(to koinon)에 이롭도록 해 줄 수 있는 이익을 서로들 나누어 줄 수 있도록" 만든다. 소크라테스가 보기에 이것은 강요가 아니라 "오히려 올바른 걸 이들한테 말해 주게" 되는 것이다. 좋음을 배운 지도자는, 그가 참다운 좋음을 가지고 있다면, "양쪽 생활", 즉 동굴 밖의 삶과 동굴 안의 삶 모두에 관여해야만 한다. 이는 지혜와 현실의 통일을 성취하는 길로 그들을 이끌어 갈 것이다. 여기서 소크라테스는 글라우콘에게 다시 묻는다. "우리가 기른 자들이 이 말을 듣고서도 우리에게 불복하여, 저마다 번갈아가며 이 나라에서 노고를 함께 하려고 하지는 않고, 자기들끼리 대부분의 시간을 순수한 것(to katharon) 속에서 살려고 할 것으로 자네는 생각하는가?" 글라우콘은 그것이 "있을 수 없는 일"이라 대답하면서도 "이들은 통치하는 것에 대해 무엇보다도 불가피한 것에 임하듯" 한다고 말한다.

　　소크라테스도 글라우콘의 생각에 동의한다. "사실인즉 그러하이." 이 문제는 간단히 해결할 수가 없다. "통치하는 것이 쟁취의 대상이 되면, 이런 싸움은 동족 간의 내란으로서 당사자들은 물론 다른 시민들마저 파멸"시킨다. "참된 철학자"는 "정치적인 관직을 깔보는 삶"을 살아가고자 한다. "그러나 실은 통치하는 걸 좋아하지 않는 사람들이 통치에 임하도록 해야만" 한다. 그들만이 "참으로 부유한 자들"이어서 "행복한 사람이 마땅히 풍부히 지니고 있어야만 하는 것, 즉 훌륭하고 슬기로운 삶"을 살아가는 자들이므로, 그들이 통치해야 하기 때문이다. 이제 소크라테스를 비롯한 "나라의 수립자들"은 통치에 임할 참된 철학자를 교육해야만 한다. 이는 "어떤 이들이 지하 세계(저승: Hadēs)로부터 신들에게로 올라"가는 일, "밤과도 같은 낮에서 진짜 낮으로 향하는", 어스름하게 보기에서 낮의 빛 속에서 보기(태양의 비유)로 나아가는, "'혼의 전환'(psykhēs periagōgē)이며, 이것이야말로 진정한 철학(지혜의 사랑)이라고 우리가 말하게 될 실재(to on)로 향한 등정(오름: epanodos)"인 것이다.

　　앞서 말했듯이 소크라테스가 태양의 비유, 선분의 비유, 동굴의 비유를 제시한 것은 폴리스가 지향해야 할 궁극적인 이념이 무엇인지를 설득하기 위해서였다. 각 비유는 좋음의 이데아를 특정한 측면에 따라 설명한다. 태양의 비유는 좋음의 이데아를 태양 자체에 비유한다. 좋음의 이데아가 좋음의 소산인 인식의 힘을 산출하여 지성과 지성에 알려지는 것들을 가능케 하듯이, 태양 자체는 그것의 소산, 태양이 제공한 '보임'의 '힘'인 빛을 제공함으로써 사람의 눈이 사물을 볼 수 있게 한다. 좋음의 이데아가 가지적 영역을 성립케 하듯이, 태양 자체는 가시적 영역을 성립케 한다. 태양의 비유는 힘에 중점을 두고 논의가 전개되어, 같은 대상에 대한 보는 힘의 차이, 즉 '어스름하게 보기'와 '낮의 빛 속에서 보기'를 제시하지만, 이는 사실상 그릇된 것이다. 의견(doxa)의 대상과 인식(epistēmē)의 대상은 분명히 다르기 때문이다. 이를 교정하기 위해서 동굴의 비유에서 동굴 안(의견)과 동굴 밖(인식)의 구분이 제시되었다. 각각은 태양의 비유의 가시계와 가지계에 대응한다. 태양의 비유와 동굴의 비유는 의견과 인식의 구분만을 제시하지만 선분의 비유는 인간의 앎의 영역을 더 자세하게 나누어 설명한다. 가시계는 상상(eikasis)과 믿음(pistis)으로, 가지계는 추론적 사고(dianoia)와 지성에 의한 앎(noēsis)으로 나뉜다. 선분의 비유는 추론적 사고와 지성에 의한 앎을 집중적으로 논의하는데, 이 둘은 같은 대상에 대한 앎이지만 파악하는 정도의 차이에 따라 구별된다. 이 차이는 '올바른 것의 그림자들'과 '올바름 자체'의 구별을 설명하는 데 도움이 된다. 동굴의 비유는 교육을 주된 목적으로 삼아 도입되었다. 선분의 비유에서 가시계로부터 가지계로 나아가는 것은 교육적 도덕적 함축이 없는 '앎의 상태'에서의 교체일 뿐이지만, 동굴의 비유에서 동굴 안에서 동굴 밖으로 올라가는 것은 혼의 총체적 전환이자 '그림자들'로부터 '자체'로 나아가는 행위이다.

태양의 비유는 좋음의 이데아가 어떤 힘을 가지고 있는지, 선분의 비유는 좋음의 이데아를 파악하려면 정신의 상태는 어떠해야만 하는지, 동굴의 비유는 좋음의 이데아가 왜 좋은지를 설득해야 할 사람들이 어떤 처지에 있는지를 설명했다. 이제는 이 설명들을 종합해야만 좋음의 이데아의 여러 측면들이 정당화 이념으로서 작용할 수 있다. 많은 사람은 눈에 보이는 것이 진리라고 생각하면서 살아간다. 그것은 감옥에 살고 있는 것과 마찬가지다. 그 감옥에 불빛이 비치면 그것은 태양이 비치는 것과 같은 것이다. 그 빛을 따라 위로 올라가는 것은 인간의 정신이 지성으로써만 알 수 있는 영역으로 고양되는 것에 비유할 수 있다. 그렇게 고양된 인간의 정신은 좋음의 이데아를 알 수 있다.

철학적 정치가의 자질과 그들이 해야 할 일에 관한 논의를 정리하면서 소크라테스는 좋음을 보기 위한 오르막에 대해 이야기했고, 좋음을 본 다음에는 다시 동굴로 내려가는 것에 대해서도 되풀이해서 이야기했다. 이것은 '내려갔다'(katebēn)는 말로 시작하는 《국가》서두에서 우리가 주의해서 보았던 비유이기도 하다. 내려감(카타바시스)과 올라감(아나바시스)이라는 술어는 《국가》에서 중요한 의미를 함축한다고 했다. 좋음의 이데아를 보러 올라간 사람들은 거기에 머물러(카타메네인) 있어서는 안 된다. 내려가야(카타바이네인) 한다. 많은 사람과 함께 노고와 명예를 나누어 가져야만 한다. 우리가 좋음의 이데아를 알았다고 해 보자. 어떻게 하겠는가. 그것을 알지 못하고 살던 감옥으로 돌아가고 싶겠는가. 결코 그렇지 않다. 언제나 높은 곳에서 지내고 싶어할 것이다. 진리를 알고 있는 제정신인 사람들이 어리석은 사람들 틈에 섞이면 어색한 모습으로 살아가게 된다. 이렇게 사는 것이 싫기에, 동굴 밖으로 나온 사람은 다시 동굴로 돌아가지 않을 것이다. 소크라테스는 그래서는 안 된다고 말했다. 참으로 하기 싫은 일을 하라고 권한 것이다. 어쩌면 강요일 것이다. 여전히 동굴 속에 살고 있는 사람들을 교육하는 것은 기술이나 방책을 떠나서 인간에 대한 엄청난 호의를 가지고 있어야만 가능하다. 간단히 말해서 인류애가 있어야만 한다. 교육의 내용을 보면 희생적 인류애가 반드시 필요할 것임을 절실하게 깨닫게 된다. 《국가》에서는 이 일을 해야 할 사람들이 바로 철학적 정치가들이다. 그들이 해야 할 일들을 살펴보자.

흔히 교육은 인간의 정신에 지식을 넣어 주는 것이라고들 한다. 소크라테스는 지금 필요한 교육은 그것이 아니라고 말했다. 인간은 이미 정신 안에 힘을 가지고 있으니 그 정신과 몸 전체를 이데아를 향해 돌리는 것이 중요하다고 했다. 그는 거듭 말했다. 힘을 어디로 향하게 하는가, 이것이 필요하다. 그러려면 지식 교육이 아닌 몸의 습성 자체를 바꿔 나가야만 한다. 습관(ethos)과 단련(askēsis), 이것이 절실하게 필요하다. 이렇게 단련을 하고 나면 힘을 잃어 버리지 않게 되고 그 다음에 방향만 제대로 잡아 주면 되는 것이다. 제대로 잡아 주면 그 힘을 유익하게 쓰게 되고 그렇지 않으면 해롭게 쓰게 된다. 방향을 잘 잡지 못하면 타고난 힘도 다 쓸모없는 것이 된다. 우리가 철학적 정치가들의 교육에 관한 논의를 읽을 때 가장 주의해야 하는 부분이 이것이다. 새로운 교과 과정에 대한 고안이 있지만 그것보다 더 힘주어 말하고 있는 것은 습관과 단련을 통하여 힘을 기르는 한편으로 그렇게 길러진 힘을 어떤 방향으로 향하게 할 것인가이다. 소크라테스는 계속 방향 이야기를 했다. 방향이 중요하다. 어디를 보게 하는지가 중요하다.

    많은 사람을 교육하기 위해서는 앞서 말했듯이 그들을 향해 내려가야만 한다. 상승과 하강, 아나바시스와 카타바시스가 계속해서 일어나야 하는 것이다. 올라가고 내려가는 것을 묶어서 '이행'(메타바시스)이라고 할 수 있을 것이다. 메타바시스는 '이어지는 움직임'이다. 굳이 술어로 만들어 보자면 '이차적 유동'이다. 아리스토텔레스의 《시학》에서는 '이행'이 '변화'라는 의미로 사용된다. 드라마에서 주인공이 행복한 상태에서 불행한 상태로 변화하는 것을 가리킨다. 불행과 행복의 교차와 거듭됨이 이행인 것이다. 여기서 철학적 정치가는 드라마의 주인공과 비슷한 상태이다. 그는 좋음의 이데아를 알아내기 위해 동굴 벽을 타고 올라가 대낮의 밝음을 경험하였다. 그 순간 행복하였을 것이나 그는 다시 동굴로 내려가 여전히 희미한 빛에 의지하여 거짓 그림자들을 진리로 간주하고 살아가는 이들을 이끌고 동굴을 나오게 도와주어야 한다. 철학적 정치가가 동굴로 내려가는 것은 불행한 상태로 옮겨 가는 것이다. 그런 점에서 철학적 정치가들은 행복과 불행 모두를 오가는 사람들이다. 그들은 불행한 상태와 행복한 상태 모두를 알아야 한다. 그 두 상태의 위쪽에 서서 그 두 상태를 바라볼 수 있어야만 한다.

글라우콘은 이들을 이러한 상태에 처하게 하는 것이 불만이었다. 이미 좋음의 이데아를 알아내서 행복하게 살고 있는 사람들에게 못할 짓을 하고 있는 건 아닌가. 이에 대해 소크라테스는 내려가야 하는 이유를 매정하게 설명했다. 폴리스에서는 특정한 부류가 잘 지내는 게 아니라 모두가 잘 지내게 하는 것이 규범이라는 것이다. 오늘날의 용어로 말해 보자면 정치가는 공화주의적인 삶을 지향해야 한다는 것이다. 좋음의 이데아를 보고서 그곳에서 누리는 '관상적 삶'(theōrētikos bios), 현실로 내려와 많은 사람들과 살아가는 '실천적인 삶'(praktikos bios), 이 두 가지 모두를 하는 사람이 되어야 한다. 당연히 이 둘은 동시에 할 수 있는 게 아니지만 철학적 정치가는 그것을 할 수 있다. 그는 두 가지를 동시에 할 수 있는 능력을 가진 자, 양립 불가능한 모순을 견뎌 내는, 서로 다른 상태인 올라감과 내려감을 동시에 할 수 있는 사람이기 때문이다. 철학자이면서 정치가인 것, 이는 참으로 고된 삶이다.

3. 철학적 정치가의 교육

3.1. 예비 교과(521d~531c)

소크라테스는 "생성되는 것(to gignomenon)에서 실재로 혼을 끌어당기는 교과(학문: mathēma)"가 어떤 것인지를 살펴보자고 글라우콘에게 제안한다. 철학적 정치가들의 교육 목적이 앞에서 제시되었고 그것을 실현할 구체적인 방안을 탐색해야 하기 때문이다. 철학적 정치가의 자격을 갖춘 이들은 "젊을 적에는 전쟁 투사들"이었으므로 "체육과 시가에 의한 교육"을 받은 사람들이다. "체육은 생성하고 소멸하는 것과 물론 관련되어" 있다. 그것은 "신체의 성장과 쇠퇴를 관장"하는 것이므로 실재로 혼을 끌어당기는 교과일 수 없으며, "화성(선법)"을 배우는 시가 또한 "지식"에 이르게 할 수는 없다. 이 교과들은 "수공적手工的인 것"이다.

  소크라테스는 선행하는 이 교과들을 검토한 다음 "모든 기술과 모든 형태의 사고와 지식이 이용하는 공통의 것이며, 모두가 맨 먼저 배워야만 하는 것", 즉 "모든 기술과 지식이 이것들에 관여하지 않을 수 없"는 것인 "수(arithmos)와 계산(logismos)"을 제안한다. 글라우콘에 따르면 이 교과는 실용적인 쓸모가 있다. 이를테면 "군대의 정렬 및 전열에 대해서도 무엇이든 알려고 한다면" 이 교과가 소용될 것이다. 소크라테스는 글라우콘의 지적에 동의하면서도 그 교과들에 대해 자신이 주목하는 바는 다르다고 한다. 소크라테스에 따르면 수에 관한 교과는 "본성상 '지성에 의한 이해(앎.
직관)'(noēsis)로 인도하는 것들 중 하나"로서 "존재(본질: ousia)로 이끌기에
아주 알맞은 것"이다. 이 교과는 "'대립되는 감각'(enantia aisthēsis)으로 동
시에 넘어가지 않는" 것인 감각(감각에 의한 지각)을 통하는 것이 아니다. 감
각은 감각기관이 전달해 준 것만을 알 수 있을 뿐이나 "계산(losigmos)[의
힘]과 지성에 의한 이해(앎)"를 불러일으킨 혼은 "자기에게 전달된 것들"을
"구별된 것으로서 보지 않을 수 없게" 된다. 이는 추상적 사유가 작동하기
때문이다. 어떤 것이 혼에 여러 가지 대립되는 것으로 보인다면, 이 경우에
"혼은 '당혹해하면서'(aporein), 자기 안에서 '사고 작용'(ennoia)을 가동케
하여, '탐구를 하지'(zētein) 않을 수 없게끔 될 것이며, '하나 자체가 도대체
무엇인지'"를 묻게 될 것이다.

  소크라테스가 말하는 '사고'에 대해 글라우콘은 "시각도 '하나'와 관
련해서 이런 점을 적지 않게 갖고는" 있다면서 그 까닭으로 "동일한 것이
동시에 하나이면서도 수에 있어서 무한"하다는 것을 든다. 글라우콘은 여기
에서 수 자체의 이데아와 수학에서 말하는 수(이를테면 2를 답으로 내는 여러
수식 표현들), 수학의 대상을 혼동하고 있다. 소크라테스는 그 차원을 혼동하
지 말 것을 촉구하지만 글라우콘은 받아들이지 않는다. 여기서 소크라테스
는 "이 교과를 법으로 정해서, 장차 나라에 있어서 가장 중대한 일에 관여
하게 될 사람들로 하여금 산술을 익히게 하되, 이를 이수함에 있어서 사사
로운 자격으로 할 것이 아니라, '지성에 의한 이해(앎)'만으로 수들의 본성
(성질: physis)에 대한 고찰에 이르게 될 때까지 하도록 설득하는 것이 적절
할 걸세. 말하자면, 무역상이나 소매상들처럼 사고파는 걸 위해서가 아니

라, 전쟁을 위해서 그리고 또 '생성'에서 진리와 존재(본질)로 혼 자체를 향하게 함에 있어서 그 '방향 전환'(metastrophē)을 용이하게" 하자고 말한다.

소크라테스는 예비 교과 하나를 결정한 다음 기하학(geōmetria)으로 나아간다. 앞서와 마찬가지로 글라우콘은 기하학의 실용적 측면을 거론한다. "군대의 야영(주둔), 지역의 점령, 군대의 집결과 분산, 그리고 전투 자체와 진군에 있어서 취하게 되는 그 밖의 많은 대형과 관련"된 것이 그것이다. 여기서도 소크라테스는 "정작 생각해 보아야 할 것은 기하학의 많은 부분이 그리고 그 고급 단계가 '좋음의 이데아'를 더 쉽게 '보도록'(katidein) 만드는 데 어떤 점에서 기여하는 면이 있는가 하는 것"임을 지적한다. 그에 따르면 기하학은 "'언제나 있는 것'(영원한 실재: to aei on)에 대한 앎을 위한 것"이므로 "'아름다운 나라'(kallipolis)의 시민들이 어떻게든 기하학을 멀리하는 일이 없도록 최대한 지시해야만" 하거니와, 앞서 글라우콘이 말한 것처럼 "전쟁과 관련된 것들"은 "그것의 부산물"일 뿐이다.

소크라테스는 셋째 교과로 천문학(astronomia)을 정하자고 한다. 글라우콘은 곧바로 천문학의 실용적 측면, 즉 "계절 및 연월과 관련해서 한결 더 민감하게 감지할 수 있음은 농사만이 아니라 항해에도 적절한 것이지만, 전략에도 못지않게 적절한 것"임을 지적한다. 이에 대해 소크라테스는 일침을 놓는다. "자넨 재미있구먼. 자네는 쓸데없는 교과들을 지정하는 것으로 생각되지나 않을까 하여 다중을 두려워하는 사람 같아 보이니 말일세. 하긴 이런 걸 확신한다는 것은 그렇게 대수롭지 않은 것이 아니라 힘든 일이지." 지금까지 소크라테스가 다루어 온 교과들은 '쓸모'를 겨냥한 것들이 아니었다. "이 교과들을 통해서 각자의 혼의 어떤 기관(organon)이 순수화되어(ekkathairetai), [그동안의] 다른 활동들로 인해서 손실되고 눈멀어 버린 이 기관이, 눈 먼 개보다도 더 보전될 가치가 있는 이 기관이 다시 점화된다는 것"을 겨냥한 것이었다.

소크라테스는 글라우콘에게 지금까지 제시한 교과 과정을 재검토할 것을 요청한다. 그는 "이차원(deutera auxē) 다음에 차례대로 삼차원(tritē auxē)"을 취하는 게 옳다고 말하면서 아직 입체 기하학이 다루어지지 못하고 있는 것은 "어떤 나라도 이 교과[의 문제들]을 존중하지 않기 때문에, 이 어려운 것들이 빈약하게 탐구되고" 있으며, "탐구자들에겐 감독자(epistatēs)가 필요하며, 감독자 없이는 그 확립(해결)을 보지 못할" 것이라 걱정한다. 여기서 소크라테스는 평면 기하학에 이어 입체 기하학을 먼저 다루었어야 함을 주장하고 있는 것이다. 그에 이어서 그는 "넷째 교과를 천문학으로" 정한다. 글라우콘은 이제 학문의 실용적 쓸모를 말하지 않는다. 글라우콘은 "천문학이 어쨌든 혼들로 하여금 위쪽으로 보지 않을 수 없도록 하며, 이 지상의 것들에서 거기로 인도한다는 것은 모두에게 분명한 것 같"다고 말한다. 글라우콘은 천문학이 물리적으로 위쪽 공간을 보게 한다고 이해한 것이다. 이에 대해 소크라테스는 그러한 물리적인 의미의 위쪽 아래쪽은 무의미한 판단임을 지적한다. 소크라테스에 따르면 천문학은 고개를 위로 젖히거나 아래로 숙여 육안으로 관찰하는 활동을 통하는 것이 아니라 "'실재하는 빠름'과 '실재하는 느림'이 참된 수와 참된 도형(skhēma)에 있어서 상호 간의 관계 속에서 운동"하는 것, 즉 천체를 수학적으로, "이성(logos)과 추론적 사고(dianoia)에 의해서 파악"하는 교과이다.

소크라테스는 천문학에 이어 그것과 "상관적인 것"을 거론한다. 그것은 화성학이다. "눈이 천문학에 맞추어졌듯, 귀는 화성적 운동(enarmonios phora)에 맞추어져"야만 한다. 이는 퓌타고라스 학파가 주장한 방식으로 공부한다. 구체적으로 이는 "들려오는 협화음들에 있는 수들을 찾되, 문제들로 올라"가야만 하거니와, "어떤 수들이 협화음들이고 어떤 것들이 아닌지를, 그리고 무엇 때문에 각각의 경우가 그러한지를 고찰하는 데까지 나아가"야만 한다. 이는 협화음을 수학적으로 공부하는 것이다. 글라우콘은 소크라테스의 교과에 대해 "인간의 한계를 넘는 일"이라고 말하지만, 소크라테스는 이것이 "아름다우며 좋은 것의 탐구를 위해서 유용한 것"이라 말한다.

철학적 정치가들의 교육에서는 구체적인 교육 과정에 앞서 습관과 단련을 통한 인간·존재 전체의 방향 바꾸기가 이루어진다. 그렇게 해서 인간이 가진 힘을 어디로 향하게 할 것인지가 정해지는 것이다. 그것만으로는 아직은 충분하지 않다. 여기서 소크라테스가 글라우콘과 함께 논의했던 교과들은 그러한 방향 바꾸기에 도움이 되는 것들이다. 여기서 그 과목들이 무엇인지보다는 플라톤이 그것들을 배우게 하는 의도와 목표가 무엇인지를 주목해야 한다. 그것들은 사람들의 정신을 참다운 것, 불변의 것으로 향하는 데 도움이 되는 것들이어야 한다. 플라톤은 분명히 당시 아테나이에서 어떤 것이 교육되고 있는지를 잘 알고 있었을 것이다. 그 과목들이 어떤 의도로 교육되며 어떤 결과를 산출하는지도 알고 있었을 것이며, 그것에 대응하여 이 과목들을 설계하고 배치하였을 것이다. 이 부분을 읽을 때 미리 생각해 봐야 하는 것이 플라톤은 어떻게 이런 생각을 하게 되었는지다. 아테나이 사람들의 교사는 시인이다. 이것은 앞서 수호자들에게 시가를 교육하는 것에 관하여 논의할 때도 거론되었다. 시가는 인간의 감정에 직접 닿아 오는 것들이다. 그것에만 몰두한다면 인간은 추상적인 사유를 할 수 없게 된다. 플라톤이 배치하고 있는 교과들은 바로 이 부분에 관여한다. 감정에 닿아오는 것들에서 불변하는 실재로 인간의 정신을 끌어당기는 추상적 사유의 힘을 기르는 데 구체적인 목표가 있다. 이러한 목표를 가지고, 수호자들이 이미 신체와 정신 속에 습득하였던 시가와 체육에 이어 이 교과들을 교육해야만 한다.

추상적 사유에 관한 부분을 데스몬드 리의 영역본에서는 "there is one thing that all occupations, practical, intellectual, or scientific, make use of—one of the first things we must all learn"(실천적이고 지적이거나 학문적인 모든 일들이 사용하는 한 가지가 있다. 우리 모두가 먼저 배워야 하는 것들 중의 하나)가 있다고 번역하고 있다. 이 한 가지 공통의 것은 바로 추상적 사유이다. 추상적인 사유를 할 줄 알아야만 그 이상의 기술과 지식으로 나아갈 수 있다. 이렇게 함으로써 정치가들은 자연스럽게 앞서 거론되었던 수호자들과 구별된다. 추상적인 사유를 한다는 것이 무엇인지 생각해 보자. 감각적인 것은 지성에 의한 앎을 불러일으키지 않는 것들이다. 이것은 무슨 말인가. 뜨겁다, 차갑다는 대립된다. 우리가 뜨거운 것을 접하면 그 뜨거운 것만 느낀다. 그것에 대립되는 차가운 것을 느끼지는 않는다. 이런 것이 지각이다. 추상적 사유는 그렇지 않다. 뜨거운 것을 접했을 때 차가운 것을 '생각'한다면, 다시 말해서 어떤 감각을 접했을 때 접함과 동시에 그 감각에 대립되는 것이 떠오른다면 추상적 사유가 가능한 상태다. 대립되는 것이 떠오르게 되면 그것들이 어디에 속하는지를 판별해야 하는데 이것이 유類개념으로 가는 길이다. 그런 식으로 감각을 통해 알게 된 것들을 계속해서 추상적으로 사유하면 우리는 가장 추상적인 것을 알게 된다는 것이다. 여기서 플라톤은 이러한 유개념을 '하나'라고 말한다. 이 '하나'는 갯수가 하나인 것을 말하는 게 아니라 감각에 의해 알게 되는 여러 가지 것들을 자신 아래 포괄하고 있는 것을 가리킨다. '하나', 즉 추상적인 것을 처음 접하게 되면 당황스럽겠지만 자주 접하다 보면 결국 인간은 그쪽을 향해 나아가게 된다. 정신을 당황스럽게 만들고, 사고 작용을 가동시키고, 탐구를 한다는 것, 이것들이 바로 추상적 사유의 작동방식이다.

추상적 사유를 하기 위해 배우는 첫째 과목은 산술과 수론이다. 이 과목들을 배우게 되면 당연히 수학을 잘 하게 될 것인데, 수학은 어디에 쓸 것인가. 계산을 잘 하게 만들 것이다. 계산만이 아니다. 이성적이게 된다. 전사들이 수학을 배우는 까닭은 제대로 된 전열 배치라는 실용적 목적 때문이지만, 정치가들은 이성적 사유 능력을 기르기 위해서다. 그 다음 교과인 기하학도 마찬가지다. 기하학을 공부할 때에는 도형을 그리기도 하겠지만 그것이 전부는 아니다. 평면 기하학, 입체 기하학 모두 추상적 사유를 위한 과목들이다. 이러한 과목들을 배워 나갈수록 구체적인 사물을 가지고 뭔가를 생각하기보다는 머리 속으로 생각하는 힘을 가지게 된다. 천문학 역시 관측에 의한 천문학이 아닌, 추론에 의한 천문학을 공부해야만 한다. 한국어판 번역자가 주석을 붙여 둔 것에 주목해 보면, 흔히 당시 사람들이 알고 있는 천문학은 육안의 관찰에 의존하는 것이었지만, 플라톤이 생각하고 있었던 천문학은 추론적 사고의 대상으로서 다분히 수학적이다. 플라톤의 우주론을 담고 있는《티마이오스》에서는, 먼저 천체들의 운행 궤도가 수학적으로 산정되고 나서 그 궤도를 따라 천체들이 운행되는 것으로 말하고 있다. 마치 우주 공간에 이미 있는 추상적인 어떤 궤도를 읽어 낸 다음, 그 궤도에 인공 위성을 쏘아 올리는 요즘의 과정을 연상케 하는 사고 방식이다. 오늘날의 이론 천문학과 같은 것이다. 마지막으로 소크라테스는 화성학을 교과목으로 설정했다. 앞서 말하였듯이 이 모든 과목들을 공부하는 목표는 추상적인 사유 능력을 기르는 데 있다. 이를 통해서 부수적으로는 혼을 정화(katharsis)하고 인식 주관을 순수하게 만들며, 지성의 능력을 확보할 수 있을 것이다.

3.2. 변증술(531d~534e)

소크라테스가 지금까지 정한 교과들, 즉 수론, 평면 기하학, 입체 기하학, 천문학, 화성학은 "'본악곡'(주제: nomos)의 서곡들"에 해당한다. 변증술에 능하려면 반드시 이들 교과를 습득해야만 할 것이나 글라우콘은 "아주 소수의 사람들"만이 서곡에도 능하고 변증술에도 능하다고 말한다. 예비 교과를 습득한 이들은 "변증술적 논변(to dialegesthai)"으로 들어선다. 소크라테스는 변증술적 논변의 시작과 끝을 다음과 같이 말한다. "누군가가 '변증술적 논변'에 의해서 일체의 감각(aisthēsis)을 쓰지 않고서 '이성적 논의'(이성: logos)를 통해서 '각각인(~ㄴ, x인) 것 자체'(auto ho estin hekaston)로 향해서 출발하려 하고, 그래서 '좋은 것 자체'(auto ho estin agathon)를 '지성에 의한 이해(앎) 자체'(autē noēsis)에 의해서 파악하게 되기 전에는 물러서지 않을 때, 그는 '지성에 의해서[라야] 알 수 있는 것'(to noēton)의 바로 그 끝에 이르게 되네. 마치 동굴을 벗어난 그 죄수가 그때 '가시적인 것'(to horaton)의 끝에 이르렀듯 말일세." 여기서 소크라테스는 동굴의 비유를 상기시키고 있다. 그에 따르면 변증술은 "결박에서 풀려남도, 그림자들에서 상(eidōlon)들 및 불빛으로 향한 방향 전환도, 지하 동굴로부터 태양의 광명으로 향한 오름도" 아니다. 그것은 "실재들(ta onta) 가운데서도 최선의 것(to ariston)의 관상(thea)으로 이끌어 올리는 힘"을 가지고 있다. 소크라테스는 아직 변증술이 무엇인지 말하지 않는다. 그것이 가진 힘만을 말했을 뿐이다. 글라우콘은 다음과 같이 요청한다. "변증술적 논변이 갖는 힘의 특성이 무엇이고, 또한 이것이 어떤 유형들로 분류되며, 그 길(방식: hodos)들 또한 어떤 것들인지 말씀해 주십시오." 소크라테스는 이제부터는 비유를 통해서가 아니라 사유로써만 설명하겠다고 천명하지만, 글라우콘의 요청에 직접적인 대답을 제시하지는 않는다. 그는 추론적 사유가 변증술과 어떻게 다른지를 설명할 뿐이다. 그에 따르면, "기하학이나 이에 잇따른 것들은 '실재'에 관해서 꿈"을 꾸는 것과 같으며 "가정(hypothesis)들을 이용"하는 까닭에 그 가정들에 대해서는 설명을 하지 못한다. 추론적 사유는 무전제의 사유가 아닌 것이다. "변증술적 탐구 방법(hē dialektikē methodos)"은 "가정들을 [하나하나] 폐기하고서, 확실성을 확보하기 위해 원리(arkhē) 자체로" 나아간다. 여기서 소크라테스는 앞서 거론했던 선분의 비유에서의 네 부분을 상기시키지만 "'의견의 대상'(to doxaston)과 '지성에 의해서[라야] 알 수 있는 대상'(to noēton)이 각기 둘로 나뉘는 것", 즉 전자의 분할 원리를 후자에 적용하는 것에 관해서는 "지나간 논의보다도 몇 배나 더 될 논의들에 우리가 말려들지 않도록" 언급하지 않기로 한다.

소크라테스는 변증술에 관한 적극적인 규정을 제시하지 않는다. 그는 "본질(존재: ousia)에 대한 설명을 해 낼 수 있는 자"가 "변증술에 능한 자(dialektikos)"라고 말할 수 있다는 것, 이는 좋음의 경우에도 마찬가지여서 "'좋음'의 이데아를 다른 모든 것에서 분리해서 구별할" 수 있는 자가 지성(nous)을 갖춘 자라는 것을 말할 뿐이다.

이제 철학적 정치가들이 본격적으로 공부해야 할 과목이 하나 남았다. 바로 변증술이다. 지금까지는 서곡, 즉 예비 교과들이었다. 변증술적 논변이라는 이야기가 나왔을 때 두 가지를 생각해 봐야 한다. 첫째, 예비 교과에도 인간의 정신을 추상적인 사유로 이끄는 입체 기하학이나 수학적 천문학이 있다. 그것들과 마찬가지로 변증술이라는 것은 분명히 추상적 사유일 것인데 어떻게 다른가? 둘째, 예비 교과는 그런 교과들을 익히면 된다고 하는데, 그

3. 철학적 정치가의 교육 **293**

러면 변증술도 오로지 지적 활동을 통해서 익힐 수 있는 능력인가? 이 물음들에 대해 소크라테스는 별다른 대답을 내놓지 못했다.《국가》에서 플라톤은 변증술이 무엇인지를 정확하게 규정하고 있지 않으므로 변증술에 관한 세밀한 규정은 그의 다른 대화편들에서 찾아보아야 한다. 특히 정치가가 가져야 할 능력으로서의 변증술이 무엇인지는 "한층 더 변증술에 능하게 되는 걸"(《정치가》, 285d) 목적으로 하는《정치가》를 참조하여 읽는 것이 훨씬 도움이 될 것이다.

3.3. 선발 및 교과 배정(535a~543c)

소크라테스는 예비 교과와 변증술로써 철학적 정치가의 교과들을 확정한 다음, 이 교과들을 습득할 이들의 자격요건을 다시 확인한다. 그것은 "견실한 자들", "용감한 자들", "가장 잘 생긴 자들", "성격(인격)에 있어서 고귀하고 강건한 자들", "신체적 노고를 치러 내면서도, 그렇게 많은 공부와 수련을 완수해" 낼 수 있도록 "기억력이 좋고 꿋꿋하며 모든 면에서 열심인 사람"이다. "이들에게는 학문에 대한 날카로움이 있어야만" 한다. 이는 "혼들에 고유한 것이지, 육신과 함께 공유하는 것이 아닌 특유의 것"이다. 소크라테스는 열심히 학생 선발에 대해 이야기하면서도 스스로가 "우스운 것"을 하고 있다는 듯이 말하기도 한다. "우리가 농담을 하고 있다는 걸 내가 잊고서, 오히려 열을 올려 가며 말했네. 말을 하면서 동시에 철학의 형편을 눈여겨보았지. 그래서 철학이 부당하게 모욕적인 대접을 받는 걸 목격하고서는 못마땅해 하며, 마치 그 장본인들에 대해 화라도 난 듯이, 좀은 지나치다 싶게 진지하게 내 말을 했던 것으로 내게는 생각되니까 말일세." 물론 글라우콘은 "듣는 쪽인 제게는 분명히 그렇게 생각되지 않"는다고 하지만 여기서 소크라테스가 진지함을 덜어 내려 했음을 부인할 수는 없다.

소크라테스는 교과들을 연령에 따라 배정한다. "계산이나 기하학 그리고 변증술에 앞서 교육받아야 할 일체 '예비 교육'(propaideia)의 교과들은 아이들일 때에 제공되어야만" 한다. 이 교과는 "강제로 하도록 하지 말고 놀이 삼아" 해야 하며 "그럼으로써 그들이 저마다 무엇에 적합한 성향을 타고 났는지를" "한결 더 잘 볼 수" 있다. 이어서 "필수적인 체육"에서 벗어난 이삼 년의 기간은 "다른 걸 할 수 없는 기간"이다. 군 복무 기간으로 짐작되는 "이 기간 뒤에, 스무 살이 된 자들 중에서 남들에 앞서 선발된 자들"에게는 "교과 상호 간에 친근성 및 '실재'(to on)의 본성(physis)에 대한 '포괄적인 봄'(synopsis)을 갖도록 해야만" 한다. 이 '봄'은 "변증술적 자질(dialektikē physis)인지 아닌지에 대한 최대의 시험"인데, "'포괄적으로 보는 사람'(ho synoptikos)은 '변증술에 능한'(dialektikos) 자이지만, 그러지 못하는 사람은 그런 이가 아니기 때문"이다. 이렇게 교육된 자들이 "서른 살을 넘어설 때" 다시 선발을 해야 한다. 그들을 "변증술적 논변의 힘에 의해 시험을 함으로써, 이들 중에서 누가 눈이나 그 밖의 다른 감각의 이용을 포기하고서, '실재(~ㄴ 것) 자체'(auto to on)로 진리와 더불어 나아가는지"를 눈여겨보아야 한다. 이렇게 선발된 이들은 변증술 교육으로 이행할 준비가 된 것이다.

소크라테스는 본격적인 변증술 교육에 앞서 주의해야 할 점들을 언급한다. 그가 걱정하는 바는 다음과 같다. "[이를 행하는] 사람들이 무법(범법: paranomia) 투성이인 것 같으이." 글라우콘도 이에 동의하면서 변증술적 논변이 구성원들에게 구속력을 가진 관습을 포함하는 법(nomos)의 근거를 뒤흔드는 사례를 논의한다. 소크라테스에 따르면 "우리에게는 올바른 것들 및 아름다운 것들과 관련해서 어릴 적부터 신념(dogma)들이 분명히 있어 그 속에서 자라기를, 마치 어버이 밑에서 자라듯, 해왔으며, 그것들에 복종하며 그것들을 존중해" 왔는데, 이는 "조상 전래의 풍습(ta patria)"이라 할 것이다. 이러한 신념에 대해 의문이 제기되어 "이 논박이 여러 차례에 걸쳐 여러 가지 방식으로 행하여져, 그가 입법자한테서 들은 것이 '추한 것'(aiskhron)이 아니듯, 아름다운 것도 전혀 아니라는 의견(판단)을 그로 하여금 갖도록 하며, 또한 '올바른 것'이나 '좋은 것' 그리고 그가 존중해 왔던 것들과 관련해서도 마찬가지 꼴이 될 경우"에는 그가 "어느새 준법적인(nomimos) 사람에서 범법적인(paranomos) 사람으로 바뀐 것으로 보일" 것이다. 이들에게는 "관용을 베풀" 만하며 "연민까지도 가질" 만하지만 "서른 살 된 사람들에 대한 이 연민이 일어나는 일이 없도록 하기 위해서는, 모든 면에서 조심하여 [변증적] 논변에 관여해야만" 하는 것이다. 청년들은 "처음으로 논변의 맛을 보게 되면, 이를 언제나 반박(반론: antilogia)에 이용함으로써, 놀이처럼 남용"하며 이러한 일이 되풀이되면 "이들은 이전에 자신들이 믿었던 것들 가운데 어떤 것도 믿지 않는 사태에 급격하게 빠져" 버린다. 소크라테스는 이러한 사태를 막기 위해서 "논변에 참여토록 할 사람들은 성향에 있어서 예절 바르고 견실해야만 하며, 따라서 지금처럼 아무나 그리고 어떤 면으로도 적합치 않은 사람이 이에 접근하는 일이 없도록 되어야 할 것"이라고 경고한다.

소크라테스는 변증술 교육 기간을 "오 년으로" 정한다. "그 다음에는 이들이 다시 저 동굴 속으로 내려가 있도록 되어야만 하며, 또한 이들은 전쟁에 관련된 일들을 지휘하며 또한 젊은 사람들에 맞는 관직들도 맡도록 강제당해야만" 한다. "이는 이들이 경험에 있어서도 남들에 뒤지지 않도록 하기 위해서"이다. 글라우콘이 이렇게 경험을 쌓는 기간을 얼마로 잡을지 묻자 소크라테스는 "십오 년일세"라고 대답한다. 변증술적 논변 교육은 그것의 세 배되는 기간의 경험과 결합되어야만 하는 것이다. 쉰 살이 된 "이들 중에서도 [시험들을] 무사히 치렀으며 실무에 있어서나 학식에 있어서 두루 모든 면에서 가장 훌륭했던 자들"에게는 "최종 목표"가 남아 있다. 그들은 "고개를 젖히고서 혼의 눈으로 하여금 모든 것에 빛을 제공하는 바로 그것을 바라보지 않을 수 없게끔 만들"어져야 한다. "그리하여 '좋음 자체'(to agathon auto)를 일단 보게 되면 이들은 그것을 본(paradeigma)"으로 삼게 된다. 이들은 "여생 동안 번갈아가면서 나라와 개개인들 그리고 자신들"을 다스려야만 하며 "여생의 대부분을 철학으로 소일"하면서도 "차례가 오면 나라 일로 수고를 하며, 저마다 나라를 위해 통치자로도 되는데, 이들이 이 일을 하는 것은 이것이 훌륭한 것이어서가 아니라 불가피한 것"이어서이다. 이들은 동시에 "다른 사람들을 교육"시키는 책무를 지고 있으며, 그러한 일까지 마치면 "축복받은 자들의 섬들(makarōn nēsoi)"로 떠나가서 살게 된다.

글라우콘은 모든 논의의 끝에 "지극히 훌륭한 통치자들을 완성"해

낸음에 감탄한다. 소크라테스는 지금까지 논의한 것들을 다시 정리한다. 그는 나라(polis)와 정체(politeia)에 관한 목표를 제시한다. "참된 철학자들(참으로 지혜를 사랑하는 사람들)이, 이들이 여럿이든 한 사람이든 간에, 한 나라에서 최고 권력자(지배자)들로 되어, 현재의 명예들을 저속하며 아무런 가치도 없는 것들이라 생각하고서 경멸하는 한편으로, 바른 것(to orthon)과 이것에서 생기는 명예는 최대한 높이 사며, 올바른 것(to dikaion)을 가장 중대하고 가장 필요한 것으로 보고, 이를 받들고 증대시켜서, 자신들의 나라가 질서를 잡게"하는 것. 글라우콘은 새삼스럽게 이것이 가능해지는 방법을 묻는다. 그것은 이미 형성된 올바른 나라의 본本을 닮으려는 사람, 즉 "이 나라를 닮은 사람"을 만들어 내는 방법일 것이다. 그 방법은 다음과 같다. "이 나라에서 열 살 이상 된 사람들을 모두 시골로 보내되, 그들의 아이들은, 오늘날 그 부모들의 것을 이들 자신도 지니게 되는, 그 성격들에서 벗어난 상태로 넘겨받아서는, 이들을 이들 자신들의 '생활방식'(tropos)과 법률 안에서 양육할 것이네. 이는 우리가 앞서 그때 언급했던 그런 것들일세. 또한 나라와 우리가 말한 정체는 이런 식으로 해서 가장 빨리 그리고 가장 쉽게 확립되어, 스스로 번영하며, 그 안에 있게 되는 민족(ethnos)에 최대로 혜택을 입도록 하겠지?"

소크라테스는 논의에서 합의한 것들을 다시 정리한다. "여자들이 공동의 것이어야 하며, 아이들과 일체 교육이 공동의 것이어야 하고, 전시와 평화시의 활동도 마찬가지로 공동의 것이어야 하지만, 군왕(basileus)들은 이들 가운데서 철학(지혜에 대한 사랑)에 있어서 그리고 전쟁과 관련해서 가장 훌륭한 자들로 드러난 사람들이어야만 한다"는 것. "일단 통치자들(hoi arkhontes)이 임명되면, 군인들을 앞서 우리가 말했던 그런 거처들로 인도해서 거주토록 하는데, 이 거처들은 그 누구를 위한 그 어떤 개인적인 것도 갖지 않고, 모두를 위한 공동의 것들만을 갖는다"는 것, "이들은 아무도 다른 사람들이 오늘날 소유하고 있는 그런 것들 중의 그 어떤 것도 가져서는 아니 되고, 마치 전사들이나 수호자들처럼, 수호 업무를 위한 연간 생계비를 수호에 대한 보수로서 다른 시민들한테서 받으면서, 자신들과 함께 다른 시민들을 보살펴야만 한다"는 것. 여기까지 말하고 난 다음 소크라테스는 문제가 일단락되었다고 보고 "원래의 논의"를 떠올린 뒤 "다시 같은 길"을 가자고 제안한다.

변증술적 논변이 무엇인지가 앞에서 분명하게 규정되지 않은 상태에서 곧바로 구체적인 교과 과정을 어떻게 진행할 것인지에 관한 논의로 들어와 버렸다. 이 과정을 진행하는 목표는 단순히 이론적인 탐구 능력을 기르는 것이 아니라 실천적인 능력까지 갖게 하는 데 있다. 교과들을 종합적으로 습득하면 교육생들이 '포괄적인 봄'(synopsis)을 갖게 된다는 것 등이 그것을 가리킨다. 오늘날 '시놉시스'synopsis라는 말은 대체로 요약문이라는 뜻으로 쓰이는데, 본래는 포괄적인 봄을 가리킨다. 'syn-'이라는 말이 '함께'라는 뜻이고 '-opsis'가 '본다'는 뜻이다. 교과 상호 간의 친근성 및 실재의 본성에 대한 포괄적인 봄을 가져야 정치가가 된다고 했다. 친근성과 본성, 둘 다를 볼 줄 알아야 한다는 것이다. 친근성은 유사성이다. 친근성에 대해 포괄적인 봄을 갖도록 하는 것이 은유

(metaphora)를 다룰 줄 아는 것이다. 이것은 변증적 논변을 훈련하는 방법이기도 하다. 변증술은 포괄적으로 보는 능력이고 그 포괄적인 봄을 연마하는 방법은 친근성을 찾아내는 것이다. 친근성을 오늘날의 용어로 말해 보면 '가족 유사성'(family resemblance)일 것이다. 친근한 것들을 모아서 올라가다 보면 보편성에 이르게 될 것이고, 궁극의 보편성에 오르게 되면 사물의 본성을 알 수 있을 것이다. 이것이 《국가》에서 찾아볼 수 있는 변증술에 관한 가장 적극적인 설명이다. 철학적 정치가는 교과 상호 간의 친근성 및 실재의 본성에 대한 포괄적인 봄을 갖는다. 지금까지는 실재의 본성만 강조되고 있었다. 이제는 친근성에 대해서도 중요하게 생각해야 한다. 이것은 모든 것을 두루두루 넓게 볼 줄 아는 능력이다.

이어지는 내용은 교육 과정 각각을 몇 년 동안 연마해야 하는지에 관한 것이었다. 이 햇수는 얼핏 별다른 뜻이 없어 보이고 순서도 그리 중요하지 않은 듯해 보인다. 변증술 교육의 기간은 오 년이다. 그걸 배운 다음에 동굴 속으로 내려가 있어야 한다. 최고의 이론적 능력을 가진 사람이 반드시 많은 사람과 함께 생활을 해 봐야 한다는 것이다. 이것은 이론가들에게 고통을 주려는 의도가 아니다. 이론만으로는 정치가가 될 수 없다는 것이다. 많은 사람을 겪음으로써 세상의 쓴맛을 보아야 하며, 그것을 통해서 이론의 한계를 절박하게 깨달아야만 한다. 그것만이 아닐 것이다. 동굴 안에는 온갖 종류의 사람이 있구나, 말로 해서는 안 되는 사람도 있구나, 변증술적 논변만 공부해서는 정치가가 될 수 없구나 하는 것들을 자각해야만 한다. 이들은 전쟁에 관련된 일도 하고 경험도 많이 겪어야 한다. 그 기간이 십오 년이다. 그러다 보면 쉰 살이 될 것이다. 이때쯤 되어야 실무에서나 학식에서나 훌륭한 사람임을 인정받을 수 있게 될 것이고, 철학적 정치가 집단에 속하게 될 것이다. 그 집단에 속해 있으면서 차례가 오면 나랏일로 수고해야 한다. 보통때는 철학자로 살면서 교육에 종사하고, 때가 되면 나라의 정치도 하는 것이다. 철학적 정치가에 대한 플라톤의 구상은 그럴싸하고 권장할 만한 것이지만 누구를 선발하여 어떻게 시작할 것인지가 문제다. 열 살 이상 된 사람들을 모두 시골로 보내서 지금까지 말한 것들을 교육시키면 된다는 것이 플라톤의 구체적인 계획이다.

정치 체제의 쇠퇴라는 문제를 어떻게 해결할 것인가를 두고 18세기 이전까지는 과두정과 민주정을 혼합한 '혼합정체론'이 이상적인 정치 체제로 간주되곤 하였다. 이는 각 정체의 장점을 결합함으로써 체제의 타락을 막자는 시도일 것이다. 장점이 결합되면 더할 나위 없이 좋겠지만, 단점이 결합되면 치명적인 문제가 생겨난다. 18세기 이후 민주정이 공식 정체로 헌법에 자리잡기 시작하면서 혼합정에 관한 논의들이 무의미해졌다. 민주정에서는 전체 인민이 원칙적으로 모든 공직에 진출할 수 있기 때문에 과두정은 전혀 고려될 수 없었기 때문이다. 민주정이 가진 한계를 해소하기 위해 견제와 균형을 이상으로 하는 권력분립론이 등장한 것은 이러한 맥락에서였다. 아테나이, 로마 공화정, 현대 민주정 등을 제외한 정치 체제들에서는 정치적 공직이 출생, 군주의 호의, 확립된 과두제 안에서의 지위 획득에 의해서(베네치아 공화국의 경우) 성취될 수 있었다. 이는 공직을 귀속적으로 충원하는 방식이다. 이러한 충원 방식에서는 군주의 몸에서 권력이 '파생'되었으므로 자연스럽게 그의 몸이 초월적인 권력을 대표하기도 하였다. 플라톤이 구상한 폴리스에서는 귀속적 충원 방식이 적용되지 않는다. 굳이 이름을 붙이자면 '교육적 충원 방식'이라 할 수 있다. 플라톤은 이것이 제대로 작동한다면 정체의 쇠퇴를 막을 수 있다고 본 것이다. 우리는 공직자 충원을 위한 수호자 교육과 조직 형태를 '제I부 공동체의 구성과 올바름'에서 살펴보았다. 내용으로 보면 제I부는 제Ⅲ부로 이어져야 할 것이다. 공직의 충원 방식에 따라 정치 체제가 구성되기 때문이다.

아리스토텔레스가 《정치학》에서 혼합정체론으로 보이는 것을 이상적 정치 체제로 규정하는 것을 보면 플라톤이 혼합정체론을 몰랐을 것이라 생각하기는 어렵지만, 그는 정체의 쇠퇴가 일어나는 원인이 정체의 구조 문제라기보다는 폴리스에 살고 있는 사람들의 삶의 방식에 있다고 보았다. 아무리 이상적인 정체에 살고 있다 해도 그 폴리스에 살고 있는 사람들이 무엇을 지향하면서 사느냐, 즉 중요하게 여기는 삶의 가치가 무엇인가에 따라 정체는 얼마든지 퇴락할 수 있다. '제Ⅲ부 나쁜 상태의 네 가지 정체와 시민들'에서 플라톤은 역사적인 경과에 따라 정치 체제가 변화하는 것을 다루고 있는 것처럼 보이지만 사실은 그렇지 않다. 아주 간단히 말해서 시민들이 어떤 상태에 있느냐에 따라 정치 체제의 상태를 평가하고 이름 붙이고 있으므로 플라톤이 정치학적 의미에서의 체제론을 논하고 있다고 보는 것은 논점을 벗어난 것이다.

제Ⅲ부
나쁜 상태의 네 가지 정체와 시민들

1. 정체 변화의 방식(543d~547a)

소크라테스를 비롯한 논의 가담자들은 본래 나쁜 상태의 네 가지 정체에 대하여 논의하려 했었다(445c). 그때 폴레마르코스와 아데이만토스는 소크라테스의 "말허리를 꺾"(450a)고 처자 공유와 관련해서 그 "방식이 무엇인지"(449c)에 대한 설명을 요구했다. 이에 대답하고자 소크라테스는 공동체(koinōnia)의 조직 형태를 논의하였고, 그에 이어서 훌륭한 나라의 본과 철학적 정치가까지 이야기하였다. 글라우콘은 이제, 그때 중단되었던 논의를 상기시키고 계속해 나가자고 한다. "선생님께서 네 가지 정체로 어떤 것들을 말씀하시려 했는지 저로서는 어쨌든 직접 듣기를 바랍니다."

 소크라테스는 네 가지 정체를 열거한다. "그 하나는 많은 사람한테서 칭찬을 받고 있는 것으로서, 크레테 및 라코니케 식 정체가 이것일세. 그리고 둘째 것이며, 버금가는 것으로서 칭찬을 받고 있는 것은 과두 정체(oligarkhia)라 불리는 것으로, 많은 나쁜 것으로 가득 찬 정체일세. 이것과는 화합하지 못하는 것으로서, 그 다음에 생기는 것은 민주 정체(dēmokratia)이네. 그리고 그야말로 특출한 참주 정체(tyrannis)는 이 모든 것과도 판이한 것으로서, 나라의 넷째 것이며 말기적인 질병(nosēma)일세." 소크라테스는 이 밖에도 "세습군주제(dynasteia)들 및 '매관매직의 왕정'(ōnētē basileia)들"도 거론하지만 집중적으로 앞의 넷을 이야기하려 한다. 여기에서 소크라테스는 나라의 형태와 "개인들의 혼의 상태"가 상응한다고 언급하면서, 나라의 형태를 논한 다음에는 그 "정체에 따라 생기게 된 사람", 그 정체를 "닮은 사람을 언급하는 순으로" 논의하자고 한다.

소크라테스와 글라우콘은 정체의 변화가 일어나는 방식을 이야기한다. 소크라테스는 변화의 원인을 다음과 같이 규정한다. "혹시 이 점은 단순명료한 것인가? 즉 정체(politeia)가 바뀌는 것은 관직을 장악하고 있는 집단 자체에서 모두가 비롯되는 것이고, 이는 그 집단 안에서 내분(내란: stasis)이 생길 때라는 것이 말일세. 반면에 이 집단이 한마음 한뜻일(homonoein) 때에는, 그것이 아주 소수로 이루어진 것이라 할지라도, 변혁될 수가 없겠지?" 소크라테스는 '내분'이 정체 변혁의 원인이라 말하면서 그 내분이 무엇 때문에 일어나는지를 더 탐색할 뜻을 글라우콘에게 내비친다. 소크라테스는 글라우콘에게 그 원인을 물으면서 다른 한편으로는 "무사Mousa 여신들께 '애초에 어떻게 해서 분쟁이 엄습하게 되었는지를' 우리에게 말씀해 주십사고 기원하기를 바라는가?"도 묻는다. 소크라테스가 무사의 입을 빌려 제시하는 설명은 다음과 같다. "생성된 모든 것에는 쇠퇴(phthora)가 있기에, 이와 같은 구성(systasis)도 영원토록 지속되지는 못하고, 해체되리라. 그 해체는 이런 것이니라. 땅속에 뿌리를 내린 식물들만이 아니라, 땅 위의 동물들에게 있어서도 혼과 육신의 풍요로운 생산과 불임 불모의 시기가 있으니, 이는 각각의 것들에 있어서의 순환들이 그 주기를 채우게 될 때마다 있느니라. 그 주기는 수명이 짧은 것들에는 짧되, 그 반대인 것들에는 반대이니라. (…) 이 기하학적인 수(기하학적 도형으로 나타낼 수 있는 수: arithmos geōmetrikos) 전체가 더 나은 출생과 더 못한 출생을 좌우하는 것이니, 그대들의 수호자들이 이런 출생들을 알지 못하고서 적기가 아닌 때에(para kairon) 신부들을 신랑들과 동숙케 할 때는, 훌륭한 성향도 행운도 타고나지 못한 아이들이 태어나리라. (…) 이들 가운데서 선발된 통치자들은 헤시오도스와 그대들에게 있어서의 종족들을, 즉 황금족과 은족, 청동족, 그리고 철의 종족을 감별함에 있어서 수호자 구실을 그다지 잘 수행해 내지 못하게 될 것이니라. 철과 은, 청동(구리), 그리고 금이 함께 섞임으로써 닮지 않은 상태(anomoiotēs)와 조화롭지 못한 불규칙성(anōmalia)이 생기게 되고, 이것들이 일단 생기게 되면, 그곳이 어디건, 거기에는 언제나 전쟁과 적대심을 낳으리라." 글라우콘이 "우리로서는 여신들이 말한 것이 옳다"고 하면서 이 설명에 수긍하자 소크라테스는 네 가지 정체에 관하여 본격적으로 논의하기 시작한다.

공동체의 도덕적 근거와 철학적 정치가에 관한 논의를 마무리하면서 소크라테스는 '완벽하게 경영될 나라'를 재정리하여 말하였다. 그 나라에서는 여자들, 아이들, 교육, 전쟁 시기와 평화 시기의 활동도 공동의 것이다. 여기서 '공동'이라는 말을 보고 섣불리 전체주의적 국가를 떠올려서는 안 된다. 여자들과 아이들의 공유에 관해서는 '수호자들의 삶의 방식'에서 충분히 살펴보았다. 그것은 공직자들에게서 일종의 가족 이기주의를 없애기 위한 방편으로서 제시된 것이었다. 교육과 활동에서의 공동의 것은 더 말할 나위도 없다. 오늘날 우리는 공교육을 아주 당연한 것으로 생각한다. 전 국민이 나라를 지키는 군대에 복무하여야 한다는 것도 마땅한 일이라 생각한다. 이것은 전체주의적인 제도인가? 아니다. 나와 우리가 나라의 주인이므로 나라가 내 땅이고 우리 땅이므로 그것을 지키기 위해 군복무를 하는 것이다. 귀족들이 다스렸던 서양 중세의 나라에서는 농노들이 전쟁터에 나가지 않았다. 자기들 땅이 아니니 목숨걸고 지킬 까닭이 없었던 것이다. 아리스토텔레스의 《정치학》을 봐도 공교육 이야기가 나온다. 아리스토텔레스가 말하는 공교육은 좋은 방책이라 여기면서도 플라톤이 말하는 공동 교육은 이상적인 것이고 전체주의적이라 간주해서는 안 된다. 한국에 살고 있는 사람들에게는 공교육에 관한 이야기가 낯설지 않다. 특히 송나라 이후의 중국이나 조선 시대의 전통을 알고 있는 사람들은 그것이 이상적인 제도가 아니라 나라가 마땅히 해야 할 일이라 생각한다. 오히려 나라에서 교육도 안 시키는 것을 의아하게 여긴다. 교육이라는 것이 특수한 집단에만 허용되는 자원이었던 서양에서는 이러한 제도가 근대 이후에 나온 것이니 서양 사람들에게는 오래된 제도가 아니다. 플라톤이 구상한 폴리스에서는 수호자들이 공동의 교육을 받는다. 그들 중에서 철학과 전쟁에 관련해서 가장 훌륭한 자들로 드러난 사람들을 뽑아 군왕으로 삼는다. 이 군왕은 통치자를 가리킨다. 혈연에 의한 세습 왕을 가리키는 것이 아니다. 우리는 이를 '철학적 정치가'라는 말로 규정했었다. 이들은 공부도 잘 하고 싸움도 잘 하는 사람들이다. 수호자들의 교육과 삶의 방식을 논의한 다음, 대화에 가담한 이들은 시민들이 어떤 상태에 있을 때에 나라가 제대로 운영되는지를 논의하려 하였다. 그때 그 자리에 있던 사람들이 여성과 아이 공유를 문제삼으면서 논의가 '공동체의 궁극적 근거와 철학적 정치가'에 관한 것으로까지 전개되었다.

철학적 정치가들에 관한 논의가 끝난 뒤 대화 참여자들은 본래의 주제를 다시 끄집어냈다. 그것은 정치 체제의 쇠퇴라는 주제다. 쇠퇴라는 측면은 충분히 살펴볼 가치가 있다. 오류와 결함으로부터 배우는 것이 있을 것이기 때문이다. 어떤 정치 체제에 사느냐에 따라 사람의 삶의 방식은 달라질 것이며, 그러한 차이가 폴리스 시민들 개개인의 훌륭함에도 영향을 끼치기도 할 것이다. 네 가지 정체가 거론되었다. 그것들은 크레테 및 라코니케 식 정체, 과두 정체, 민주 정체, 참주 정체이다. 그 밖에 세습군주제나 매관매직의 왕정은 이방인들 사이에서 찾아볼 수 있을 것이다. 여기서 플라톤이 말하는 정치 체제들은 정치학적 관점에서 말하는 체제의 종류가 아니다. 시민들이 어떤 상태에 있는가에 따라 이름을 붙인 것일 뿐이다. 정치학적 체제론은 통치자가 어떤 방식으로 세워지는지, 그 정체에 사는 구성원들의 권리와 의무는 무엇인지, 통치는 어떤 조직 형태를 통해서 이루어지는지를 기본적으로 따져 보는데, 여기서는 그런 것이 전혀 거론되지 않는다. 오로지 그 정체에 사는 사람들이 어떻게 해서 얼마나 타락했는지만을 묻는다. 이때 타락의 판별 기준은 탐욕의 정도이다. 플라톤은《국가》첫째 부분(제I부)에서 이미 어떤 정체가 가장 좋은지에 대해 논의를 했으므로 그것과 다른 것을 비교할 필요가 없었을 것이다. 그가 집중적으로 관심을 갖는 것은 바로 정체를 퇴락으로 몰고 가는 주요 원인에 대한 상세한 논의다.

논의는 최상의 정체가 있었다는 가정에서 시작했다. 그것에서 벗어난 것들은 불완전한 것이다. 최상의 정체가 있었는데 알 수 없는 어떤 사정에 의해서 그 정체에 훼손이 일어나고 그렇게 훼손된 것들이 지금부터 논의하는 네 가지 정체인 것이다. 어떤 사정에 의해 정체의 훼손이 일어났는지는 알 수 없으므로 무사 여신에게 물어야 한다. 이는 내분의 원인에 대해 신화적 설명을 도입하는 것이다. 정체 변화에 관한 설명에서 처음에 제기된 물음은 "명예 지상 정체가 최선자[들의] 정체에서 어떤 식으로 생기게 되겠는지"인데, 최선자[들의] 정체는 규정상 내분이 일어날 수가 없다. 그 정체에서 내분이 일어난다고 설명하려면 신화의 도움을 빌릴 수밖에 없다. 신화를 도입하는 것은 역사적 사실로써 논증하는 것이 아니라 일종의 가상적 구성이다.

네 개의 정체들은 연속체(continuum) 속에 있다. 이는 정체들이 유지되는 형식적 원리는 똑같은데 그 체제 안에서 특정 요소가 지나치게 많아지면 불완전성의 정도가 좀더 강해짐을 의미한다. 라코니케 정체의 형식과 내용이 완전히 달라져서 과두 정체가 되고 이것이 완전히 달라져서 민주 정체가 되고 이것이 참주 정체로 되는 것이 아니다. 라코니케 정체에 들어 있던 특정 부분이 불거져서 상태가 나빠지면 과두 정체가 되는 식이다. 그 나쁜 것이 넘쳐 흘렀다는 것이다. 가족력에 기원을 둔 질병과 같은 것이다. 어떤 사람의 몸안에 발병의 소지가 있었는데 그 몸으로 이십 대에는 별다른 어려움 없이 살 수 있었으나 오십 대가 되니 내재되어 있던 원인이 불거져 나와 뚜렷한 질병이 된 것이다. 정체들이 연속체 속에 있다는 것은 이렇게 이해하면 된다.

플라톤이 라코니케 정체(스파르타 체제)를 이상적인 것으로 찬미했다는 말들이 있는데, 여기서의 논의를 보면 그건 전혀 아니라는 게 확실해진다. 그 정체에도 이미 피해갈 수 없는 문제가 있기 때문이다. 그것은 바로 재물에 대한 탐욕이다. 이는 민주 정체에 관한 논의에서 상세하게 제시되겠지만, 궁극적으로는 탐욕이라 불릴 수 있는 것들이 작은 씨앗으로부터 크게 부푼다. 인간에게는 "만족할 줄 모르는 욕망(aplēstia)"(555b)이 있는데, 명예를 중요하게 여기는 사람은 그것을 내리누르고, 과두정에서는 그것을 은밀히 추구하고, 민주정에 가서는 만인이 그것을 추구하고, 참주정에 가서는 그것을 추구해 줄 사람을 광적으로 찾아내서 지도자로 세운다는 것이다. 이 연속체 안에 욕망이 들어 있다. 그것이 어떤 상태에 있느냐에 따라 정체가 변화한다. 욕망이 분출되는 순서에 따라 정체가 형성되는데, 참주 정체가 가장 나쁜 상태라고 하였다. 참주 정체는 갑자기 돌출되어 나온 것이 아니라 욕망이 가장 완벽하게 분출된 상태라 할 수 있다. 이것에 대해 플라톤은 '말기적인 질병'이라는 생물학적인 은유를 사용하고 있다. 정체를 유기체로서 파악하고 있기 때문이다. 이에 대한 플라톤의 처방은 욕망을 없애는 교육, 인간 실존의 전면적 변화를 추구하는 것이다. 굉장히 상식적인 처방이다. 최선의 정체부터 시작해서 참주 정체까지 다섯 가지 형태에는 다섯 가지 혼의 상태가 상응한다. 각각의 정체들이 변해

가듯이 쾌락에 대한 사람들의 욕구가 변해 간다. 각각의 정체에 시민들의 정신 상태가 반드시 일대일로 대응하는 것은 아니다.

2. 명예 지상 정체(547b~550b)

최선자의 정체 이후 처음으로 등장하는 체제는 명예 지상 정체이다. 이 과정에서는 "철과 청동의 성분을 갖춘 두 부류"와 "황금 및 은의 성분을 갖춘 두 부류" 사이의 다툼이 일어난다. 앞의 부류들은 "[정체를] 각기 돈벌이와 토지, 가옥, 금은의 소유 쪽으로" 끌어당기지만 뒤의 부류들은 "본성상 가난하지 않고 정신적으로 부유해서, [사람의] '훌륭함'(덕)과 옛날의 체제 쪽으로" 이끌게 된다. 이 두 부류들 사이의 다툼은 "중간선에서 합의"에 이르지만, 그들은 땅과 집을 "분배하여 사유화"하고 그들이 돌보아 주던 이들을 "노예들로 만들어 예속인들로 그리고 가노들"로 만들고 이는 사유재산으로 귀결된다.

    소크라테스에 따르면 "이 정체는 최선자 정체와 과두 정체의 중간에 있는 것"이므로 "어떤 면에서는 그 전의 정체(최선자 정체)를 흉내내겠지만, 중간에 있는 것이기 때문에, 다른 면에서는 과두 정체를 흉내"내기도 할 것이다. 최선자 정체를 흉내내는 점은 다음과 같다. "통치자들을 존중하고 또한 이 나라의 전사 집단으로 하여금 농사와 수공예 및 그 밖의 돈벌이를 멀리하게 하는 한편으로, 공동 식사(syssitia)가 마련되고 체육과 전쟁 훈련에 마음을 쓰는" 것 등이다. 또한 과두 정체의 사람들이 그러하듯이 "재물에 대해 욕심을 내는 사람들로 될 것이며, 비밀히 금과 은을 끔찍히 우러러" 모실 것이다. 이들은 "승리에 대한 사랑과 명예에 대한 사랑만이 가장 뚜렷하게 드러"나는 사람들이므로 아직은 재물에 대한 사랑을 노골적으로 보이지는 않는다.

  소크라테스는 "가장 올바른 사람(ho dikaiotatos)과 가장 올바르지 못한 사람(ho adikōtatos)을 알아보는 데는 밑그림(hypographē)만으로도 충분한 데다가, 모든 정체와 모든 성격을 아무것도 남기는 것 없이 자세히 말한다는 것은 엄청나게 오래 걸리는 일일 것이기 때문일세"라고 명예 지상 정체의 대강을 마무리하고 "이 정체에 일치하는 사람은 누구"인지를 묻는다. 여기서 아데이만토스가 대답한다. "그 사람은 경쟁심(승리에 대한 사랑: philonikia) 때문에 어느 면에서는 여기 있는 글라우콘과 가까운 경향이 있는 걸로 저는 생각합니다." 소크라테스는 글라우콘이라는 비교 대상을 두고 아데이만토스와 함께 명예 지상 정체의 사람에 대해 이야기를 나눈다. "그 사람은 한결 고집스러움에 틀림없으며, 비록 시가를 좋아하기는 하나, 다소 덜 시가적이고, 이야길 듣기는 좋아하나, 결코 변론술에 능하지 못"하다. 그 사람은 "젊어서는 재물을 경멸하겠지만, 나이를 먹어 갈수록 재물을 좋아하는 성향을 갖게" 되기도 할 것이다. 그 사람은 "시가와 혼화된 이성(이성적 사고: logos)을 갖춘" 최선의 수호자는 아니지만 명예를 소중하게 여기기는 한다. 그 사람은 아들을 양육함에 있어서도 "혼에 있어서 헤아리는 (이성적인) 부분(to logistikon)을 조장하며" 키우지만, 그 아들을 대하는 다른 사람들은 "욕구적인 부분(to epithymētikon)과 격정적인 부분(to thymoeides)을 조장하며" 키운다. 이렇게 양육된 아들은 "자신에 있어서 주도권을 [혼의] 중간 부분, 즉 이기기를 좋아하며 격정적인 부분에 넘겨 주어서는, 도도하고 명예를 사랑하는 사람"이 될 것이다. 명예 지상 정체의 사람, "둘째 [형태의] 인간"은 이렇게 해서 탄생한 것이다.

최선자의 정체 이후 처음 생긴 것이 명예 지상 정체인데 여기에는 서로 대립되는 두 부류가 있다. 한 부류는 정체를 이용해서 자신들의 돈벌이를 하는 이들이고, 다른 부류는 훌륭함을 추구하는 부류이다. 오늘날에도 흔히 볼 수 있는 집단들이다. 자신의 재산을 최대한 불려 줄 수 있는 이들에게 투표하는 이들은 공동체의 복지나 공동선을 아랑곳하지 않는다. 그들에게 최선의 가치는 사유재산이다. 명예 지상 정체에서는 재물 욕심을 비밀로 하기 때문에, 만족할 줄 모르는 욕망을 가지고 있지만 노골적으로 드러내지는 못한다.

만족할 줄 모르는 욕망이 겉으로 드러나게 되면 내분이 생겨나는데 이 다툼의 목적은 재물이다. 재물에 대한 추구로 인해 이 체제는 붕괴한다. 재물을 놓고 다투기 때문에 표면적으로는 체제를 움직이는 힘이 재물인 것처럼 보이는데 사실 그 재물은 욕망을 구체화한 것에 불과하다. 명예 지상 정체에서는 비밀리에 황금을 숨겨 놓는데, 그 상태가 되면 과두정으로 넘어가게 된다. 플라톤이 앞서 수호자들에 대해 논의할 때, 그들이 재물을 공동 소유해야 한다고 주장하면서 가족을 해체하면 재물 공동 소유가 저절로 일어나게 된다고 말했던 까닭이 바로 이런 상태 때문이다. 그렇다면 이러한 정체에 적합한 사람, 여기서 번성하는 사람은 어떤 종류의 사람인가. 명예 정체에 살고 있는 사람들의 특징은 승리에 대한 사랑이 강하고 재물에 대해 욕심도 있으나 비밀리에 숨긴다는 것이다. 그런대로 괜찮은 사람이 되겠다. 그들은 자신들이 최선의 수호자가 되기에 부족함을 알고 있다. 억지로 탁월함을 추구한다고 해도 순수하지 않은 탁월함을 추구하게 된다.

3. 과두 정체(550c~555a)

명예 지상 정체 다음의 것은 과두 정체(oligarkhia)이다. 이는 "평가 재산(timēma)에 근거한 정체로서, 이 정체에서는 부자들이 통치하고 가난한 사람은 통치에 관여하지 못"한다. 명예 지상 정체에서 통치자들은 "금고와 사사로운 창고를 갖고 있어서, 이곳에다 이것들(금과 은)을 보관하여 숨겨 둘 수"(548d) 있었다. 이렇게 "황금으로 가득한 각자의 그 금고가 그런 정체를 무너뜨리"면 "그들은 자신들을 위해 그걸 소비할 길을 찾는데, 이를 위해 법률을 왜곡"한다. "다음으로 저마다 다른 사람이 그러는 것을 목격하고서, 서로들 경쟁을 하게 되어, 자기들끼리 그런 무리를 이루게" 된다.

명예 지상 정체의 통치자나 과두 정체의 통치자나 모두 황금으로 가득한 금고를 가지고 있는데, 앞의 사람들은 그것을 비밀로 하는 반면, 뒤의 사람들은 그것을 공개한다. 과두 정체의 통치자들은 공공연하게 "돈벌이를 점점 더 진전시켜" 간다. 여기서 소크라테스는 "훌륭함(덕)과 부는 아주 상반되는 것"이라 주장하면서 정체 쇠퇴의 구체적 원인을 명시한다.

과두 정체의 등장에 따라 통치자들은 "승리를 사랑하고 명예를 사랑하는 사람들에서 마침내 돈벌이를 좋아하는 사람들이 그리고 돈을 사랑하는 사람들이" 된다. 이들은 "평가 재산을 근거로" 삼아 통치자를 뽑는다고 하는 큰 "결함"을 가지며, 이렇게 함으로써 "필연적으로 하나 아닌 두 나라, 즉 가난한 사람들의 나라와 부유한 사람들의 나라"로 나뉘게 된다. 이 나라는 "어떤 전쟁도 할 수 없"는 결함을 가지고 있기도 하다. "그건 그들이 무장한 대중(plēthos)을 이용하게 됨으로써 이들을 적보다도 더 두려워하지 않을 수 없게 되기 때문이거나, 또는 대중을 이용하지 않음으로써 바로 싸움에서 자신들이 정말로 소수자로 드러나지 않을 수가 없기 때문이다." 이러한 과정을 거치면서 사람들은 자신의 고유한 일을 하지 않게 된다. 소크라테스는 이를 "참견하는 것(polypragmonein)"이라 한다. "같은 사람들이 동시에 농사짓는 사람들이며 돈벌이하는 사람들이고 전쟁하는 사람들"이라면 이는 옳지 못하다는 것이다. 더 문제가 되는 것은 "이 나라의 그 어떤 구성원도 아니면서, 즉 돈벌이를 하는 사람이나 장인(匠人)으로도, 기병이나 중무장 보병(hoplitēs)으로도 불리지 못하고, 가난뱅이로 그리고 빈털터리로 불릴 뿐인 자이면서도, 이 나라에 거주하는 것이 허용되는" 사람, 아데이만토스가 보기에는 "낭비자에 불과"한 사람이 생겨난다는 것이다. 이러한 사람들이 생겨나는 것은 "교육 부족과 나쁜 양육 그리고 나쁜 정치 체제로 인하여서"이다.

소크라테스와 아데이만토스는 과두 정체의 수립 경위와 특성을 논의한 다음 "이 정체를 닮은 사람이 어떻게 해서 생기며, 또 이렇게 해서 생긴 사람이 어떤 사람인지 살펴"보기로 한다. 명예 지상 정체가 과두 정체로 바뀌듯이, 과두 정체의 사람들도 "명예 지상 정체적"인간에서 바뀐 사람들이다. 최선자의 정체 이후에는 후행하는 정체와 사람들의 싹이 선행하는 정체와 사람들 안에 이미 들어 있는 것이다. 과두 정체의 사람들은 "명예에 대한 사랑과 저 격정적(기개적)인 부분을 자신의 혼에 있는 그 옥좌에서 잽싸게 몰아내" 버려 "헤아리는(이성적인) 부분과 격정적인 부분을 욕구적인 부분 아래 땅바닥 양쪽에 쪼그리고 앉게 하여, 노예 노릇을 하게" 한다. 이들은 "재물을 가장 귀히 여긴다." 이들은 "어딘가 지저분하고, 무엇에서나 이윤을 남겨, 창고에 쌓아 두는 사람"이며, "대중이 칭찬하기까지 하는 바로 그런 유형의 사람"이다. 이런 사람은 "교육(교양: paideia)"으로써 고쳐 나갈 수 있을 것이나 결국에는 "올바르지 못한 짓을 아주 '멋대로 할 수 있는 자유'(exousia)"를 추구하게 될 것이다.

재물에 대한 욕심과 추구, 재물을 둘러싼 내분이 어떤 형태로 느러나는지를 계속해서 추적해 봐야 한다. 플라톤은 일관되게 이것을 제어하는 장치를 마련하고 있다. 명예 지상 정체가 재물에 대한 욕심을 은밀히 가지고 있었다면 과두 정체는 아예 드러내놓고 재산을 평가한다. 이 정체에서는 부자들이 통치하고 가난한 사람은 통치에 관여하지 못한다. 부유한 엘리트에 의한 정체다. 평가 재산에 근거하니 금권 정체가 된다. 후대의 역사에서 과두 정체의 사례를 들어 보자면, 미합중국의 상원이나 로마 공화정의 원로원이 있다. 로마 공화정은 과두정에서 생겨난 문제들을 끝내 해결하지 못하고 이른바 '일인자 시대'를 거쳐 카이사르나 아우구스투스의 황제정으로 귀결되었다. 그들이 누구인가? 참주들이다. 로마 같은 경우는 민주정을 거치지 않았을 뿐이지 공화정에서 참주정으로 옮겨 갔다. 아테나이도 페리클레스 시대의 민주정에서 참주정으로 넘어 갔었다. 투퀴디데스가 《펠로폰네소스 전쟁기》에서 말했듯이 페리클레스 시대에 이미 대중의 추동력을 원천으로 삼는 참주정의 모습을 띠고 있었다. 당시 아테나이 시민들은 자신들의 욕망을 극대화하고 그것을 충족시키고자 전쟁을 벌였다. 그 시대를 살았던 플라톤의 진단이니 뜬구름 잡는 이야기는 아니다. 그가 어떻게 하면 민주정이 참주정으로 가지 않을 수 있는지를 고민한 것은 틀림없는 사실이다. 로마의 경우 많은 연구자들이 공화정의 문제를 해결한 아우구스투스를 찬양하는 경향이 있다. '아우구스투스의 문턱'을 넘어갔다는 표현을 사용한다. 애초에 로마 공화정의 문제가 왜 생겼는가? 다른 나라들을 침략했기 때문이다. 이탈리아 반도에서 그냥 고만고만하게 먹고 살았으면 생겨나지 않았을 문제다. 당시 로마는 농업 이외의 산업이 발달하지 않은 저가국가低價國家 상태였기 때문에 그 나라가 다른 나라를 침략하면 어쩔 수 없이 인민을 동원해야만 하고 참주를 옹립할 수밖에 없다.

이쯤에서 나쁜 상태의 네 가지 정체를 읽을 때 주의해야 할 요점 두 가지를 다시 한 번 정리해 두자. 첫째, 나쁜 상태의 네 가지 정체라는 말 자체에서 알 수 있듯이 논변의 바탕에 깔려 있는 것은 무엇보다도 좋은 나라가 되어야 그 안에 사는 사람들도 좋은 사람들이 된다는 것이다. 둘째, 사람들이 각자의 금고와 재산을 탐닉하면서 그것에 신경을 쓰는 것이 정체의 타락을 일으키는 요인이 된다는 것이다. 이 둘은 사실상 서로 맞물리는 관계에 있다. 좋은 나라에 사는 사람들은 좋은 사람들이지만, 그들이 타락하게 되면 나라도 타락한다. 플라톤이 강조하고자 하는 것은 정신적 퇴락이 체제의 쇠퇴를 초래한다는 것이다. 《소크라테스의 변론》에서는 정치 체제라는 구체적인 맥락이 거론되지 않은 채 쾌락이 인간의 삶 자체를 타락시키는 원인으로 지목되었는데, 《국가》에서는 쾌락이 아닌 부유함이 타락의 원인으로 거론된다. 플라톤은 훌륭함과 부유함은 상반된 것이라고 설정하고 정체의 변화를 설명한다. 이는 사실이 아닐 수도 있다. 부유한 사람들 중에도 얼마든지 훌륭한 사람은 있을 수 있다는 반론이 가능하다. 핵심적인 논쟁점이 부유함으로 집중된다.

과두정에서는 정체의 기준이 자산액이다. 과두 정체의 성격이 더한 곳에서는 그 액수가 더 많으나, 그 성격이 덜한 곳에서는 그 액수가 더 적다. 플라톤이 말하는 과두 정체는 이처럼 재산만을 가지고 정해진다. 이는 아리스토텔레스의 《정치학》이 제시하는 과두정 설명과는 아주 다르다. 아리스토텔레스의 설명은 말 그대로 사회과학적 설명이고 플라톤의 설명은 말 그대로 철학적 설명이다. 아리스토텔레스는 표피적이고 측정 가능한 현상들에 대해 설명하는 것이고, 플라톤은 정체 내부에 있는 숨겨진 원인을 따져서 묻는 것이다. 이러한 숨겨진 원인들이 인간을 움직인다. 어찌 보면 신화적인 설명이다. 과두 정체의 한계는 명예 지상 정체에 비해서 아주 분명하다. 플라톤이 예를 들어 말하듯이 선박의 조타수들을 뽑으려 하면서 평가 재산을 근거로 삼는다면 어떻게 되겠는가. 이 비유는 돈의 많고 적음을 통치술의 유무의 기준으로 삼는다는 것이다. 더 심각한 문제는 부유한 자들과 가난한 자들 사이에 심각한 불화가 생겨난다는 점이다. 과두 정체가 가지고 있는 현실적인 문제에는 대중 폭동이 있다. 과두 정체에서 금권 정치가 극단적인 상황으로까지 이어지면 완전한 무산자가 늘어나게 된다. 헬라스 세계에서는 자유민으로 살아가기 위해 반드시 필수 자산이 있어야만 했다. 그것은 '원래의 배분 자산'(arkhaia moira)이라 불리던 것인데, 이를 처분하는 것은 스파르타를 제외한 여러 폴리스에서 불법으로 간주되거나 최소한 불명예스런 일로 간주되었다. 적어도 아테나이에서는 자신의 재산을 다 팔고 무소유로 살겠다는 것을 용납하지 않았던 것이다. 이는 대중들이 최소한의 재산이 있어야 전쟁에 사용할 무기를 준비할 수 있기 때문이었을 것이다. 과두 정체에서 금권 정치가 행해지면서 배에서 노를 젓는 수병들처럼 품삯만으로 살아가는 사람이 생겨난다. 그들은 무산 대중이 되어 체제 불안 요소로 작용하게 된다. 결국 과두 정체는 현명한 소수가 다스리는 것이 아니라 부유한 소수가 다스리는 체제가 되고 만다.

　　이 정체를 닮은 사람이 어떻게 해서 생기며, 또 이렇게 해서 생긴 사람은 어떤 사람인가. 과두 정체를 닮은 사람이 생기게 되는 것은 어떤 사람이 명예를 지키다가 바로 그 명예를 지키는 것 때문에 사적인 손해를 보게 되면 명예에 대한 사랑과 격정적인 부분을 내려놓고 재물을 좋아하게 되기 때문이다. 처방은 간단하다. 계속 명예를 사랑할 수 있게 해 주면 된다. 과두 정체를 닮은 사람은 재물을 귀히 여기고, 자신의 필수적인 욕구에만 비용을 대고 다른 데는 비용을 대지 않는다. 덧붙여 무엇에서나 이윤을 남겨 창고에 쌓아 둔다. 이런 사람이 번성하고 만연하게 되면 다음 정체로 가는 징조가 확연하게 나타난다. 그 다음 체제는 민주정이다. 그 징조는 올바르지 못한 짓을 아주 '멋대로 할 수 있는 자유'(exousia)를 갖게 되는 경우이다. 돈이 있으면 뭐든지 할 수 있다는 생각, 그것이 민주정에서 만발할 것이다.

4. 민주 정체(555b~561e)

과두 정체의 사람들은 '멋대로 할 수 있는 자유'를 가지고 "최대한 부유해져야만 한다는 데 대한 '만족할 줄 모르는 욕망'(aplēstia)"을 충족시키려 할 것이다. 바로 이러한 상황에서 과두 정체는 민주 정체로 바뀐다. 민주 정체에서는 욕망의 충족이 우선시되므로 그것을 제약하는 장치는 제거된다. 소크라테스는 그 상황을 다음과 같이 정리한다. "민주 정체(dēmokratia)가 생기게 되는 것은 가난한 사람들이 이겨서, 다른 편 사람들 가운데 일부는 죽이고 일부는 추방한 다음, 나머지 시민들에게는 평등하게 시민권과 관직을 배정하게 되고, 또한 이 정체에서 관직들이 대체로 추첨에 의해서 할당될 때에 있어서라고 나는 생각하네."

민주 정체에서 살아가는 사람들은 "자유로우며 이 나라는 자유(eleutheria)와 언론 자유(parrhēsia)로 가득 차 있어서, 이 나라에는 자기가 하고자 하는 바를 '멋대로 할 수 있는 자유'(exousia)"가 있다. 이 자유는 어떠한 강제에서도 벗어난 것이다. "꼭 통치해야 된다는 아무런 강요도 없"으며, "원하지 않는데도 통치를 받아야 한다는 그 어떤 강요도 없"으며, "관직을 맡거나 배심원 노릇을 하는 걸 하지 못하게 하는 강제적 제약 또한 없다." 이 정체는 "즐겁고 무정부 상태의(장長이 없는: anarkhos) 다채로운 정체이며, 평등한 사람들에게도 평등하지 않은 사람들에게도 똑같이 일종의 평등(isotēs)을 배분해 주는 정체"이다.

민주 정체를 규정한 다음 소크라테스는 아데이만토스에게, 앞서와 마찬가지로 민주 정체에서 살아가는 사람들이 "개인으로서는 어떤 사람인지 생각해" 보자고 제안한다. 민주 정체는 개인의 욕구를 충족시키기 위한 정체임을 염두에 두고, "모호하게 논의를 하지 않도록 하기 위해서" "먼저 필요한 욕구들과 불필요한 욕구들을 규정"하기로 한다. 소크라테스는 "물리칠 수 없는 욕구들, 그리고 그것들이 충족됨으로써 우리를 이롭도록 하는 것들은 필요한 것들"이라 규정한다. 이는 "우리의 천성에 의해 갈구하게 마련"인 것들이다. "어떤 사람이 젊어서부터 단련을 한다면 벗어날 수 있는 욕구들"은 "불필요한 것들"이다. 이러한 구별을 전제로 소크라테스는 불필요한 욕구들이 사람을 지배하게 되면 민주 정체에 걸맞은 이가 된다고 한다. "그리하여 마침내는 이것들이 청년들의 혼의 성채(akropolis)에 신들이 사랑하는 사람들의 사고에 있어서 최선의 파수꾼들이며 수호자들인 훌륭한 학문들과 활동들이, 그리고 진실된 말들이 [전혀 없다시피] 텅 비어 있음을 알아차리고서는, 이를 점령해 버릴 것이라 나는 생각하네." 불필요한 욕구를 충족시키려 노력하는 일은 욕구의 과잉에서 그치는 것이 아니라 인간의 혼의 헤아리는(이성적인) 부분의 상실로까지 이어질 것이다. 소크라테스는 그 상태에 이른 사람들을 "로토스(lōtos)를 먹은 사람들(lōtophagoi)"에 비유한다. 이들이 보여 주는 대표적인 행태는 말의 의미를 바꾸는 것이다. "공경(aidōs)을 어리석음이라 일컬으며 망명자처럼 불명예스럽게 밖으로 내몰아 버리는가 하면, 절제를 비겁이라 부르며 모독하면서 내쫓아 버리고, 절도와 적정한 지출을 촌스럽고 비굴한 것이라 설득하며, 많은 무용한 욕구와 한 편이 되어, 이를 추방해 버리겠지?" "그것들은 '오만 무례함'(hybris)과 무정부 상태(무질서: anarkhia), 낭비성 및 '부끄러움을 모르는 상태'(anaideia)에 성장을 갖추게 하고 화관을 씌워서는 많은 가무단과 함께 돌아오게 하네. 그러고선 이것들을 찬양하며 미화시켜 부르는데, 오만 무례함을 교양 있음(eupaideusia)이라, 무정부 상태를 자유라, 낭비성을 도량(megaloprepeia)이라, 그리고 부끄러움을 모르는 상태를 용기라 부르네."

말의 의미가 바뀐다는 것은 "불필요하고도 무용한 즐거움들에 대

4. 민주 정체   323

한 방임과 이완"이 "필요한 즐거움" 못지 않게 중요한 것으로 여겨지게 됨을 의미하기도 한다. 그런 상태에 처하면 이 사람들은 "모든 즐거움은 같으며 똑같이 존중되어야만 한다"는 원칙을 고수하게 된다. 소크라테스는 이들이 "날마다 마주치게 되는 욕구에 영합하면서 살아"간다고 말하고, 이를 아데이만토스는 "평등한 권리를 누리는 사람의 삶"으로 재규정한다.

민주 정체와 그것에 이어지는 참주 정체에 관한 부분은 매우 신경써서 읽어야 한다. 이 부분은 《국가》에서 가장 정교한 현실 분석일 것이기 때문이다. 플라톤 자신이 살고 있던 아테나이에 대한 면밀한 관찰을 바탕으로 자신만의 분석을 제시하고, 이에 근거하여 앞에서 논의한 여러 가지 제도적 장치나 올바름이라는 이념을 구상했음직하다. 저작의 구상과 논리적 순서를 본다면 민주 정체와 참주 정체 분석, 정체의 문제점 해결을 위한 제도 구상, 제도를 뒷받침하는 정당화 이념으로서의 좋음의 이데아, 이런 순서가 타당하다.

지금까지 논의한 모든 정체들은 유기적 연속체이며, 그것들의 바탕에 놓인 근본적인 추동력은 욕망이다. 명예정이나 과두정이나 마찬가지다. 그것이 숨겨진 것이냐 노골적인 것이냐의 차이만 있을 뿐이다. 만족할 줄 모르는 욕망과 멋대로 할 수 있는 자유가 극대화되어 겹치면 민주정으로 가게 된다. 욕망 충족과 멋대로 하기에는 민주정만한 곳이 없다. 모두가 주인이니 제멋대로 할 수가 있다. 어느 누구도 내가 귀하게 여기는 가치 기준에 간섭하지 않는다. 젊은이들이 무절제하게 되고 재물을 낭비하거나 탕진하여도 어른들은 막지 않는다. 오히려 젊은이들을 속여서 그들의 재산을 가로채거나 무분별한 대출을 부추기는 돈놀이까지 한다. 그렇게 해서 젊은이들의 돈을 갈취하여 부유해진 자는 더욱 존경을 받는다. 이는 소크라테스가 아데이만토스에게 했던 말이다. 지금 우리 사회에서 벌어지고 있는 일과 조금도 다르지 않다.

플라톤은 부를 모든 것의 중심가치로 삼는 공동체, 부의 무분별한 추구를 진정한 자유로 여기는 공동체의 사회적 심성구조를 논했다. 이는 개인의 심리에 관한 논의가 아니다. 만족할 줄 모르는 욕망은 인간의 타고난 심리에서 자연적으로 발생하는 것이 아니기 때문이다. 만족할 줄 모르는 욕망은 선행하는 과두정에서의 금권정치를 보고 생겨난 것이다. 그 사회적 심성을 충족시키기 위해 멋대로 할 수 있는 자유가 동원된다. 그 자유를 위해서 제도적인 장치들을 마련한다. 그것은 시민들에게는 평등하게 시민권을 배정하고 대체로 추첨에 의해서 관직들을 할당하는 것이다.

민주 정체를 닮은 사람들은 무엇보다도 자유롭다. 이 나라에는 '자유'(eleutheria)와 '언론의 자유'(parrhēsia)가 가득 차 있고, 자기가 하고자 하는 바를 '멋대로 할 수 있는 자유'(exousia)도 있다. 세 가지 종류의 자유가 있다. 모두 '자유'라는 말로 번역했지만 헬라스 어가 각각 다르고 함축된 의미도 다르다. 세 가지 종류의 자유들은 오늘날로 치면 '자유주의'(liberalism)의 자유다. 자신의 재산을 자기 마음대로 할 수 있는 자유, 어떤 말이든지 할 수 있는 자유,

자기 멋대로 할 수 있는 자유, 이런 자유를 가진 사람은 자신의 필수적인 욕구에만 비용을 대고 다른 데에는 비용을 대지 않는다. 다른 비용은 공공 영역의 비용이다. 개인적인 대책만 행하는 것이다. 크세노폰의《소크라테스 회상록》에서 소크라테스와 아리스팁포스가 주고받은 대화를 떠올려 보자. 아리스팁포스는 공적인 일을 전혀 하지 않고 살겠다고 주장한다. 이 사람들 입장을 선해해 주자면 뭔가 제약이 결여된 상태이기도 하지만 아주 원론적인 소극적 자유만 가지고 있는 상태이다. 이는 아무런 적극적인 것을 만들어 내지 못한다. 아무것도 안 하고 지내는 게 당장에는 놀랍고 신나는 일일 것이다. 모두 다 똑같이 아무것도 안 할 수 있다. 민주 정체는 산술적 평등이라는 원칙에 따라 재화를 배분하는데 이는 마땅한 몫을 제대로 줄 수 없기 때문에 보완책을 찾아야만 한다. 플라톤은 사람들이 마땅한 몫을 가지게 하려면 '산술적 평등'(arithmētrikē isotēs)과 '기하학적(등비적) 평등'(geōmetrikē isotēs)을 병용해야 한다고 본다. 플라톤은《법률》에서 산술적 평등과 기하학적 평등, "그 둘이 이름은 같으나, 실제로는 여러 점에서 서로 대립되는 것들"이라 하면서, 자격에 비례하는 등비적 평등, 즉 "더 큰 것에는 더 많이, 더 작은 것에는 더 적게 나눠 주니, 그것들의 성격에 따라 각각에게 알맞게(metria didousa) 주는" 방식을 시행하고 그런 다음 형평(epieikes)을 위해 추첨에 의한 산술적 평등, 즉 "척도나 무게 그리고 수량에 의한 평등" 정책을 시행할 것을 제안한다(《법률》, 757b~c).《고르기아스》에는 "신들 사이에서도 인간들 사이에서도 등비 평등이 위력을 갖"(《고르기아스》, 508a)는다는 언급이 있다.

플라톤은 당시의 아테나이 민주정이 운영되던 방식을 있는 그대로 기술한 다음 곧바로 민주 정체를 닮은 사람들에 관해 이야기한다. 욕구를 충족시키는 일에만 몰두하게 되면 인간의 영혼의 성채에 본래 있어야 할 훌륭한 학문들과 활동, 진실된 말들이 사라지게 될 것이다. 더 나아가 사회적으로 통용되어 오던 말의 의미가 완전히 다른 것으로 바뀌게 된다. 이는 투퀴디데스의 논의와 아주 똑같다. 투퀴디데스는 《펠로폰네소스 전쟁기》에서 이렇게 말한다. "사람들은 행위를 평가하는 데 통상적으로 쓰던 말의 뜻을 임의로 바꾸었다. 그래서 만용은 충성심으로 간주되고, 신중함은 비겁한 자의 핑계가 되었다. 절제는 남자답지 못함의 다른 말이 되고, 문제를 포괄적으로 이해하는 것은 무엇 하나 실행할 능력이 없음을 뜻하게 되었다. 충동적인 열의는 남자다움의 징표가 되고, 등 뒤에서 적에게 음모를 꾸미는 것은 정당방위가 되었다"(《펠로폰네소스 전쟁기》, 3.82). 이것은 전쟁이 시작된 다음 아테나이 사람들과 사회적 규범이 어떻게 변화되었는지를 설명한 부분이다. 투퀴디데스가 관찰 대상으로 삼은 시기는 페리클레스 시대 직후이므로 아테나이 민주정의 절정기였다. 투퀴디데스와 비교해 보면 플라톤의 서술도 민주 정체를 있는 그대로 서술하고 있음을 확인할 수 있다.

투퀴디데스와 플라톤이 지적하고 있듯이 말의 의미가 전혀 반대로 변하는 것을 민주정 특유의 현상으로 이해할 수 있겠는가. 민주 정체에는 사회적으로 통용되는 말에 불변의 고정적 정의가 없다. 다수의 의견에 따라 의미를 규정하는 사회이기 때문이다. 대중선동에 능한 자가 민주 정체에 나타나서 많은 사람들이 원하는데 왜 전통을 지켜야 하느냐면서 기존의 것을 엎어 버리면 새로운 전통이 만들어질 것이다. 전통도 인간이 만드는 것이고 전통을 깨는 합의도 인간이 만드는 것이다. 극도의 대중영합주의 시대가 되어 버리면 다수의 합의에 의해 모든 것이 깨져 나간다. 한 번 이 전통이 깨져 버리면 모든 공동체가 합의로써 움직여 갈 수 없기에 그 공동체는 격심한 내분에 휩싸이게 된다. 이게 로마 공화정에서 제국으로 넘어가는 시기인 이른바 로마 혁명기 이백 년 동안 벌어진 사태의 특징이다. 일인자들이 나타나서 오래된 관습을 파괴해 버렸고 그것이 공화정의 몰락으로 이어진 것이다.

민주정에서 인간이 가진 즐거움은 모두 존중되어야만 하는 것이 되었다. 모든 즐거움은 동일하고 똑같이 존중되어야만 한다는 것이 민주정의 핵심에 자리한다. 날마다 마주치게 되는 욕구에 영합하면서 살아가게 된다. 이 둘이 연결되어 있는 것이다. 이런 것들을 오늘날의 용어로 말하면 '소비자주의'다. 가치의 위계질서가 해체된 상태, 이것이 민주 정체의 필연적인 귀결이다.

5. 참주 정체(562a~576b)

 두 사람이 마지막으로 논의해야 할 것은 "참주 정체(tyrannis)와 참주 (tyrannos)"이다. 소크라테스는 그것을 빈정대는 어투로 "제일 잘난 정체와 제일 잘난 사람"이라 일컫는다. "과두 정체에서 민주 정체가 생기는 것과 민주 정체에서 참주 정체가 생기는 것은 어떤 면에서 같은 방식으로" 일어난다. 어떤 정체에서든지 그 정체가 "'좋은 것'(agathon)으로 내세운 것"이 정체를 퇴락시키는 원인이 된다. '좋은 것'이 '참으로' 좋은 것이 아니기 때문이다. 과두 정체는 "부에 대한 '만족할 줄 모르는 욕망'(aplēstia)과 돈벌이로 인한 그 밖의 다른 것들에 대한 무관심"으로 인해 퇴락하게 되었다. 소크라테스는 "민주 정체가 좋은 것으로 규정하게 되는 것"은 "자유"라고 본다. 자유를 좋아하는 이들은 "통치자들이 아주 유순해서 많은 자유를 제공해 주지 않을 것 같으면, 이 정체는 이들을 과두 정체적인 자들이라 비난하며 벌할 것"이다. 자유를 보장하는 핵심적인 행위 중의 하나는 시민권의 남발이다. "거류민(metoikos)이 시민과 같아지고 시민은 거류민과 같아지며, 외국인 또한 마찬가지로 되는 것"이다. 이 상황에서 시민은 "극단적인 대중의 자유"를 누리게 되며 "마침내는 시민들이 법률을, 그게 성문율이든 불문율이든, 아랑곳하지 않게 되는데, 이는 그 누구도 자신들에 대해 어떤 식으로도 주인이 되지 못하도록 하려고 해서"이다. 법률과 규범의 폐기가 민주 정체로의 퇴락 과정에서 나타난 최종적인 현상이며, 이것이 바로 "참주 정체가 자라나게 되는 그리도 잘나고 활기찬 시작"인 것이다.

소크라테스는 아데이만토스와 함께 참주 정체가 형성되는 구체적 과정을 논의한다. 민주 정체의 나라에는 "세 부류"의 사람들이 있다. 이들 중에서 "관직들에서 배제"된 이들은 "앞장서는 부류"인데, 이들 중에서 "제일 사나운 무리가 말을 하고 행동"을 한다. "나머지는 연단 주위에 가까이 앉아서는 웅성거리거니와, 다른 말을 하는 사람에 대해 그냥 두지를 못"한다. 이들은 민중선동가들과 그들에게 휩쓸리는 자들이다. "민중(dēmos)"은 "손수 일을 하고 정치에는 관여하지 않으며 재산도 그다지 많이 갖지 못한 모든 사람들"로서 "민주 정체에 있어서는 이들이 최대 다수이며 주도권을 갖는 부류"인데, 이들이 바로 "대중(군중: plēthos)"이다. "대중과는 언제나 구별되는" 부류는 "성향상 가장 알뜰한 사람들"로서 "대개는 가장 부유한 자들"이다. 민중선동가는 "가진 자들한테서 재산을 빼앗아서 민중들한테 나누어 주되 대부분은 자신들이 차지할 수 있는, 그 한도" 안에서 그렇게 한다. 재산을 빼앗기는 이들은 민중선동가들에게 이끌리는 민중이 "몰라서 그리고 자신들의 비방자들에 의해 속아서" 그렇다고 여기며, "자신들이 원하건 또는 원하지 않건 간에, 진정으로 과두 정치를 하려는 자들"이 된다. 이때부터 재산 다툼은 정치적인 형태를 띠게 되고 "탄핵과 재판 그리고 상호 간의 소송"이 있게 된다.

"민중은 언제나 어떤 한 사람이 특히 자신들의 앞장을 서게 하여, 이 사람을 보살피고 키워 주는 버릇"을 가지고 있다. 이로 인해 "[민중의] 선도자"는 "참주로 되는 바뀜의 시초"에 들어서게 된다. "민중의 선봉에 선 자"는 "아주 잘 따르는 군중(okhlos)을 거느리고서, 동족의 피를 흘리는 것을 삼가지 않고, (…) 사람의 목숨을 사라지게 하여, 경건하지 못한 혀와 입으로 동족의 피를 맛보고, 추방하며 살해하고, 채무의 무효화와 토지의 재분배에 대한 암시"를 한다. 이런 사람은 "적들에 의해 살해되거나 아니면 참주가 되어 사람에서 늑대로 바뀔 수밖에 없도록 운명" 지어진 이들이다. 참주는 "민중의 지원자인 자기가 그들을 위해 건재할 수 있도록 하기 위해서라며, 자신의 경호대를 요구"한다. 여기에 이르면 그는 "완벽한 참주"가 된 것이다.

    소크라테스와 아데이만토스는 "이 사람과 이런 인간이 생기게 되는 나라의 행복(eudaimonia)"에 대해 이야기한다. "처음 며칠 동안의 초기에는" 유화책이 펼쳐진다. "빚에서 자유롭게 해 주고, 민중과 자기 주변 사람들에게 땅을 나누어 주면서, 모두에 대해 상냥하고 온유한 체" 한다. 그 다음에는 전쟁의 일상화가 이어진다. "이는 민중으로 하여금 지도자가 필요한 상태에 있게끔 하기 위해서"이다. 전쟁이 빈발하면 "[전쟁을 위한] 세금을 냄으로써 민중이 가난해져서, 하루하루의 생계에 매달리지 않을 수 없게 될 뿐만 아니라, 자신에 대한 음모도 덜 꾸미게" 된다. 참주 정체에서는 "일어난 사태들에 대해 비판을 하면서 그를 상대로 그리고 서로들 무슨 말이든 해대는", 이른바 정적政敵이 나타나기도 할 것이다. 참주는 이러한 정적들을, "자신이 앞으로도 통치를 할 작정이라면, 제거해 나가야 할 것이니, 친구건 적이건 어디든 쓸모 있는 사람은 아무도 남지 않게 될 때까지" 제거할 것이다. 소크라테스와 아데이만토스는 이것의 최종적인 귀결이 "훌륭한 정화(숙청: katharmos)"라고 한다. 좋은 것, 나쁜 것을 가리지 않는 총체적 제거인 것이다.

참주는 "평범한 다중과 함께 이들의 미움을 받으며 살아가거나 아니면 살아 있지를 말거나" 할 터인데, 그가 "시민들한테서 더 미움을 사면 살수록, 그만큼 더 많은 그리고 더 믿을 만한 경호원들이 필요"할 것이다. 참주는 이제 "낯선 지방의 온갖 부류의 수벌", 즉 외국인 용병을 고용하게 된다. 소크라테스는 여기까지 말한 다음, 논의의 방향을 조금 돌려 당대의 비극(tragŏdia) 시인들이 참주를 찬양하고 있음을 다음과 같이 조롱한다. "특히 에우리피데스가 현명한 자라고 여겨지는 것은 공연한 것이 아닌 게야." "이들은 다른 나라들로 돌아다니면서 군중을 모아 놓고서, 아름답고 크며 설득력 있는 목소리를 지닌 사람을 고용해서는, 그 정체들을 참주 정체들과 민주 정체들로 이끌고 갈 걸세." 잠깐의 조롱에 이어 소크라테스는 "무슨 재원으로 이것이 유지될 것인지"를 논의한다. 처음에는 "신전의 재화"가 이 체제를 뒷받침할 것이다. "이것들이 모자랄 때"는 "참주를 낳은 민중이 그와 그의 패거리를 먹여 살리게 될 것"이다. 민중이 이들을 버리려 할 때에는 결국 참주도 자신을 먹여 살려 온 민중을 버리려 할 것이다. 아데이만토스의 이러한 논의를 들은 소크라테스는 이를 다음과 같이 정리한다. "자네는 참주를 친부 살해자(patraloias)로, 그리고 고약한 노령의 부양자로 말하고 있는 걸세. 그리고 실제로 그렇게 여겨지다시피, 이것이야말로 이미 정평이 난 참주 정체이며, 또한 [연기를 피해서 불에 뛰어들었다는] 속담마따나, 민중(dēmos)이 자유민들의 구속이라는 연기를 피해서 노예들의 전횡이라는 불에 뛰어드는 셈이지. 저 많은 '철 이른 자유'(akairos eleutheria) 대신에 가장 힘들고 가장 가혹한 노예들의 종살이라는 새 옷으로 갈아입고서 말일세." 이에 아데이만토스는 "바로 그렇게 될 것"이라고 확신에 차 대답한다.

소크라테스와 아데이만토스는 "참주 정체적인(참주 정체를 닮은) 사람"에 대해서 이야기한다. 소크라테스는 이 논의를 진전시키기 전에 "욕구(epithymia)들의 문제"를 해결하려 한다. "이 문제가 불충분하게 다루어진 상태로는, 우리가 하고 있는 탐구는 그만큼 불분명"해지기 때문이다. 그는 "불필요한 즐거움(hēdonē)들과 욕구들 가운데 어떤 것들"은 "비정상적인 것(paranomos)들"이라 한다. 누구나 욕구를 가지고 있으나 그것을 무한정 발산해서는 안 되며 "법률에 의해서 그리고 이성(logos)을 동반한 더 나은 욕구들에 의해서 억제"되어야만 불법의 상태가 되지 않는 것이다. 소크라테스는 욕구의 절멸을 요구하는 것이 아니라 적법한 절제를 촉구하고 있다. 한 사람의 경우 그가 "건전하고 그리고 절제 있게 처신할 때는, 그리고 이 사람이 잠자리에 들 때는, 이렇게 할 것으로 나는 생각하네. 그는 자신의 이성적인(헤아리는) 부분(to logistikon)을 깨워서, 훌륭한 말들과 고찰들의 성찬으로 대접을 받게 하여, 홀로 명상에 잠기게 하는 한편으로, 욕구적인 부분(to epithymētikon)에 대해서는 모자람(endeia)도 충족(plēsmonē)도 느끼지 않도록 해 주는데, 이렇게 함으로써 이 부분이 잠들게" 된다. "또한 그는 같은 방식으로 격정적인 부분(to thymoeides)을 진정시킴으로써, 어떤 사람들에 대해 격분하게 되어 격앙된 상태로 잠드는 일이 없도록" 한다. 소크라테스는 "이성적인(헤아리는) 부분", "욕구적인 부분", "격정적인 부분"의 조화를 말하고 있다. 여기서 그가 본격적으로 욕구에 대해 논의하려는 것은 아니다. 그가 "확실히 해 두고자 하는 것"은 "무섭고 사나우며 무법한(anomos) 종류의 욕구가 누구에게나 있는데, 우리 중에서 아주 절도 있는 걸로 생각되는 소수의 사람에게도 이게 있다"는 것이다.

5. 참주 정체 **333**

소크라테스는 간략한 논의를 마치고 욕구와의 관련 속에서 사람들을 판단한다. "민주주의인 사람(ho dēmotikos)"은 "어려서부터 오로지 돈벌이를 하게 하는 욕구들만 존중할 뿐, 불필요하고 놀이와 과시 때문에 있게 되는 욕구들은 멸시하는 인색한 아버지에 의해 양육"된 이들이다. 이들이 "어느새 나이를 먹고, 이 사람의 품행(ēthē) 속에서 또한 자라게 된 젊은 아들"이 있다고 할 때, 그는 "그를 이끄는 자들에 의해 완전한 자유라 불리는 갖은 불법(paranomia)으로 인도"된다. 이 사람은 "다른 욕구들이 향연과 향유, 화관과 포도주로, 그리고 그런 어울림들에서 맛보게 되는 제약 없는 즐거움들로 충만되어, 수벌 주변에서 윙윙거리며 맴돌면서, 수벌을 한껏 키우고 양육해서, 그것에 갈망의 침이 생기게 하면, 바로 이때 혼의 이 선도자는 광기(mania)의 경호를 받으며 미쳐 날뛰"게 된다. 그는 자신 안에 있는 "부끄러움을 느끼는 의견(판단: doxa)들이나 욕구들을 이것(광기)이 발견하게라도 되면, 이것들을 죽여 버리거나 그에게서 내쫓아 버리어, 마침내는 그한테서 절제를 숙청하고서, 밖에서 들여온 광기로 채우게" 된다. 이에 대해 아데이만토스는 "선생님께서는 참주적 인간의 탄생을 완벽하게 말씀하셨습니다"라면서 찬탄을 보낸다.

아데이만토스의 찬탄을 들은 소크라테스는 참주적 인간에 대한 설명을 상세하게 전개한다. 그에 따르면 "엄밀한 의미에 있어서 참주적 인간이 되는 것은 그가 천성에 의해서나 생활 습관에 의해서 또는 이 양쪽 다에 의해서 술꾼처럼 되고 욕정적이고 충동적이게 될 때에 있어서"이다. 이러한 인간에게는 "많은 무서운 욕구가 매일 밤낮으로 자라나서, 많은 걸 요구하게" 되므로 "수입이 좀 생기게 되더라도, 빨리 탕진"되고, "그 다음엔 돈을 빌리는 짓과 자산을 빼앗기는 일이 따르"게 된다. 참주적인 인간이 "아직도 법률과 아버지 밑에 있으면서 자신 안에 민주 정체적 체제를 갖고 있었을 때는, 잠자는 동안에 꿈으로나 거기에서 풀려났던" 반면, "에로스에 의해서 참주 체제로 되고서는, 그처럼 드물게 꿈속에서나 되었던 그런 사람으로 깨어서도 언제나 되어" 있어서 "이 사람 안에서는 에로스가, 그 자신이 유일한 지배자이기 때문에, 완전한 무정부적 상태와 무법한 상태에서 참주처럼" 살게 된다.

참주적 인간의 폐해는 한 나라에 국한되지 않는다. "이런 사람들이 그 나라 안에 소수가 있고, 나머지 다수는 절도가 있다면, 그들은 국외로 나가 다른 어떤 참주를 경호하거나, 혹시 전쟁이라도 있을 경우엔, 보수를 받는 용병 노릇"을 한다. 그것만이 아니다. 평화시에도 "그들은 국내에 살면서 많은 사소한 나쁜 짓들", "이를테면 도둑질을 하거나 가택 침입을 하며, 소매치기를 하고, 옷을 훔치며, 신전의 물건들을 훔치고, 사람을 노예로 파는 짓"을 한다. "말을 잘 할 수 있는 경우에는, 때로 무고자 노릇을 하며, 거짓 증언을 하고 뇌물"을 받을 것이다. 이들은 "민중의 어리석음과 더불어 저 참주를 탄생"시키게 되는데, 이렇게 탄생한 참주는 "그들 중에서도 자신의 혼에 최강의 극단적인 참주를 갖고 있을 것"이다. 이들 참주적 인간은 "자유도 참된 우정도 영원토록 맛보지 못하"는 "최대한으로 올바르지 못한 사람들"이다. 이러한 설명 끝에 소크라테스는 다음과 같이 말을 맺는다. "그러니까 성향에 있어서 가장 참주적이면서 혼자서 다스리게 되는 사람이 그런 사람이 될 것이며, 그는 참주 체제에서 오래 살수록, 그만큼 더 그런 사람이 될 걸세."

민주 정체에 등장하였던 대중영합적 선동가는 그 선동성이 강력하면 할수록 많은 사람에게 호응을 얻는다. 그는 아주 잘난 사람이다. 그가 다름 아닌 참주다. 플라톤이 가장 공들여서 설명하는 것이 참주 정체다. 거듭 말하지만, 민주 정체에서 큰 지각변동이 일어나서 참주 정체로 이행해 가는 것이 아니라 하나의 연속체 속에서 변형되어 가는 것이다. 민주정에서 부유한 자와 가난한 이들의 대립이 격렬해졌을 때, 바로 그때 가난한 이들의 대변자로서 선동가가 등장하고 그가 대중의 압도적인 지지를 받음으로써 민주 정체가 참주 정체로 변형된다.

'참주'(tyrannos)와 '참주 정체'(tyrannis)라는 용어에 대해서 생각해 보자. 데스몬드 리의 영역본 주석에서는 이렇게 설명하고 있다. "콘퍼드가 지적하듯이, 헬라스 어 '참주'의 본질적인 특징은 절대적이고 유일한 지배자라는 것이었고 따라서 콘퍼드는 좀더 중립적 단어 '폭군'(despot)을 사용한다. 그러나 이미 플라톤 당대에서 이 단어의 사용은 어떤 관습적인 부정적 함의를 암시하였으므로 '참주'가 적절한 번역이다." 여기서 콘퍼드의 용어라고 한 것은 그의 《국가》 영역본에 나온 설명에 근거한 것이다. 콘퍼드의 논의는 이렇다. 헬라스 인들은 절대적이고 위헌적인 지배자를 '참주'라 불렀지만, 그 단어가 그것에 상응하는, 한때는 명예롭기도 했던 현대의 단어인 '독재자'를 둘러싼 사악한 연관성을 언제나 가지고 있던 것은 아니다. 참주는 아테나이의 페이시스트라토스처럼 지주 귀족의 압제에 맞서는 비교적 자비로운 인민의 옹호자일 수 있다. 그러나 '모든 권력은 부패한다. 절대 권력은 절대 부패한다'는 에드워드 액튼 경의 말은 예나 지금이나 사실이다.

페이시스트라토스의 경우에서 볼 수 있듯이 참주는 지주들의 권력을 빼앗아 민주정을 확립하는 데 크게 기여하였는데 이때 심각한 문제로 대두된 것은 재산이다. 그런 점에서 과두 정체에서 민주 정체가 생기는 방식이나 민주 정체에서 참주 정체가 생기는 방식은 비슷하다. 과두 정체에서나 민주 정체에서나 사람들이 '좋은 것'(agathon)으로 내세우는 것은 '부'(ploutos)이다. 부를 좋은 것으로 내세운 것이 과두정 수립의 시초이기도 하고, 동시에 민주정 수립의 시초이기도 하며 민주정 퇴락 과정에서도 전면에 나타나는 것이기도 하다. 부에 대한 만족할 줄 모르는 욕망과 돈벌이의 자유가 개개인의 가정들에까지 스며들다가, 마침내는 무정부 상태(무질서)가 짐승들에게 있어서까지 자리를 잡게 된다. 이것을 콘퍼드는 민주정의 '무정부 상태'라고 말한다. 공동체의 삶은 최소한의 법률을 요구한다. 재산권 행사에 있어서도 마찬가지다. 공동체의 유지를 위한 굴종이 필요한 것이다. 이 굴종을 못마땅하게 여기고 재산권 행사에 방해되는 모든 법률을 제거해 달라고 요구하기 시작하면 법이 무력화되는 단계로까지 치닫게 된다. 재산 관련 세금에 대해 위헌 소송을 제기하는, 현대의 자산가이면서 그들을 대변하기도 하는 이들의 행태가 아테나이에서도 그대로 등장했던 것이다. 그들은 재산에 대해서만큼은 혼이 아주 민감해진다. 바로 이 상황이 "참주 정체가 자라나게 되는 그리도 잘나고 활기찬 시작"이다.

부에 대한 만족할 줄 모르는 욕망을 충족시키는 데 모든 사람들이 동등하게 나서고 누구나 다 추구할 수 있도록 그런 자유를 보장하고, 법률을 그것에 따라 맞추면 활기차 보일 것이다. 참주 정체로 나아가는 씨앗이 민주 정체 안에 들어 있는 것이다.

플라톤은 민주정에서 참주정으로 넘어가는 과정을 다음과 같은 방식으로 설명한다. 앞선 정체 속에는 뒤따라 오는 정체의 씨앗이 들어 있다. 특히 민주정에서 참주정으로 이행할 때는 거의 구분이 되지 않는다. 차츰차츰 악화되는 단계를 밟으면서 진행되는 것이다. 물론 표면적으로는 민주정의 절정에 다다른 듯한 상태에서 그 절정에 취한 이들 중 상당수가 자유의 극대화, 특히 재산권의 극대화를 요구하게 되면서 그것에 영합한 부유한 선동가가 등장하고 순식간에 참주정으로 이행한 것처럼 보인다.

참주 정체로 이행해 가는 과정에서 선동가들에게 이끌리는 대중(plēthos)은 '군중'(okhlos)이라 불린다. '오클로스'okhlos는 참주정에 가장 어울리는 말이다. '호이 폴로이'hoi polloi는 많은 사람, 다수이다. 그저 사람의 무리를 가리킬 때 사용할 수 있다. 지금까지 《국가》에서 자주 언급된 용어다. '플레토스'plēthos 역시 모여 있는 사람들을 가리킨다. 선동에 이끌려서 뭔가 행위하는 자들을 가리키지는 않는다.

'대중선동가'에게 이끌리는 대중이 있고, 그들에게 재산을 빼앗기는 유산자들이 있다. 이들 역시 자신의 재산이 소중하므로 자신들을 방어하지 않을 수가 없다. 그들이 어떤 대책을 세우면 선동가들은 과두 정치를 획책했다고 고발한다. 이로써 정치적인 형태를 띤 재산 싸움이 끝없이 벌어지게 된다. 선동가가 앞장서서 가진 자들에게 재산을 빼앗고 민중에게 나눠 주기 시작하면서, 탄핵과 재판 그리고 소송, 즉 재산을 둘러싼 일종의 준(準) 내전 상태로 들어가게 되면 참주정으로 이행할 준비가 된다. 그러다가 이 사람들을 지칭하는 용어가 바뀐다. 이 단계에 들어서면 대중선동가는 이제 '선도자'로 불린다. 이렇게 변하는 어느 지점부터는 참주정이 될 것이다. 이것을 구별해야 하는 이유는 다음과 같다.

민주정은 다수의 동의를 얻은 자나 정당이 정치적 의사결정을 지배하게 되므로 민주 정체의 정치가들은 어떤 의미에서건 대중영합주의자(포퓰리스트)가 될 수밖에 없다. 민주 정체의 정치가들은 법을 준수하는 사람들이지만 그 사람이 법을 어기고 대중의 격렬한 지지를 바탕으로 뭔가를 하게 되는 지점, 즉 선도자가 되면 참주정으로 가게 된다. 마지막에 선도자는 '참주'로 변한다. 시민이 다양한 명칭을 갖는 것처럼, 똑같은 정치가가 상황의 변화와 진전에 따라 다른 명칭으로 불린다. 군중을 거느리고 동족의 피를 흘리는 것을 삼가지 않으면 그때부터 참주가 된다. 그는 늑대인간이다. "다른 제물들의 내장들 속에 잘게 썰어 넣은 인간의 내장 한 조각을 맛본 자는 반드시 늑대가 된다는 그 이야기"에 등장하는 존재다. 참주 정체에서는 이러한 일이 사법살인의 형태로 자행된다. 대중선동가(dēmagōgoi), 선도자(prostatēs), 참주(tyrannos), 이 연속 단계를 기억해 두어야 한다.

어리석은 자는 애초에 참주가 될 수 없다. 영악한 자가 참주가 된다. 참주 정체에 살고 있는 사람들은 어떤가. 그들은 분명 참주 정체를 닮은 사람들일 것이다. 인간은 누구나 욕구(epithymia)를 가지고 있다. 그것은 자체로는 별다른 문제가 되지 않는다. 사실 사람을 움직이는 가장 기본적인 것이다. 문제는 불필요한 즐거움(hēdonē)들과 욕구들 가운데 비정상적인 것들이 있다는 점이다. 이것들은 느닷없이 생겨나지 않는다. 체제가 연속성 안에 있으므로 분명히 민주 정체에 살고 있는 사람들 가운데서 생겨날 것이다. 소크라테스는 '민주적인 사람'은 돈벌이에 대한 욕구를 제외하고는 어느 것에도 이끌리지 않도록 양육되며, 그에 따라 돈벌이를 위한 자유만을 추구하는 사람이 된다고 말했다. 한 사람의 차원에서는 욕구가 크게 문제되지 않는다. 그것은 스스로의 수련을 통해서 조절하면 된다. 심각한 일은 이것이 공동체에서의 불법과 연결될 때 생겨난다. 쾌락을 불법과 결합시켜 불법적 쾌락을 마음껏 누리려 하는 것이 참주정을 닮은 사람의 모습이다.

불법적 쾌락. 플라톤에서 정체가 나쁜 상태로 넘어가게 되는 궁극적인 원인이다. 정치 체제와 인간의 내적 성향이 상응관계에 있다는 플라톤의 설명은 우리에게 많은 통찰력을 주지만, 한 사람의 성향에서 생겨난 것들과 체제의 연관이 그렇게 필연적인 것만도 아니다. 쾌락은 그것 자체로 나쁜 것도 아니고 좋은 것도 아니다. 플라톤은 '불법'이라는 단서 조항을 붙이면서 공동체 차원에서 조장된 쾌락의 문제점을 지적하고 그것을 법으로써 억눌러야 한다고도 말했지만, 한 사람의 차원에서의 쾌락을 억제해야 한 다고 말한 것도 사실이다. 오늘날 보기에는 적절한 처방은 아니다. 우리는 산업혁명 이후 인류세의 시대로 들어서서 선례가 없는 고밀도 고집적의 집단 속에서 살고 있다. 인류세에 들어선 1800년대부터 지금까지 인간은 이러한 상태에 살기 적합하도록 생물학적으로 진화하지 않았다. 인간은 저밀도 저집적의 사회에서 수백만 년을 살았고 인류세의 세계에서 살기에는 적합하지 않은 자연적 신체를 가지고 있다. 현 시대를 사는 사람들은 이러한 몸뚱아리를 당장 어찌해 볼 수 없으니 신체 수련을 통해 자연적인 욕구를 억눌러 새로운 습성을 기르기보다는 어떻게 해서든 최선의 노력을 다해 공동체의 법규범을 지켜야 한다. 그래야 공동체 안에서 사람 노릇 하면서 살아갈 수 있다.

쾌락을 억제하고 없애면 인간이 행복해진다고 말하는 사람들은 아주 옛날에 부처님 같은 분들이었고, 인간이라는 존재는 쾌락을 기본값으로 가지고 있다. 이것을 다른 말로 쓰면 이기심이다. 인간은 누구나 이기심을 가지고 있다. 이기적 개인들이 그 쾌락을 충족시키려 하는 상태는 홉스가 말하는 자연상태다. 자연상태론은 새삼스럽지 않다. 플라톤도 과두 정체에서 민주 정체로 오니 누구나 자기의 쾌락을 충족시키려 한다고 말한다. 플라톤이 말하는 민주 정체는 홉스가 말하는 자연상태인 것이다. 쾌락과 이기심을 충족시킬 수 있는 멋대로 할 수 있는 자유가 허락되면 자연상태가 된다. 이러한 자연상태의 이기적 개인들의 싸움을 그치게 하려면, 불법을 저지르지 않도록 하면 된다. 즉 법을 강제한다. 그렇게 하면 불법에 대한 처방이 된다. 어떻게 하면 이기적 개인들에게 법을 지키게 할 수 있는가? 이타심을 가지라고 말하는 국민 계몽 캠페인 같은 것을 떠올리면 안 된다. 이 자연상태의 개인들은 민주 정체에 살고 있는 사람들처럼 영악하고 돈 계산이 투철하다. 이것을 홉스적 용어로 말하면 '합리적 개인들'이다. 대다수의 정치사상가들은 당대 공동체의 대다수 구성원들이 자신들의 이익을 평등하게 추구할 수 있는 곳에서 살지 않았으므로 이들의 사상은 오늘날 민주공화국인 대한민국에 사는 사람들의 정치사상 고전이 되지 못한다. 반면에 플라톤의 《국가》는 우리와 비슷한 경험지평에서 생겨난 텍스트이다.

    법을 강제하면 공동체에 사는 사람들이 질적으로 변화할 수 있겠으나 플라톤은 법을 강제한다는 말을 할 수가 없다. 그는 인간이 만든 법에 대해 궁극적인 신뢰를 가지지 못하기 때문이다. 플라톤에서는 인간의 법이 궁극적 진리의 자리에 있지 않다. 그는 인간이 내놓는 진리는 참된 진리가 아니라고 생각했다. 그냥 진리 닮은 것이다. 진리는 항상 저쪽에 있는 것이다. 법은 인간이 만든 것이니 어떻게 이것을 강제하겠는가. 결국 마음을 닦으라는 말만 하게 된다. 공동체의 법을 어기는 불법과 결합된 한 사람의 쾌락을 이야기하면서도 결국 처방은 한 사람의 심신수련으로 되돌아가 버리고 만다.

*

폴리스의 정치 체제에 관한 논의에 집중했던 플라톤은 다시 '올바름은 이득이 되는가', '올바르게 산 사람은 행복한가'라는 주제로 돌아온다. 물어 보자. 참주 노릇을 하고 산 사람은 자신이 비참하다고 생각할까? 가능하다면 더 오래도록 이 복락을 누리면서 살고 싶지 않을까? 한세상 잘 살았다고 뿌듯한 마음으로 아무런 거리낌도 두려움도 없이 죽음을 맞이하지 않을까? 겉보기에는 잘 사는 것 같지만 마음은 지옥일 것이라는 우리의 짐작은 다 쓸데없는 헛생각 아닐까? 이 물음에 대해 우리는 상식적인 답변들을 가지고 있다. 플라톤이 내놓은 대답 또한 이것에서 크게 벗어나지 않는다. 정교한 논변을 거론하지만 따지고 보면 '죽어서 복 받는다, 죽어서 벌받는다, 그러니 착하게 살자'이다.

플라톤의 대답들은 한 사람의 차원에서 그치는 것이 아니라 그가 살고 있는 폴리스의 차원까지 관련된 것이다. 바로 이 점이 그와 우리를 갈라놓는다. 우리는 그저 착하게 살아 봤자 손해라고 한탄만 하고 있으나 그는 어떻게 해서든지 사람들이 살고 있는 공동체를 제대로 가게 하려는 대책을 궁리하고 있는 것이다. 그는 참된 즐거움과 거짓된 즐거움을 분별하고, 그것을 올바른 나라와 연결시키면서 올바른 나라를 본받는 방법에 대해 이야기한다. 영혼이 불멸한다는 것도 그저 헛된 믿음으로 보이기는 하지만 그러한 것에 관한 궁극적 믿음이 없다면 오늘 하루의 삶을 엉망으로 살아가는 것을 막을 수 없다.

《국가》의 마지막 부분인 '제Ⅳ부 참된 올바름과 궁극적 보답'은 '서론 또는 문제 제기: 올바름에 관한 의견들'에서 제기되었던 물음인 '올바름은 이득이 되는가'에 대한 직접적인 대답이다. 우리는 '제Ⅰ부 공동체의 구성과 올바름', '제Ⅱ부 공동체의 궁극적 근거와 철학적 정치가', '제Ⅲ부 나쁜 상태의 네 가지 정체와 시민들'을 빼고 곧바로 여기를 읽어도 될 것이다. 플라톤은 긍정적인 의미에서든 냉소적인 의미에서든 철학자'답게' 이렇게 뻔한 대답을 내놓기 위해 기나긴 논변을 펼쳤던 것이다.

제IV부
참된 올바름과 궁극적 보답

1. 올바른 자와 올바르지 못한 자의 행복
(576c~580c)

소크라테스와 아데이만토스가 참주 정체적 인간의 성향에 대한 논의를 마침으로써, 나쁜 상태의 네 가지 정체와 그러한 인간들에 대한 논의도 마무리된다. 뒤이어 논의를 넘겨받은 글라우콘에게 소크라테스는 곧바로 단언하듯이 묻는다. "그러면 가장 사악한 것으로 드러나는 자가 또한 가장 비참한 자로 드러나겠지? 또한 가장 오래도록 그리고 으뜸으로 참주 노릇을 한 자가 으뜸으로 그리고 가장 오래도록 비참한 자로 되는 게 진리이겠지?" 소크라테스는 "사람에 있어서도 같은 질서 체계(taxis)가 있는 게 필연적이어서, 그의 혼도 많은 굴종과 부자유로 충만해져, 혼의 가장 선량한 부분들은 노예 노릇을 하나, 가장 사악하고 가장 광적인 작은 부분은 주인 노릇을 하는 게 필연적"이라 말한다. 한 사람에게서 이러한 상태가 최악으로 드러나는 체제는 참주 체제이다. "참주 체제의 혼"은 "광적인 욕망(욕정)에 의해 어쩔 수 없이 끌려다녀 혼란과 후회로 가득하게" 된다. 이러한 사람은 "사인私人"으로서 살아도 비참하지만, "어떤 불운으로 인해서 어쩔 수 없이 참주가 되어, 자신을 다스릴 수도 없으면서 남들을 다스리려고 꾀할 경우" "이런 나쁜 일들로 더 많은 불행의 수확을 거두어 들이게" 된다. "진짜 참주는 가장 큰 아첨과 굴종에 있어서 진짜 노예"인 것이다. 글라우콘은 참주 정체적 인간에 대한 소크라테스의 논의에 동의한다. "지각 있는 사람이라면 누구도 선생님 말씀을 반박하지 않을 것입니다." 글라우콘의 판단 기준은 "지각"이고 소크라테스는 바로 그러한 지각에 근거하여 판정할 것을 요청한다. 글라우콘은 자신의 기준을 "[사람의] 훌륭함(훌륭한 상태, 덕: aretē), [사람의] 나쁨(나쁜 상태, 악덕: kakia), 행복"으로 세분하여 설정하고 판단한다고 말한다. 소크라테스는 이에 대해 "가장 훌륭하고 가장 올바른 자가 가장 행복하며, 이 사람은 가장 왕도 정체적인 인간이며 자신을 군왕처럼 다스리는 자이지만, 가장 나쁘고 가장 올바르지 못한 자는 가장 비참하며, 이 사람은 가장 참주 정체적인 인간으로서, 자신과 나라를 최대한 참주적인 방식으로 다스리는 자라고 판정"한다. 소크라테스는 이 공표로써 "한 가지 증명", 즉 올바른 자와 올바르지 못한 자의 행복이 비교되었다고 매듭짓는다.

'나쁜 상태의 네 가지 정체와 시민들'에 관한 논의에서 플라톤은 정치 체제의 성격과 그 안에서 사는 사람들의 성향이 어느 정도 상응한다는 논의를 펼쳤었다. 이것을 우리는 특정한 정체에 사는 사람과 그 정치 체제의 성격이 완전히 대응한다고 생각하면 안 된다. 참주 정체에 사는 사람은 환경이 그러하므로 참주처럼 생각하는 경향이 강하다는 정도로 이해해야 한다. 그가 참주처럼 생각하는 것은 참주 정체에 살고 있기 때문일 것이다. 물론 민주 정체에 살고 있으면서도 참주처럼 생각할 수 있겠지만 아무래도 참주 정체에 살고 있는 사람이 그럴 가능성은 높다. 참주 체제에 사는 인간은 비참하다. 광적인 욕망에 의해 어쩔 수 없이 끌려다니기 때문이다. 이것은 증명된 것이 아니라 플라톤이 참이라고 전제한 것이다. 광적인 욕망에 사로잡히는 것이 행복한 삶이 아니라, 지혜가 균형을 잡아 주는 것이 행복한 삶이라는 것 역시 증명된 것이 아니다. 애초에 대화에 참여한 이들이 물었던 것은 '올바름은 이득이 되는가'였다. 이에 대답하기 위해서 소크라테스는 한 사람이 아닌 한 나라에서의 올바름을 따져 보자고 제안했었다. 나라가 사람보다 더 큰 글자이니 거기서 찾는 게 수월하다면서 그렇게 했었다. 그렇게 따져 보니 나라에는 여러 종류의 정체가 있는데 그중에서 참주 정체가 가장 불행한 것이고, 그 안에 사는 사람은 비참하다는 것이 증명되었다고 한다.

2. 혼의 부분들에 따른 즐거움과 지혜를 좋아하는 사람의 즐거움(580d~583a)

소크라테스는 "한 가지 증명"을 마치고 "둘째 증명"으로 나아간다. 소크라테스는 "혼에 세 부분이 있으므로 즐거움(hēdonē)들에도 세 가지"가 있다고 보고 그것들 각각이 상응한다고 말한다. 먼저 "욕구적인 부분(to epithymētikon)"이 있다. 이것과 관련되는 즐거움은 "무엇보다도 돈(재물)을 통해서 충족되기 때문"에 이는 "돈을 좋아하는(philokhrēmaton) 부분이라든가 이체를 탐하는 부분(philokerdes)"이라 부를 수 있다. "격정적(기개적)인 부분(to thymoeides)"은 "전적으로 지배하는 것과 승리하는 것 그리고 명성을 떨치는 것을 언제나 지향"하므로 이 부분은 "이기기를 좋아하고(philonikon) 명예를 좋아하는(philotimon) 부분"이라 할 수 있다. "배움을 좋아하고(philomathes) 지혜를 사랑하는(philosophon) 부분"은 "언제나 진리를 그대로 아는 것을 향하고" 있으며 "이들 세 부분 중에서도 이 부분이 재물과 명성에 대해 가장 덜 관심을 갖는다"는 것이 명백하다. 혼에 세 부분이 있고 그에 상응하는 즐거움에 세 종류가 있으며, 여기에는 세 부류의 인간이 상응한다. "지혜를 사랑하는 부류", "이기기를 좋아하는 부류", "이체를 탐하는 부류"가 그것이다.

세 부류에게 "이 삶들 중에서 어느 것이 가장 즐거운 것인지를 묻고자 한다면, 저마다 자신의 삶을 제일 많이 찬양할 것"이다. 소크라테스는 "이것들 중에 어느 것이 가장 진실된 말을 하고 있는지 우리가 어떻게 알 수 있겠는"지를 물으면서 "훌륭한 판정(판단)"을 얻기 위한 "기준(kritērion)"을 제시한다. 그것은 "경험(empeiria)이나 사려 분별(phronēsis) 또는 이성적 추론(논변, 이성: logos)"이다. 소크라테스는 각각의 기준에 근거하여 즐거움을 검토한다. 그에 따르면 '경험'에 관한 한, "지혜를 사랑하는 사람이 가장 훌륭하게 판정을 내릴" 것이다. "더 나아가 그만이 사려 분별(슬기)과 함께 경험도 갖게 될" 것이다. "지혜를 사랑하는 사람은 어릴 적부터 시작해서 다른 쪽 즐거움들에 대해 맛을 보는 게 불가피"했으며, 이에 더하여 "'실재'(to on)에 대한 관상(thea)이 어떤 즐거움을 가지고 있는지에 대해서는 지혜를 사랑하는 사람 이외에는 다른 누구도 맛볼 수 없"기 때문이다.

소크라테스는 "판정(판단)을 내리는 데 있어서 이용해야만 하는 수단(도구: organon)은 이체를 탐하는 수단도, 명예를 좋아하는 사람의 수단도 아니고, 지혜를 사랑하는 사람의 수단"이어야 한다고 주장한다. 그 수단은 "이성적 추론(논변: logos)"이다. 글라우콘도 소크라테스에 동조한다. "지혜를 사랑하는 사람(ho philosophos)과 이성적 추론(논변)을 좋아하는 사람(ho philologos)이 찬양하는 것들이 가장 진실된 것들일 게 필연적입니다."

이제는 둘째 증명, 즉 한 사람에게도 올바름은 이득이 되는가를 정리해야 할 것이다. 즐거움은 종류가 다양하고 객관적인 기준을 잡기 어려우니 올바름을 기준으로 삼을 수밖에 없다. 그게 최소공약수다. 훌륭한 판정을 얻으려면 판단 기준을 검토해 봐야 한다. 경험이나 사려 분별 또는 이성적 추론을 기준으로 삼을 수 있다. 소크라테스는 아주 상식적이게도, 경험과 사려 분별, 두 가지 모두를 채택했다. 경험은 구체적인 것이고, 사려 분별 또는 이성적 추론은 경험에 대한 반성적 추론이다. 이것을 오늘날로 이야기하면 귀납 추론을 하는 것이다. 겪어 보고 그것을 생각해 보고 추상적 원리로 이끌어 내는 것이다. 이런 부분들은 심오한 철학적 논변을 가지고 있지 않아서 그냥 읽으면 된다. 이 논변은 긴장감을 주지 못한다. 이미 플라톤이 답을 내놓고 있기 때문이다. 철학자가 가장 행복하다는 답이다. 다시 말해서 소크라테스와 글라우콘은 즐거움의 판정 기준을 각 부류에 고유한 것에서 취했다. 어느 부류에도 속하지 않는 제4의 기준을 취한 것이 아니다. 소크라테스는 세 부류 중에서 '지혜를 사랑하는 사람'의 우위를 처음부터 전제하고 있었으므로, 글라우콘의 대답도 논증된 것이 아니라 전제된 것이었다. 소크라테스와 글라우콘은 일종의 순환고리 안에서 논변을 전개했던 것이다.

3. 참된 즐거움과 거짓된 즐거움, 그것들 각각에 따른 삶(583b~588a)

소크라테스와 글라우콘은 두 차례에 걸쳐 올바른 사람이 올바르지 못한 사람을 이긴 사례를 이야기했었다. 소크라테스는 같은 논의, "분별 있는(슬기로운) 자의 즐거움을 제외한 다른 사람들의 즐거움은 온전히 진실된 것도 아니며 순수한 것도 아니고, 환영적幻影的인 것"임을 거듭 주장한다. 그는 이것이 "가장 크고 가장 결정적인 것"이라 한다. 소크라테스는 "괴로움(고통: lypē)을 즐거움(쾌락: hēdonē)과 반대되는 것(enantion)"이라 여기는 일반론에서 논의를 시작한다. 이러한 반대되는 것 사이에는 "일종의 혼의 평온(hēsykhia)"이 있다. 이 평온은 "언젠가는 양쪽 것으로, 즉 괴로움과 즐거움으로" 되는 것이다. 괴로운 것과 "비교하면 평온이 즐거워 보이고, 그리고 즐거운 것과 비교하면 그 평온이 괴로워 '보이는'(phainetai)" 것이다. 이것들은 "즐거움의 진실"에 비추어 보면 "'보이는 현상'(phantasma)들"이고 "일종의 '기만 현상'(goēteia)"이다. 소크라테스는 괴로움의 결여, 즐거움의 결여. 비교에 의해 생겨난 현상을 즐거움 자체, 괴로움 자체와 착각해서는 안 된다고 말한다. "그러므로 괴로움에서 벗어남을 순수한 즐거움이라고도, 즐거움에서 벗어남을 순수한 괴로움이라고도 우리가 믿는 일은 없도록 하세나." 참된 즐거움, 즐거움 자체는 "괴로움에서 중간 상태로 옮겨졌을" 때 얻어지는 것이 아니므로 그런 상태를 "충족과 즐거움에 충분히 이른 것으로 생각"해서는 안 된다는 것이다.

소크라테스는 괴로움 자체와 즐거움 자체가 연속 상태에 있지 않음을 논의한 다음 "신체와 관련된 [적극적] '상태'(hexis)의 '비움'(비운 상태: kenōsis) 현상들"인 "배고픔과 목마름"을 거론하고, 그에 이어서 "혼과 관련된 [적극적] 상태의 '비어 있음'(kenotēs)"인 "무지(agnoia)와 무분별(aphrosynē)"을 거론한다. 그에 따르면 우리의 몸과 혼은 "음식물을 섭취하고 지성을 사용"함으로써 "'더 충실하게 존재하는 것'(to mallon on)으로" 채워진다. 이는 "참된 의견'(doxa alēthēs)과 지식(인식: epistēmē), 지성(nous), 그리고 요컨대, 일체 [사람의] 훌륭함(덕: aretē)의 종류(eidos)"로써 채우는 것이다. 소크라테스는 이러한 논의를 즐거움과 관련시킨다. 그에 따르면 "사려 분별(지혜)과 [사람의] 훌륭함(덕)에 대한 경험이 없는 사람들은 언제나 잔치나 그런 유의 것들과 함께 지내게 되어, 그렇게 여겨지고 있다시피, 아래로 옮겨졌다가는 다시 중간까지 옮겨지는데, 이런 식으로 일생을 통해 헤매게" 된다. 이 사람들은 "참된 위쪽을 보거나 거기로 옮겨져 본 적도 없으며, '참으로 존재하는 것'으로 차게 되지도 않았으며, 확실하고 순수한 즐거움을 맛보지도 못"한다. 소크라테스는 이러한 사람들이 "탐욕(pleonexia) 때문에 '쇠로 된 뿔과 발굽으로' 서로들 치고받으며, '만족할 줄 모르는 욕망'(aplēstia)으로 말미암아 죽이기까지" 한다고 주장한다. 이러한 비유를 들은 글라우콘은 소크라테스가 "많은 사람의 삶을 완전히 신탁 투로" 말하고 있다고 한다.

      참된 즐거움은 "혼 전체가 지혜를 사랑하는 부분을 따르고 반목을 하지 않는다면" 누릴 수 있으나 "나머지 부분들 중의 어느 것이 [혼 전체를] 지배하게 될 땐, 그것은 저 자신의 즐거움을 찾아낼 수도 없을 뿐만 아니라, 다른 부분들로 하여금 맞지 않고 참되지도 않은 즐거움을 추구하지 않을 수 없도록 만들"게 된다. 참된 즐거움은 "철학(지혜에 대한 사랑: philosophia)과 이성(logos)", 그리고 "법(nomos)과 질서(taxis)"에 가장 가까이 있는 것이다.

      소크라테스와 글라우콘은 참된 즐거움에 관한 원론적인 논의를 마치고, "참되고 고유한 즐거움에서 가장 멀리 떨어져 있게 될 사람"인 "참주"를 재론한다. "즐거움들에는 세 가지가 있어서, 그중에서 하나가 적출이고 나머지 둘은 서출들"인데, "참주는 서출들인 즐거움들의 저편으로 넘어가" 있다. "참주는 가장 즐겁지 못하게 살겠으나, [왕도 정체의] 군왕은 가장 즐겁게 살" 수 있다. 소크라테스에 따르면 왕도 정체의 군왕은 참주보다 "729배나 더 즐겁게" 사는데, 이는 "인간의 삶들에 대해 참되고 합당한 수"이기도 하다. "주야와 연월들이 그것들에 정녕 합당"하기 때문이다. 한국어판 번역자의 주석에 따르면, 주야를 합친 1년의 수치는 364+1/2일=729주야이고, 729달은 약 60년이다.

      셋째 증명은 '참된 즐거움'과 '거짓된 즐거움', 즉 순수한 쾌락과 상대적 쾌락에 관한 논의이다. 첫째 증명은 정치 체제와 그 안에 살고 있는 사람의 상태를 비교하면서 이루어졌다. 비참한 상태의 체제에 사는 사람은 비참하다는 것이 그 증명의 중점이었다. 둘째 증명은 경험과 추론으로써 이루어졌다. 지혜로운 사람이 행복하다는 게 그 내용이었다. 셋째 증명은 결정적 증명이다. 결정적 증명이기 때문에 가장 중요하지만 굉장히 추상적이어서 쉽게 이해가 되지 않는 것이기도 하다. 다시 말해서 순수 철학적 증명이겠지만 여기에는 신화가 도입된다. 참된 즐거움은 순수하다, 절대적인 것이다. 순수하다는 것은 우리 인간이 증명해 낼 수 없다. 말 그대로 순수한 영역이기 때문이다. 칸트가 말하는 순수실천이성 같은 것, 그것은 인간이 가질 수 있는 것이 아니라 인간에게 요청되는 것이다. 이 영역은 결국 신화로 이야기할 수밖에 없다.

지혜와 훌륭함이 없는 인간들은 진리를 찾기 위해 일생을 헤매게 된다. 인간은 참된 위쪽을 잠깐이라도 본 적도 없으며, '참으로 존재하는 것'으로 가득 찬 적도 없다. 확실하고 순수한 즐거움도 경험하지 못 한다. 그것이 인간의 삶이다. 어떻게 인간이 한계를 넘어 저 위쪽으로 갈 수 있겠는가. 여기를 넘어가면 신의 영역이라는 것을 인간이 알 수 있는 곳이라면, 그곳은 이미 신의 영역이 아니다. 인간이 알고 있는 영역이기 때문이다. 한계를 넘어가야 참된 위쪽을 보고 거기로 옮겨지고, 참으로 존재하는 것으로 차고, 확실하고 순수한 즐거움을 맛볼 수 있다. 확실하고 순수한 즐거움은 순전한 것이다. 인간의 이야기로 할 수 없고 신탁 투로 말할 수밖에 없다. 즐거움 자체, 순수한 즐거움, 참된 즐거움에 관한 논의는 경험적 방식을 통해서는 증명할 수 없기 때문일 것이다.

인간이 경험할 수 있는 것은 상대적 쾌락, 거짓 즐거움뿐이다. 비교를 통해서 얻게 되는 것들이다. 덜 괴로우면 평안한 것이고, 평안하다 해도 그것은 즐거운 것에 비하면 괴로운 것이다. 이것들은 죄다 '보이는 현상'들이요, 일종의 '기만 현상'이다. 괴로움이 없는 상태가 즐거움이고, 즐거움이 없는 상태가 괴로움인 것이다. 이것들은 결국 상대적인 문제다. 상대적 즐거움은 괴로움이 결여된 상태라고 말하는 것이다. 이렇게 말하는 것은 즐거움 자체를 말하지 않는 방법이다. 우리는 신화를 빌리지 않는 한 아름다움 자체에 대해 말할 수 없다. 우리는 그저 어떤 것이 없는 상태라고 이야기할 수밖에 없다.

배고픔과 목마름 같은 것들은 신체와 관련된 적극적 상태의 비움 현상들이다. 참된 채움(충족)은 '덜 충실하게 존재하는 것'으로 채우는 것인가, 아니면 '더 충실하게 존재하는 것'으로 채우는 것인가. 여기서도 상대적인 비움과 채움을 이야기한다. 이것들은 상대적인 것이므로 반대물이기는 하지만 상대방으로 넘어갈 수 없는 건 아니다. 연속체 속에 들어 있는 것이다. 연속체인 한에서는 순수한 것이 아니다. 아무리 비워도 조금이나마 남아 있다. 우리는 이것들을 뭉뚱그려 '현상 세계'라 말한다. 우리의 일상이 영위되는 상대적 세계인 것이다. 우리가 이 세계에 살고 있는 한 참된 즐거움을 누릴 가능성은 전혀 없다.

4. 올바름이 이로운 까닭과 올바른 나라의 존재
   (588b~592b)

소크라테스는 올바름과 올바르지 못함, 즐거움과 괴로움에 대한 긴 논의 과정의 출발점(367d)을 상기시킨다. "우리의 논의가 이에 이르렀으니, 처음에 언급된 것들로, 즉 그 때문에 우리가 여기까지 이르게 된 것들로 되돌아가도록 하세나. 아마도 그때 말했던 것은 철저하게 올바르지 못한데도 올바른 것으로 간주되는(평판이 난) 자에게는 '올바르지 못한 짓을 하는 것'(adikein)이 이익이 된다는 것이었을 걸세." 소크라테스는 이것을 논박하기 위한 토대인 "'올바르지 못한 짓을 하는 것'과 '올바른 것들을 행하는 것'(to dikaia prattein)이 각각 어떤 힘(dynamis)을 갖는지에 대해서 이미 우리가 합의"했다고 말한다. 그는 이것을 바탕으로 올바르지 못한 짓을 하는 것이 이익이 된다고 말하는 자가 "무슨 말을 하고 있는지를 알 수 있도록 하기 위해서, 혼의 상(eikōn)을 말로써 형상화"해 보자고 제안한다. 그는 "다채롭고 여러 개의 머리를 가진 형태(모습: idea)의 짐승을 형상화하되, 일부는 유순한 짐승들의 머리를 갖고 일부는 사나운 짐승들의 머리를 가진 걸로, 그리고 그 자체에서 이들 모두를 자라게도 바뀌게도 할 수 있는 걸로 형상화"하고 "더 나아가 다른 하나는 사자의 형태를, 그리고 또 하나는 사람의 형태를 형상화"한 다음, "셋인 이것들을 하나로 합쳐서, 어떻게든 서로 합쳐서 함께 자라도록" 하자고 한다. 이렇게 만든 것의 "바깥쪽에 하나의 상을, 즉 인간의 상을 뼹 둘러 형상화"하여 "안쪽 것들은 볼 수 없고 다만 '외피'(덮개)만을 볼 뿐인 자에게는 하나의 동물, 즉 인간으로 보이게" 한다. 소크라테스는 "올바른 것들을 행하는 것은 이득이 되지 않는다고 주장하는 자에게" 이 형상을 보여 주자고 한다. 이 형상은 겉모습은 사람이지만 안에는 세 가지 서로 다른 것들이 있다. 이것들 중 "온갖 형상을 한 [자신 속의] 짐승과 사자 그리고 사자와 관련된 것들", 욕구와 격정은 번성하고 "[자신 속의] 사람은 굶주려서 쇠약"하게 된다면, "이것들이 내부적으로 서로 물어뜯으며 싸우다가 서로 잡아먹"게 된다. 인간 내부의 다툼은 이러한 귀결에 이른다. 자신의 내면을 이성의 지배 아래 두지 않는 인간의 모습인 것이다. "반면에 올바른 것들이 이롭다고 주장하는 자"는, "내부의 인간이 이 인간을 최대한 장악하게 되며, 많은 머리를 가진 짐승을, 마치 농부처럼, 유순한 머리들은 키우고 길들이되, 사나운 것들은 자라지 못하게 막아가며 보살피게 되는 한편으로, 사자의 성향을 협력자로 만들어서 공동으로 모두를 돌보며, 서로들 그리고 자기 자신과도 화목하도록 만드는 그런 방향으로 조장하는 것들"을 주장하게 될 것이다.

  소크라테스는 다른 방식의 설득도 제안한다. 상像을 통한 설득이 무용하다면 "부드럽게 설득"해야 한다는 것이다. 그가 내놓는 부드러운 설득은 다음과 같다. "아름다운 것들(ta kala)은 우리의 성향에 있어서 야수적인 것들이 인간적인 것에, 아니 그보다도 어쩌면 신적인 것(to theion)에 종속하는 것들로 만드는 것들인 반면에, 추한 것들(ta aiskhra)은 온순한 것을 사나운 것에 굴종하는 것들로 만드는 것들이지 않소?" 설득의 말에 이어서 소크라테스는 인간의 내면에 있는 혼의 부분들이 비난받는 까닭들을 글라우콘에게 제시한다. 문답에 이어 그는 이러한 비난을 막을 수 있는 방책으로 "최선의 인간(ho beltistos)을 지배하는 것과 닮은 것에 의해서, 지배받도록 하기 위해서는, 그가 저 최선의 인간이며, 자신 속에 신적인 지배자(to theion arkhon)를 가진 인간의 노예가 되어야만 한다"는 것을 내놓는다. "신적이며 분별 있는(슬기로운) 것에 의해서 지배받는 것"은 "모든 이의 협력자인 법(nomos)"에 의해 지배를 받는 것과 마찬가지다. 올바른 지배의 상태에 처하게 되면 인간은 "혼 전체가 가장 훌륭한 그 본성을 찾아 갖게 된 상태에 있게 되고, 절제를 그리고 지혜(분별)가 함께 갖추어진 올바름을 갖게 됨으로써, 힘센 육신과 건강을 아울러 갖춘 아름다움이 실현해 갖게 되는 상태(hexis)보다도 더 귀한 상태를 실현"하게 된다.

소크라테스가 말한 조화로운 상태에 이른 사람은 "자신 속의 통치 체제(politeia)"를 갖춘 이다. 그는 "자신을 더 나아지도록 만드는 것이라 믿는 것들에는 자진해서 관여하여 맛보되, 현재의 [혼의] 상태(습성: hexis)를 와해시킬 것들은 사적으로건 공적으로건 피하"려 할 것이다. 여기서 글라우콘은 그러한 사람은 "정치를 하려고 하지 않을 것"이라고 말한다. 소크라테스는 "[이제껏 언급한] 자신의 이 나라에서는" 정치를 하려 하겠지만, "[현실의] 제 조국에서는 아마도 그러려 하지 않을" 것이라 대답한다. 글라우콘은 다시 확인한다. "이론상(논의상)으로나 성립하는 나라에서 그러려 할 것이란 말씀이군요. 그 나라는 지상의 그 어디에도 존재하지 않을 것이라고 저는 생각하니까요." 소크라테스는 글라우콘의 말에 동의하면서도 "이론상으로나 성립하는 나라"가 가진 의미와 역할을 폐기하지는 않는다. "그렇지만 그것은 아마도 그걸 보고 싶어하는 자를 위해서, 그리고 그것을 보고서 자신을 거기에 정착시키고 싶어하는 자를 위해서 하늘에 본 (paradeigma)으로서 바쳐져 있다네. 그러나 그게 어디에 있건 또는 어디에 있게 되건 다를 게 아무것도 없으이. 그는 이 나라만의 정치를 하지, 다른 어떤 나라의 정치도 하지 않을 것이기 때문이네."

소크라테스가 여기서 제시하는 말들은 모두 비유이다. 진리에 따른 참다운 통치를 하는 군왕은 참주보다 729배나 더 즐겁게 산다는 것도 숫자로 표현되었지만 사실상 비유다. 여기에 소크라테스는 혼의 상, 즉 이미지를 이용하는 방법을 셋째 증명으로 제시했다. 이는 우의(allēgoria)다. 플라톤이 여기서 사용하고 있는 것들은 시인처럼 은유로써 사태를 구성해서 설명하는 것이다. 즉 은유의 유동(metabasis, imagination, Einbildung)이다. 온갖 종류의 은유들, 키마이라Khimaira, 여러 개의 머리를 가진 짐승, 이러한 것들을 동원하여 부드럽게 설득하는 것은 시인의 태도인 것이다.

경험에 따른 증명이나 그것에 대한 반성적 추론에 의거한 증명, 우의, 부드러운 설득 등에 이어 활용해 볼 만한 것은 일종의 환상적 암시다. 그것은 하늘에 본으로서 바쳐져 있는 올바른 나라다. 그것을 바라는 사람만이 그것을 볼 수 있고 심지어 마음속에서 발견할 수도 있다. 바라지 않는 사람은 그것을 볼 수도 없고 그것이 마음속에 있지도 않다. 핵심은 그것을 바라는 마음을 불러일으키는 것이며 그러한 역할을 해야 하는 사람은 철학자이다.

태양의 비유에서도 동굴의 비유에서도 이와 유사한 논변이 나왔었다. 사람은 진리를 알 수 있는 힘을 가지고 있다. 중요한 것은 그의 시선이 어디로 향하는지다. 즉 '고개를 돌린다'(periagōgē)는 것이 중요하다. 보고 싶어하는 마음을 갖게 하고 그 마음을 가지고 하늘을 쳐다보게 하는 것이 교육의 출발점이다. 여기서 출발하여 하늘을 본다. 진리가 거기에 있는지는 오히려 중요하지 않다. 소크라테스도 말했다. 그것이 존재하는지 또는 존재할 것인지는 중요하지 않다고. 이것은 하늘에 바쳐진 본이 과연 참된 것인지 진리인지 확신할 수는 없다는 말이다. '어딘가에 있다'와 '그게 어디에 있게 되든 상관이 없다'는 다르다. 소크라테스가 이렇게 말한 것은 '그것에 대해서는 나도 확신할 수 없지만 있다고 생각하는 것이 좋지 않겠는가'라는 입장이라고 해석할 수 있다.

우리는 어떻게 해서든지 참된 즐거움을 누릴 수 있는 세계로 가야만 한다. 그러기 위해서는 올바른 나라가 있다고 믿고 그 안에서 살아가려고 노력하는 수밖에 없다. 하늘에 바쳐진 '본'도 마찬가지다. 하늘에 바쳐진 '본'은 질서를 뜻할 것인데, 이 질서는 사악한 것들로부터 천체를 보호할 것이며, 철학적 정치가는 자신 안에 가지고자 하는 올바른 질서를 천명할 것이다.

5. '본'을 본받는 방법(595a~608b)

소크라테스와 글라우콘은 지상에 존재하지 않고 이론상으로 성립하는, "하늘에 본(paradeigma)으로서 바쳐져"(592b) 있는 나라를 보고서 자신을 거기에 정착시키고 싶어하는 사람들에 대한 이야기로써 정체에 관한 논의를 마무리하였다. 이제 두 사람은 이러한 '본'을 어떻게 본받을 것인가를 논의한다. 본받는다는 것, 모방(mimēsis)은 본에 들어 있는 개념적 장치와 실행 방안을 적극적으로 이어받는 것이다. 본을 올바르게 모방하려면 올바르지 못한 모방을 제거해야만 할 것이다. 소크라테스는 이 문제를 원론적으로 논의하려 한다. 그는 "특히 시(시 짓기: poiēsis)와 관련해서 깊이 생각"해 본 바로써 시작한다. 그는 "시 가운데서도 모방적인(흉내내는) 것은 어떤 식으로든 받아들이지 않"아야 한다고 주장한다. 그에 따르면 "그런 모든 것은 듣는 이들의 마음을 버려 놓는 것인 것만 같아 보인"다. 이러한 주장에 대해 글라우콘은 "무슨 뜻으로 하시는 말씀입니까?", "어떻게 생각하시고서 하는 말씀입니까?"라고 거듭 되묻는다. 글라우콘의 물음에 대해 소크라테스는 자신의 태도를 확고하게 정리한다. "비록 어릴 적부터 호메로스에 대해서 갖고 있는 일종의 사랑(philia)과 공경(aidōs)이 나로 하여금 말하지 못하게 말릴지라도 말일세. 그분은 이 모든 훌륭한 비극 시인들의 최초의 스승이며 지도자였던 것 같기 때문일세. 그렇지만 진리(alētheia)에 앞서 사람이 더 존중되어서는 아니 되겠기에, 내 할 말은 해야만 하겠네."

소크라테스는 호메로스가 모든 비극 시인들의 스승이므로 그를 집중적으로 검토하겠다는 입장을 정한 다음, 모방의 정의를 묻는다. 그는 모방을 "익숙한 '탐구 방식'(methodos)으로" 고찰한다. 이 방법은 "우리가 같은 이름을 적용하는 각각의 [부류의] '많은 것'(ta polla)과 관련해서 (…) 각각의 어떤 '한'(hen) '형상'(eidos)을 가정(tithesthai)"하는 것이다. 그가 거론하는 예는 가구다. "각 가구의 장인(제작자: dēmiourgos)은 그 이데아를 보면서 저마다 우리가 사용하는 침상들이나 식탁들을" 만든다. "각 분야의 손재주꾼(kheirotekhnēs)들"은 "모든 가구를 만들 수 있을 뿐만 아니라, 흙에서 나온 모든 것을" 만든다. 이에 대해 글라우콘은 그들이 "보이는 것들(phainomena)"을 만들 수는 있으나 "진실로 '있는(-ㄴ) 것들'([ta] onta)"을 만들 수는 없다고 정리한다. 글라우콘을 칭찬한 소크라테스는 "화가도 어떤 식으로는 침상을 제작"한다고 말한다. 여기서 소크라테스는 침상 제작자(klinopoios)를 거론하면서 그는 "우리가 바로 '[참으로] 침상인 것'(ho esti klinē)이라 말하는 형상을 만드는 것"이 아니라, "'실재'와 같은 '그런 것'(toiouton)이되, 실재는 아닌 어떤 것을 만드는 것"이라 한다. 이는 "진리에 비해서는 좀 불분명한 것"이다. 이로써 "세 가지의 침상이 있게" 된다. "그 하나는 그 본질(본성: physis)에 있어서 침상인 것으로서 (…) 신이 만드는 것"이고, "다른 하나는 목수가 만드는 것"이며 "또 다른 하나는 화가가 만드는 것"이다. 신은 "본질 창조자(phytourgos)"이며, 목수는 "침상의 장인(dēmiourgos)"이며, 화가는 "저 장인들이 만드는 것의 '모방자'"이나. 소크라테스는 "비극 작가(tragọdopoios)도 그런 자"라고 한다. 소크라테스에 따르면 "모방술(hē mimētikē)은 진실된 것에서 어쩌면 멀리 떨어져" 있다. 그

5. '본'을 본받는 방법 **363**

것은 "'실재'(to on)를 상대로 있는 그대로 모방"하는 것도 아니요, "보이는 것(현상: to phainomenon)을 상대로 보이는 그대로 모방"하는 것도 아닌, "'보이는 현상'(phantasma)의 모방"일 뿐이다.

소크라테스는 모방을 규정한 다음 본격적으로 "비극(tragōdia)과 비극의 선구자인 호메로스를 생각"하기로 한다. 시인은 "모든 기술을, 그리고 훌륭함(덕) 및 나쁨(악덕)과 관련된 모든 인간사도, 신들의 일도" 알고 있다고 여겨지므로 그들을 논파하는 것은 중대한 의의를 가지고 있다. 이 논의는 당대의 사람들이 시인에 대해 가지고 있는 판단과 관련되어 있다. 소크라테스가 생각할 때 당대 사람들은 "이 모방자들을 만나 속아넘어가서는, 이들의 작품을 보고서도, 이것들이 실재(to on)에서 세 단계나 떨어져 있는 것들이라는 걸, 그리고 이것들은 진실을 모르는 사람이 시작詩作하기 쉬운 것들이라는 것을 깨닫지 못하고" 있을 수 있다. 그래서 "많은 사람들이 생각하기에 훌륭한 시인들이 훌륭하게 말하고 있는 것으로 여겨지고 있는 것들에 관해서 정말로 알고 있는지 생각해 보아야만" 한다는 것이다. 소크라테스는 특히 "가장 중대하고 가장 훌륭한 것들과 관련해서는, 즉 전쟁과 전략, 나라의 경영, 그리고 인간 교육과 관련해서는 그(호메로스)에게 이렇게 질문하는 것이 어쩌면 정당한 일"이라고 주장한다. 그 질문 내용은 다음과 같다. "어떤 활동들이 사적으로건 공적으로건 간에 사람들을 더 낫거나 더 못하게 만드는지를 아셨다면, 어느 나라가 선생님에 의해 더 잘 경영되었는지를 저희한테 말씀해 주십시오." 이렇게 물은 뒤 소크라테스는 호메로스가 공적인 영역에서는 "전쟁"에서도 "기술이나 그 밖의 다른 활동 분야"에서도 탁월한 것이 없었음을, 사적인 영역에서는 "피타고라스적 생활 방식"에 비견되는 "호메로스적인 어떤 삶의 방식"도 없었음을 지적한다.

시인이 이처럼 무용한 것은 "'실재'(to on)에 대해서는 아무것도 모르고 그것의 '현상'(to phainomenon)에 대해서만 알고" 있기 때문이다. 소크라테스는 "이 문제를 어중간하게 언급한 상태로 남겨 두지 말고, 충분히 살펴"보자고 한다. 앞서도 제시되었듯이 기술은 "사용하는 기술과 만드는 기술 그리고 모방하는 기술"이 있다. 소크라테스에 따르면 "사용하는 자가 가장 경험이 많으며, 그가 사용하는 것의 실제 사용에 있어서 그 제작자가 어떤 것을 잘 만들거나 잘못 만들었는지를 그 제작자에게 알려 주는 자가 될 게 다분히 필연적"이다. "따라서 동일한 도구의 제작자는, 그것을 아는 자와 함께 있으면서 아는 자한테서 듣지 않을 수 없게 됨으로써, 그것의 훌륭함(아름다움: kallos)과 나쁨에 관한 '옳은(바른) 믿음'(pistis orthē)을 갖게 되지만, 그것을 사용하는 자는 그것에 관한 지식을 갖게" 된다. 사용자와 제작자는 이러하지만, "모방자는 자기가 모방하는 것들에 대한 훌륭함(아름다움) 및 나쁨과 관련하여 알게 되지도 못하며, 옳게 판단하지도 못"한다. "각각의 것에 대해서 어떻게 해서 그것이 나쁘거나 좋은지를 알지 못하면서도, 그는 모방"을 하는 것이다. 이 점들에 대해 합의에 이른 소크라테스와 글라우콘은 "모방은 일종의 놀이이지, 진지한 것이 못 된다는 것, 그리고 비극시에 관여하는 사람들이, 이암보스 운율로 짓건 또는 서사시 운율로 짓건 간에, 모두가 최대한으로 모방적"이라고 결론을 내린다.

이제 그들은 "모방 행위"가 "갖고 있는 힘은 인간의 어떤 부분과 관계되어 그 영향을 미치는가"를 논의한다. 이러한 논의를 통해서 그들은 모방에서 보존해야 할 부분을 식별해 내게 될 것이다. "같은 크기의 것이지만 시각을 통해서 가까이서 보는 것과 멀리서 보는 것이 우리에게는 같아 보이지 않"는다. 이것을 방지하기 위해서는 "측정하는 것(metrein)과 계산하는 것(arithmein) 그리고 계량하는 것(histanai)"을 활용해야만 한다. 이것들을 활용하면 "'보이는 것'(현상: to phainomenon)이 우리 세계에서 지배하지 못하고, 계산된 것과 측정된 것 또는 계량된 것이 지배하게" 된다. "이는 우리의 혼에 있어서 헤아리는(이성적인) 부분의 기능(ergon)"이다. "측정과 계산을 신뢰하는 부분이 혼에 있어서 최선의 부분"이라면, "이것에 반대하는 부분은 우리 안에 있어서 변변찮은 부분들 중의 하나"이다. "회화와 일체 모방술은 진리에서 멀리 떨어져 있는 자신의 작품들을 만들어" 내므로 "모방술은 변변찮은 것과 어울리어 변변찮은 것들을 낳는 변변찮은 것"이다.

소크라테스와 글라우콘은 모방술이 진리에서 멀리 떨어진 것들을 낳는다는 논의에 이어 "시의 모방술이 관계하는 바로 그 사고(dianoia)의 부분으로 가서, 이것이 변변찮은 것인지 아니면 중요한 것인지"를 검토한다. 소크라테스에 따르면 인간의 혼이 갈등 상태에 있을 때 "괴로움에 저항하도록 지시하는 것은 이성(logos)과 법(nomos)이지만, 그쪽으로 이끄는 것은 감정(pathos) 자체"이다. 이러할 때에 "최선의 부분은 이 헤아림(logismos)에 따르고자 한다." 인간의 혼의 갈등에 대처하는 방식은 개개인의 혼 안에 어떤 '통치 체제'(politeia)를 생기게 하는지와 관련이 있다. "호메로스나 비극 시인들 중의 누군가가 영웅들 중의 한 사람이 슬픔에 잠겨 있는 걸 그리고 비탄 속에서 긴 사설을 늘어놓는 걸 모방하는 것이나 또는 노래를 하면서 제 가슴을 치는 걸 모방하는 것을 듣게 되면 (…) 우리는 즐거워하며, 우리 자신을 내맡긴 상태로 그걸 따라"가며 "우리를 그런 상태에 최대한 있도록 하는 시인을 훌륭한 시인으로 칭찬"한다. "이성과 습관(ethos)에 의해 충분히 교육"받은 사람에게는 이러한 일이 일어나지 않는다. 이들은 "시작詩作을 통한 모방"을 하지 않기 때문이다. 이러한 분석에 이어 소크라테스는 글라우콘에게 다음과 같이 천명한다. "글라우콘! 호메로스의 찬양자들로서, 이 시인이 헬라스를 교육했으며 인간사의 경영 및 교육과 관련해서 그에게서 배우고 그[의 가르침]을 따라 자신의 온 생애를 설계하여 살아가는 데 모실 만한 가치가 있다고 말하는 사람들을 자네가 만나게 될 때, 자네는 이들을 이들 나름으로는 가장 훌륭한 사람들로서 좋아하고 반겨야 하며, 또한 호메로스가 가장 시인다우며 비극 시인들 중에서도 으뜸간다는 데 동의해야만 하네. 그러나 시 가운데서도 신들에 대한 찬가들과 훌륭한 사람들에 대한 찬양들만이 이 나라에 받아들여야 할 것들이라는 걸 자네가 알아야 하네. 하지만 만약에 자네가 서정시에서든 서사시에서든 즐겁게 하는 시가를 받아들인다면, 자네 나라에서는 법과 모두가 언제나 최선의 것으로 여기는 이성 대신에 즐거움과 괴로움이 왕 노릇을 하게 될 걸세."

소크라테스가 보기에 "철학과 시 사이에는 오래된 일종의 불화(diaphora)가 있다." 불화가 있다고 해서 시를 무조건 배척해서는 안 된다. "즐거움을 위한 시와 모방이 훌륭히 다스려지는(훌륭한 법질서를 갖는) 나라에 자기가 있어야만 하는 어떤 논거를 말할 수 있다면, 어쨌든 우리로서는 반가이 받아"들여야 한다. 시를 용인할 수 있는 조건은 "변론을 제대로" 하는 경우이다. "시를 사랑하는 사람들"은 "시를 위해서 운율 없는 말(산문)로 이에 대한 변론"을 제시해야만 한다. 그러한 변론이 이루어지면 "시가 최선의 것이며 가장 진실된 것임이 밝혀지는 데 대해 호의적"으로 될 것이다. 소크라테스에게는 시를 둘러싼 "이 싸움은 중대한 것"이다. "사람이 선량해지는가 아니면 나빠지는가는 흔히 생각하는 정도보다도 더 중대한 것"이기 때문이다. 훌륭한 나라의 본이 올바르게 모방되려면 사람들이 "명예나 재물 또는 어떤 관직에 자극되어, 아니 적어도 시에 자극되어, 올바름과 그 밖의 다른 훌륭함(덕)에 무관심해질 만큼 되어서는 아니" 된다.

참다운 올바름은 하늘에 바쳐져 있다. 그것을 인간이 알아낼 방법은 없다. 그저 그것을 본받을 뿐이다. 모방하는 것이다. 모방은 시인이 하는 것이다. 소크라테스는 앞서 호메로스를 비롯한 헬라스 세계의 시인들을 비판했었다. 이제 자신이 비판했던 자들의 방법을 자신도 사용해야만 하는 상황에 처했다. 여기서 소크라테스는 시를 둘러싼 싸움이 중대한 것이라고 말했다. 그가 이 싸움을 어떻게 보았는지, 어떤 식으로 자신의 주장을 펼쳐 보였는지를 살펴보자.

결론부터 말하자면, 소크라테스는 모방을 철저하게 배격하지 않는다. 그는 호메로스를 본으로 삼는 교육이 헬라스에서 가지고 있던 가치를 인정하지만, 그것의 내용이 더이상 견지되어서는 안 된다고 주장하는 것이다. 본에 따른 교육(모방: mimēsis)이라는 헬라스 전래의 형식은 유지하면서도 그 본의 내용을 자신이 제시한 정체에 합당한 것으로 바꾸자는 것이고, 그것을 어떻게 하는

지에 대해서 이야기한다. 플라톤이 여기서 제시하는 논의는 예술에 관한 것이 아니라 진리를 파악하고 그것을 어떻게 설명할 것인가에 관한 것이다. 그것은 초월적 진리와 현상, 실재로서의 형상과 우리 눈앞에 펼쳐져 있는 현상들의 관계 문제다. 플라톤은 우리가 그것을 인식하든 인식하지 않든 진리는 객관적으로 존재한다는 입장을 가지고 있다. 어떤 식으로든 그것을 알아차렸을 때 초월적인 진리를 현실세계에 어떻게 재현할 것인가. 우리는 진리를 언어로 표현하게 되고, 그것은 넓은 의미에서 은유일 수밖에 없다.

플라톤은 철학자가 언어를 이용하여 말하는 것을 진리라 하고, 시인이나 화가가 말하는 것은 베낀 것에 불과하다고 말하는데 사실은 철학자나 시인이나 모두 모방을 하고 있다. 아리스토텔레스는 그러한 모방을 긍정해서 공들여 잘 만드는 방법을 《시학》에서 설명한다. 플라톤이 《국가》에서 이렇게 길게 논의하는 것도 마찬가지다. 하늘에 바쳐진 본을 잘 본받아서 현실 세계에 실현해 보자고 하는 것이다. 인간이 현실에서 하고자 하는 것은 모두 모방의 범주로 넣을 수 있다. 인간이라는 행위자(agent)가 초월적 실재로서의 진리를 알아차렸다고 해 보자. 그것을 가장 잘 표현할 수 있는 은유의 후보자들이 있다. 은유는 인간이 만들어 낸 임의적인 것이리 약정에 근거할 수밖에 없다. 진리를 모방한 결과물이 은유인 것이다. 은유는 초월적 실재인 진리를 우리 인간에게 연결해 주는 통로다. 한마디로 모방은 은유를 형성해 내는 활동이다. 이러한 모방은 진리와 인간이 은유를 통해 오고가는 것, 즉 이행(metabasis)이다. 진리는 인간으로, 인간은 진리로 오고가는 것이다. 진리가 아무래도 위에 있다는 느낌이 있으니 그것을 알기 위해 인간이 '올라가서'(anabasis) 진리를 가지고 '내려오는'(katabasis) 것이다. 은유는 오르내리는 사다리다. 은유라는 사다리로 진리를 알려 주는 이들에는 여러 종류가 있다. 철학자만이 그 사다리를 독점하지 않는다. 호메로스, 베르길리우스, 단테 같은 시인도 있고, 플라톤이나 아리스토텔레스 같은 철학자도 있으며, 아우구스티누스나 베르나르두스 같은 성인도 있다. 이들은 모두 은유를 사용한다.

《국가》를 정치사상에 관한 논의라는 측면에서만 보면 이 부분은 일종의 부록으로 여겨질 수도 있다. 급진적인 시인 추방론으로 해석할 수 있는 것이다. 달리 생각해 보자.《국가》는 소크라테스가 글라우콘, 아데이만토스 등의 사람들과 나눈 이야기를 플라톤이 기록한 것이라는 형식을 띠고 있다. 이것은 이야기다. 그것도 아주 중요하고도 좋은 이야기다. 여기서 플라톤은 자신을 좋은 이야기를 전해 주는 훌륭한 이야기꾼으로 설정하고 있다. 이 부분에서 플라톤은 호메로스를 비롯한 선행하는 이야기꾼들과 비교하여 자신이 좋은 이야기꾼임을 입증하려 한다. 간단히 말해서 마지막으로 남은 거대한 환상적 이야기인 '혼의 불사와 올바름에 대한 궁극적 보답'에 관한 이야기를 남겨 두고 자신의 능력을 과시하고 있는 것이다. 플라톤의 자기정체성 해명이다. 반드시 해야만 할 일이었는지는 모르겠으나 그저 부록 삼아 끼워 넣은 것은 아니라 하겠다.

소크라테스는 시인에 대한 비판보다는 진리의 인식에 관한 전반적인 논의를 전개했다. 그에 따르면 인간은 온갖 착시에 빠져 있다. "같은 것들이 물속에서 볼 때와 물 밖에서 볼 때, 구부러져 보이기도 하고 곧은 걸로 보이기도 하는가 하면, 색채들과 관련되는 착시로 인해서 오목하게도 또는 볼록하게도" 보인다. 시각을 통해 보는 것은 왜곡이 된다. 이것을 꼭 시각에 국한해서 이해할 필요는 없다. 비판적인 안목 없이 사태를 바라보면 대상이 던져 주는 정보를 맹목적으로 받아들이게 된다는 것이다. 그것을 방지하기 위해서는 '계산된 것과 측정된 것 또는 계량된 것'을 이용해야 한다. 이것들은 비판적 검토를 거쳐서 객관화된 것들이다. 계산된 것, 측정된 것, 계량된 것을 이용하는 방법을 배우는 것이 교육이다. 이것을 방해하는 사람들은 미디어를 왜곡시키는 자들이요, 플라톤 시대에는 시인이었다. 시인들이 '혼의 헤아리는 부분'의 기능을 마비시킨다는 것이다. 21세기의 우리는 이것을 플라톤의 미디어론으로 읽을 수 있다. 이렇게 보면 우리의 인식에 영향을 끼치는 매체가 얼마나 호소력 있는지를 생각해 보게 된다. 시각 자료만이 아니다. 플라톤 당시에는 시가 구송되었다. 듣는 것이 훨씬 더 사람의 감정을 건드린다. 이것은 내용이 있는 음악 같은 것이다. 유독 시에 대해서 이야기하는 이유는 앞서 말한 것처럼 시가 끼치는 영향력이 굉장히 강력했기 때문이다. 강력하므로 사람들은 그대로 받아들이게 된다.

  시에 빠져들어, 시각 정보와 음성 정보에 매몰되면 사려 깊게 고찰하는 힘이 없어진다. 어떤 정보를 접하더라도 곧바로 비탄에 젖거나 환희에 빠져들 게 아니라 거리를 두고 바라보는 것이 필요하다. 이러한 태도를 지속적으로 유지하는 것이 올바른 정체에 사는 시민들이 갖춰야 할 기본적인 태도이다. 호메로스 구송을 듣고 펑펑 우는 것도 좋은데, 거기에서 한 번 더 이론적 추론으로 물어보라는 것이다. 이렇게 함으로써 호메로스를 비판적으로 극복할 수 있다. 시인을 쫓아내려고 하는 것이 아니다.

6. 혼의 불사와 올바름에 대한 궁극적 보답

6.1. 혼의 불사(608c~612a)

소크라테스는 철학과 시 사이의 싸움에 대한 논의를 마치고 올바름에 대한 논의로 되돌아온다. "그렇지만 우리는 [사람이] 훌륭함(덕)에 대한 가장 큰 보답들과 제시된 상들에 대해 아직 자세한 언급을 하지 않았네." 이에 대해 글라우콘은 다음과 같이 대답한다. "이미 언급된 것들보다도 더 큰 다른 것이 있다면, 굉장히 큰 걸 말씀하시겠군요." 소크라테스는 글라우콘에게 "우리의 혼이 죽지 않으며 결코 파멸하지 않는다는 걸 몰랐는지"를 묻는다. 글라우콘은 "놀라워하며" 대답한다. 소크라테스는 놀라워하는 글라우콘에게 이를 주장하는 것이 "전혀 어려운 게 아니"라고 말하며, 혼의 불사에 대한 주장을 본격적으로 전개한다.

　　소크라테스는 "모든 걸 파멸시키며 몰락시키는" "나쁜 것"과 "보존해 주고 이롭도록 하는" "좋은 것"의 구별에서 논의를 시작한다. 여기에 소크라테스는 '나쁜 것'이기는 하지만 어떤 것을 "나쁘게 만들 수만 있지 그것이 파멸하게끔 해체시킬 수는 없"는 것을 덧붙인다. 그에 따르면 "육신의 나쁜 상태인 병"은 "육신을 쇠약하게 만들어 파멸시킴으로써 육신 아닌 상태로 이끌고" 간다. 병은 육신을 나쁘게 만들 뿐만 아니라 파멸에 이르게도 하므로 육신은 나쁜 것에 의해 소멸한다. 혼의 경우에는 이러한 일이 일어나지 않는다. "혼의 나쁜 상태(ponēria)인 올바르지 못함(adikia)에 의해 파멸"되지 않는 것이다. 소크라테스는 글라우콘에게 확인하듯이 묻는다. "혼 안에 있게 되는 올바르지 못함과 그 밖의 나쁨이 그 '안에 있게 됨'(eneinai)과 '달라붙음'에 의해서 혼을 타락시키고 쇠약하게 해서, 마침내는 죽음으로까지 이끌고 가서 육신에서 그걸 떼어놓게 되는가?" "결코 그러지는 않"다는 글라우콘의 대답을 들은 소크라테스는 다음 단계로 나아간다.

　　소크라테스는 "각각에 특유한 나쁨이 그 안에 생기지 않는다면, 혼이건 그 밖의 어떤 것이건 파멸한다고 누군가가 말하는 걸 우리는 용인"해서는 안 된다고 주장한다. 그에 이어서 소크라테스는 "혼은 그 어떤 나쁜 것에 의해서도, 그것이 그 특유의 것이든 또는 다른 것에 속하는 것이든 간에, 파멸하지 않으므로, 이것은 필연적으로 '언제나 있는 것'(aei on)"이라는 귀결에 이른다. 혼은 "죽지 않는 것"이다.

　　인간에게는 혼이 있으며, 그것은 파멸되지 않으며 언제나 있는 것임을 주장한 소크라테스는 "혼이 많은 다양성과 자기 자신과의 부동성不同

性 및 불화不和로 가득 차 있다고도 생각"해서는 안 된다고 한다. 혼은 단일하다는 것이다. "많은 것이 복합되어 이루어진 것이, 그 복합이 가장 훌륭한 방식으로 이루어진 것이 아닌 한, 영원히 존속하기란 쉬운 게" 아니므로 혼은 단일하다는 것이다. 혼은 불사의 것이며, 단일한 것으로 이루어져 있다는 것까지를 논의한 소크라테스는 뭔가 미진한 것이 있다는 듯이 "혼이 진실로 어떤 것인지를, 그것이 육신과의 결합으로 말미암아 그리고 다른 나쁜 것들로 말미암아 훼손된 상태로 있는 걸, 지금 우리가 보고 있듯, 보지 말고, 그것이 순수한 상태가 되었을 때는 어떤 것일지를 추론에 의해서 충분히 검토해야만" 한다고 주장한다. 훼손된 상태의 혼과 순수한 상태의 혼을 구별해야 한다는 것이다. 훼손된 상태의 혼은 "바다의 신 글라우코스"의 모습에 비유된다. 소크라테스에 따르면 우리는 혼의 순수한 상태로 "눈길을" "돌려야만" 한다. 혼의 순수한 상태는 "지혜에 대한 사랑"이며, 이는 "혼이 신적이며 사멸하지 않고 영원한 것(언제나 있는: aei on)과 동류의 것"임을 아는 것이다. 혼이 훼손된 상태에 이르게 된 것은 "혼이 이 지상의 생활을 누리게 되었기 때문에, 이른바 행복한 잔치들로 인해서 온통 들러붙어 있게 된 많은 거친 토석" 때문이다. 우리는 이것을 벗겨 내야만 "혼의 참된 본성(모습)도 보게 될 것"이다.

이제부터 소크라테스가 말하는 '훌륭함(덕)에 대한 가장 큰 보답들과 제시된 상들'은 지금까지 제시된 모든 논변들에 대한 최종 근거를 가리킨다. '이미 언급된 것들보다도 더 큰, 굉장히 큰 것'이다. 형이상학적 정초와 같은 것이다. 형이상학은 인간의 지각의 범위를 넘어가 버리는 것이니까 혼의 불사 같은 이야기들도 나오게 된다. 오늘날엔 이러한 이야기들을 종교적인 것이라고 말하지만, 플라톤은 종교적 차원과 철학적 차원이 구별되지 않던 세계에서 살았던 사람이다.

소크라테스는 인간의 혼이 죽지도 파멸하지도 않는다는 것을 제시하려고 했다. 혼의 불멸은 당연한 것으로 전제하고, 어떻게 하면 영원히 좋은 상태에서 지내게 되는지, 아니면 영원히 고통받는지를 이야기하려 했다. 일단 혼의 불멸을 증명한다고는 하지만 이 증명 자체가 문제를 구걸하는 것이다. 혼은 불멸한다, 왜? 불멸하니까. 이런 종류의 논변이다. 합리적 논변이 아니다. 혼의 불멸을 어떻게 증명할 수 있는가? 가령 누구누구는 착한 사람이다라는 주장을 한다면 어떻게 증명하겠는가? 착하니까 착한 것이다. 착함은 굉장히 범위가 넓다. 착함이라는 것을 증명하기 위해서 수없이 많은 증거를 가지고 와도 착함 전체를 채울 수는 없다. 착함은 그냥 단적으로 전제되는 것이다. 선, 영혼불멸, 신의 존재, 이런 것들은 우리로서는 도대체 가늠할 수 없는 지나치게 큰 범위의 개념들이기에 단적으로 전제하는 것이다. 플라톤의 형제들도 영혼이 불멸한다는 것을 몰랐다고 말했다. 정말 몰랐다는 뜻도 되지만, 영혼불멸이라는 것이 당대 아테나이 사람들에게 상식이 아니었음을 의미한다. 설득이 굉장히 어려우리라는 것을 보여 순다.

어쨌든 이야기는 시작되었다. 기본적인 전제는 육신과 영혼의 작동 기제가 다르다는 것이다. 육신은 외부의 이런저런 원인으로 인해 파멸하기도 하지만 영혼은 다른 것이 침범하여 파괴시키지 않는다. 플라톤이 여기서 전제하고 있는 것은, 육신은 소멸과 생성의 영역에 있는 것이기에 육신 바깥에 있는 것으로 말미암아 파멸되기도 하고 나쁜 상태에 이르기도 한다는 것, 혼은 소멸과 생성의 영역에 있는 것이 아니기 때문에 혼이 나쁘게 되거나 좋게 되는 것은 혼 자체에서일 뿐이라는 것이다. 즉 혼은 다른 것에 의해서 영향을 받지 않고 오로지 혼에 의해서만 영향을 받는다는 것. 그걸 말하고 싶은 것이다. 영혼은 파괴되지 않는다. 영혼불멸에 관한 플라톤의 견해는 《파이돈》에서 상세하게 전개되었다. "만일 죽음이 실은 모든 것에서의 벗어남(apallagē)이라면, 나쁜 사람들에게 있어서는 천행일 것이니, 이들은 죽음으로써 몸에서 벗어남과 동시에 혼과 함께 자신들의 나쁨에서도 벗어나게 되는 것이지"(《파이돈》, 107c). 혼이 불멸하지 않으면 생전에 나쁜 짓을 해도 아무런 걱정이 없다. 몸과 혼 모두가 소멸하기 때문이다. 혼이 불사라면, 몸은 소멸해도 혼이 벌을 받게 된다. 물론 이것 역시 우주의 차원에서 상벌이 시행된다는 또 다른 증명이 필요한 일이기는 하다. 이 모든 논의는 '죽으면 그걸로 끝'이라고 믿는 이들에게는 다 쓸데없는 소리일 뿐이다.

여기서 플라톤이 주장하고 싶은 것은 한마디로 혼의 상태는 그 사람이 살아 있을 때의 상태에 대한 핵심적인 척도이며, 혼은 불멸하기에 독립변수라는 것이다. 혼이 육신의 죽음과 함께 사라져 버리는 것이라면 혼은 육신과 딱 붙어있는 것이 된다. 혼이 지속적으로 있는 것, 즉 육신과 분리가 되어도 계속 있는 것이어야만 육신에 영향을 미칠 것이고 살아 있는 동안 했던 짓을 혼에게 책임 지울 수 있게 된다. 인간의 자기정체성과 성격을 책임지고 있는 것이 혼이다. 책임을 지우기 위해서는 '언제나 있는 것'이어야 한다.

혼의 불사는 살아서 올바른 일을 한 것에 대한 보상이 아니다. 기본적인 전제이다. 혼이 훼손되는 이유는 육신과의 결합이나 다른 나쁜 것들로 말미암는 것, 이 두 가지 때문이다. 혼이 훼손되지 않는 방법은 육신과 결합하지 않는 것이고, 나쁜 것들의 영향을 받지 않는 것이다. 이에 따르면 육신 상태에 있다는 것 자체가 혼의 훼손 상태에 들어가는 것이다. 살아 있는 동안에는 혼의 순수한 상태가 불가능하다. 그럼에도 최대한 순수한 상태가 되어야 한다는 것인데, 그러한 상태는 노력에 따른 것이다. 어떻게 노력하면 순수한 상태가 될 것인가? 혼이 신적인 것, 이를테면 지혜를 사랑하게 되면 순수한 상태가 된다. 이러한 혼을 지닌 사람은, 원래 어부였으나 약초를 먹고 불사하게 된 바다의 신 글라우코스처럼 될 수 있다.

6.2. 올바름에 대한 궁극적 보답(612b~621b)

소크라테스와 논의 가담자들은 지금까지의 논의를 통해서 "'올바름'이 그 자체로 혼 자체를 위해서 최선의 것임을 알게 되었으며, 혼으로서는 (…) 올바른 것들을 행하여야만 한다는 것도 알게" 되었다. 이러한 혼은 "사람이 아직 살아 있는 동안에도 그리고 죽어서도, 사람들과 신들한테서도 받게 되는 그런 보수"를 받게 된다. 이러한 혼을 가진 올바른 사람은 "신들의 사랑"을 받을 것이며, "그가 가난한 처지가 되거나 또는 질병이나 그 밖에 나쁜 걸로 여겨지는 어떤 곤경에 처하게 되더라도, 이런 일들이, 그가 살아 생전에건 또는 죽어서건, 결국에는 좋은 일로 끝을 맺게" 된다. 신들에게 사랑받는 이들은 인간들에게도 상을 받게 될 것이다. 올바르지 못하나 '그렇게 보이는 자'는 일시적으로 부귀영화를 누리기는 할 것이나 "경주의 종착점에 이르러서는 붙들리어 웃음거리가" 되거나 "늙어서는 비참하게 되어, 다른 고장 사람들한테서도 같은 고장 사람들한테서도 모욕적인 대접을 받게" 된다. 소크라테스는 이렇게, 올바른 사람이 "살아 있는 동안에 신들과 인간들한테서 받게 되는 상들과 보수 그리고 선물들"을 이야기하지만, "이것들은, 이들 각자가 죽게 되었을 때, 각자를 기다리고 있는 것들에 비하면 그 양과 크기에" 있어서 약소하다고 말한다. 글라우콘은 그 이상의 것을 듣겠다고 한다.

  소크라테스는 각자가 죽었을 때 "당연히 받게 될 것들"을 이야기한다. 그가 이야기하려는 것은 "'알키노스가 듣게 된 이야기'가 아니라 '에르'라는 한 용감한 남자의 이야기"다. 그가 들려주는 이야기에 따르면 에르는 "혼이 육신을 벗어난 뒤에" "많은 혼과 함께 여행을 하였는데, 그들은 한 신비스런 곳에 이르게 되었"다. 그곳에서 그들은 심판을 받게 되어, "올바른 자들"은 "오른쪽의 하늘로 난 구멍을 통하여 윗길"로 가는 반면, "올바르지 못한 자들"은 "왼쪽의 아랫길"로 가게 되었다. 거기서는 "언젠가 누구한테건 일단 올바르지 못한 짓을 한 그만큼, 그리고 각자가 해친 사람들의 그 수만큼 이번에는 그 벌을 죄다 받게 되는데, 그 각각에 대해 열 배로 받는다"고 한다. 그렇게 길이 갈린 "각각의 무리"는 어떤 곳에 이르러 "전체 천구(우주)와 지구를 관통해서 기둥처럼 뻗쳐 있는 곧은 빛을 위에서 내려다볼 수" 있게 되는데, 이 빛은 "천구를 매어" 주고 그 "끝들에서는 아낭케 여신의 방추가 뻗쳐 연결"되어 있다. "이 방추의 축과 고리는 금강석으로 만들어져" 있으나 거기에는 두께와 크기가 각각 다른 여덟 개의 대접이 혼합되어 있다. "이 방추 자체는 아낭케의 무릎"에서 돌며 "여덟인 이들 모두에서 하나의 화음(harmonia)이 울려" 나온다. 이곳에는 "또한 다른 세 여신이 빙 둘러 같은 거리를 두고 저마다 옥좌에 앉아 있는데, 이들은 아낭케의 딸들인 운명의 여신들(Moirai)"로 "라케시스와 클로토 및 아트로포스"이다. 혼들은 여기에 도착하면 곧바로 과거를 관장하는 라케시스 앞으로 나아가 "라케시스의 무릎에서 제비와 삶의 표본들을 집어" 든 대변자에게 다음과 같은 말을 듣게 된다. "이는 아낭케의 따님이며 처녀이신 라케시스의 말씀이시다. 하루살이들인 혼들이여. 이건 죽게 마련인 종족의 죽음을 가져다주는 또 다른 주기의 시작이니라. 다이몬이 그대들을 제비로 뽑는 게 아니라, 그대들이 다이몬을 선택하리라. 첫번째 제비를 뽑는 자는 자신이 반드시 함께 할 삶을 맨 먼저 선택하게 되리라. 훌륭함(덕: aretē)은 그 주인이 없어서, 저마다 그걸 귀히 여기는가 아니면 대수롭지 않게 여기는가에 따라, 그걸 더 갖게 되거나 덜 갖게 되리라. 그 탓은 선택한 자의 것이지, 신을 탓할 일이 아니니라."

    소크라테스는 이 장면에서 글라우콘에게 "누가 자신으로 하여금 유익한 삶과 무익한 삶을 구별하며, 언제 어디서나 가능한 것들 중에서 최선의 것을 선택할 수 있고 또한 그럴 줄 알도록 해 줄 것인지를 어떻게든 배우고 찾아낼 수 있도록 해 주는 그런 학문"을 익혀야 할 필요가 있다고 말한다. 이런 학문을 익히게 되면 혼은 "이 모든 것에서 더 못한 삶과 더 나은 삶에 대한 결론을 얻고서는, 혼의 본성에 유의하면서 선택을 할 수 있게" 될 것이다. 이렇게 말하면서 그는 "행복"에 대해 다음과 같이 덧붙인다. "그런 삶들 가운데서 언제나 중용(to meson)의 삶을 선택하며, 이승의 삶에서도 저승의 모든 삶에서도, 양극단의 지나침을 피할 줄 알려면 말일세. 인간이 가장 행복하게 되는 것은 이런 식으로 해서이기 때문이네."

에르가 전해 준 선택의 장면들에 따르면 혼들은 "대개는 전생의 습관(익숙함)에 따라 선택"을 한다. 여기서 주목되는 것은 아이아스, 아가멤논, 에페이오스, 테르시테스 등과 같이 호메로스의 서사시에 등장하는 인물들의 선택이다. 이들은 서사시에서의 삶과는 다른 종류의 선택을 한다. 아킬레우스에 버금가는 용맹함을 지녔으나 그의 무구를 차지하지 못하여 자결했던 아이아스의 혼은 "무장에 대한 판결을 기억하고는 인간으로 태어나기를 피했"으며, 트로이아 전쟁에서 귀환한 다음 아내와 그의 정부에 의해 살해당했던 아가멤논의 혼은 "자신의 수난으로 인한 인간 종족에 대한 증오심 때문에 독수리의 삶"을 선택하였으며, 아테네 여신의 도움으로 목마를 만들었던 에페이오스의 혼은 "여성 장인의 부류로 옮겨" 갔으며, 익살꾼이었던 테르시테스의 혼은 "원숭이 차림을" 하게 되었다. 오뒷세우스의 혼은 "이전의 고난에 대한 기억 덕에 명예욕에서 해방되어, 오랫동안 돌아다니며 편안한 사인私人의 삶을 찾고 있다가, 남들이 거들떠보지도 않은 채로 어딘가에 그냥 있던 걸 가까스로 찾아내고선, 그걸 보는 순간 말하기를, 설령 자신이 첫 번째 제비를 뽑게 되었더라도 똑같은 짓을 했을 것이라고 하면서, 반가워하며 그걸 선택"하였다. 소크라테스는 이런 장면을 전해 주면서 호메로스의 서사시에 등장하는 인물들의 삶이 보여 준 용맹함이나 명예욕도 저승에서는 중요한 선택 요건이 아님을 은연중에 암시하고 있다. 그는 오뒷세우스처럼 명예욕에서 벗어나 자신의 일에만 몰두하는 '편안한 사인의 삶'을 이야기한다.

"어쨌든, 모든 혼이 자신의 삶을 선택한 다음, 제비뽑기를 했던 순서대로 차례로 라케시스에게로 나아"가면 "여신은 각자에게 각자가 선택한 다이몬을 그 삶의 수호자로서, 그리고 선택된 것들의 이행자로서 딸려"보낸다. 다이몬은 현재의 일을 관장하는 클로토에게 혼을 인도하여 "제비뽑기를 한 혼이 선택한 운명을 확인"하게 한 다음, 미래의 일을 관장하는 아트로포스가 "운명의 실을 잣는 데로 인도하여, 일단 끈 운명의 실은 되돌릴 수 없"게 만든다. 이 혼들은 아낭케의 옥좌 아래를 통과한 뒤에, "무심無心의 강"이 흐르는 "망각(Lēthē)의 평야"로 나아가 냇물의 물을 마심으로써 모든 걸 잊어 버리고 잠들게 된다. 에르는 그 냇물을 마시지 않았던 탓에 다시 깨어났을 때 이 일을 기억하게 되었던 것이다.

소크라테스는 에르에게 들은 이야기를 마친 후 글라우콘에게 말한다. "글라우콘! 그리하여 이 이야기가 소실되지 않고 보전되었으니, 우리가 이를 믿는다면, 그것이 우리를 또한 구원해 줄 것이며, '망각의 강' 또한 잘 건너서 자신의 혼도 더럽히지 않게 될 걸세." 여기에 소크라테스는 마지막 말을 덧붙인다. "만약에 우리가 혼이 불사의 것이며 모든 나쁜 것과 좋은 것을 견디어 낼 수 있다고 믿고서 내 주장에 설득된다면, 우리는 언제나 그 윗길을 가며 모든 면에서 분별을 갖고 올바름(정의)을 수행할 것이니, 이는 우리가 우리 자신과도 그리고 신들과도 친구이기(화목하기) 위해서일세. 바로 이 이승에 머무는 동안이나, 또는 경기의 우승자들이 성금을 거두어 들이듯 올바름의 상을 받게 될 때에나 말일세. 그리하여 이승에서도 그리고 앞서 우리가 말한 그 천 년 동안의 여정에서도 우리는 잘 지내게 될 걸세."

플라톤의 텍스트의 특정 부분에서는 종교와 철학의 구별을 이야기하는 것이 무의미하다. 플라톤은 혼의 지혜에 대한 사랑을 이야기하면서 '신이 된 인간'인 글라우코스를 거론했다. 인간이라는 존재는 육신을 입게 되면서 혼이 훼손되기에, 순수한 상태를 회복하려면 혼이 지혜를 사랑해야 하고, 그렇게 해야만 혼이 '신적이며 사멸하지 않고 영원한 것'이 된다는 것이다. 그런 혼을 가지게 되면 '신을 닮은 사람'(homoiōsis theōi)이 되는 것이다. 폴리스의 최종 근거가 신을 닮은 인간이라면 《국가》는 구체적인 정치적 현실과의 연관을 잃고 반정치적인(apolitical) 텍스트가 되고 만다. 이것은 속세의 철학이 아니다. 어쨌든 신을 닮은 인간이 가진 능력은 대단한 것이다. 그는 보이는 것과 실제로 그러한 것을 분별할 줄 알게 된다. 모든 것을 제대로 보게 된다. 그는 신을 닮으려 하는 사람이니 신들의 사랑을 받는 사람이기도 하다. 신을 닮으려 하는 사람이 신에게는 홀대받지 않겠지만 인간들에게는 그리 좋은 대접을 받을 것 같지는 않다. 신을 닮으려 하는 사람은 인간들한테도 상을 받을 것이라는 소크라테스의 생각은 동의하기 어렵다.

마지막으로 소크라테스는 '에르'라는 한 용감한 남자의 이야기를 꺼냈다. 죽은 사람의 혼이 어디로 가는가에 관한 이야기다. '신비스런 곳(topos daimonion) 또는 초원', '올바른 혼들이 오르는 오른쪽 길', '올바르지 못한 혼들이 내려가는 왼쪽 길', '하늘 쪽에서 순수한 혼들이 내려오는 길', '땅 쪽에서 더러운 혼들이 도착하는 곳'으로 이루어진 장소가 등장한다. 이것은 그냥 믿는 수밖에 없다. 사람이 죽으면 신비스런 곳에 간다, 우리는 오른쪽 위로 가야 한다는 것만 기억하면 된다. 그쪽으로 가지 못한 혼들은 벌을 받는다. 그 벌의 내용이 몹시 구체적이지만 그리 고통스러워 보이지는 않는다. 생전에 잘못을 저지르지 말아야지 하고 굳은 결심을 할 만큼은 아니라는 것이다. 소크라테스는 사람들 각자가 올바르지 못한 짓을 한 만큼 벌을 받는다고 말했는데, 바로 우주적 차원에서의 정산 작업이다. 에르의 이야기는 '알키노스가 듣게 된 이야기'와 대비된다. 이것은 호메로스의 서사시 《오뒷세이아》에서 오뒷세우스가 표류하여 닿은 스케리아 섬의 왕 알키노스에게 들려주는 이야기다. 이 이야기는 《오뒷세이아》 제9권에서 제12권에 걸쳐 있는 것으로 일반적으로는 '길고 지루한 이야기'를 뜻하지만 저승을 겪은 사람의 이야기라는 점에서 에르의 이야기와 같은 맥락에 있다. 소크라테스가 여기서 호메로스의 서사시에 나오는 이야기를 거론한 것은, 그것에 에르의 이야기를 대립시킴으로써 당대 사람들에게 각인되고 있던 서사시의 내용을 재해석하거나 전복하려는 의도일 수 있다.

불교에서는 업業이 있다고 말한다. 업은 우리 인간의 행위 자체이거나 행위의 결과이다. 이것은 미리 정해져 있지 않다. 정해져 있지 않다는 것은 결정론을 피해 가는 것이다. 다 정해져 있으니 애써 봐야 소용없다고 하면 인간은 할 일이 없다. 업이라는 것은 자유의지의 산물이다. 자유의지에 따른 행위는 결과에 따라 죽은 다음에 보상을 받는다. 사후 정산 체계다. 아무리 착한 일 해 봐야 죽으면 소용없다고 하면 허무주의가 되어 버린다. 석가모니는 현명하게도 결정론과 허무주의의 중간을 간 것이다. 이것이 중도中道이다. 절대자를 전제하지 않고도 윤리적인 행위를 할 수 있도록 만든 이론이다. 사후세계를 인정하지 않고 '죽으면 끝'이라 하면 허무주의다. 어떤 것도 할 유인이 안 생기거나, 아무렇게나 할 유인이 생긴다. 자유의지를 마련함으로써 결정론을 피하고 사후세계를 마련함으로써 허무주의를 피했다. 어찌 보면 하느님께서 다 결정하신다고 믿는 게 편할 수도 있다. 기독교는 결정론이다. 신 결정론에서 권능은 신이 가지고 있다. 기독교나 이슬람 교 신자들이 윤리적으로 제일 위험하다. 모든 게 신의 뜻에 달려 있으니 얼마든지 세속의 윤리 도덕을 벗어날 수 있다.

불교는 행위 자체와 사후 정산을 한 통으로 본다. 이것을 통세계론通世界論이라고 한다. 플라톤이 이것을 쓰고 있다. 이것은 플라톤 고유의 창안도 아니고 그 당시에 많이 썼던 방식이다. 우주를 다스리는 인격적인 신을 전제하지 않고도 우주를 윤리화하는 방법이다. 살아서 착한 일을 하면 죽어서 보상받는다는 뻔한 이야기 같은데, 이 뻔한 이야기를 사람들이 잘 믿지 않는다. 어쨌거나 '하루살이 혼들'인 우리는 '다이몬을 선택'해야만 한다. 다이몬은 각자의 혼에 따라붙어 그 운명을 지키는 수호신을 가리킨다. 이 선택은 어떻게 이루어지는가. 에르의 이야기에는 몇몇 사례가 등장했다. 아이아스, 아가멤논, 아탈란타, 에페이오스, 테르시테스의 혼은 대부분 익숙한 전생의 습관에 따라 선택을 하였다. 전생의 습관이 선택에 영향을 미친다. 달리 말하면 살아서 좋은 습관을 들여야 죽어서 선택을 잘 한다는 것이다. 태어난 습성을 전혀 고치지 못한 상태에서 죽으면 태어났을 때나 죽을 때나 똑같은 수준의 사람이고, 죽어서 선택을 할 때에도 마찬가지다. 그가 다시 태어난다 해도 그는 이전에 태어났을 때와 아무런 차이가 없다. 천 번, 만 번을 다시 태어나도 전혀 달라지지 않은 인간으로 살아가게 된다는 것이다. 전생에서의 습관이 그 다음 생을 이어 붙이니 습관에 따라 생의 질이 정해진다.

이로써 모든 이야기가 끝났다. 소크라테스는 자신의 이야기를 마쳤고 플라톤은 그 이야기를 이렇게 기록하였고, 우리에게까지 전해졌다. "그리하여 이 이야기가 소실되지 않고 보전되었으니"에서 '이 이야기'는 지금까지의 이야기 전부를 가리킬 수도 있고 에르 이야기를 가리킬 수도 있다. 어떤 것을 가리키든 마지막으로 제시된 것은, 살아서 혼을 순수한 상태로 만들고 올바름을 지켰던 사람은 죽어서도 훌륭한 상태로 있게 된다는 것, 그리고 그것은 살아서의 삶이나 죽어서의 삶 모두에 대한 궁극적인 보답이라는 것이다. "우리가 이를 믿는다면, 그것이 우리를 또한 구원해 줄 것"이다. 이야기로써 구원을 얻는다. 엄청난 이야기다.

소크라테스는 '이야기의 보전'이 지혜를 사랑하는 자가 해야 할 과제라 천명했다. 지혜를 사랑하는 자는 이 이야기를 보전하는 것뿐만 아니라 사람들에게 들려주고 설득할 의무도 있을 것이다. 이 이야기에 설득된 자들은 '잘 지낸다'(eu zēn)는 것을 궁극 목적으로 삼아 인간들과는 물론 신과도 화목하게 지낼 것이며, 살아서나 죽어서나 올바르게 살았던 보답을 받게 될 것이다. 이야기를 보존하는 것, 우리가 살고 있는 공동체에서 무엇이 중요하고 무엇이 좋은 것인지를 보존하는 것, 사실 이것은 철학자가 하는 일이다. 앞날을 제시하는 것이 철학자의 임무인지는 잘 모르겠다. 안 가 본 길들을 철학자가 갈 수 있겠는가. 안 가 본 길들은 정치가들이 가는 것이다.

추기 追記

1

《국가》(Politeia)는 플라톤의 중기 대화편으로 분류된다. 여기에는 그가 아카데메이아를 세울 무렵(서기전 385년, 이하 연도만 표기)부터 육십 세가 되는 시기까지 저술한 것으로 추정되는 《메논》 Menōn, 《크라튈로스》Kratylos, 《파이돈》Phaidōn, 《향연》(Symposion), 《파이드로스》Phaidros, 《파르메니데스》Parmenidēs, 《테아이테토스》 Theaitētos 등이 포함되며, 《국가》는 380년부터 370년 사이에 집필되었다는 것이 일반적으로 받아들여지고 있다. 그의 대화편들을 집필 시기에 따라 초기, 중기, 후기로 나누고 각 시기에 속하는 대화편들이 주장하는 바를 살펴보는 것은 대화편 각각에 대한 이해는 물론 그의 사상의 전개와 변화를 추적하는 데 분명 필요한 일일 것이다. 다른 한 편으로 그의 대화편들은 몇몇을 제외하면 구체적인 상황을 배경으로 하는 희곡 형식을 띠고 있으므로 그 배경이 되는 시기 순서로 대화편을 분류할 수도 있을 것이며, 그렇게 하면 거의 모든 대화편에서 주인공으로 등장하는 소크라테스와 플라톤 자신의 삶의 경로가 자연스럽게 펼쳐지게 된다. 이를테면 집필 연대로는 초기에 속하는 《소크라테스의 변론》(Apologia Sōkratous)과 《크리톤》Kritōn은 소크라테스가 재판을 받고 처형되었던 399년의 아테나이를 배경으로 하는 것이니 소크라테스에게는 마지막 날들에 해당하는 것이다. 이렇게 따져 보면 각각의 대화편이 집필된 시기의 아테나이 상황과 그 대화편이 배경으로 하는 시기 사이에 어떤 상응 관계가 있는지가 관심사로 떠오르게 된다.

《국가》의 배경은, 제1권 초반에 등장하는 상황에 근거하여 411년 전후로 볼 수 있다. 폴레마르코스와 그의 동생 뤼시아스가 살아 있고, 그들의 아버지인 노령의 케팔로스가 제물을 바치고 있다. 이때는 펠로폰네소스 전쟁 후반기인 시켈리아 원정 이후 데켈레이아 전쟁(415~413)이 막 끝나고 아테나이의 400인 과두정이 성립되어 사 개월 정도 지속되었으며, 과두정이 붕괴한 다음 민주정이 회복되면서 400인 정부가 해산되고 5000인에게 정권이 위임(410)된 때이다. 이로부터 몇 년 지나지 않아 아테나이는 펠로폰네소스 전쟁에서 패하였고 그와 동시에 30인 참주정(404)이 들어섰으나 곧바로 30인 참주정이 붕괴되고 민주정이 회복되었으며 특별 사면령(403)이 내려지기도 하였다. 이때부터 소크라테스의 재판과 사형까지는 오 년이 되지 않는다. 간단히 말해서 《국가》가 배경으로 삼는 시기는 헬라스 세계에서 폴리스들 사이의 쟁투, 즉 전쟁(polemos)이 거의 끝나가면서 아테나이에서 벌어진 정파들 사이의 내전(stasis)이 심각해진 때이다. 플라톤이 《국가》를 집필한 때는 소크라테스가 처형된 다음이고, 망명에서 돌아온 뤼시아스도 죽은 다음이다. 아테나이의 전성기는 아주 오래 전에 지나갔고 그가 《메넥세노스》Menexenos에서 비판하는 '페리클레스 제국'에 대한 기억도 아득하게 사라진 때이다. 민주정이 얼마나 그들의 삶에 의미 있는지도 더이상 따져 보기 귀찮은 때일 수도 있다. 아테나이는 해질녘에 이르렀는지도 모른다. 바로 이 시기에 플라톤은 인간과 정치체제의 올바름 등을 핵심 주제로 하는 대화편을 쓴 것이다.

플라톤은 아테나이의 해질녘에 아테나이의 위기를 배경으로 한 대화편을 쓰면서 어떤 의도를 가지고 있었을까. 그가 배경으로 삼은 시기에는, 뤼시아스가 403년 7월 민주정 회복 직후에 행한 것으로 추정되는 〈에라토스테네스 고발 연설〉(Kata Eratosthenous)에서 말하고 있듯이, "시내에서 오신 분들"인 과두정파 잔존 세력과 "페이라이에우스에서 오신 분들"(92)인 민주정파 사이에 화해가 이루어지고 있지 않았을 것이다. 이는 정파의 대립으로 인한 위기가 닥쳐 온 때이기도 하지만 동시에 어느 한 쪽도 다른 한 쪽을 압도하지 못하는 상태였으므로 그때까지와는 전혀 다른 체세로 나아갈 수 있는 일종의 권력의 공백기였을 것이다. 그러한 갈림길에서 시민은 무엇을 해야 했는가, 체제의 올바름을 찾아 근본으로 내려갔어야 하지 않았을까, 그렇게 했더라면 아테나이 인들은 좀더 나은 폴리스에서 살아가고 있지 않았을까. 플라톤의《국가》가 과거의 위기에 대한 회고적 반성이면서 그 갈림길에서 했어야만 했을 근본적 시도에 대한 논의라면 이는, 헤겔이《법철학》서문에서 해석하고 있듯이 "공허한 이상의 속담"이 아니라 "본질적으로 헬라스의 폴리스적 삶의 본성"을 파악한 것이라고 할 수 있을 것이다.

2

《국가》는 정치 체제(regime)에 관한 커다란 기획의 일부이다. 플라톤의 대화편 전체가 이 기획이라 할 수도 있겠으나 이론적 논구에만 기여하는 것이 아닌, 본격적으로 정치 체제에 관한 논의를 담은 것들은《국가》,《정치가》,《법률》일 것이다.《국가》는 올바름의 정의와 그것을 실현할 방안을 탐색하고 인간형으로서의 철학적 통치자, 즉 정치가와 쇠락한 정체에 관한 논의를 제시하면서 현실국가를 구상한 것이고,《정치가》는 여러 형태의 정치가(또는 정치가로 여겨지는 이들)와 그들 본연의 임무, 통치에 요구되는 여러 가지 제도적 장치 및 법에 의한 통치와 지혜에 의한 통치를 비교 논의한 것이며,《법률》은 본격적인 의미의 법률에 의한 통치와 그것이 가진 궁극적 원천에 대해 탐구한 것이다. 각 대화편에서 논의하는 주제는 폴리스 통치의 근본 원리들이지만 플라톤이 호소하는 궁극적인 심급은 그것이 어떤 의미에서 취해진 것이든간에 '신'이라 할 수 있다.

《국가》의 주제는 한 마디로 '잘 만들어진 폴리스'이다. 플라톤의 시야는 폴리스에 한정되어 있다. 여기서 그는 근대의 정체론들이 가진 일반적 형식인 인간 본성에 관한 논의에서 시작하는 것이 아니라 사회 질서의 이상적 본을 먼저 구축하고 그 안에 사는 인간을 고찰하는 방식을 취한다. 그에 따르면 인간은 똑같은 능력을 가지고 태어나지 않으며 교육은 이러한 차이를 인정하고 각자가 가진 힘(dynamis)을 최대한 현실화하는 방안에 따라 이루어져야만 한다. 그는 민주정을 반대하지는 않으나 그것의 한계를 아주 분명하게 지적하고 있다. 민주정은 차이를 인정하지 않고 각각의 시민에게 동등한 권리, 사회적 자원에 대한 동등한 접근권을 부여함으로써 극심한 쟁투가 일어나게 한다. 아테나이 시민들은 민주 정체를 구축하면서 욕망을 극대화함으로써 자신을 실현하고자 하였다. 또는 욕망을 극대화하기 위해서 민주 정체를 구축하였다. 쾌락(hēdonē)으로 집약할 수 있을 그들의 욕망은 펠로폰네소스 전쟁 시기를 거치면서 정체와 상응 관계에 들어섰다. '제멋대로 할 자유'는 법을 통하여 민주정의 근본원리가 되었다. 체제 구성원의 성향(trophē)이 정체政體의 정체성正體性이 된 것이다. 정체성을 외화하는 매개는 법이다. 다시 말해서 민주 정체에서의 법은 욕망을 촉진시키고 충족시키는 법이었다.

《국가》에서 플라톤이 구상하는 체제는 자신이 살아온 시대에 대한 반성적 반영물이다. 이 체제의 지배계급은 부의 재생산을 위한 기초적 요소인 재산과 가족을 포기한다. 그가 구상한 체제를 아테나이 사람들이 받아들일 것이라 확신했는지는 불분명하거니와 이는 동굴의 비유에서 충분히 짐작할 수 있는 것이기도 하다. 좋음의 이데아를 알게 된 철학적 통치자는 자신이 본래 있던 동굴 안으로 되돌아가지만 여전히 동굴에 머물러 있던 이들은 그를 배척하고 심지어 죽음에 이르게 했던 것이다. 여기에 《국가》의 역설이 있다. 철학적 통치자는 체제의 구원자이지만 구원을 받아야 하는 이들은 그러한 구원에 반항하고 체제를 파괴한다. 다시 말해서 형상지形相知의 본本에 의한 통치는《국가》의 강점이자 약점이다.

《정치가》는 엘레아에서 온 손님이 대화를 주도하고 소크라테스는 곁에 물러나 있다. 여기서는 신들의 뜻을 전해 받은 목자의 통치가 먼 옛날에 있었음을 알리기도 하지만 그에 관한 논의는 곧바로 폐기된다. 정치가가 알아야 하는 지식(또는 기술)이 거론된다. 정치가는 장군(전쟁술), 연설가(설득술), 법률가(입법술)이며, 이 모든 직분에 요구되는 기술을 종합적으로 알아야만 하나 무엇보다도 '적절한 때'(kairos)를 알아야 한다. 여기에 더해 성문법의 역할이 강조된다. 성문법의 강점이자 약점은 그것이 확고한 통치 규준이기는 하지만 유연함이 결여되어 있다는 것이다. 다른 한편으로 《정치가》는 변증술에 능한 사람을 양성하기 위한 교육용 교재이기도 하다. 《정치가》는 '정치가는 무엇인가'에 대한 탐구인 동시에 이것을 탐구하는 과정 자체가 변증술에 능하게 되는 방법을 연습하는 과정인 것이다.

《법률》은 크레테에 새로 세워질 '마그네시아'라는 가상의 나라의 입법을 위임받은 크레테 사람 클레이니아스와 그의 초청을 받은 아테나이 사람(이는 소크라테스를 체현한 것으로 추측된다), 라케다이몬 사람 메길로스, 이렇게 세 사람의 대화로 이루어져 있다. 여기서 플라톤은 앞의 두 대화편들에서 논의되었던 계획과 기술들을 수정 보완하여 실현 가능한 모형을 제시한다. 철학적 통치자의 교육과 자질에 집중하였던 《국가》나 《정치가》와 달리 폴리스의 전 영역에 걸쳐 현실정치를 실행하는 방안이 상세하게 논의되고 있는 것이다. 《법률》에서 주장하는 법은 강제적 차원을 가지고 있으면서도 그 법의 궁극적 원천은 신이라는 점에서 이 대화편은 플라톤적 정치신학의 완성판이라 할 수도 있을 것이다. "여러분! 신이야말로, 옛말에도 그렇듯이, 존재하는 것들(ta onta) 모두의 시작과 끝 그리고 중간을 쥐고 있어서, 자연[의 법칙]에 따라 순환하면서 곧장 그 여정을 완결합니다. 한데, 그를 언제나 동반하는 것이 정의의 여신(Dikē)이니, 신성한 법(ho theios nomos)을 버리는 자들에 대해 보복하는 자로서입니다." "신을 따르게 되는 사람들 가운데 한 사람으로 되는 걸 모두가 생각해야만 한다는 것입니다." "우리에게는 무엇보다도 확실히 신이야말로 만물의 척도(metron)일 것이며, 누군가가 말하듯, 어느 인간이 그런 것보다는 아마도 훨씬 더 그럴 것입니다"(《법률》, 715e~716c). 여기서 신이 만물의 척도라고 주장하는 까닭은 인간이 만물의 척도라고 주장한 '누군가', 즉 프로타고라스를 반박하기 위해서다.

형상에 관한 앎, 변증술을 비롯한 여러 기술들과 적절한 때에 대한 앎, 신적인 원천을 가진 법과 그에 관한 경건함이라는 심성, 각각의 대화편에서 제시된 이러한 요소들은 서로 겹치는 부분들이 있으며, 그러한 내용을 전체로서 종합해야만 비로소 이상적이면서도 조금이라도 실현 가능할 정치 체제가 성립할 것이다.

3

플라톤의 세 대화편들에 나타난 사회·정치 체제에 관한 논의를 정리한 지금, 정치학적 관점에서 그가 파악한 현실의 맥락들을 살펴보기로 하자. 《국가》가 처한 상황은 민주정의 전개이다. 플라톤은 이것이 되돌릴 수 없는 흐름이라는 것을 알았을 것이다. 아테나이 민주정의 결정적 계기는 클레이스테네스의 개혁이었다. 그는 정치적 선택을 조직하는 방식을 개조하였고, 정치적 선택을 아테나이 전래 집단인 데모스에 전체적으로 할당하였다. 여기서 민주정은 근대의 개인주의 방식이 아닌 집단의 선택으로 작동하였다. 전통과 새로움의 절묘한 결합이었던 것이다. 이때부터 칠십여 년 후 아테나이는 민주정의 정점에 이르렀고 이것이 오늘날에는 민주정의 전범으로 찬미받지만 오늘날과 달리 법적 인격과 대의 개념이 결여되어 있던 고대 사회에서 민주정은 극도의 직접성을 가질 수밖에 없었다. 개인의 권리와 책임 또한 직접적이어서 체제가 개인에게는 가혹한 것일 수 있었으며 지도자는 시민 개인들 각각의 철저한 지지에 기반할 때에만 권력을 가질 수 있었다.

클레이스테네스 이후로 민주정 체제에 숨은 문제는 '쾌락'

과 연관된 부의 문제였다. 아테나이가 아무리 상업이 발달하였다고 하여도 부의 원천은 토지였으며 민주정 역시 이것을 둘러싼 싸움에서 시작되었다. 정치는 본래 경제적 자원, 사회적 지위재, 자원과 지위재의 획득과 접근통로 등을 분배하는 힘의 쟁투이다. 아테나이에서는 정치적 투쟁의 핵심인 부의 원천을 둘러싼 분배방식의 쟁투가 민주정으로 봉합되었고, 전쟁 시기에는 일당지급제도(misthophoria)라는 편법이 등장하기도 하였는데 이는 가난한 사람들로 충당된 국가의 핵심인력으로서의 해군에 대한 사회적 지위 부여 문제와도 얽혀 있는 것이다. 부를 분배하는 방식은 민주정을 통하여 새롭게 되었으나 부의 원천 자체는 토지 이외의 것이 획기적으로 생겨나지 않았다. 기술혁신이 불가능했던 고대 경제는 약탈경제로 나아갈 수밖에 없었고, 이것이 펠로폰네소스 전쟁 시기에 제국주의로 표출된 것이다.

민주정의 지도자가 가진 문제는 권력 획득의 과정과 기술에 있다. 달리 말해서 정치적 기술로서의 연설을 어떻게 평가하고 인정할 것인가, 오늘날의 술어로 표현하면 '대중영합주의'의 문제다. 아테나이는 발전된 국가가 되면서 개인의 노력과 업적, 부와 사회적 배경의 지위, 지위재 획득 통로로 등장한 교육 등이 주요한 사회적 의제로 등장하였다. 여기서 두드러진 것은 연설술이다. 아리스토텔레스의 《수사학》이 잘 보여 주고 있듯이, 한 개인의 내면적 심성의 특성이나 도덕성보다는 대중을 설득하고 자기 편으로 끌어들이는 기술이 민주정에서는 탁월한 정치술의 중심을 이룬다. 이것을 인정하지 않는 것은 어떤 면에서는 체제의 정당성을 인정하지 않는 것이라 할 수도 있다. 그런 점에서 플라톤이 이를 배척한 것은 체제의 요체를 곧바로 겨냥한 것이다. 더 나아가 플라톤은 민주정이 실현한 일종의 '세계의 탈주술화'(Entzauberung der Welt)를 되돌리려 하였다. 주지하듯이 민주정은 절차적 합리성만을 최종심급으로 삼는다. 다시 말해서 민주정에서는 최종적 정초가 되는 이념이 없는데 플라톤은 '좋음의 이데아'라는 이념을 도입한다. 이는 탈주술화의 귀결인 민주정을 다시 주술화하려는 시도이다.《국가》의 주제가 '올바름'이라는 점이 이를 단적으로 보여 준다.

　　민주정에서 생겨난 문제들에 대한 해결책은 여러 측면에서 제시될 수 있다. 첫째는 권력의 배분 방식에 집중하는 것이다. 아리스토텔레스, 마키아벨리, 막스 베버—책임윤리를 강조함으로써—모두 이 문제에 집중하여 의사결정의 주체, 의사결정 방식 등의 변화를 시도하였다. 둘째는 반정치적(anti-political) 접근 방식이다. 이는 플라톤처럼 초월적 형상 세계를 정치권력의 궁극적 원천으로 제시하고 철학적 통치자의 탁월함에 의존하는 것인데, 일견 베버가 말하는 신념윤리만으로써 통치하는 방식이다. 플라톤의 방책이 과연 반정치적인 접근인지에는 의문이 있다. 그의 철학적 통치자는 초월적 이념을 아는 현인이기는 하지만, 앞서 사회·정치 체제에 관한 세 대화편에 관한 조망에서 보았듯이 정치술을 아는 기술자, 즉 다른 종류의 정치가이기 때문이다. 셋째는 정치와는 무관한(non-political) 방식이다. 이는 지상에 존재하는 일체의 것을 거부하는 태도를 취하거나 국가를 현전하는 악의 제거를 위한 최소한의 필요악으로서만 인정하는 태도이다. 그러나 이러한 경우에도 피안의 세계에 진정한 국가를 설정해야만 하고 그에 따라 정권政權과 교권敎權의 관계를 정당화하는 정치신학이 반드시 요구된다. 중세의 어중간한, 즉 정치와 무관한 방식이 결코 아니고 동시에 반정치적인 성격을 띠면서도 현실에 있어서는 권력의 배분방식에 집착했던 시대가 지나고 근대에 이르렀을 때 많은 사상가들은 이를 폐기하고 공론장에서의 쟁투를 통한 정치권력의 획득을 시도하였다. 그들이 가졌던 담론의 무기들은 인격신 종교를 추방하고 법적 인격으로서의 국가를 수립하는 것(홉스), 종교적 신념에 대한 일정한 관용(로크), 계몽주의(반종교주의 및 기적 추방)와 자연과학 등이었다. 그러나 종교가 사라진 자리에 역사와 신화를 들여온 역사주의와 낭만주의를 무시해서는 안 된다. 물론 선행하는 모든 시도들을 종합적으로 집약한 법실증주의, 즉 근대적 법치국가의 이념이 이를 물리친 강력한 힘이기는 하였다.

〈원전 및 참고문헌〉

플라톤, 《국가》, 박종현 옮김, 서광사, 1997(초판), 2005(개정 증보판).

Platon, *The Republic of Plato*, translated by Bloom, A., Basic Books, 1968.
Platon, *The Republic of Plato*, translated by Cornford, F. M., Oxford University Press, 1946.
Platon, *The Republic*, translated by Lee, D., Penguin, 1974.
Platon, *Der Staat*, translated by Rufener, R., Deutscher Taschenbuch Verlag, 1998.
Platon, *Der Staat*, translated by Schleiermacher, F., Kurz, D., Berlin, 1828.

플라톤, 《정치가》, 박종현 옮김, 서광사, 2021.
플라톤, 《법률》, 박종현 옮김, 서광사, 2009.
플라톤, 《소크라테스의 변론》《파이돈》, 박종현 옮김, 서광사, 2003.
플라톤, 《메넥세노스》, 박종현 옮김, 서광사, 2018.
플라톤, 《파이드로스》, 박종현 옮김, 서광사, 2016.

아리스토텔레스, 《정치학》, 김재홍 옮김, 도서출판 길, 2017.
아리스토텔레스, 《니코마코스 윤리학》, 김재홍·강상진·이창우 옮김, 도서출판 길, 2011.
투퀴디데스, 《펠로폰네소스 전쟁사》, 천병희 옮김, 도서출판 숲, 2011.
페리클레스 외, 《그리스의 위대한 연설》, 김현 외 옮김, 민음사, 2015.
호메로스, 《오뒷세이아》, 김기영 옮김, 민음사, 2022.

Georg Wilhelm Friedrich Hegel, *Grundlinien der Philosophie des Rechts oder Naturrecht und Staatswissenschaft im Grundrisse*, Theorie Werkausgabe, Eva Moldenhauer u. Karl Markus Michel[hrsg.], Bd. 7. 1820.

Annas, J., *An Introduction to Plato's Republic*, Oxford University Press, 1981.
Voegelin, E., Germino, D.(ed.), *Order and History*, vol. 3: *Plato and Aristotle*(The Collected Works of Eric Voegelin), University of Missouri Press, 2000.
Zuckert, C. H., *Plato's Philosophers: The Coherence of the Dialogues*, University of Chicago Press, 2009.

우리 시대, 사상사로 읽는 원전: 《국가》 탐구
플라톤, 현실국가를 캐묻다

초판 1쇄   2023년 2월 15일

지은이 | 강유원

펴낸곳 | 라티오 출판사
출판등록 | 제2021-000075호(2007.10.24.)
전화 | 070) 7018-0059
팩스 | 0303) 3445-0059
웹사이트 | ratiopress.com
트위터 | twitter.com/ratiopress
인스타그램 | instagram.com/ratiopress
팟캐스트(라티오 책 해설) | ratiopress.podbean.com

@ Yuwon Kang, 2023

이 책의 무단 전재 및 복제를 금합니다.

ISBN 979-11-959288-5-9 03100